中华古籍保护计划

ZHONG HUA GU JI BAO HU JI HUA CHENG GUO

·成果·

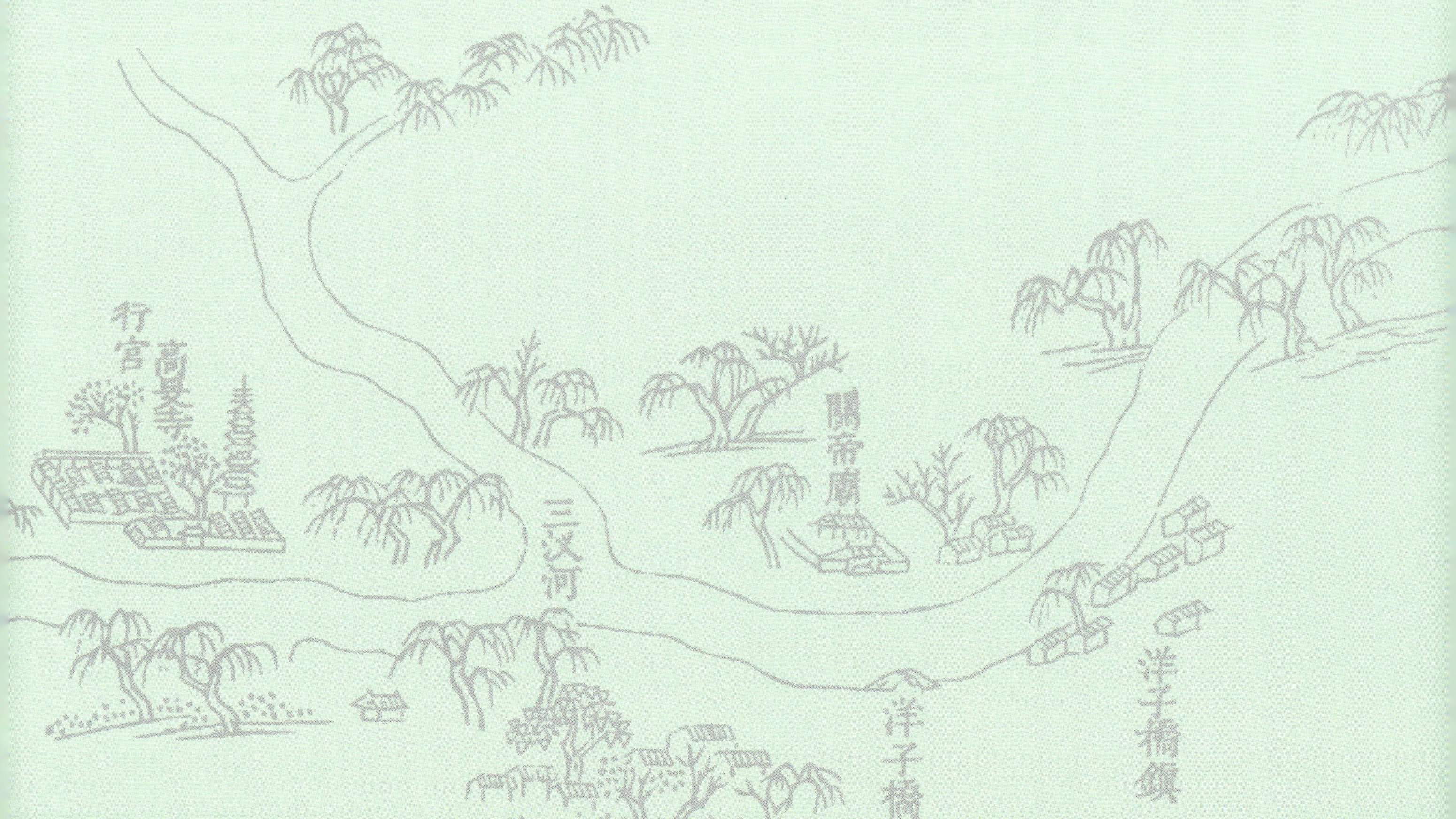
行宫
高旻寺
關帝廟
三汊河
洋子橋
洋子橋鎮

册府千华

扬州运河文化典籍展图录

扬州市图书馆 编

广陵书社

图书在版编目（CIP）数据

册府千华 ： 扬州运河文化典籍展图录 / 扬州市图书馆编. -- 扬州 ： 广陵书社, 2024. 12. -- ISBN 978-7-5554-2440-6

Ⅰ. K928.42-64

中国国家版本馆CIP数据核字第20254433RM号

书　　名　册府千华：扬州运河文化典籍展图录

编　　者　扬州市图书馆

责任编辑　徐大军

出版发行　广陵书社

扬州市四望亭路 2-4 号　　邮编　225001

（0514）85228081（总编办）　　85228088（发行部）

http://www.yzglpub.com　　E-mail:yzglss@163.com

印　　刷　扬州皓宇图文印刷有限公司

开　　本　889 毫米 ×1194 毫米　1/16

印　　张　14

字　　数　60 千字

版　　次　2024 年 12 月第 1 版

印　　次　2024 年 12 月第 1 次印刷

标准书号　ISBN 978-7-5554-2440-6

定　　价　198.00 元

文滙讀書

编纂委员会

主　编：朱　军

副主编：徐时云　杨启星

编　辑（以姓氏拼音为序）：

韩　悦　韩艺文　赵国双　周永强

序

扬州，钟灵毓秀之地，运河明珠之城。其历史源远流长，文化博大精深，典籍浩如烟海。目前，扬州市有古籍收藏单位 8 家，古籍藏量 27.3 万多册。扬州市图书馆古籍藏量在全市居于首位，收藏宋至民国间历朝刻本、稿抄本、活字本、石印本等 13.2 万册，其中善本古籍 1400 多种，地方文献 1000 多种，193 部古籍被编入《中国古籍善本书目》，75 部古籍入选《国家珍贵古籍名录》，209 部古籍入选《江苏省珍贵古籍名录》。就馆藏古籍而言，无论是总量、种类，还是善本古籍的珍贵性，扬州市图书馆在全省乃至全国，都有较高的地位和影响。2007 年 11 月，扬州市古籍保护中心在扬州市图书馆正式挂牌成立。成立至今，在国家古籍保护中心、江苏省古籍保护中心的指导下，扬州市图书馆（扬州市古籍保护中心）以传承中华优秀传统文化为己任，开展古籍普查、古籍修复、古籍数字化、古籍宣传与推广等工作，取得了丰硕成果。

2023 年，恰逢国家古籍保护中心号召全国各古籍收藏单位，以“江流万古　文润千年”为主题、以古籍为媒介、以本地区大江大河历史文化遗产为主要内容，因地制宜开展晒书活动。扬州市图书馆积极响应号召，挖掘馆藏古籍与大运河之间的文化内涵，于 2023 年 8 月 22 日至 8 月 29 日在扬州市图书馆举办“册府千华——扬州运河文化典籍展”。此次展览精心选择反映扬州运河文化的代表性典籍近百种，分扬州运河、扬州盐业、扬州园林、扬州美食、扬州刻书和扬州学派六个单元展示。展出典籍的版本年代从明代至民国，版本类型涉及稿本、刻本、套印本、石印本、铅印本，以清刻本为多，较全面地展示出馆藏典籍清代时期及前后版本的时代风貌。此次扬州运河文化典籍展，犹如一把钥匙，开启了通往扬州运河文化宝库的大门。展览所汇集的典籍，涵盖了扬州运河的方方面面，从运河的开凿、治理、变迁，到扬州的盐业兴衰、园林艺术、美食文化、刻书传统、学派传承，无一不展现出扬州运河文化的深厚底蕴与独特魅力。

“册府千华——扬州运河文化典籍展”是扬州地区关于运河文化主题的首次典籍展览，也是搜罗古籍数量最多、规模最大、规格最高的一次典籍展。展览期间，吸引了众多市民走近运河文化典籍，也得到了全国各大媒体的广泛关注和报道，取得了不错的社会反响。

展期须臾过，图录韵久长。为延续此展的传播效应，特编撰图录，以成为永久性保护成果。扬州依运河而生，运河赋予扬州无尽的生机与活力。从古至今，扬州的繁华与运河紧密相连，这里的每一寸土地都承载着运河文化的厚重底蕴。《册府千华：扬州运河文化典籍展图录》的编纂，正是对这座城市璀璨历史的致敬与传承。图录中的典籍，或为古老的善本，或为珍贵的手稿，版刻精美，纸墨飘香。这些珍贵的运河文化典籍，是中华传统文化的瑰宝，希望读者能沉浸其中，领略扬州运河文化的博大精深。

我们将继续保有敬畏之心，守护扬州运河文化的根脉，让古老的运河文化在新时代焕发出新的光彩。

扬州市图书馆　朱　军

2024年12月

前　言

扬州是京杭大运河的原点城市、中国大运河申遗牵头城市，先后获得“世界运河之都”“世界美食之都”“东亚文化之都”三张国际级名片。中国大运河是世界上开凿最早、规模最大的运河之一。公元前486年，吴王夫差在扬州开挖了第一锹。扬州城与大运河同生共长，依水而建，因水而兴。生生不息的大运河不仅见证了扬州历史上的辉煌，也孕育了扬州繁盛的文化。扬州文化深深融入了运河的基因，留下了鲜明的运河印记。这些文化印记至今保存在浩如烟海的文献典籍里。

扬州市图书馆古籍部藏有古籍13.2万册，入选《国家珍贵古籍名录》的有75种，入选《江苏省珍贵古籍名录》的有209部。为展示扬州这座运河名城多元的文化内涵，国家图书馆、扬州市图书馆特举办“册府千华——扬州运河文化典籍展”。展览分六个单元：扬州运河、扬州盐业、扬州园林、扬州美食、扬州刻书、扬州学派，汇集展出了这六个单元的代表性文化典籍。这些文化典籍将带领观众穿越时空，分别领略流淌千年的扬州运河，攸关国计的扬州盐业，“园亭称胜”的扬州园林，“清鲜平和、浓淳兼备、咸甜适度、南北皆宜”的扬州美食，官刻、私刻、坊刻俱佳的扬州刻书，乾嘉学术高峰的扬州学派。

这是展示扬州与大运河文化主题的典籍盛宴。扬州运河文化的千年沧桑，典籍里散发出的郁郁书香，彰显了扬州“好地方”深厚的文化分量。

凡 例

一、本书精选“册府千华——扬州运河文化典籍展”中的典籍，共计 90 种。

二、本书所收录典籍，均为扬州市图书馆馆藏，以古籍为主，并有少量民国时期出版的线装书和平装书。全书按照“扬州运河”“扬州盐业”“扬州园林”“扬州美食”“扬州刻书”“扬州学派”六个单元进行编排。每一单元内的典籍，按照作者生年先后进行排列，生年不详或生活年代不详者，按相应活动年份或根据相关文献排在大致相应的位置。“扬州刻书”单元的典籍，则按照官刻、家刻、坊刻顺序编排，同一出版者版本的典籍按出版年排序。

三、一部典籍一条款目。古籍及民国线装书著录内容包括题名、卷数、著者、版本、存（缺）卷、册数、行款、版式、尺寸、钤印等，以及著者简介和内容简介。民国平装本著录内容包括题名、著者、版本、存（缺）卷、册数、尺寸及著者简介和内容简介。

四、每种典籍配 1—4 帧书影，一般选择正文首卷卷端及能反映该典籍版本特点和重点内容者。

目录

第一单元　扬州运河

第二单元　扬州盐业

第三单元　扬州园林

第四单元　扬州美食

第五单元　扬州刻书

第六单元　扬州学派

桃源
孟山湖
洪澤湖
泗州口
盱眙
草澤河
金釵澗河
天長

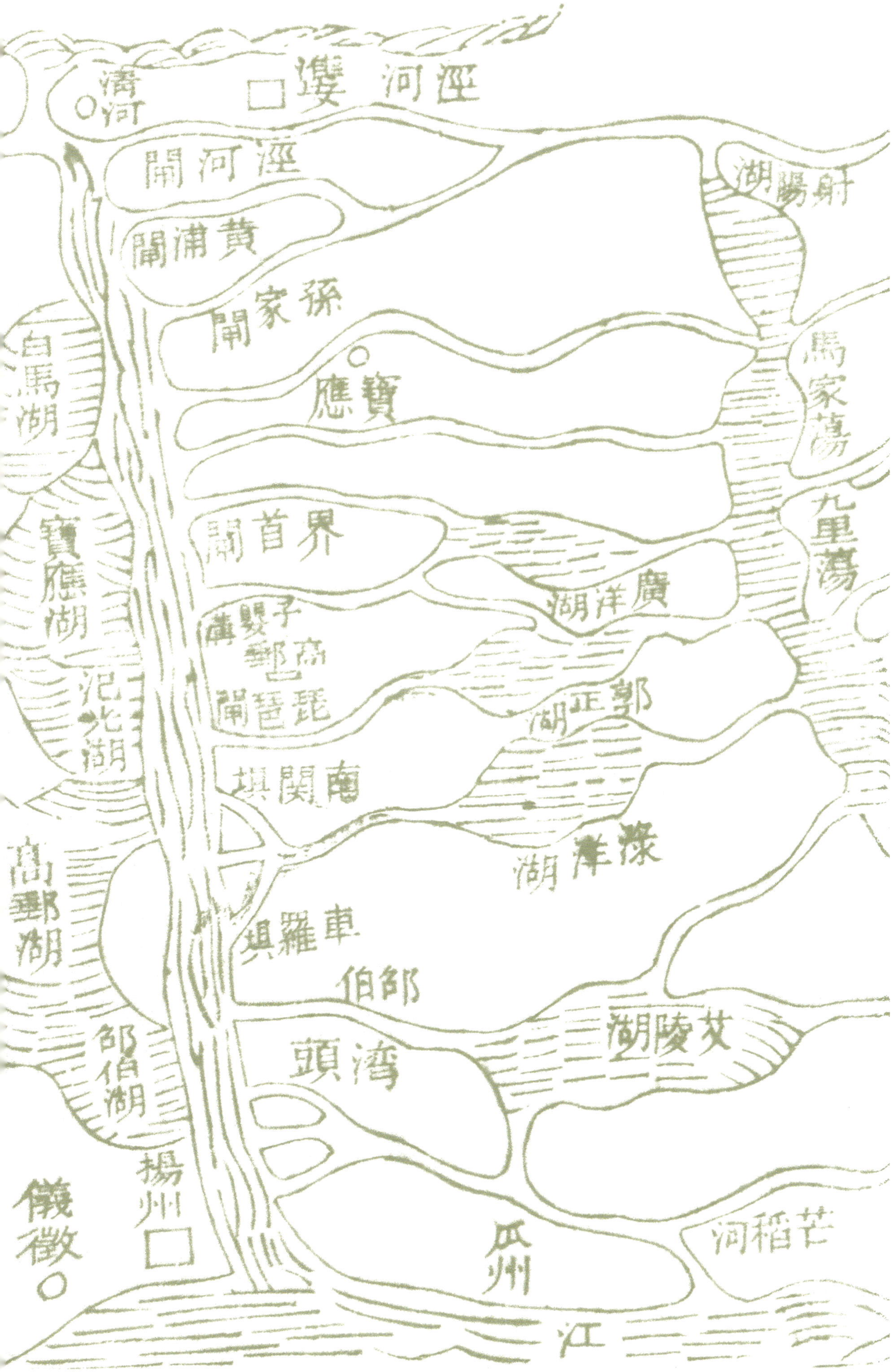
清河
邳
河
閘河邳
閘浦黃
閘家孫
寶應
白馬湖
射陽湖
馬家蕩
閘首界
九里蕩
寶應湖
廣洋湖
子嬰溝
高郵
閘琶琵
鄭正湖
氾光湖
南關堤
樊梁湖
高郵湖
車羅堤
邵伯
艾陵湖
邵伯湖
灣頭
揚州
儀徵
瓜州
芒稻河
江

大运河贯通五大水系，串联七大古都，连接起陆上和海上丝绸之路，对促进南北文化交流与融合、统一中国版图有着重要作用。公元前486年，吴王夫差开邗沟、筑邗城，沟通江淮，开启了扬州2500多年的城市史，也书写了大运河绵延至今的壮阔史诗。隋大业元年（605），隋炀帝在开通济渠的同时，发淮南民十余万开邗沟，自山阳（今江苏淮安）至扬子（今江苏仪征）入江。唐开元二十五年（737），润州（今江苏镇江）刺史齐澣开凿伊娄河。元朝时，对大运河进行了治理与修凿，裁弯取直，确定了新的运河线路。明永乐十三年（1415），陈瑄治理淮扬间运河。清朝时，曾多次兴工疏浚运河，堵塞决口，维持通航。民国三年（1914），设筹办江北运河工程局，驻扬州。中华人民共和国成立后，政府即对苏北运河进行治理。21世纪初，扬州市政府实施了古运河整治工程。2014年，在扬州牵头及运河沿线城市共同努力下，中国大运河被成功列入《世界遗产名录》。明清时，扬州记述扬州运河河道流向、治水防洪、开渠灌溉等内容的著作相继出现。如刘文淇的《扬州水道记》，对江都运河、高邮运河和宝应运河古今水道变迁作了较详细的辨析，具有极高的学术价值和文献价值。而今，大运河仍然保持着丰富的文化遗产价值和完备的水利功能，不仅促进了运河两岸地区的社会经济发展，也承担着南水北调工程、运河航运、防洪防汛等水利功能。

第一单元 扬州运河

城屈山帶海神皋奧區也

大清一統志京師形勝甲天下民俗樸淪土地深厚滄海

東大行擁其西喜峰古北諸關衛其北兗豫荊揚襟帶

曾雄固無過於此在周爲燕召公封國漢爲要郡唐爲大都明初

曾同初升爲南京始建都焉金爲中都元爲大都明

封國永樂元年建北京稱行在十九年稱京師洪興初

河防一览十四卷

〔明〕潘季驯撰　清乾隆十三年(1748)刻本　十册

半叶九行,行二十字。白口,左右双边,上单黑鱼尾。版框高20.3厘米,宽14.7厘米。

潘季驯(1521—1595),初字子良,又字惟良,后改字时良,号印川,湖州府乌程县(今浙江省湖州市吴兴区)人。嘉靖二十九年(1550)进士,曾任职江西、广东等地,推行"均平里甲法"。自嘉靖四十四年至万历二十年(1592),先后四次总理河道,主持治理黄河和运河,前后持续二十余年。以功累官至太子太保、工部尚书兼右都御史。潘季驯在总结前人经验及长期的治河实践中,提出了"筑堤束水,以水攻沙"的治黄方略和"蓄清(淮河)刷浑(黄河)"以保漕运

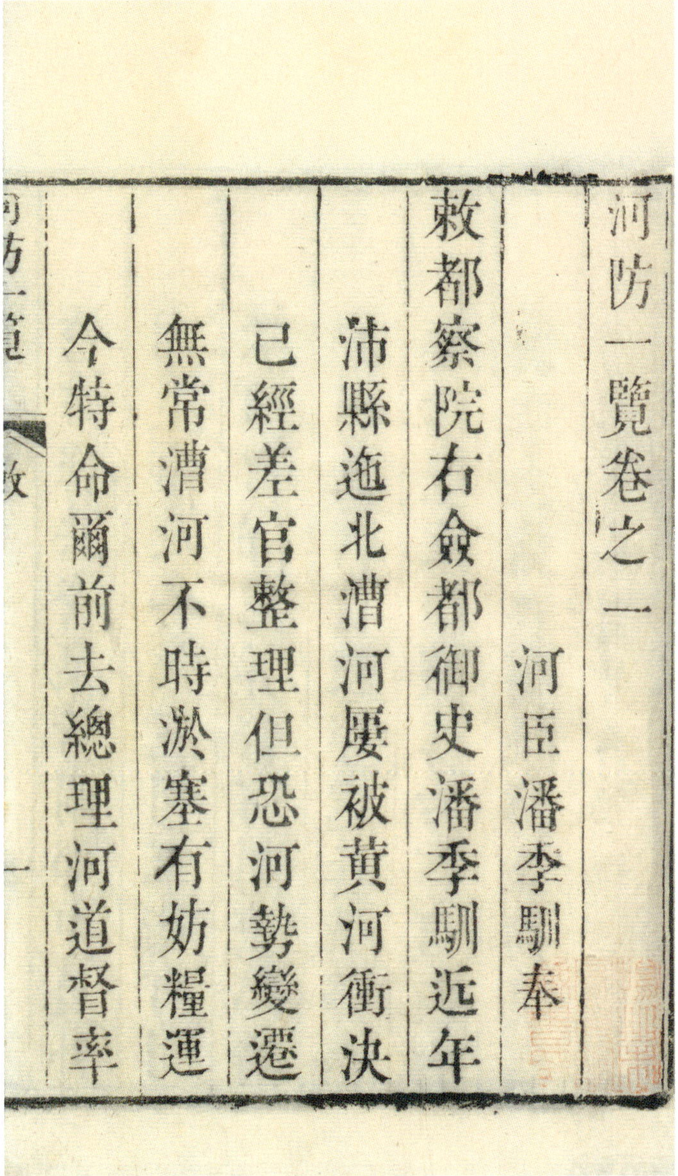
河防一覽卷之一
河臣潘季馴奏
敕都察院右僉都御史潘季馴近年
沛縣迤北漕河屢被黃河衝決
已經差官整理但恐河勢變遷
無常漕河不時淤塞有妨糧運
今特命爾前去總理河道督率

的治运方略。著有《河防一览》《两河管见》《宸断大工录》《留馀堂集》等。

《河防一览》是我国古代一部重要的河工专著，成书于万历十八年(1590)。全书共十四卷，记录了潘季驯治理黄河、淮河、运河的基本思想和主要措施。其中，卷一至五包括黄河图说、治河历史背景、黄淮运三河的总形势和工程总体布置等内容。卷六辑录宋、元、明三代有关治河的议论文章。卷七至十二收录潘氏二百多道治河奏疏，概括了他治河的基本过程和主要经验。卷十三、十四则为引证古人及同时代人的著述、奏疏等。此外，书中附有《河防一览图》，展示了黄河和运河的河防要情和流经地区的建置、山川地理，为明代治河舆图的重要代表。此书在问世后的三百多年中，对治河措施和河工实践一直起着指导性作用。

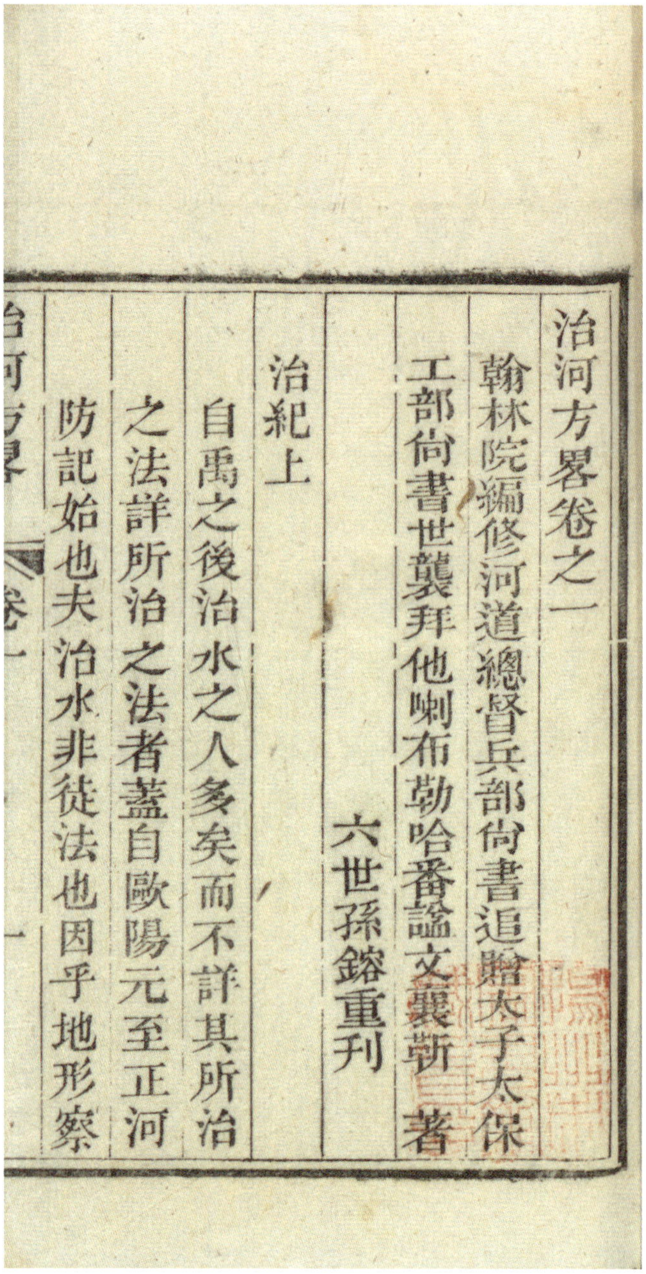
治河方畧卷之一
翰林院編修河道總督兵部尚書追贈太子太保
工部尚書世襲拜他喇布勒哈番謚文襄靳　著
六世孫鎔重刊
治紀上
自禹之後治水之人多矣而不詳其所治
之法詳所治之法者蓋自歐陽元至正河
防記始也夫治水非徒法也因乎地形察
治河方畧　卷一　一

治河方略十卷首一卷图一卷

〔清〕靳辅撰　清刻本　八册

半叶八行，行二十字。白口，四周双边，上单黑鱼尾。版框高13.5厘米，宽9.4厘米。

靳辅（1633—1692），字子垣，祖籍山东济南，后迁辽阳，汉军镶黄旗人。顺治九年（1652），由官学生考授国史院编修。授安徽巡抚、兵部尚书，任河道总督。时黄河水裹沙而流，河身淤泥堵塞，流水减慢，将溃决成灾。靳辅主持治黄工程十七年，发动河工，依靠著名水利专家陈潢，总结前代治水经验，制订治黄

措施，初见成效。

《治河方略》是清代重要的治理黄河的专著。书中记述了黄、淮、运河干支水系概况，黄河演变、治理和历代治黄议论，着重阐述了17世纪苏北地区黄、淮、运河决口泛滥和治理经过，继承了明代治河的基本经验，总结吸收了靳辅和其助手陈潢治河实践的新认识，对后代治河有重要参考价值。全书以奏疏作为主要史料来源，以治河类专著、正史河渠志及地方志书等史料作为补充。编撰结构呈现出以奏疏为纲、图文并用及评述结合的特点，体现出靳辅“河运一体”“筑堤束水”“全河疏导”的总体治河思想。

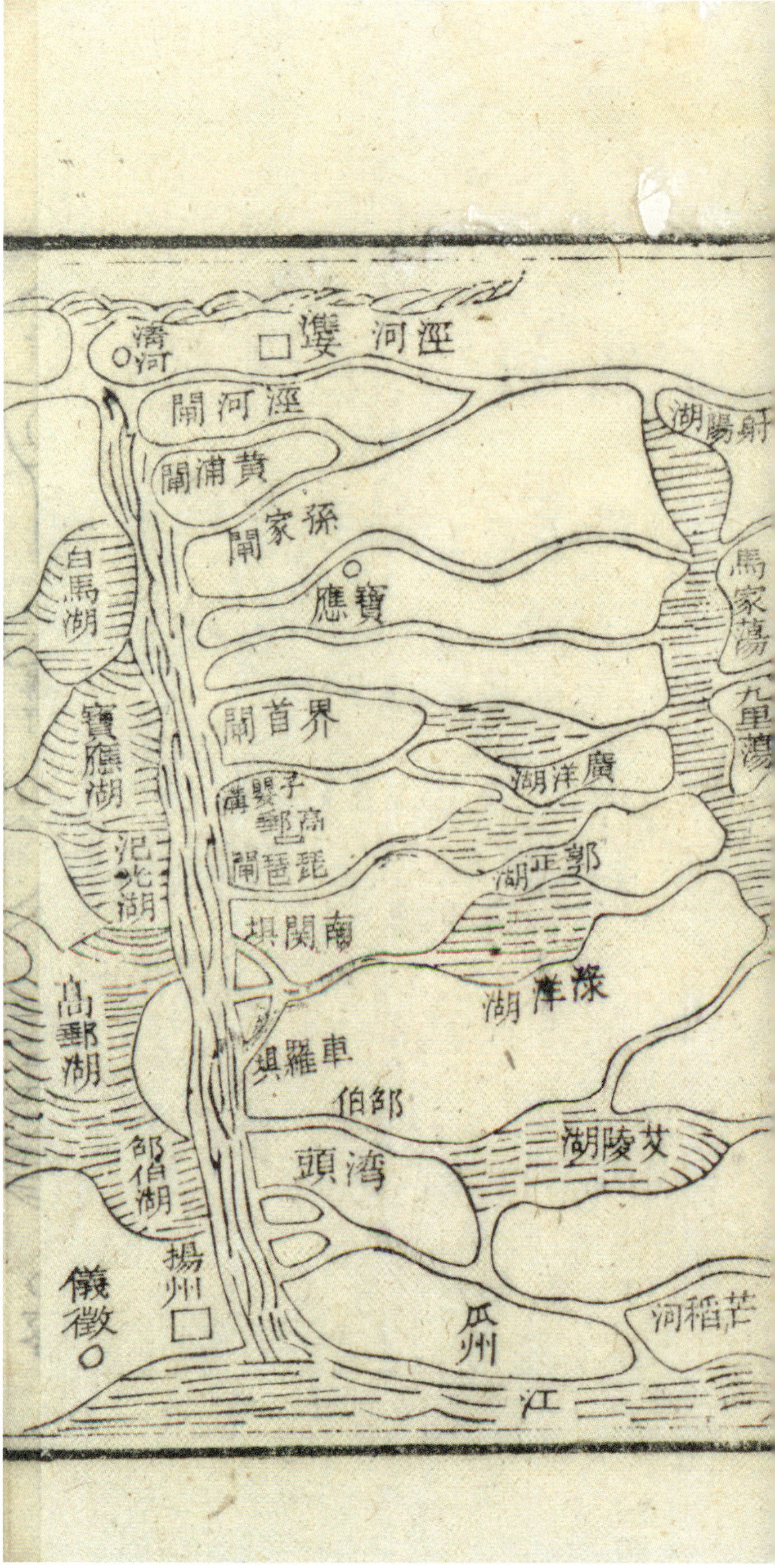
清河
涇河壩
涇河閘
黄浦閘
孫家閘
寶應
射陽湖
馬家蕩
九里蕩
白馬湖
界首閘
寶應湖
廣洋湖
子嬰溝
高郵
琵琶閘
氾光湖
鄭正湖
南閘壩
高郵湖
渌洋湖
車邏壩
邵伯
艾陵湖
灣頭
邵伯湖
揚州
儀徵
瓜州
芒稻河
江

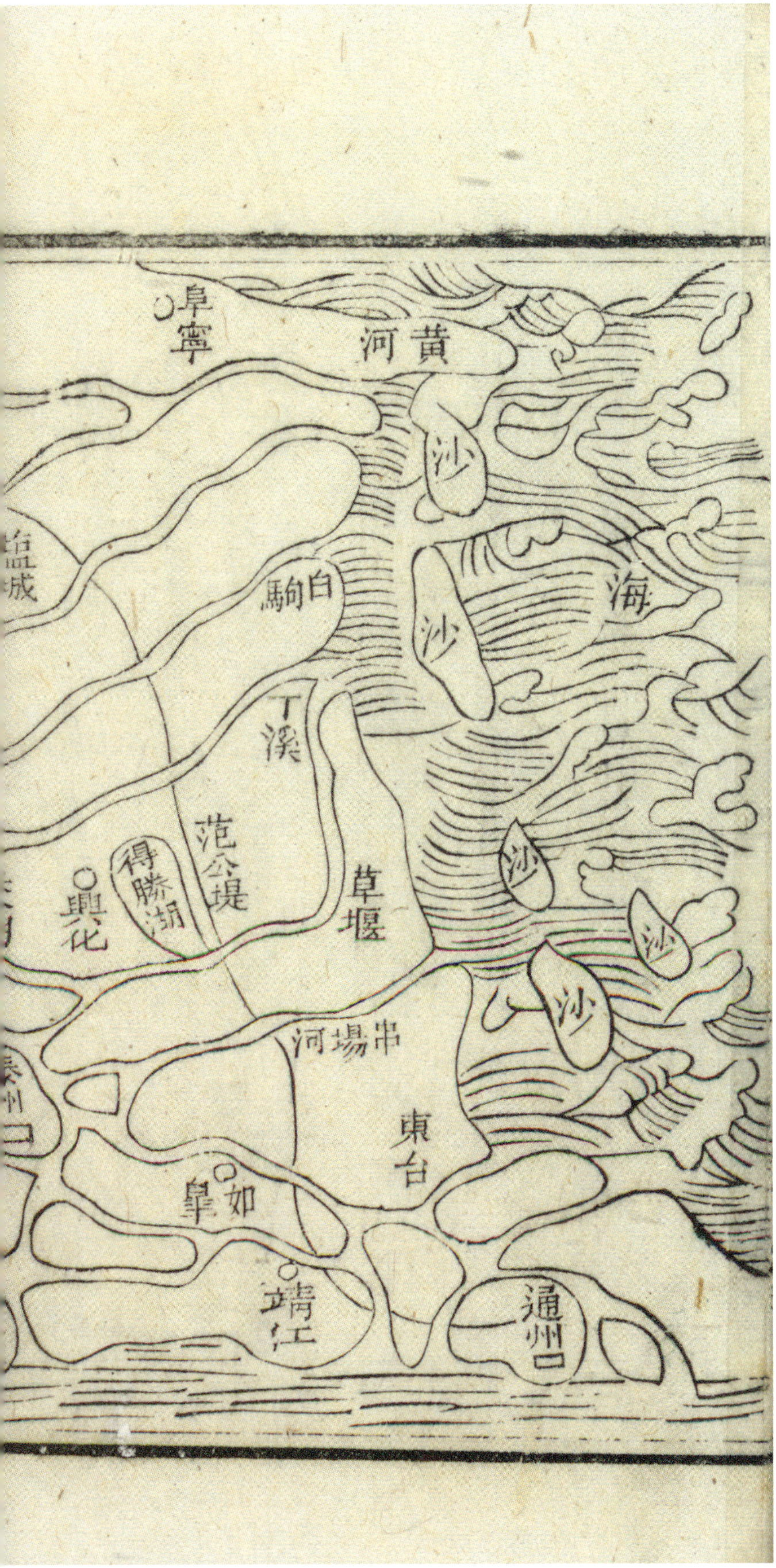

治河方略十卷首一卷图一卷

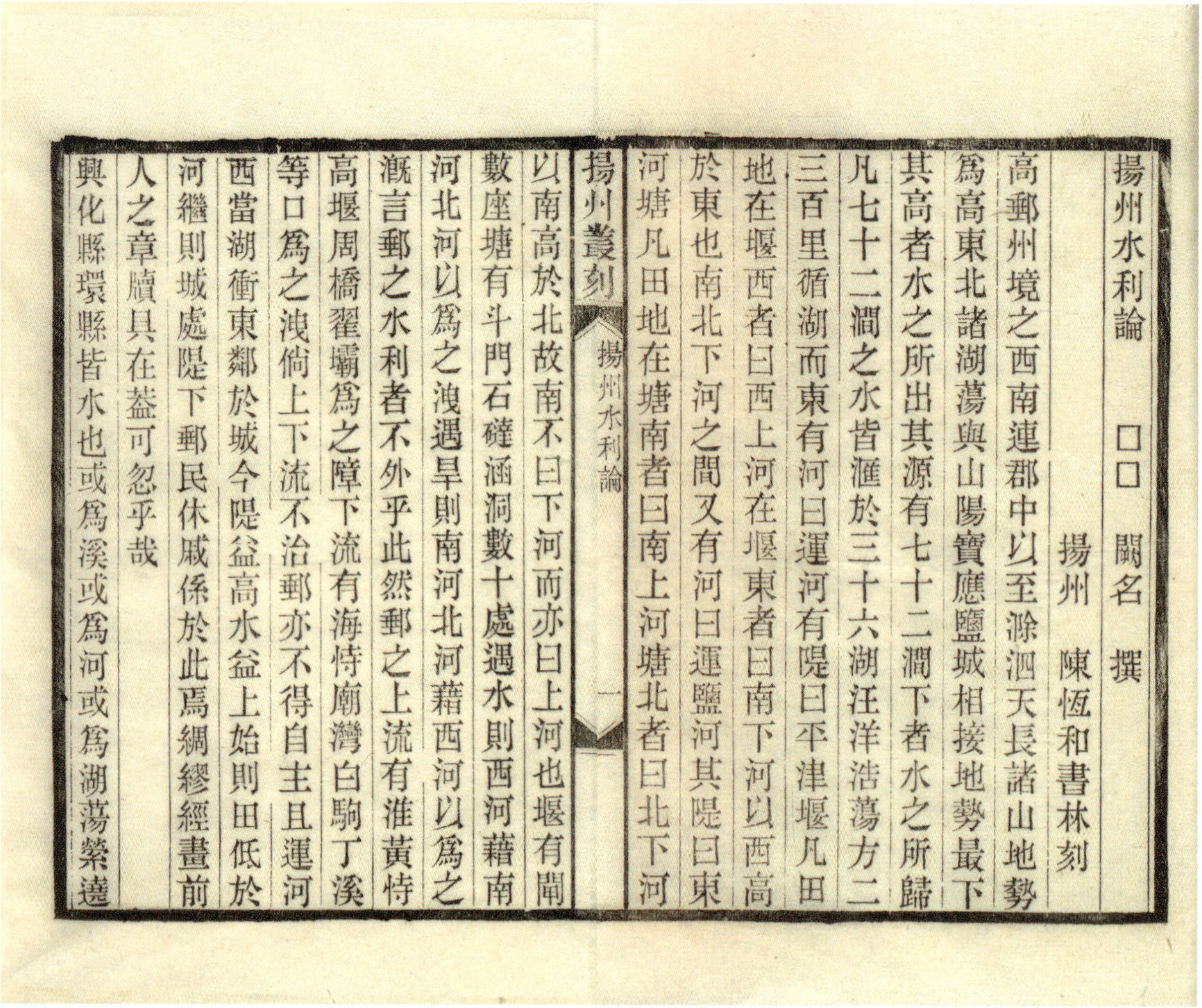
揚州水利論　□□　闕名　撰
揚州　陳恆和書林刻
高郵州境之西南連郡中以至滁泗天長諸山地勢
爲高東北諸湖蕩與山陽寶應鹽城相接地勢最下
其高者水之所出其源有七十二澗下者水之所歸
凡七十二澗之水皆滙於三十六湖汪洋浩蕩方二
三百里循湖而東有河曰運河有隄曰平津堰凡田
地在堰西者曰西上河在堰東者曰南下河以西高
於東也南北下河之間又有河曰運鹽河其隄曰東
河塘凡田地在塘南者曰南上河塘北者曰北下河

揚州叢刻　揚州水利論　一

以南高於北故南不曰下河而亦曰上河也堰有閘
數座塘有斗門石䃮涵洞數十處遇水則西河藉南
河北河以爲之洩遇旱則南河北河藉西河以爲之
溉言郵之水利者不外乎此然郵之上流有淮黃恃
高堰周橋翟壩爲之障下流有海恃廟灣白駒丁溪
等口爲之洩倘上下流不治郵亦不得自主且運河
西當湖衝東鄰於城今隄益高水益上始則田低於
河繼則城處隄下郵民休戚係於此焉綢繆經畫前
人之章牘具在蓋可忽乎哉
興化縣環縣皆水也或爲溪或爲河或爲湖蕩縈遶

扬州水利论一卷

〔清〕佚名撰　民国间扬州陈恒和书林刻《扬州丛刻》本　合一册

半叶十行，行二十字，小字双行同。白口，左右双边，双对黑鱼尾。版框高16.8厘米，宽12厘米。

撰者不详，清人。

《扬州水利论》分别叙述清代扬州府所辖高邮州、兴化县、宝应县、泰州四地之地势、水之来源去路、治理之策，言简意赅，鞭辟入里。文中重视水利的全

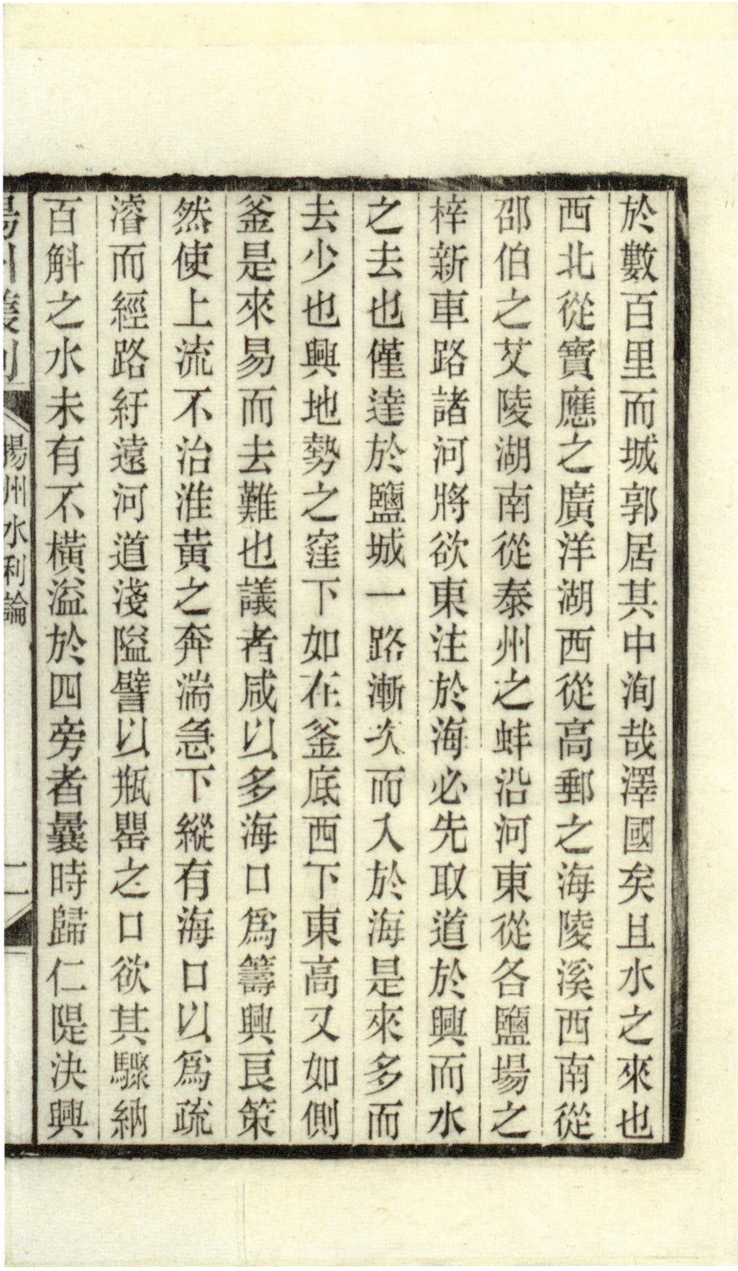
於數百里而城郭居其中洵哉澤國矣且水之來也
西北從寶應之廣洋湖西從高郵之海陵溪西南從
邵伯之艾陵湖南從泰州之蚌沿河東從各鹽場之
梓新車路諸河將欲東注於海必先取道於興而水
之去也僅達於鹽城一路漸次而入於海是來多而
去少也興地勢之窪下如在釜底西下東高又如側
釜是來易而去難也議者咸以多海口爲籌興良策
然使上流不治淮黃之奔湍急下縱有海口以爲疏
濬而經路紆遠河道淺隘譬以瓶罌之口欲其驟納
百斛之水未有不橫溢於四旁者曩時歸仁隄決興

揚州叢刻　揚州水利論　二

局观，每一段文字后均有一警策之语。据推测，此论或为扬州府官员对各州县水利讨论之纪要。

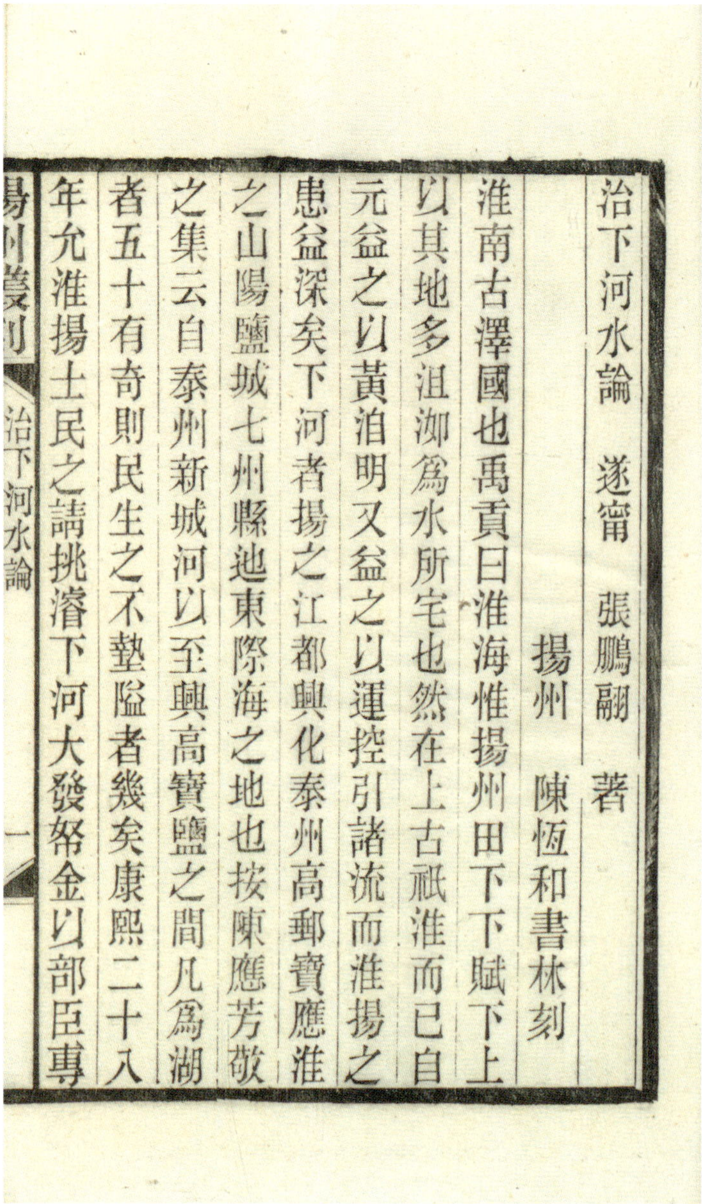

治下河水論　遂甯　張鵬翮　著
揚州　陳恆和書林刻
淮南古澤國也禹貢曰淮海惟揚州田下下賦下下上以其地多沮洳爲水所宅也然在上古祇淮而已自元益之以黃洎明又益之以運控引諸流而淮揚之患益深矣下河者揚之江都興化泰州高郵寶應淮之山陽鹽城七州縣迤東際海之地也按陳應芳敬之集云自泰州新城河以至興高寶鹽之間凡爲湖者五十有奇則民生之不墊隘者幾矣康熙二十八年允淮揚士民之請挑濬下河大發帑金以部臣專

揚州叢刻　治下河水論　一

治下河水论一卷

〔清〕张鹏翮撰　民国间扬州陈恒和书林刻《扬州丛刻》本　合一册

半叶十行，行二十字，小字双行同。白口，左右双边，双对黑鱼尾。版框高16.8厘米，宽12厘米。

张鹏翮（1649—1725），字运青，号宽宇、信阳子，四川遂宁人。康熙九年（1670）进士，身仕康熙、雍正二朝，历任刑部主事、苏州知府、兖州知府、河东盐运使、通政司参议、大理寺少卿、浙江巡抚、兵部右侍郎、左都御史、刑部尚书、两江总督、河道总督、户部尚书等。雍正元年（1723），任文华殿大学士。曾随索额图勘定中俄东段边界，为签订《尼布楚条约》作准备。曾主持治理黄河十

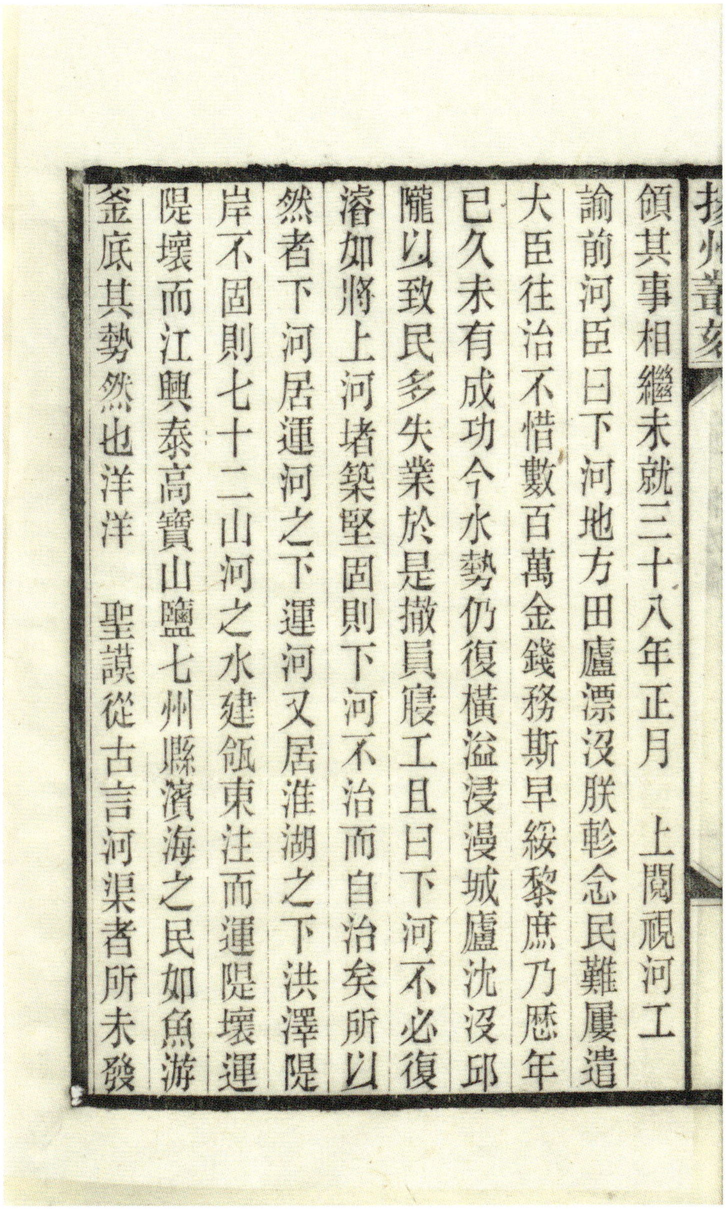
頒其事相繼未就三十八年正月　上閱視河工
諭前河臣曰下河地方田廬漂沒朕軫念民艱屢遣
大臣往治不惜數百萬金錢務期早綏黎庶乃歷年
已久未有成功今水勢仍復橫溢浸漫城廬沈沒邱
隴以致民多失業於是撤員寢工且曰下河不必復
濬如將上河堵築堅固則下河不治而自治矣所以
然者下河居運河之下運河又居淮湖之下洪澤隄
岸不固則七十二山河之水建瓴東注而運隄壞運
隄壞而江興泰高寶山鹽七州縣濱海之民如魚游
釜底其勢然也洋洋　聖謨從古言河渠者所未發

年，治清口，塞六坝，筑归人堤，采用裁弯取直、助黄刷沙的办法整治黄河。工诗善文，著有《冰雪堂稿》《如意堂稿》《信阳子卓录》《治河全书》等书，后人辑为《张文端公全集》。

《治下河水论》一书主要围绕治理下河水的方略展开论述。治理举措分为三部分：一是分南、中、北三路宣泄下河积水，引水入海；二是开挑人字、芒稻诸河，引湖水入江；三是批驳“从天长、六合间别寻支河入江”之说。全篇贯穿了康熙三十八年（1699）康熙皇帝第三次南巡所确定的“如将上河堵筑坚固，则下河不治而自治”的治下河方略，对今日之水利建设仍有参考价值。

河防志十二卷

〔清〕张鹏翮纂　清雍正三年（1725）刻本　十二册

半叶九行，行二十字。白口，四周单边，上单黑鱼尾。版框高18.6厘米，宽13.6厘米。

张鹏翮（1649—1725），生平简介见前“治下河水论”条。

《河防志》凡分十二卷，其中卷一为上谕，辑录康熙二十三年至四十一年（1684—1702）康熙皇帝有关河工的指示；卷二为考订，考证黄、淮两河及河运

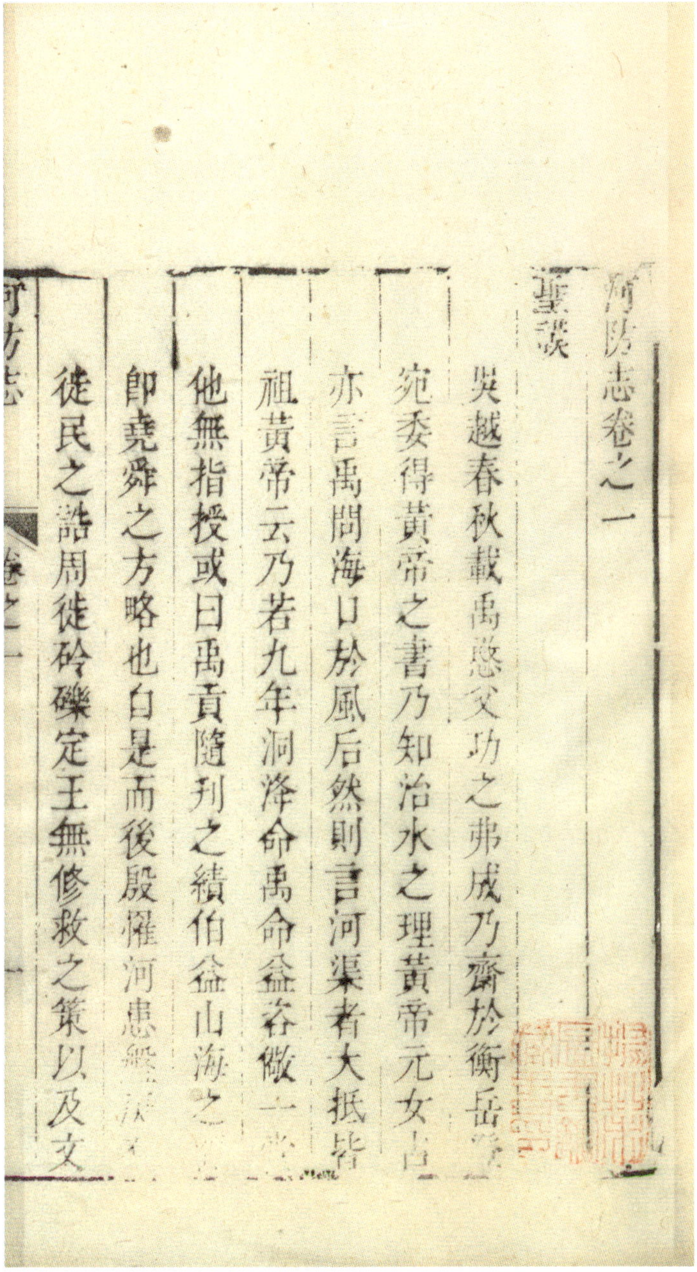

河防志卷之一
叢談
吳越春秋載禹惑父功之弗成乃齋於衡岳
宛委得黃帝之書乃知治水之理黃帝元女
亦言禹問海口於風后然則言河渠者大抵皆
祖黃帝云乃若九年洞洚命禹命益咨儆一
他無指授或曰禹貢隨刋之績伯益山海之
即堯舜之方略也自是而後殷罹河患
徙民之誥周徙砰礫定王無修救之策以及文
河防志　卷之一　一

诸水的源流、沿革；经画、章奏五卷，记述张鹏翮的治河事迹；艺文三卷，收录历代治河名论奏疏和碑记；治河名臣列传一卷，为人物传记；杂志一卷，辑录河渠掌故。本书对研究古代治理黄河、淮河等有重要参考价值。

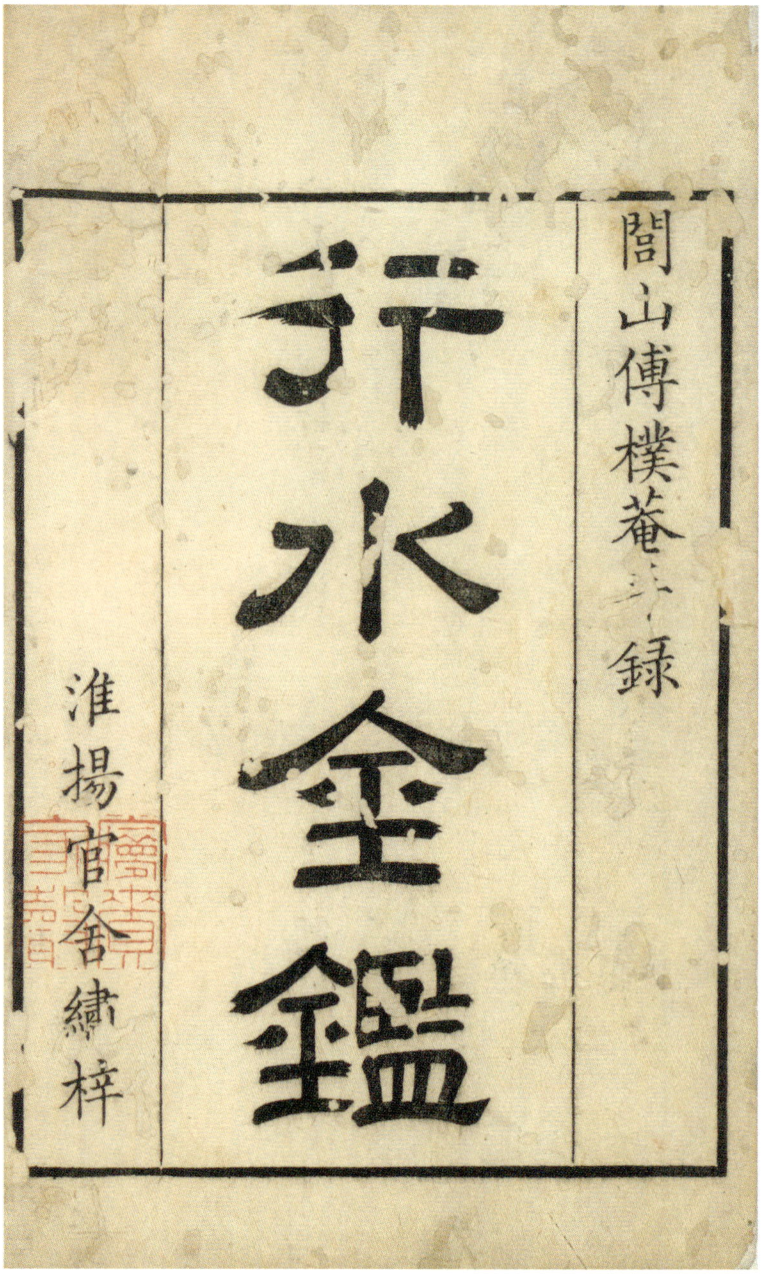

行水金鉴一百七十五卷首一卷

〔清〕傅泽洪撰　清雍正三年（1725）淮扬官舍刻本　四十册

半叶十一行，行二十一字，小字双行不等。黑口，左右双边，上单黑鱼尾。版框高 18 厘米，宽 13.5 厘米。有“盐城王氏读书记”“梦赍家声”印。

傅泽洪（生卒年不详），字育甫，一字稚君，号怡园，汉军镶红旗人。曾在康熙年间任扬州知府，官至江南淮扬道按察副使。

《行水金鉴》是一部综述我国古代水利事业的历史资料书，记载了上起先

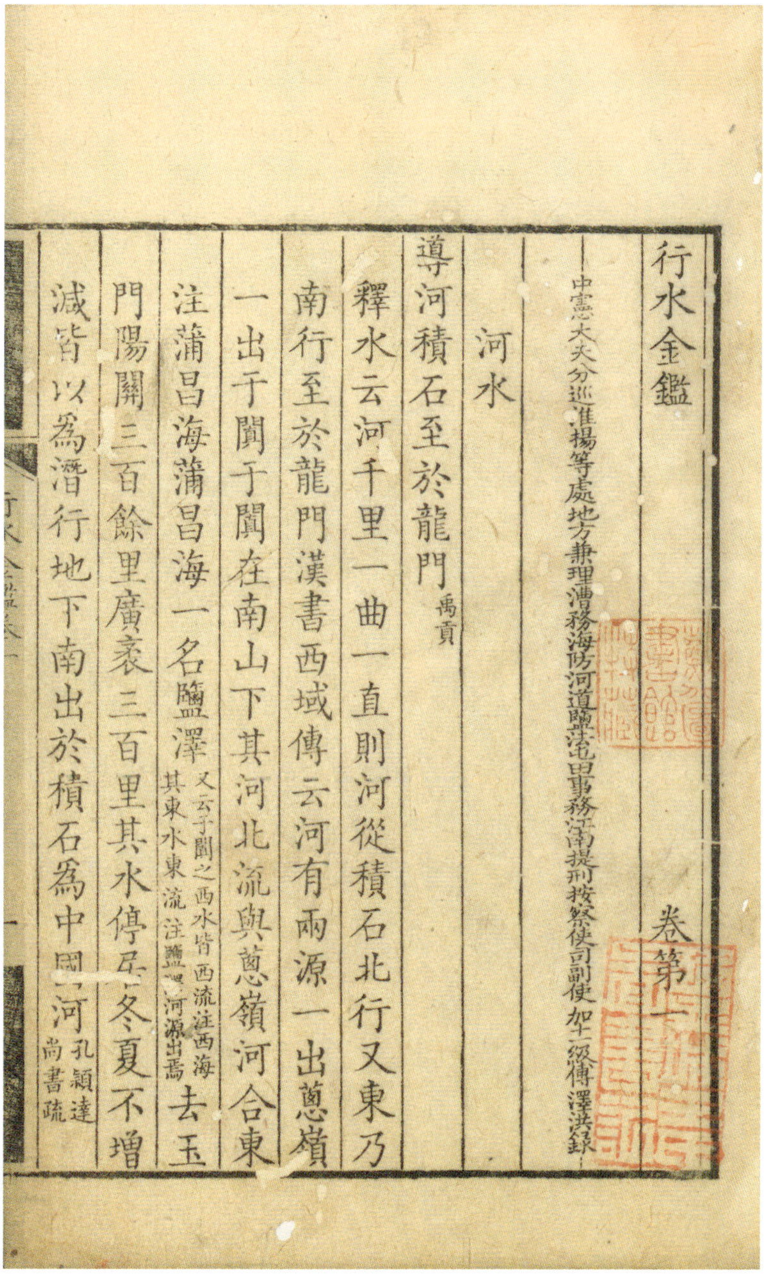
行水金鑑　卷第一

中憲大夫分巡淮揚等處地方兼理漕務海防河道監管屯田事務江南提刑按察使司副使加十級傅澤洪錄

河水

導河積石至於龍門 禹貢

釋水云河千里一曲一直則河從積石北行又東乃南行至於龍門漢書西域傳云河有兩源一出蔥嶺一出于闐于闐在南山下其河北流與蔥嶺河合東注蒲昌海蒲昌海一名鹽澤 又云于闐之西水皆西流注西海其東水東流注鹽澤河源出焉 去玉門陽關三百餘里廣袤三百里其水停居冬夏不增減皆以爲潛行地下南出於積石爲中國河 孔穎達尚書疏

秦时期，下至康熙末年之间，黄河、淮水、汉水、江水、济水、运河水等流域水系的源流、变迁、治水等内容。此书不但资料丰富全面，辑录了三百七十余种水利文献资料，而且编排体例清晰，按照水系进行分类，每类中再按照朝代先后编排，侧重于河道兴废及河堤闸坝疏筑塞防的经验教训，兼论官司、夫役、河道钱粮、漕规漕运等事。该书为后世水利建设提供了宝贵的参考经验，被誉为“凡讲求水政者，莫不奉为圭臬”。

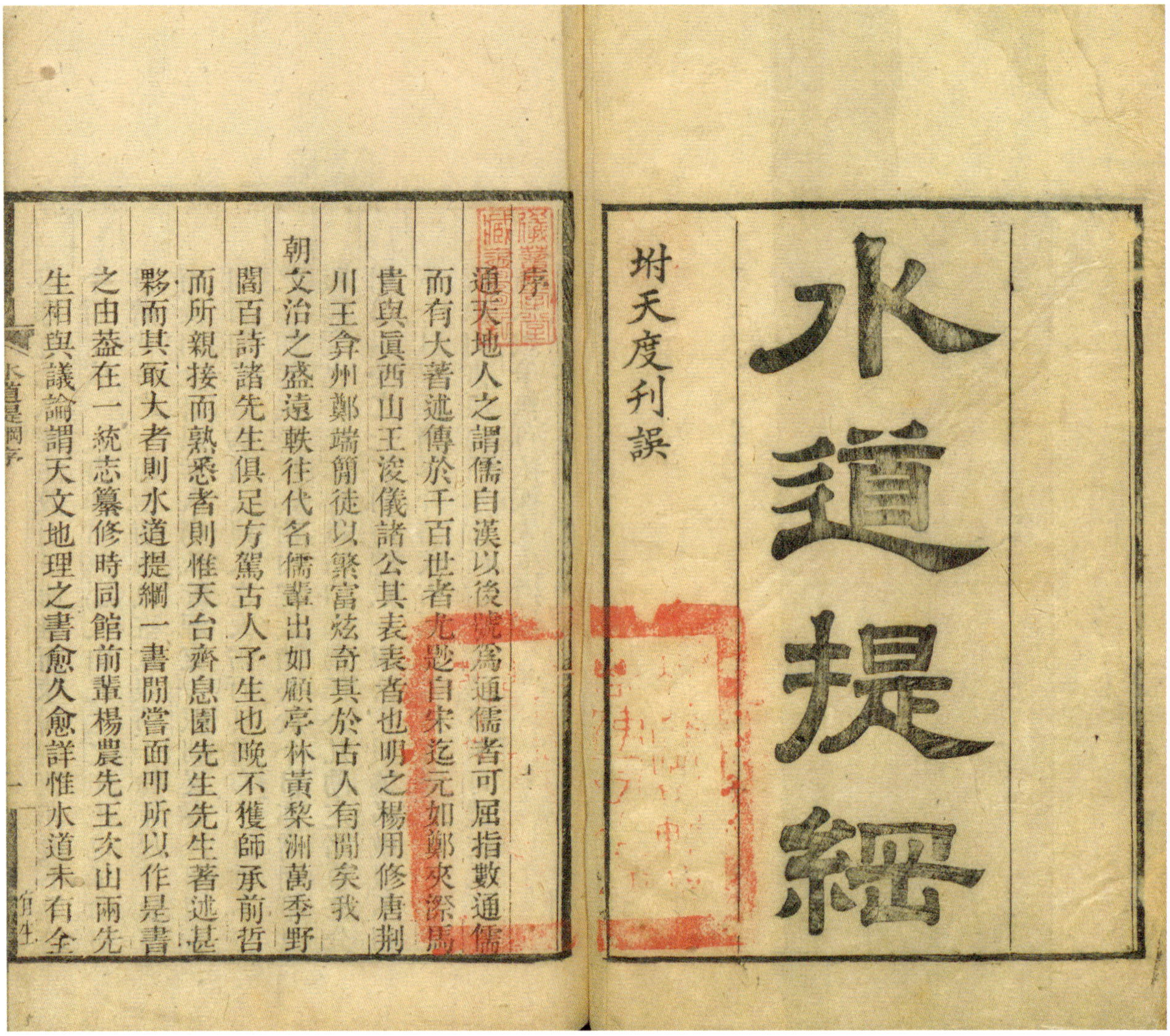

水道提纲二十八卷

〔清〕齐召南撰　清乾隆四十一年（1776）刻本　十册

半叶十一行，行二十四字。黑口，左右双边，上单黑鱼尾。版框高18.7厘米，宽13.9厘米。有“仪董学堂藏书图记”印。

齐召南（1703—1768），字次风，号琼台，晚号息园，浙江天台人。乾隆元年（1736）召试博学鸿词，授翰林院编修，官至礼部侍郎。精通史地，旁及诗文。博闻强记，著作颇丰，著有《历代帝王年表》《前汉书考证》《宝纶堂集》等。

《水道提纲》二十八卷，成书于乾隆二十六年（1761），是一部专叙水道源流

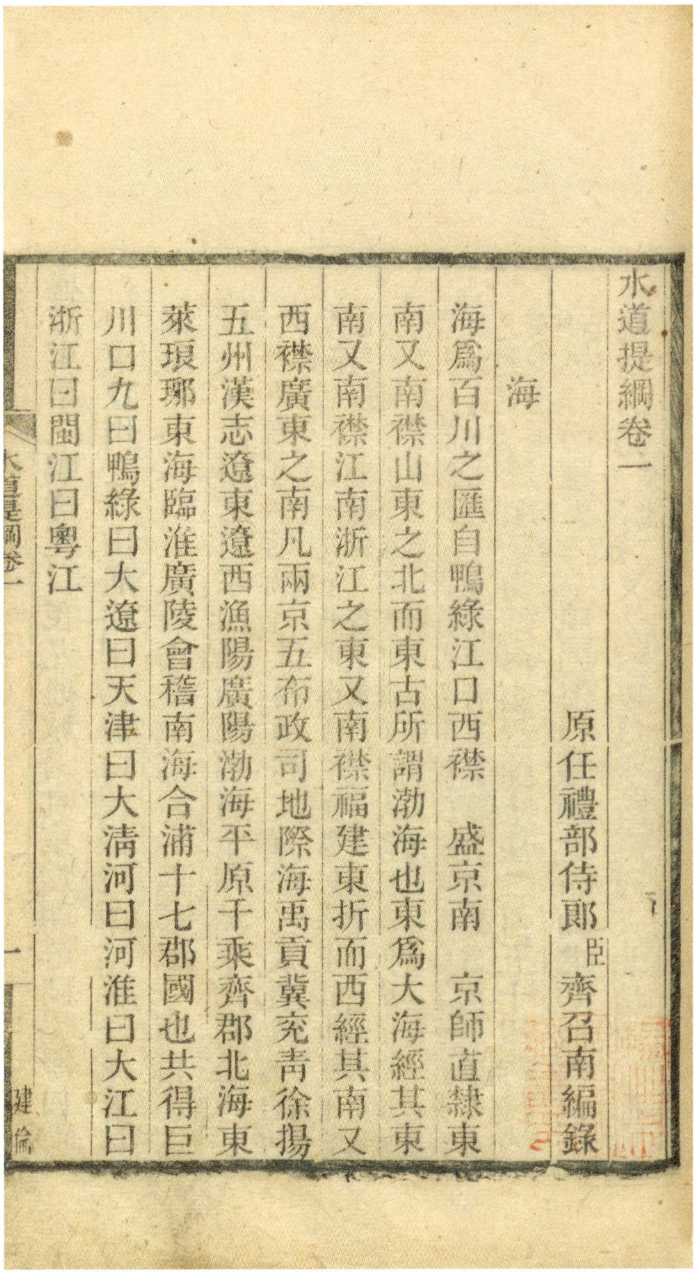
水道提綱卷一

原任禮部侍郎臣齊召南編錄

海

海爲百川之匯自鴨綠江口西襟 盛京南 京師直隸東南又南襟山東之北而東古所謂渤海也東爲大海經其東南又南襟江南浙江之東又南襟福建東折而西經其南又西襟廣東之南凡兩京五布政司地際海禹貢冀兗青徐揚五州漢志遼東遼西漁陽廣陽渤海平原千乘齊郡北海東萊琅琊東海臨淮廣陵會稽南海合浦十七郡國也共得巨川口九曰鴨綠曰大遼曰天津曰大清河曰河淮曰大江曰浙江曰閩江曰粵江

水道提綱卷一　一

分合的地理著作。全书以巨川为纲，以所汇众流为目，故名“提纲”。它记载了清代盛时各边地的河流、湖泊及其源流分合情况，“域中万川，纲目毕列”。每卷首有小序，概述大势和编记次第，然后依水系叙述，脉络清晰，原委详明。该书极具系统性，对当时全国范围内的江河湖泊、入海口与沿海岛屿皆有记录，为了解研究清朝鼎盛时期全国水道情况提供了较有价值的历史文献，深受后人推崇，常据为典实。

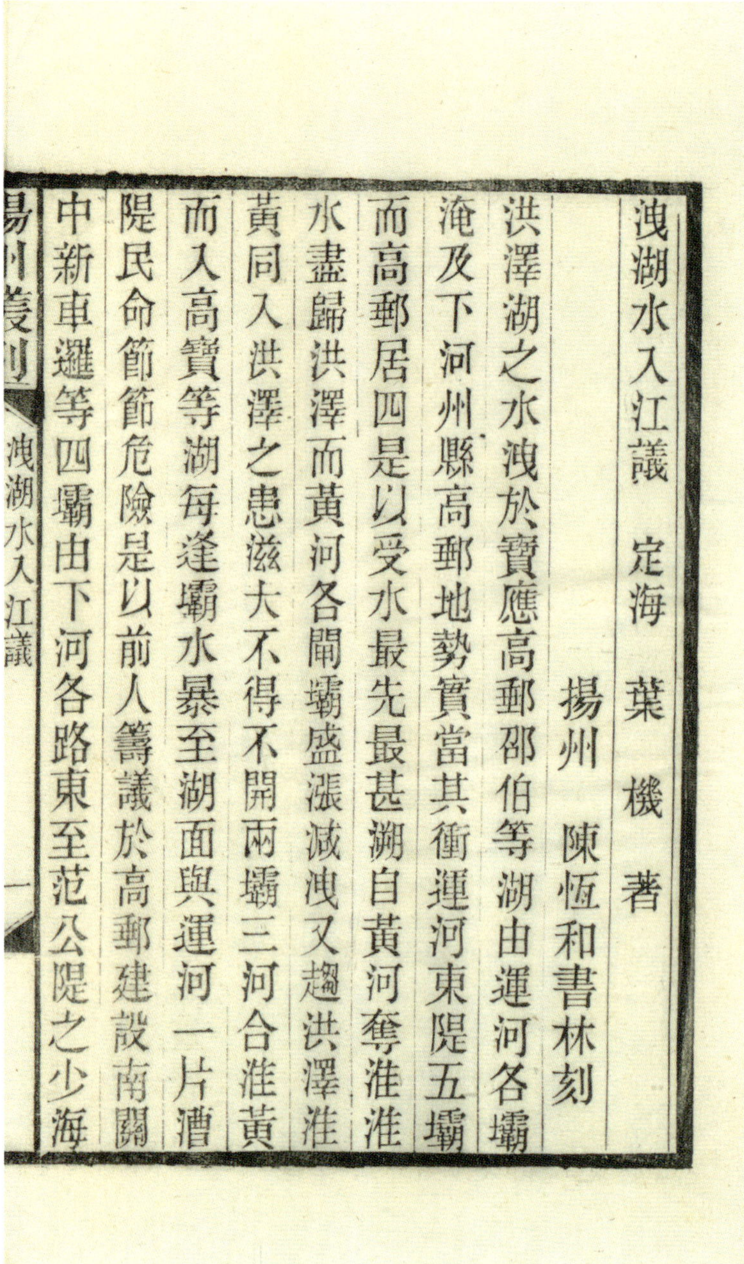

洩湖水入江議　定海　葉機　著

揚州　陳恆和書林刻

洪澤湖之水洩於寶應高郵邵伯等湖由運河各壩淹及下河州縣高郵地勢實當其衝運河東隄五壩而高郵居四是以受水最先最甚湖自黃河奪淮淮水盡歸洪澤而黃河各閘壩盛漲減洩又趨洪澤淮黃同入洪澤之患滋大不得不開兩壩三河合淮黃而入高寶等湖每逢壩水暴至湖面與運河一片漕隄民命節節危險是以前人籌議於高郵建設南關中新車邏等四壩由下河各路東至范公隄之少海

揚州叢刻　洩湖水入江議　一

泄湖水入江议一卷

〔清〕叶机著　民国间扬州陈恒和书林刻《扬州丛刻》本　合一册

半叶十行，行二十字，小字双行同。白口，左右双边，双对黑鱼尾。版框高16.8厘米，宽12厘米。

叶机（1764—1824），字宗藩，号莱山，浙江定海（今属舟山）人。诸生。嘉庆初，曾协同官军镇压当地蔡牵义军。嘉庆十八年（1813），任上海知县。道光元年（1821），升高邮知州。任职高邮期间，倡导居民筑河堤，疏导湖水入江，缓解水患，还主持修理珠湖书院和育婴堂等。道光三年，调任海州直隶州

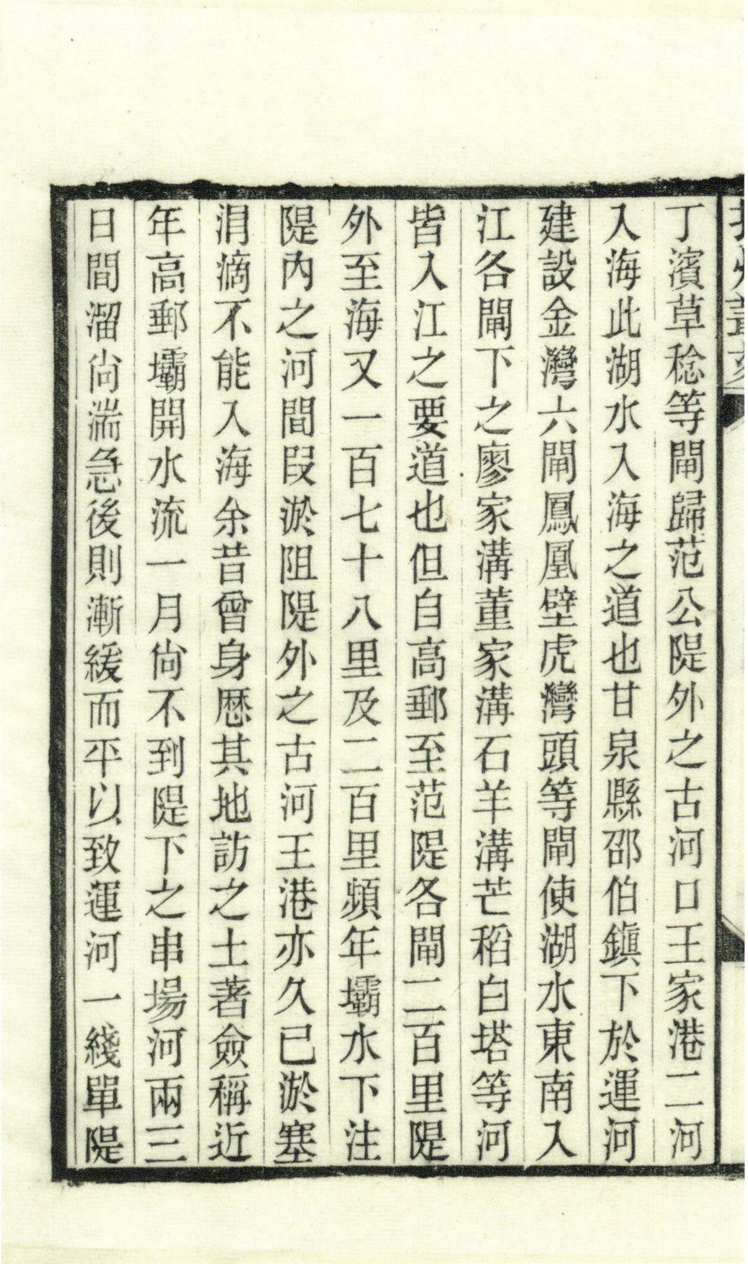
丁濱草稔等閘歸范公隄外之古河口王家港二河
入海此湖水入海之道也甘泉縣邵伯鎮下於運河
建設金灣六閘鳳凰壁虎灣頭等閘使湖水東南入
江各閘下之廖家溝董家溝石羊溝芒稻白塔等河
皆入江之要道也但自高郵至范隄各閘二百里隄
外至海又一百七十八里及二百里頻年壩水下注
隄內之河間段淤阻隄外之古河王港亦久已淤塞
涓滴不能入海余昔曾身歷其地訪之土著僉稱近
年高郵壩開水流一月尚不到隄下之串場河兩三
日間溜尚湍急後則漸緩而平以致運河一綫單隄

知州，次年在去海州途中病逝。叶机尚武能文，著有《海天吟》《藤花集》《珠湖诗草》等。

《泄湖水入江议》一书针对如何治理下河州县水患，尤其是高邮水患而展开。首先指出水患是由黄河夺淮而造成，接着说明泄洪泽湖之水入海的种种困难，故而应导之入江，再由江入海，继而分析入江的四点利处。对于“泄湖水入江”可能出现的江潮顶托难消、扬城恐遭水患、经费筹措困难、盐运不便等问题，也作出了解释。

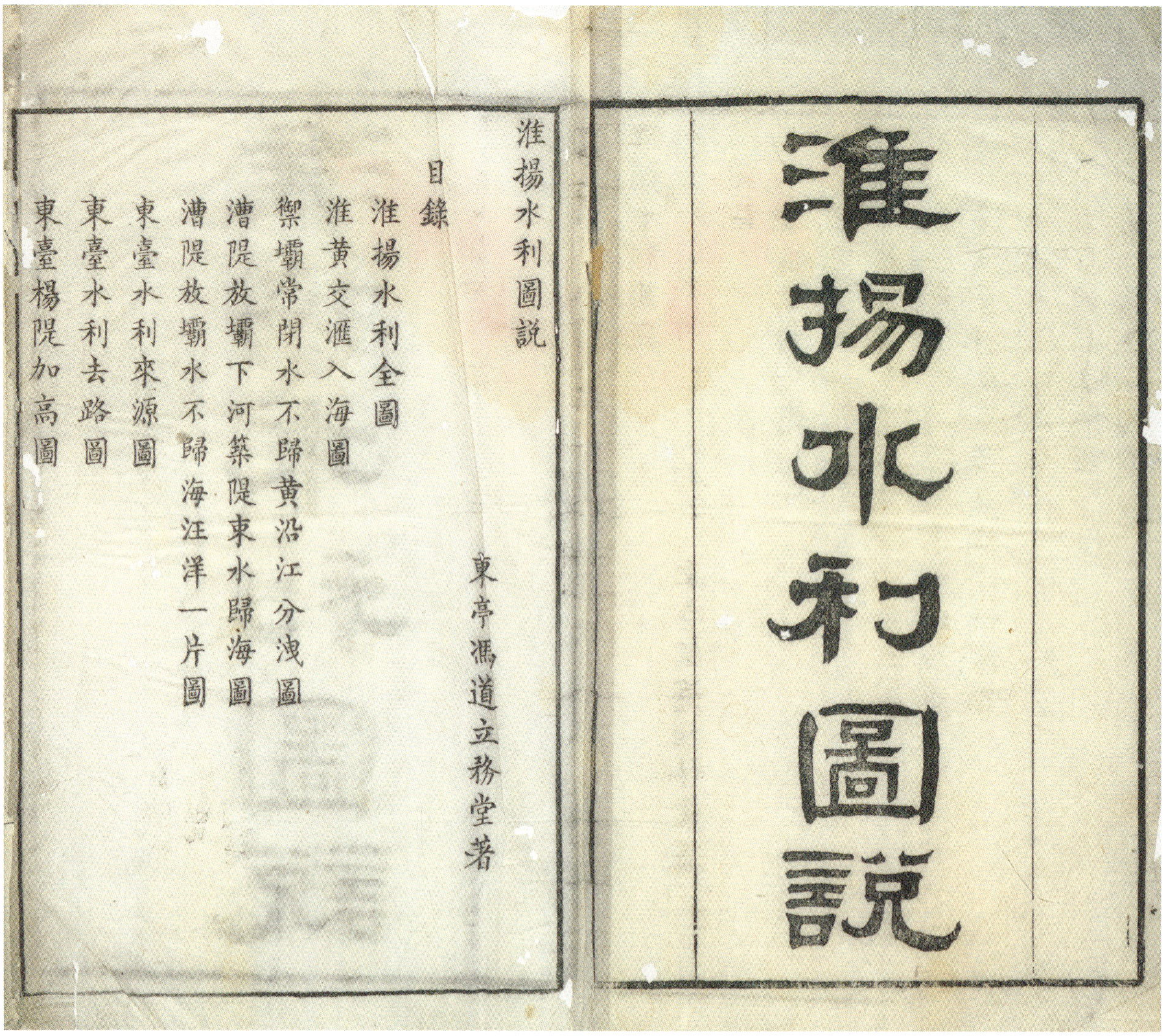

淮揚水利圖說

淮揚水利圖說
東亭馮道立務堂著
目錄
淮揚水利全圖
淮黃交滙入海圖
禦壩常閉水不歸黃沿江分洩圖
漕隄放壩下河築隄束水歸海圖
漕隄放壩水不歸海汪洋一片圖
東臺水利來源圖
東臺水利去路圖
東臺揚隄加高圖

淮扬水利图说一卷淮扬治水论一卷

〔清〕冯道立撰　清光绪二年（1876）刻朱墨印本　一册

《淮扬水利图说》，半叶十一行，行二十二字，无格。白口，四周单边，无鱼尾。版框高25厘米，宽15.7厘米。

《淮扬治水论》，半叶十一行，行二十六字，小字双行同，无格。白口，四周单边，无鱼尾。版框高24.8厘米，宽15.8厘米。

冯道立（1782—1860），字务堂，号西园，江苏东台时堰镇人。道光元年（1821）恩科贡生，咸丰元年（1851）荐举孝廉方正，例授承德郎。清代中叶杰出的水利学家，一生致力于治水与水利地图研究。曾亲自到苏北地区对水利情况进行全面细致的勘察，并主持淮、扬两府的大中型水利工程建设。除《淮扬水利图说》《淮扬治水论》外，还著有《束水刍言》《攻沙八法》等水利专著。

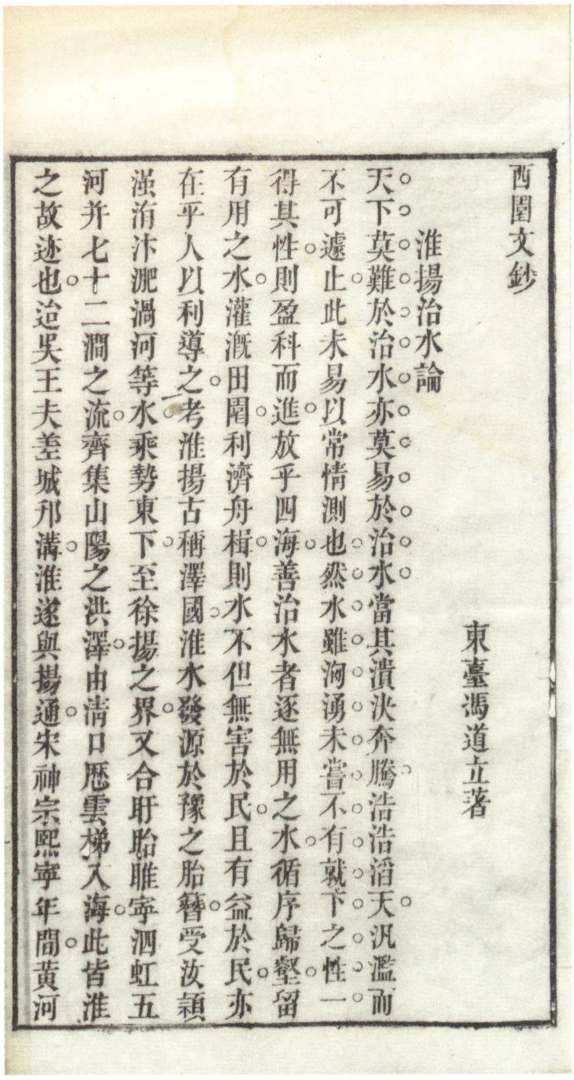

西圃文鈔

淮揚治水論　東臺馮道立著

天下莫難於治水亦莫易於治水當其潰決奔騰浩浩滔天汎濫而不可遏止此未易以常情測也然水雖洶湧未嘗不有就下之性一得其性則盈科而進放乎四海善治水者逐無用之水循序歸壑留有用之水灌溉田疇利濟舟楫則水不但無害於民且有益於民亦在乎人以利導之考淮揚古稱澤國淮水發源於豫之胎簪受汝潁溵洧汴泚渦河等水乘勢東下至徐揚之界又合盱眙睢寧泗虹五河并七十二澗之流齊集山陽之洪澤由清口歷雲梯入海此皆淮之故迹也迨吳王夫差城邗溝淮遂與揚通宋神宗熙寧年間黃河

《淮扬水利图说》是一部水利工程图集，书中系统提出了根治淮扬水患的具体方案，构思出如“束水归海”等治水之策。书中绘有八幅精细的水利图：淮扬水利全图、淮黄交汇入海图、御坝常闭水不归黄沿江分泄图、漕堤放坝下河筑堤束水归海图、漕堤放坝水不归海汪洋一片图、东台水利来源图、东台水利去路图、东台杨堤加高图。每幅图中有注文，图后附有简要说明。本书具有较高的学术价值，为研究淮扬地区水利史提供了珍贵的图像与文字资料。

《淮扬治水论》分析了治淮与治黄的辩证关系，指出“淮与黄相倚伏，治淮应先治黄，则蓄清自然有功；治淮不先治黄，则蓄清终难有效”，概括了黄、淮危害苏北的历史根源。书中总结“治水之道，不出‘疏’‘畅’‘浚’‘束’四法”，其治水思想直至今日仍然具有借鉴意义。

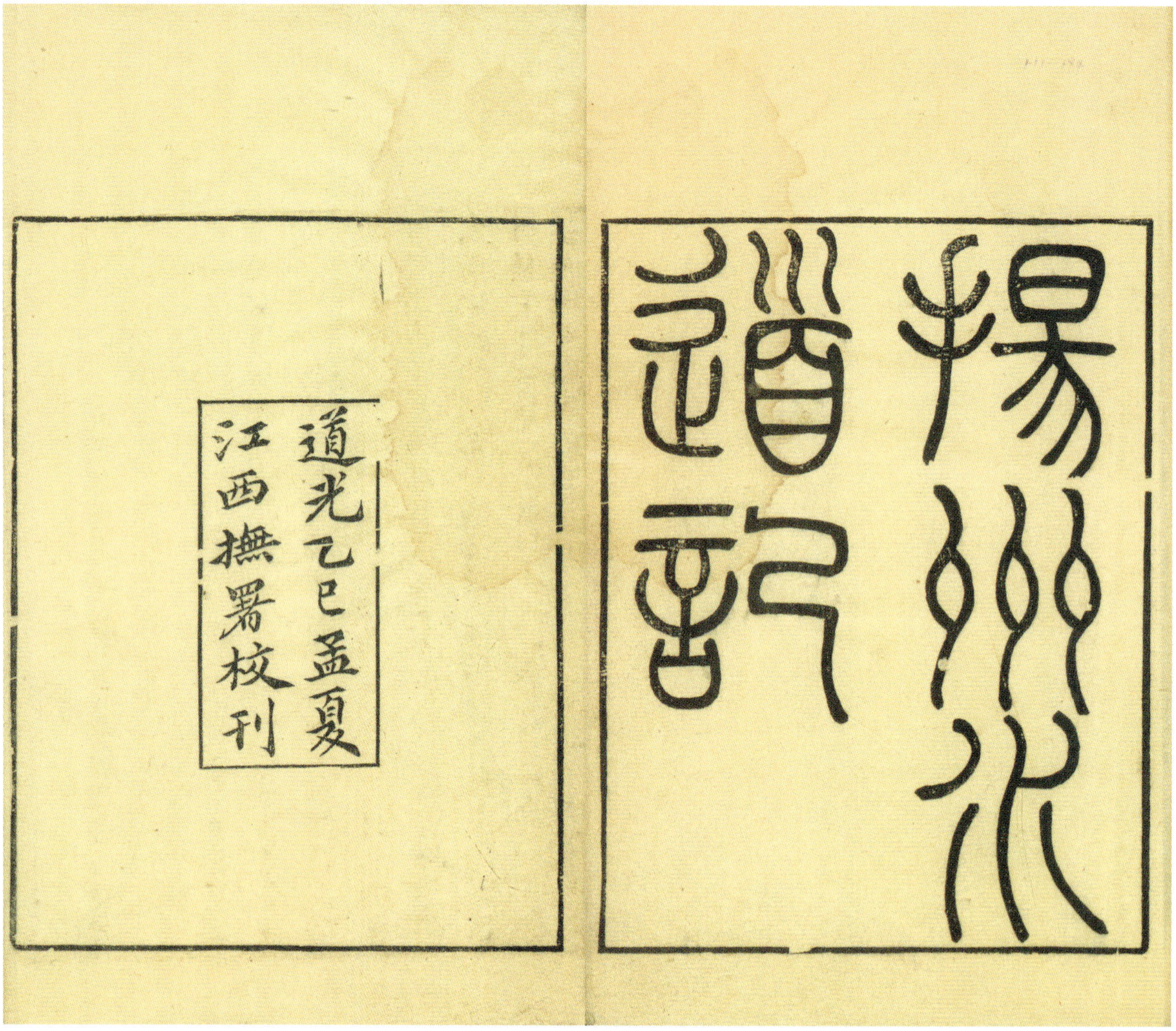

扬州水道记四卷

〔清〕刘文淇撰　清道光二十五年(1845)江西抚署刻同治十一年(1872)淮南书局补刻本　四册

半叶十行,行二十一字,小字双行同。白口,左右双边,上单黑鱼尾。版框高 19.8 厘米,宽 15.2 厘米。

刘文淇(1789—1854),字孟瞻,江苏仪征人。嘉庆二十四年(1819)优贡生,候选训导,多次参加乡试均名落孙山。精研古籍,贯穿群经,对《左传》用功尤深,成《春秋左氏传旧注疏证》。与刘宝楠齐名,有"扬州二刘"之称。著述众多,

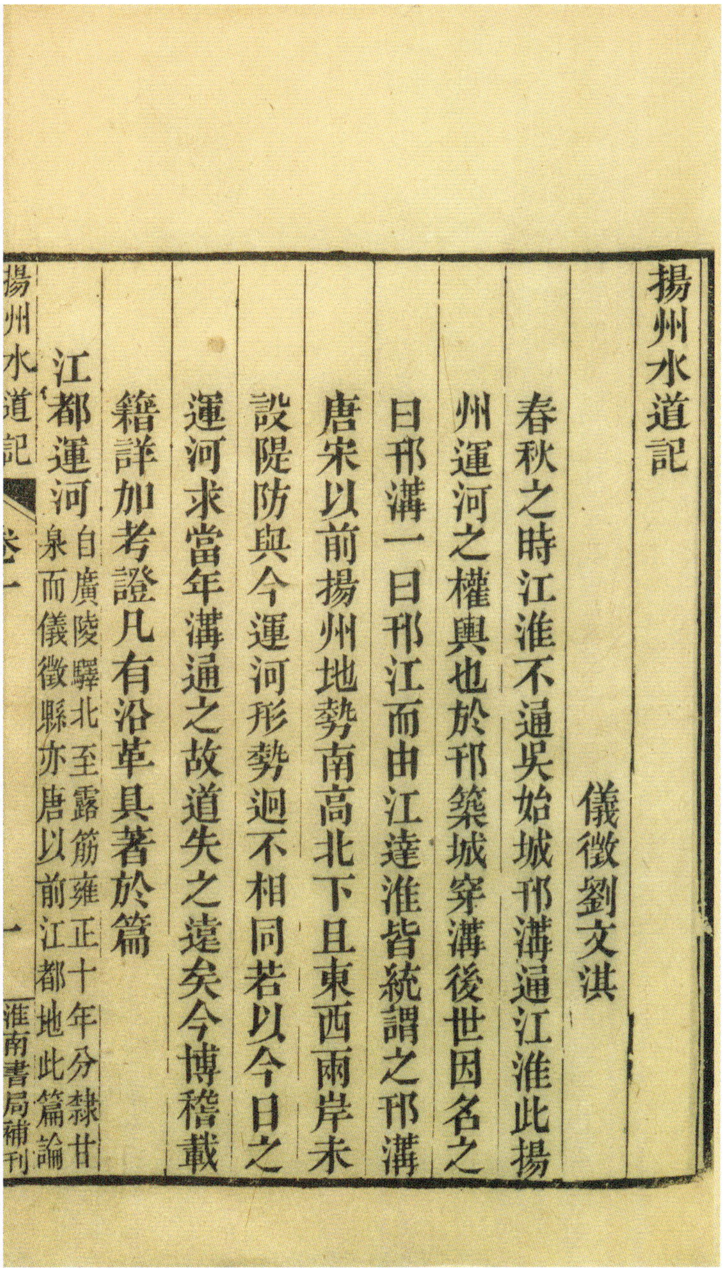
揚州水道記

儀徵劉文淇

春秋之時江淮不通吳始城邗溝通江淮此揚州運河之權輿也於邗築城穿溝後世因名之曰邗溝一曰邗江而由江達淮皆統謂之邗溝唐宋以前揚州地勢南高北下且東西兩岸未設隄防與今運河形勢迴不相同若以今日之運河求當年溝通之故道失之遠矣今博稽載籍詳加考證凡有沿革具著於篇

江都運河 自廣陵驛北至露筋雍正十年分隸甘泉而儀徵縣亦唐以前江都地此篇論

揚州水道記 卷一 一 淮南書局補刊

除《扬州水道记》外，还有《楚汉诸侯疆域志》《青溪旧屋文集》等。

《扬州水道记》是一部考证叙述扬州境内运河（邗沟）水道变迁沿革的重要历史地理著作。本书有如下特色：一是叙述了邗沟即扬州至淮安运河水道的变迁及沿革，旁征博引，追根寻源，正讹纠谬，十分精核；二是记录了围绕水道治理，朝廷与地方、水利与漕运的意见、纷争和协调，有理有据，条分缕析，鞭辟入里，鉴前启后；三是反映了沿途城镇的变更和风光民俗。全书材料丰富，文字生动，间引诗文，涉笔成趣，其学术价值、文献价值都极高。

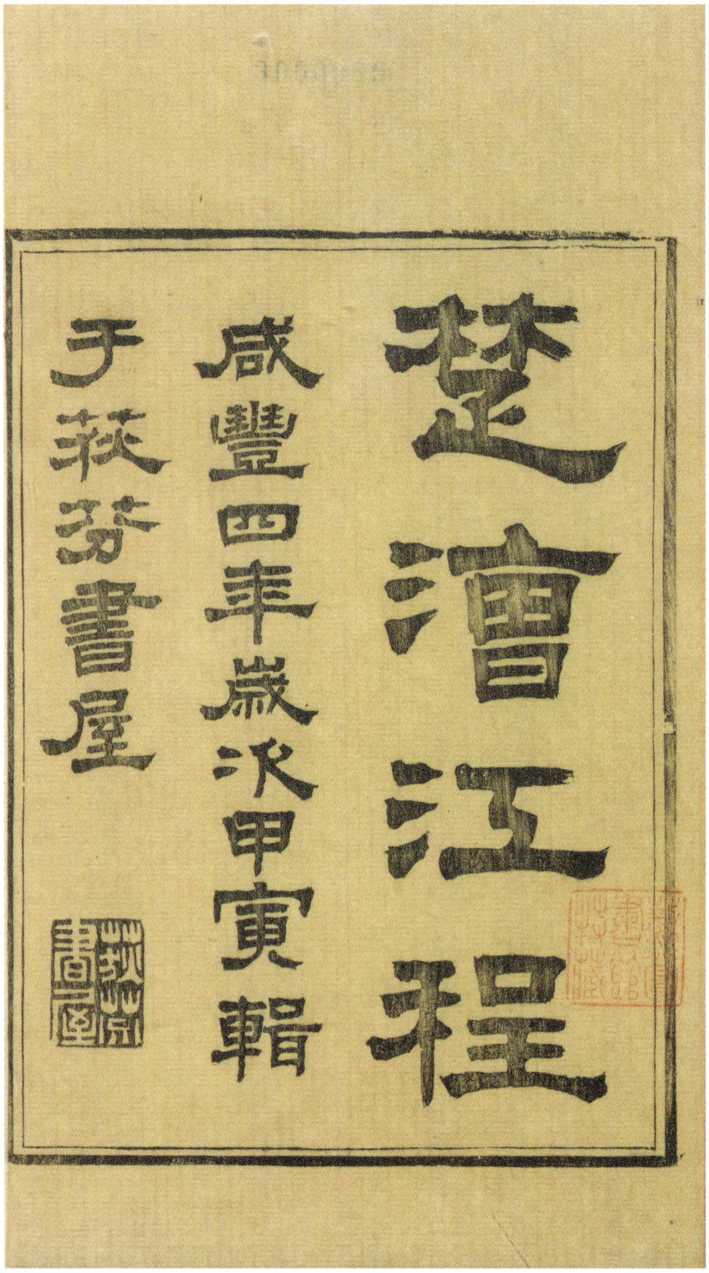

楚漕江程十六卷首一卷末一卷

〔清〕董恂辑　清咸丰四年(1854)荻芬书屋刻本　十六册

半叶九行,行二十五字,小字双行同。白口,四周双边,上单黑鱼尾。版框高19.2厘米,宽13.9厘米。

董恂(1807—1892),初名椿,科举后改名醇,同治帝即位后改名恂,字忱甫,号酝卿,晚年自号“还读我书室老人”,扬州甘泉(今属江都邵伯)人。道光二十年(1840)进士,累官户部尚书、总理各国事务衙门大臣等。一生著述颇丰,

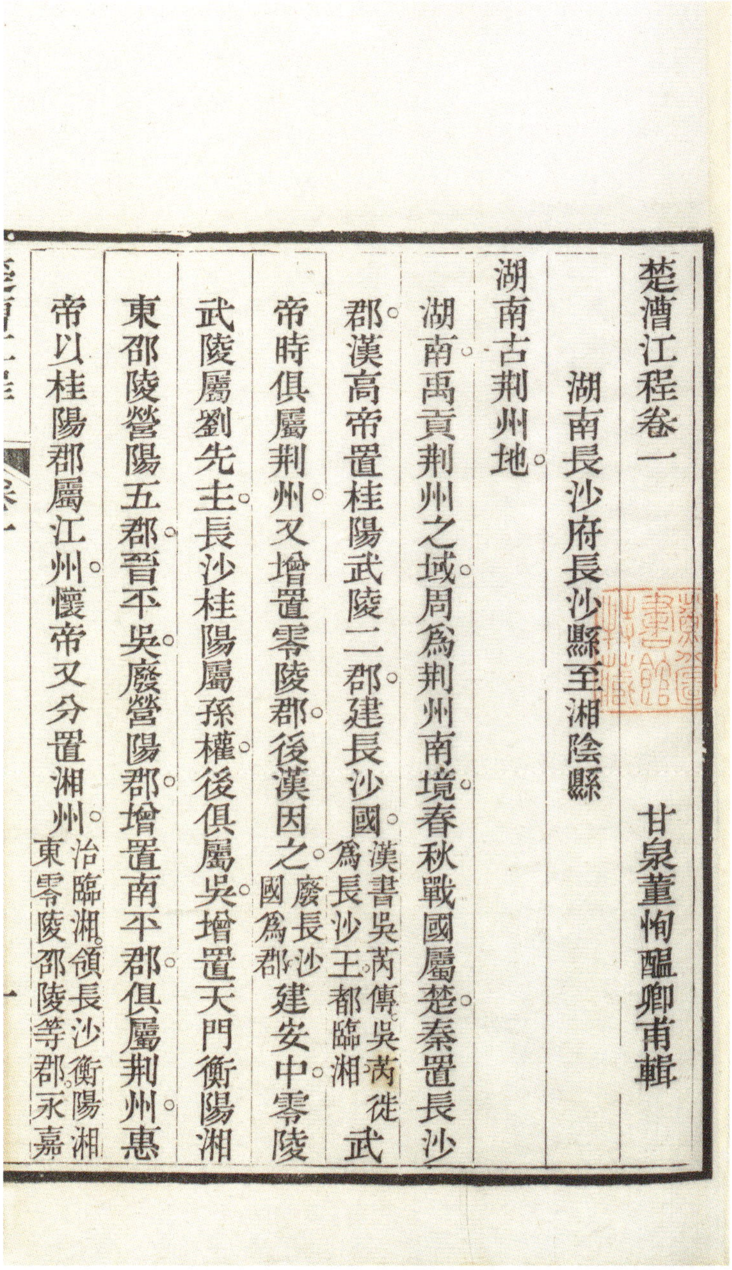
楚漕江程卷一　甘泉董恂醞卿甫輯

湖南長沙府長沙縣至湘陰縣

湖南古荆州地

湖南禹貢荆州之域周爲荆州南境春秋戰國屬楚秦置長沙郡漢高帝置桂陽武陵二郡建長沙國（漢書吳芮傳吳芮徙爲長沙王都臨湘）武帝時俱屬荆州又增置零陵郡後漢因之（廢長沙國爲郡）建安中零陵武陵屬劉先主長沙桂陽屬孫權後俱屬吳增置天門衡陽湘東邵陵營陽五郡晉平吳廢營陽郡增置南平郡俱屬荆州惠帝以桂陽郡屬江州懷帝又分置湘州（治臨湘領長沙衡陽湘東零陵邵陵等郡永嘉

除《楚漕江程》外，还著有《江北运程》《甘棠小志》《随轺载笔七种》《荻芬书屋诗文稿》等。

《楚漕江程》一书记载了从湖北（古代属楚地）到长江下游地区与漕运相关的水道情况、运输路线、沿途的地理环境、水利设施及漕运管理等诸多方面的内容。它对于研究清代的漕运制度、水利交通，以及长江流域的经济发展等都具有重要的参考价值。

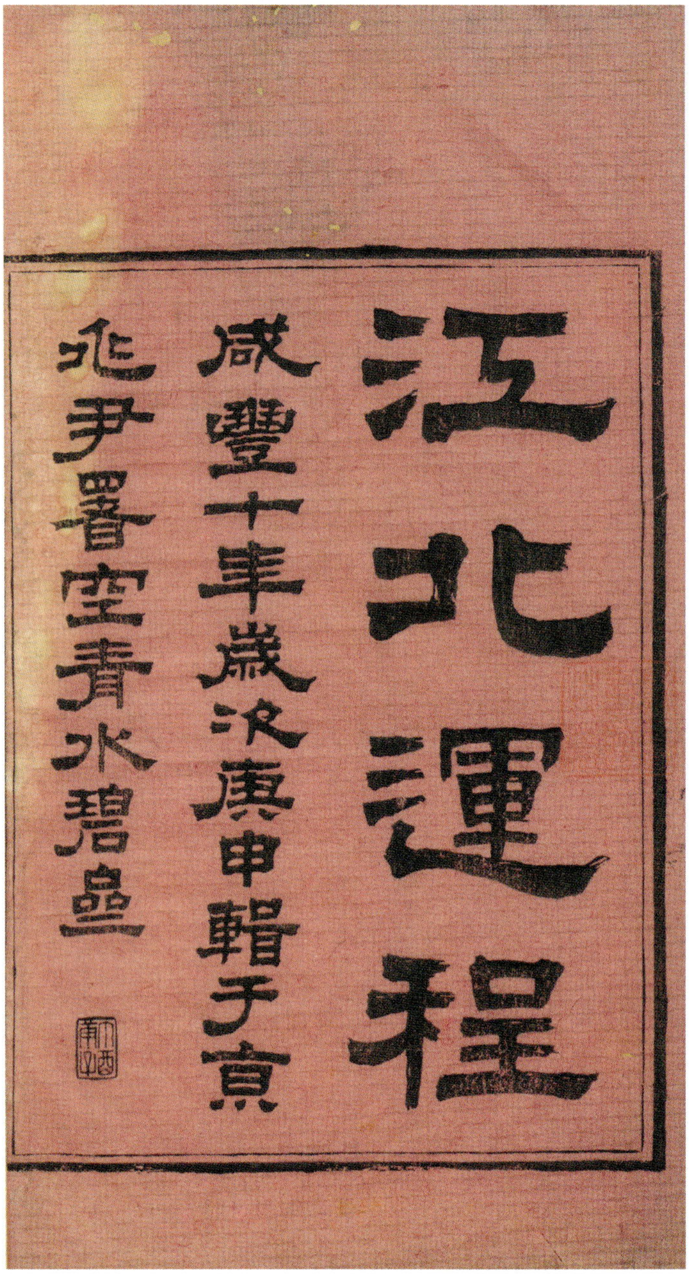

江北运程四十卷首一卷

〔清〕董恂辑　清同治六年（1867）刻本　四十一册

半叶九行，行二十五字，小字双行同。白口，四周双边，上单黑鱼尾。版框高 18.5 厘米，宽 14 厘米。

董恂（1807—1892），生平简介见前“楚漕江程”条。

《江北运程》是一部关于京杭运河长江以北段的文献汇编。正文以运河为经，详细记述了自北京开始，南至长江北岸瓜洲镇各段运河的里程；以运河流

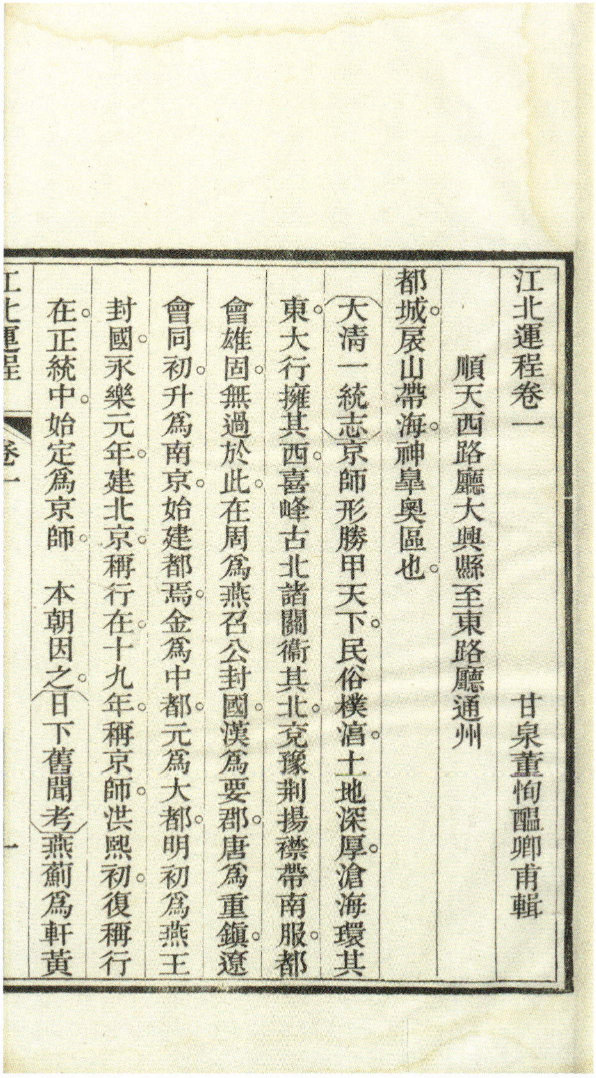
江北運程卷一　　甘泉董恂醖卿甫輯
順天西路廳大興縣至東路廳通州
都城辰山帶海神臯奧區也
大清一統志京師形勝甲天下民俗樸淳土地深厚滄海環其
東大行擁其西喜峰古北諸關衛其北兖豫荆揚襟帶南服都
會雄固無過於此在周爲燕召公封國漢爲要郡唐爲重鎭遼
會同初升爲南京始建都焉金爲中都元爲大都明初爲燕王
封國永樂元年建北京稱行在十九年稱京師洪熙初復稱行
在正統中始定爲京師　本朝因之日下舊聞考燕薊爲軒黃
江北運程　卷一　一

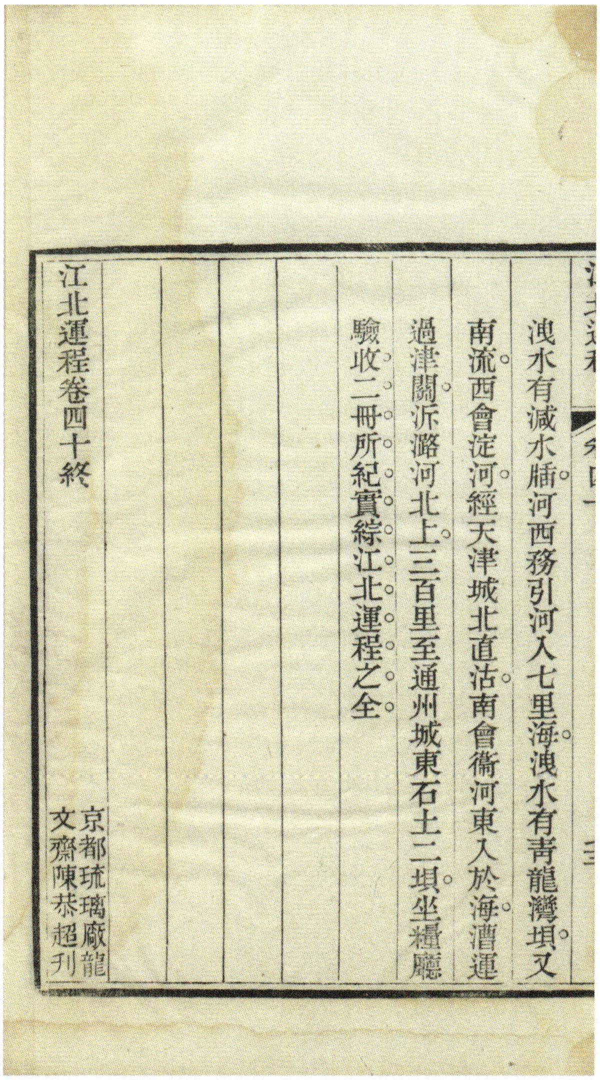
洩水有減水牐河西務引河入七里海洩水有青龍灣坝又
南流西會淀河經天津城北直沽南會衛河東入於海漕運
過津關泝潞河北上三百里至通州城東石土二壩坐糧廳
驗收二冊所紀實綜江北運程之全
江北運程卷四十終
京都琉璃廠龍文齋陳恭超刊

江北运程四十卷首一卷

经区域为纬，分别记述运河左右两岸的城镇、村庄、沿线闸坝、减河、运河沿线贮存漕粮的仓库数目及各仓的容量、从古至今有关的水利工程、历代河道治理与变迁等，还介绍了汇入运河的自然河流的源头、流经区域、汇入运河的情况，湖泊的形成与变迁。此书为研究京杭运河长江以北段的历史、地理、水利等方面提供了丰富的资料，具有重要的参考价值。

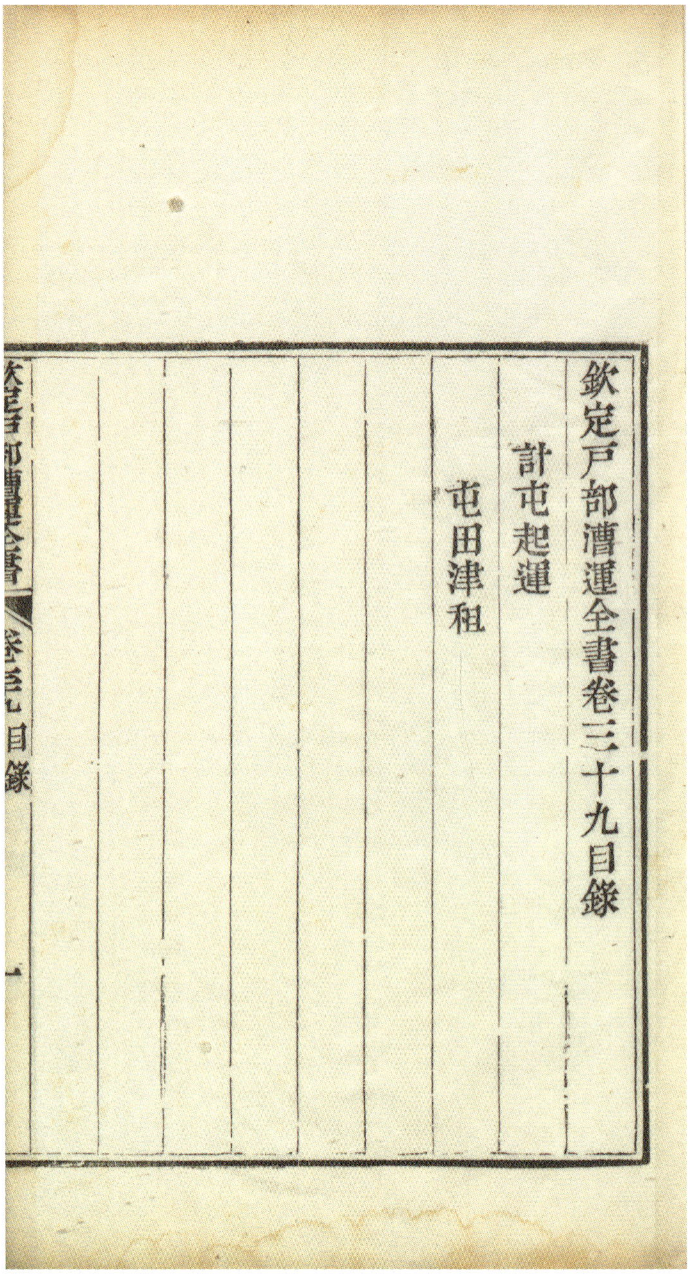
欽定戶部漕運全書卷三十九目錄
計屯起運
屯田津租
欽定戶部漕運全書 卷三十九 目錄

钦定户部漕运全书九十六卷首一卷

〔清〕载龄等纂修　清刻本　存十卷(卷三十九至卷四十八)　五册

半叶九行,行二十字。白口,四周双边,上单黑鱼尾。版框高18.9厘米,宽15.1厘米。

载龄(1812—1883),爱新觉罗氏,字鹤峰,满洲镶蓝旗人。道光二十一年(1841)进士,累官至体仁阁大学士,袭爵辅国公。在陕西任职时尽力恢复农业生产,重视河道治理、吏治管理。

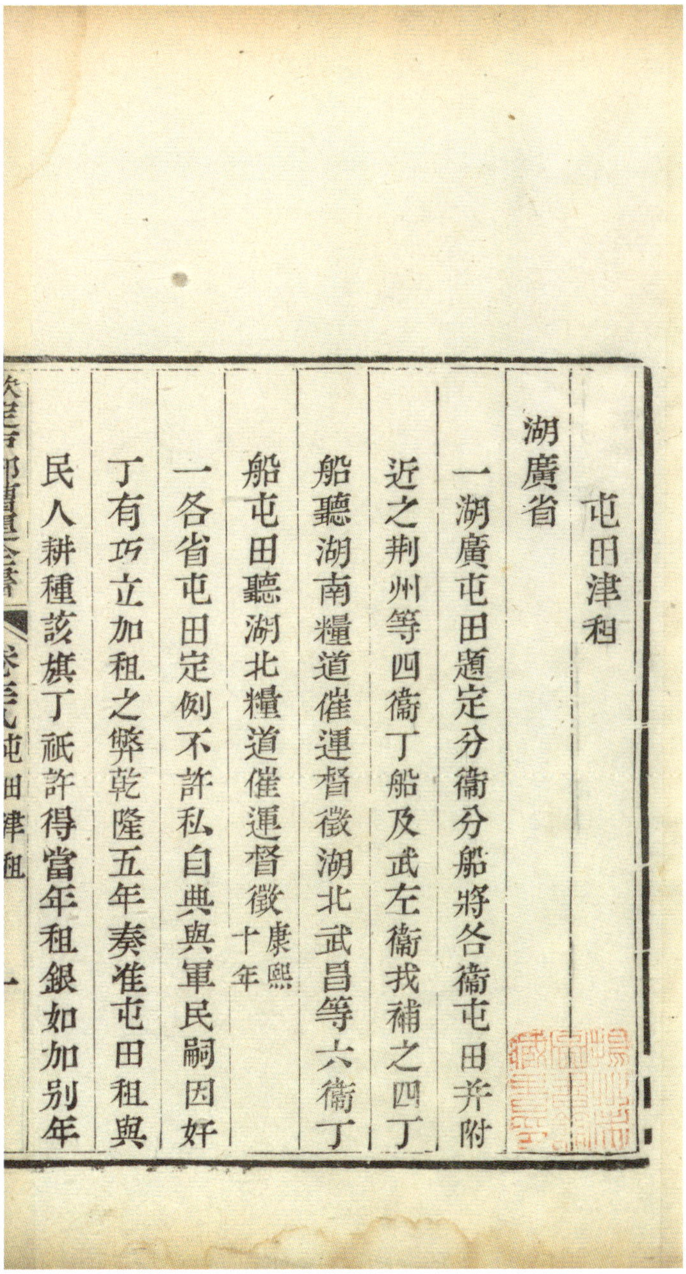
屯田津租
湖廣省
一湖廣屯田題定分衛分船將各衛屯田并附
近之荊州等四衛丁船及武左衛找補之四丁
船聽湖南糧道催運督徵湖北武昌等六衛丁
船屯田聽湖北糧道催運督徵康熙十年
一各省屯田定例不許私自典與軍民嗣因奸
丁有巧立加租之弊乾隆五年奏准屯田租與
民人耕種該旗丁祇許得當年租銀如加別年
欽定戶部漕運全書　卷三十九　屯田津租　一

钦定户部漕运全书九十六卷首一卷

本书为官修。雍正十二年(1734)始纂,定制十年一修,初为抄写本,嘉庆十七年(1812)刻印成书,道光二十四年(1844)达九十二卷。本书为清代漕粮征收及水路运输制度之总汇,对八省漕粮的定额、征收、兑运、河道、粮储诸项事例,以及通漕禁令等均有详明规定。咸丰年间,漕运制度发生很大变化,河运多改海运,故光绪朝续行修纂,计九十六卷。全书的分类及内容涵盖了漕运事务的各个方面,充分反映了清代漕运制度的全面和严密。

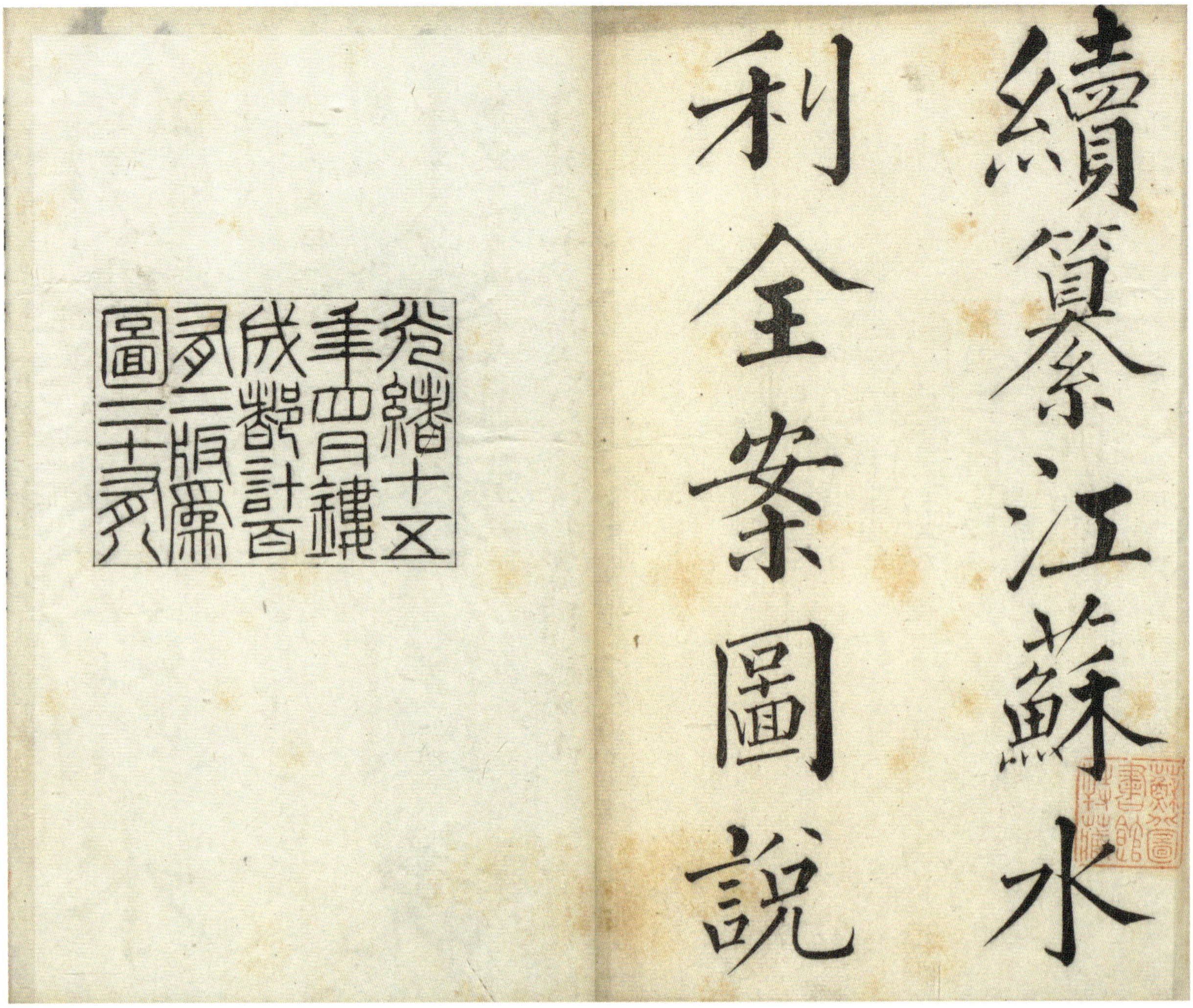

续纂江苏水利全案图说一卷

〔清〕李庆云辑　清光绪十五年（1889）刻本　一册

行不等，字不等。无版框，开本高23.5厘米，宽15.2厘米。

李庆云（生卒年不详），同治年间曾任震泽知县，在当地兴水利、浚河道，并建仓修堂。

《续纂江苏水利全案图说》一书总括江苏水利情形，采用新法绘制地图二

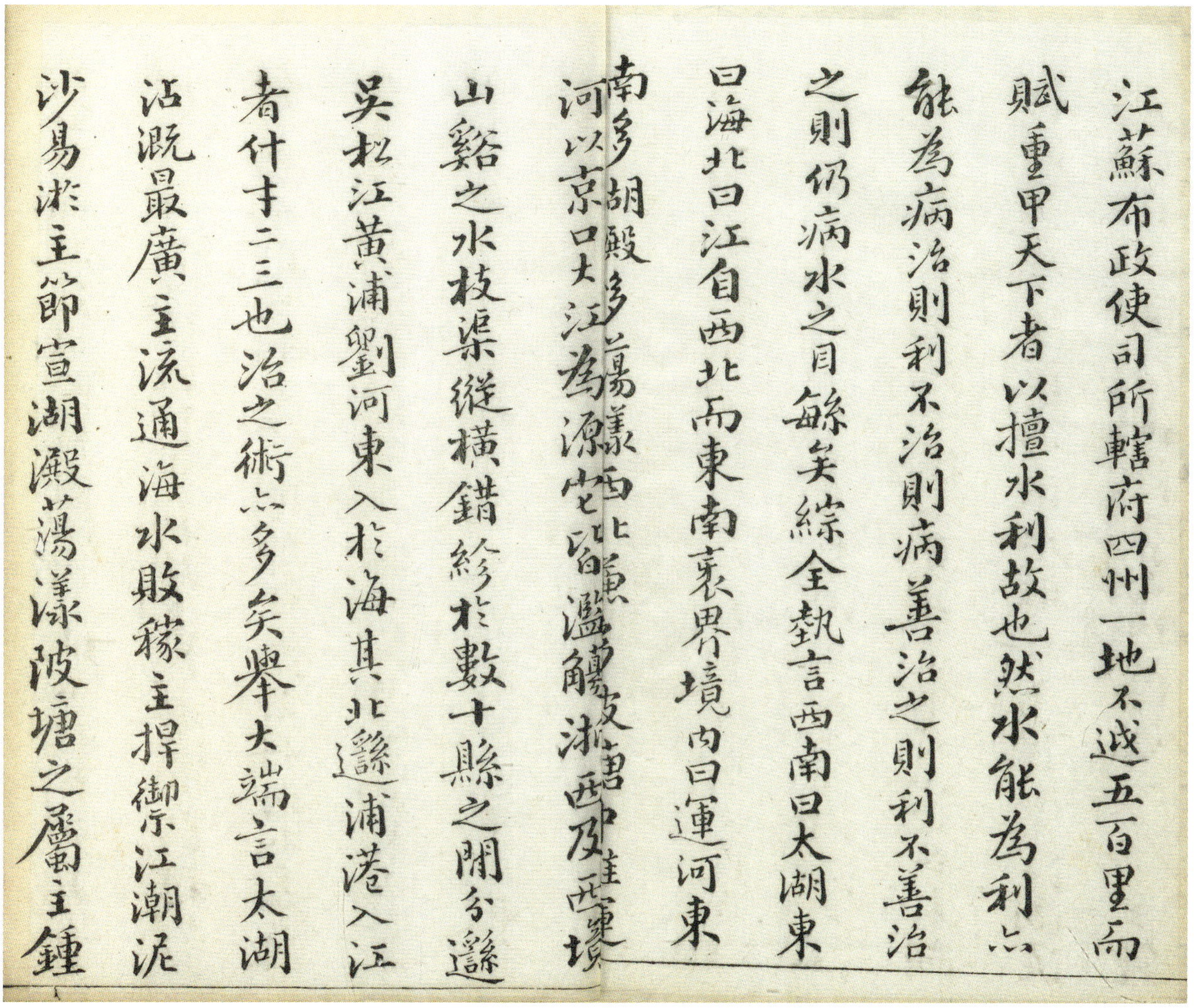

江蘇布政使司所轄府四州一地不過五百里而賦重甲天下者以擅水利故也然水能為利亦能為病治則利不治則病善治之則利不善治之則仍病水之目緐矣綜全埶言西南曰太湖東曰海北曰江自西北而東南裒界境內曰運河東南多湖殿多蕩漾西北兼蘇支書中達西運河以京口大江為源它皆濫觴淞西及西境山谿之水枝渠縱橫錯綜於數十縣之閒分邏吳松江黃浦劉河東入於海其北邏浦港入江者什之二三也治之術亦多矣舉大端言太湖沿濵最廣主流通海水敗稼主捍禦江潮泥沙易淤主節宣湖瀩蕩漾陂塘之屬主鍾

十八幅，开方计里，展卷了然，每幅图皆附以说明。书中详细记录了江苏地区的水利工程、河道水系、水利设施等情况，图文并茂，对于研究江苏地区的水利历史和文化具有重要的价值。

太湖
運河
大江
東洞庭山
西洞庭山
浙江長興縣界
湖㳇鎮
無錫
金匱
常州府
江陰
靖江
洛陽鎮
百瀆港
蕩口鎮
新安鎮
大河鎮
奔牛鎮
萬緣橋
夏港
申港
桃花港
張家港
通州界
如皋縣界
泰興縣界

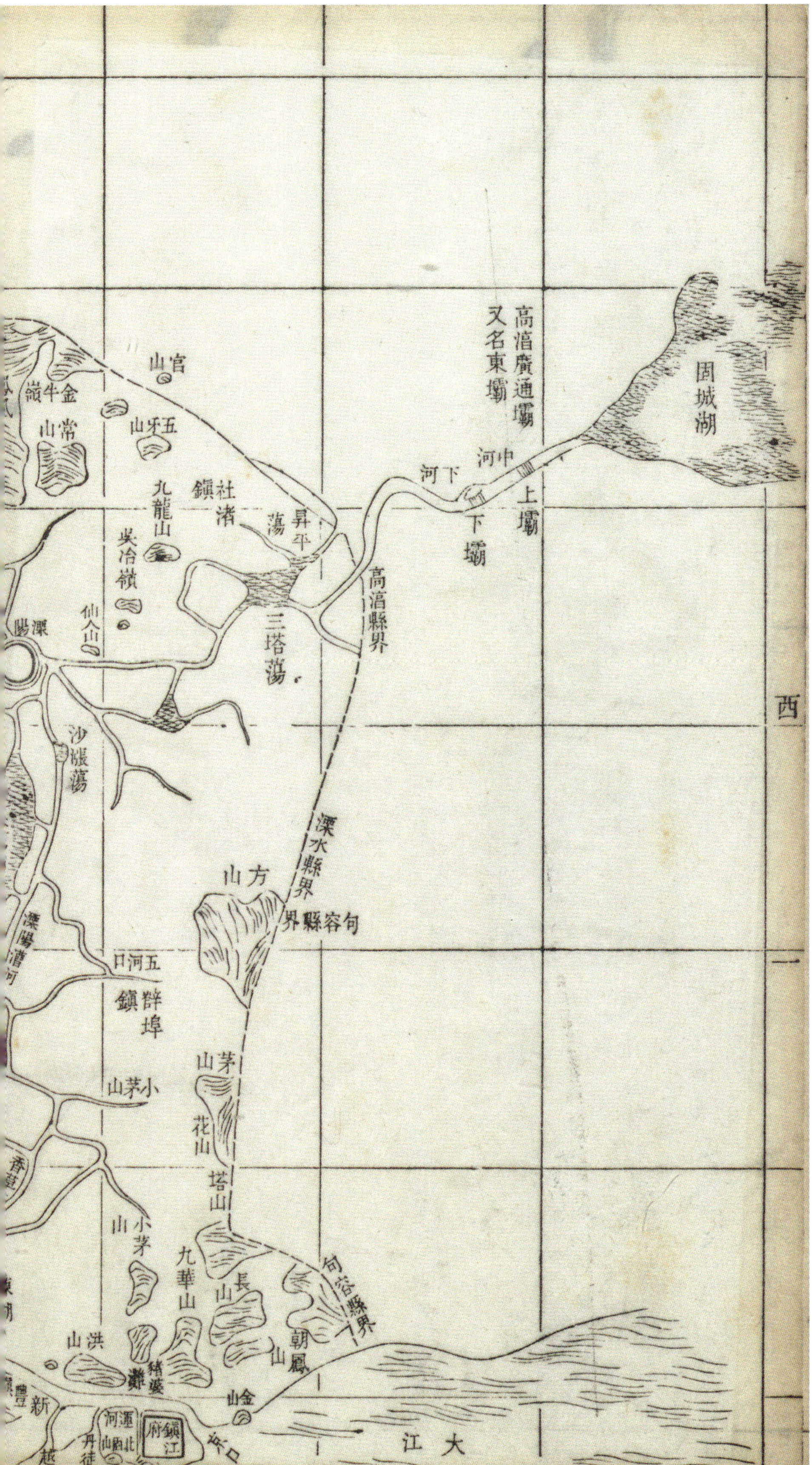

续纂江苏水利全案图说一卷

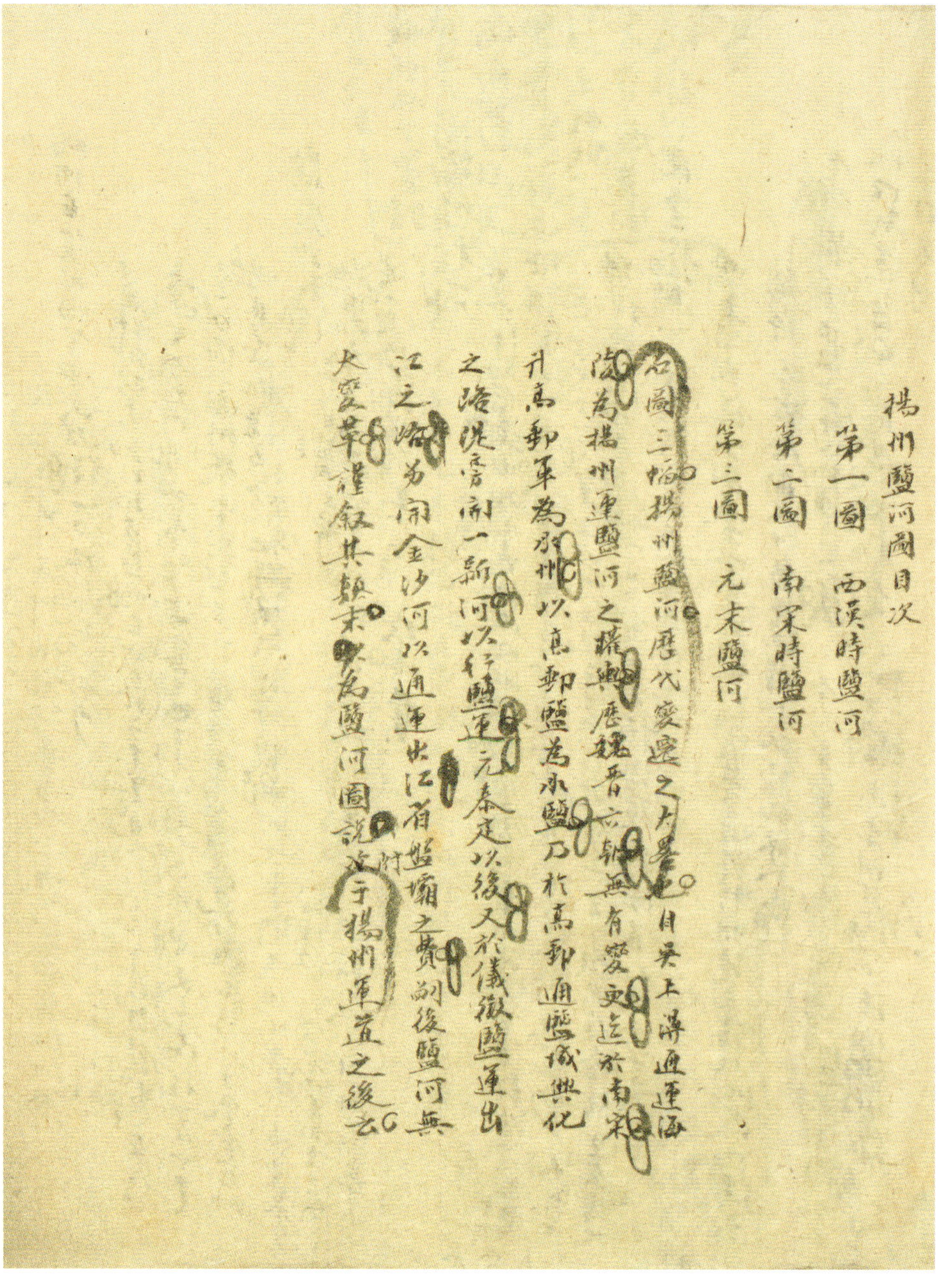
揚州鹽河圖目次
第一圖　西漢時鹽河
第二圖　南宋時鹽河
第三圖　元末鹽河
右圖三幅揚州鹽河歷代變遷之大略也自吳王濞通運海
陵為揚州運鹽河之權輿歷魏晉六朝無有變更迄於南宋
升高郵軍為承州以高郵鹽為承鹽乃於高郵通鹽城興化
之路[illegible]開一新河以行鹽運元泰定以後又於儀徵鹽運出
江之路另開金沙河以通運出江爲鹽場之貲嗣後鹽河無
大變革謹敘其顛末以爲鹽河圖說附于揚州運道之後云

扬州盐河水利沿革图说一卷

徐庭曾撰　清光绪间稿本　一册

行款不等。无版框，开本高 23.7 厘米，宽 19.3 厘米。

徐庭曾(1865—1937)，字庆孙，江苏甘泉(今属扬州)人。世居江都邵伯镇，晚年移居扬州。喜藏书，好史地之学，家本素丰而俭约如寒士。著有《扬州历代疆域沿革图说》《邗沟故道历代变迁图说》《扬州水道图说》等。

《扬州盐河水利沿革图说》一书介绍了扬州盐河和水利的历代沿革情况，

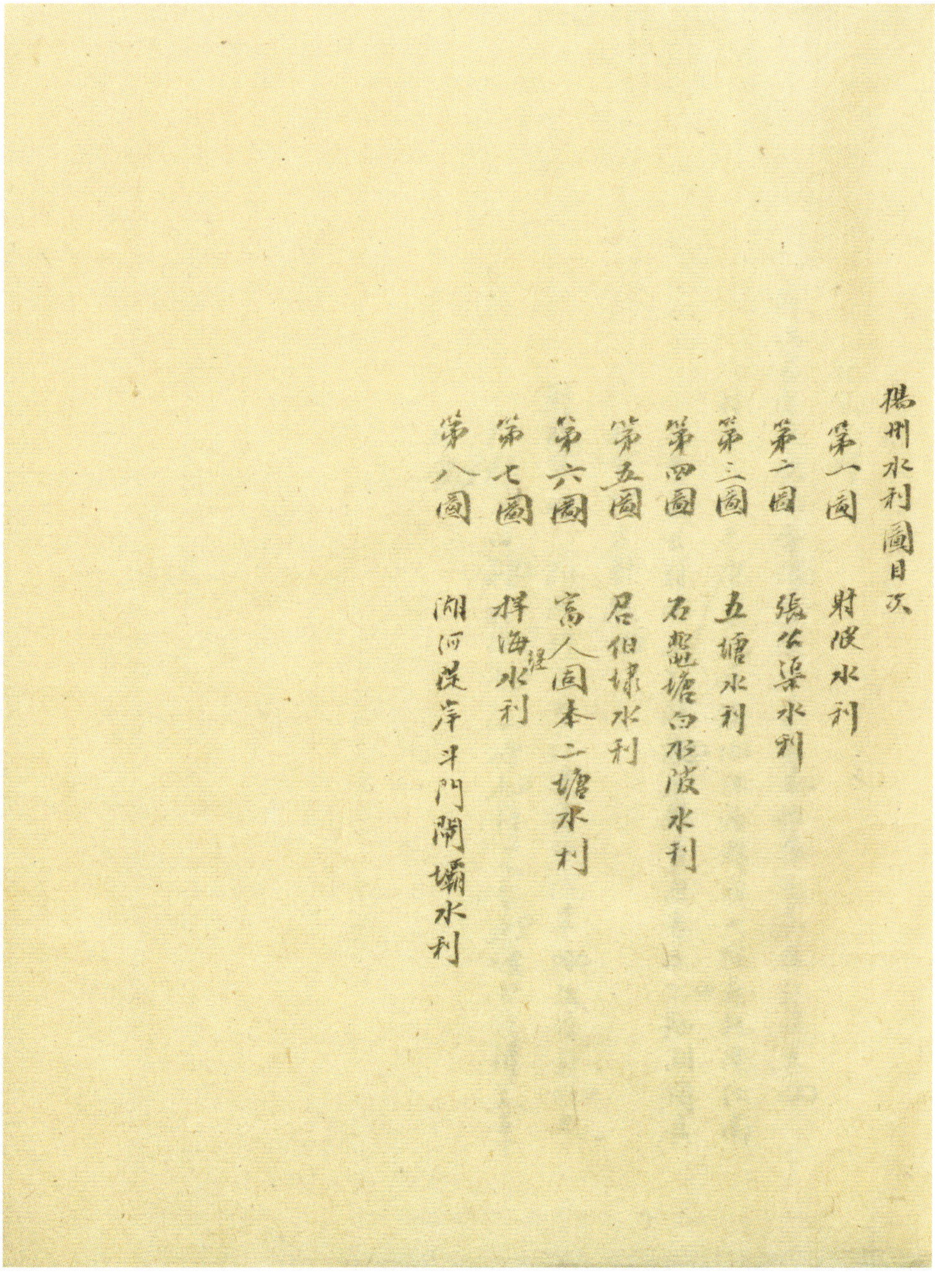
揚州水利圖目次

第一圖　射陂水利

第二圖　張公渠水利

第三圖　五塘水利

第四圖　石鼇塘白水陂水利

第五圖　居伯埭水利

第六圖　富人固本二塘水利

第七圖　捍海堤水利

第八圖　湖河隄岸斗門閘壩水利

分为“扬州盐河图”和“扬州水利图”两部分。“扬州盐河图”先呈现扬州盐河图总貌，再分西汉、南宋、元末时期盐河三图，分别说略，最后为结论。“扬州水利图”先是介绍扬州水利图，有射陂、张公渠、五塘等八图，再依次叙述。在每一图说中又分为叙述、图、结论三部分。此书对于研究扬州地区的水利历史和盐运发展具有重要的价值。

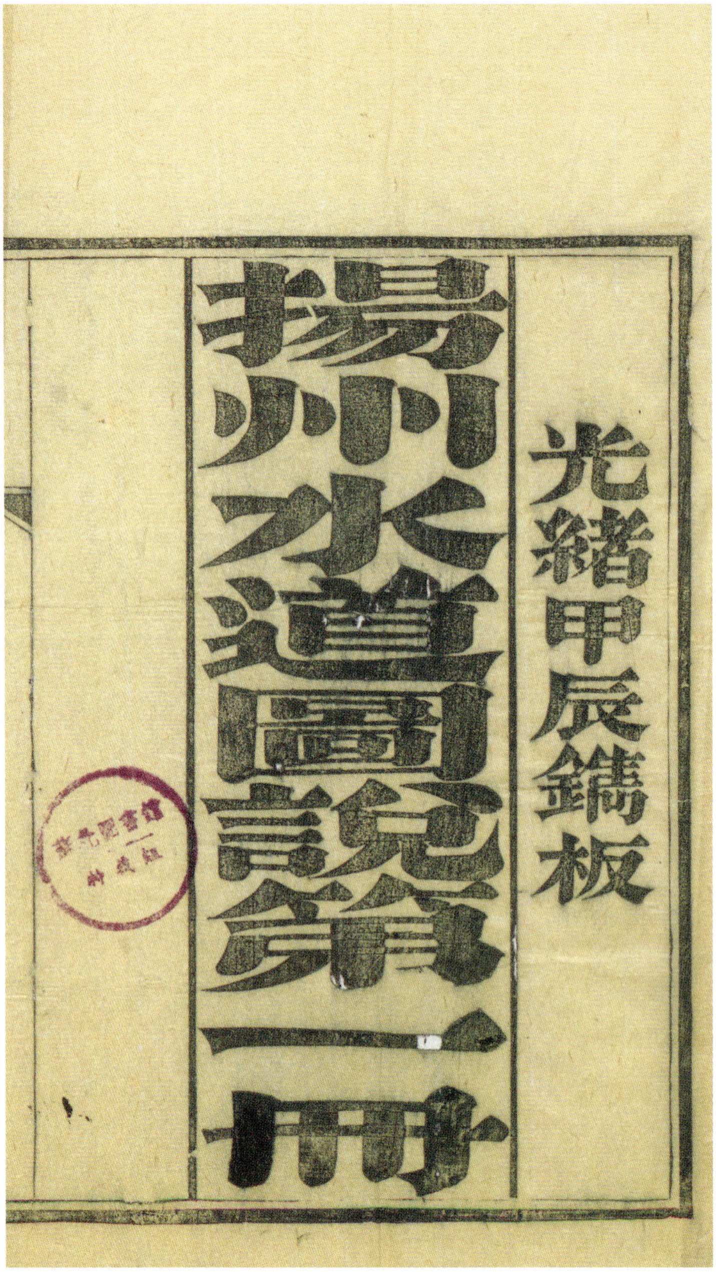

扬州水道图说不分卷

徐庭曾撰　清光绪刻本　二册

半叶十行，行二十五字，小字双行同。白口，左右双边，上单黑鱼尾。版框高 19.8 厘米，宽 14.1 厘米。有墨笔批注。

徐庭曾（1865—1937），生平简介见前"扬州盐河水利沿革图说"条。

《扬州水道图说》是一部对扬州地区水道进行详细记载和解说的文献资料。原书分六册，分别为：第一册《邗沟故道历代变迁图说》，第二册《扬州运道历

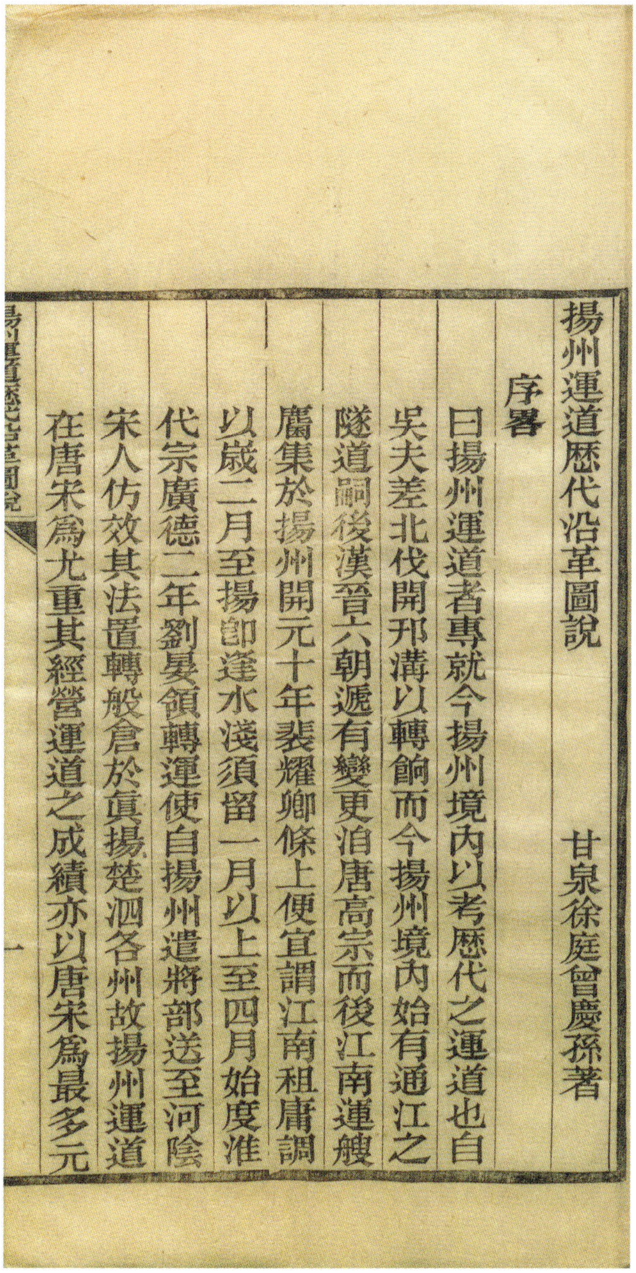
揚州運道歷代沿革圖說
序畧　甘泉徐庭曾慶孫著
曰揚州運道者專就今揚州境内以考歷代之運道也自
吳夫差北伐開邗溝以轉餉而今揚州境内始有通江之
隧道嗣後漢晉六朝遞有變更洎唐高宗而後江南運艘
麕集於揚州開元十年裴耀卿條上便宜謂江南租庸調
以歲二月至揚部逢水淺須留一月以上至四月始度淮
代宗廣德二年劉晏領轉運使自揚州遣將部送至河陰
宋人仿效其法置轉般倉於真揚楚泗各州故揚州運道
在唐宋爲尤重其經營運道之成績亦以唐宋爲最多元
揚州運道歷代沿革圖說　一

代沿革图说》，第三册《扬州盐河历代沿革图说》，第四册《扬州水利历代沿革图说》，第五册《国朝扬州运道图说》，第六册《国朝扬州运河东西水道图说》。六册之间既有联系，又有区别。后合订为二册。此书较为全面地介绍了扬州地区的水利情况，对于古代水利工程研究有一定价值。

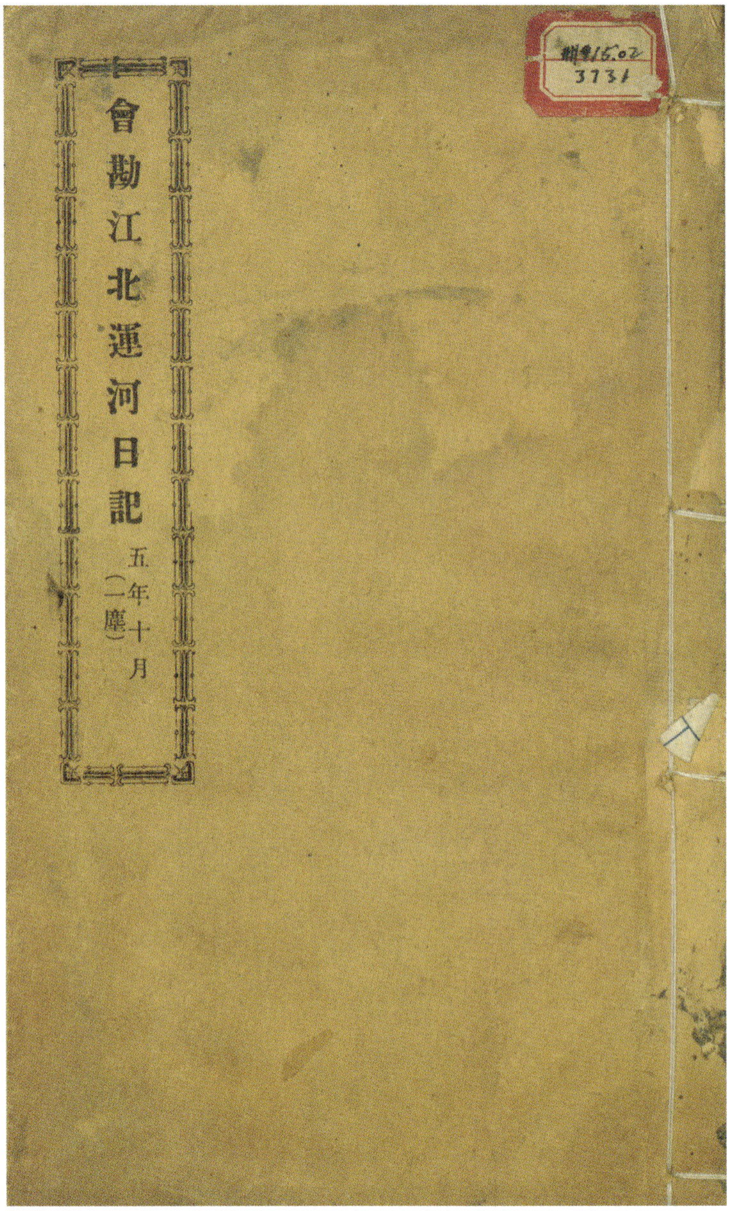

会勘江北运河日记一卷

武同举撰　民国五年(1916)铅印本　一册

半叶十二行,行三十五字,小字双行同,无格。白口,四周双边,上单黑鱼尾。版框高17.6厘米,宽12.1厘米。

武同举(1871—1944),字霞峰,别号两轩、一尘,海州灌云(今连云港灌云县)人。晚清至中华民国时期著名的水利学专家,也是我国最早研究沂、沭、泗河流域水利问题的专家。清光绪年间先后考中秀才、举人、拔贡,清末任海州直隶州通判。民国后,曾任《江苏水利协会杂志》主编、国民政府江苏水利署主任,兼河海工科大学水利史教授,江苏建设厅第二科科长、"视察"等职。著有《淮

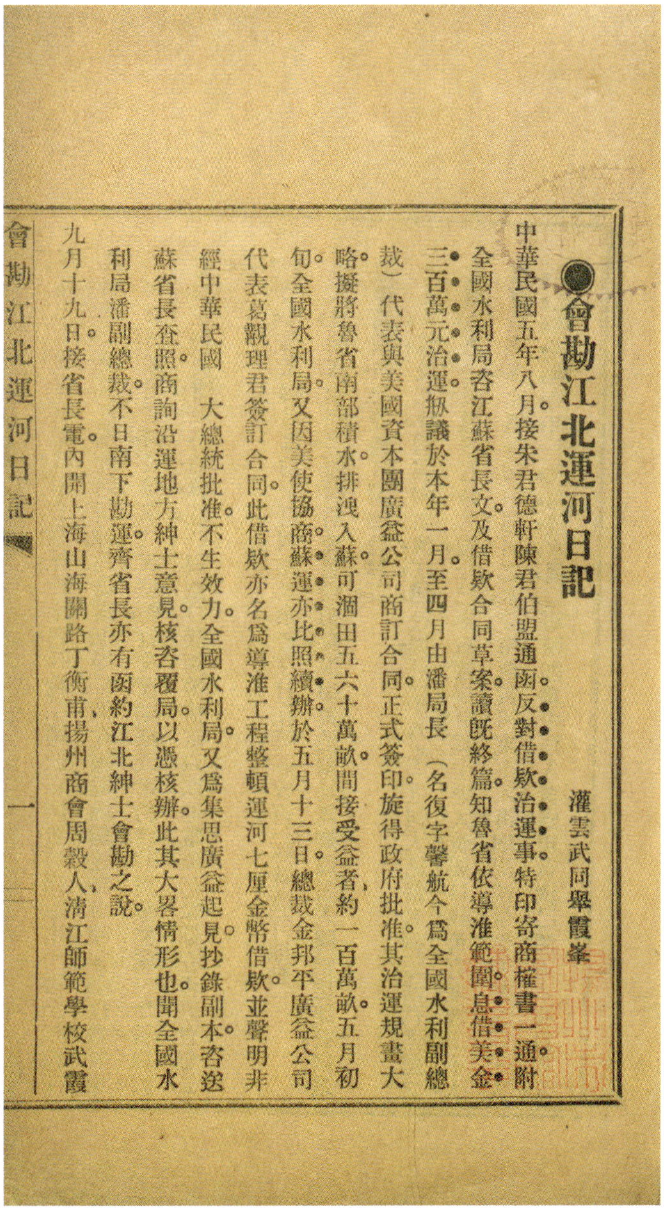
會勘江北運河日記
灌雲武同舉霞峯
中華民國五年八月。接朱君德軒陳君伯盟通函。反對借欵治運事。特印寄商榷書一通。附全國水利局咨江蘇省長文。及借欵合同草案。讀既終篇。知魯省依導淮範圍。息借美金三百萬元。治運。擬議於本年一月。至四月由潘局長（名復字馨航今爲全國水利副總裁）代表與美國資本團廣益公司商訂合同。正式簽印。旋得政府批准。其治運規畫大略。擬將魯省南部積水。排洩入蘇。可涸田五六十萬畝。間接受益者約一百萬畝。五月初旬。全國水利局。又因美使協商。蘇運亦比照續辦。於五月十三日。總裁金邦平廣益公司代表葛觀理君簽訂合同。此借欵亦名爲導淮工程整頓運河七厘金幣借欵。並聲明非經中華民國　大總統批准。不生效力。全國水利局。又爲集思廣益起見。抄錄副本。咨送蘇省長。查照商詢沿運地方紳士意見。核咨覆局。以憑核辦。此其大畧情形也。聞全國水利局潘副總裁。不日南下勘運。齊省長亦有函約江北紳士會勘之說。九月十九日。接省長電。內開上海山海關路丁衡甫、揚州商會周穀人、清江師範學校武霞
會勘江北運河日記　一

会勘江北运河日记一卷

系年表全编》《江苏水利全书》《江北运河为水道系统论》等。

《会勘江北运河日记》详细记录了1916年武同举等人实地勘查江北运河的行程。该日记包含的内容主要有四个方面：一、勘察沿岸闸坝设施的存留状况；二、论述治理运河及淮、泗、沂、沭河的策略；三、分析运河工程水利相关问题；四、运河及淮、泗、沂、沭河沿岸风光。此书为当时的淮河、江北运河、江南运河、里下河、太湖流域、淮北沂沭河流域水患治理工作提供了可资借鉴的理论指导，也提供了第一手的实地勘察数据，为研究京杭运河特别是江北运河及其支流的治理问题和水利工程史保存了宝贵史料。

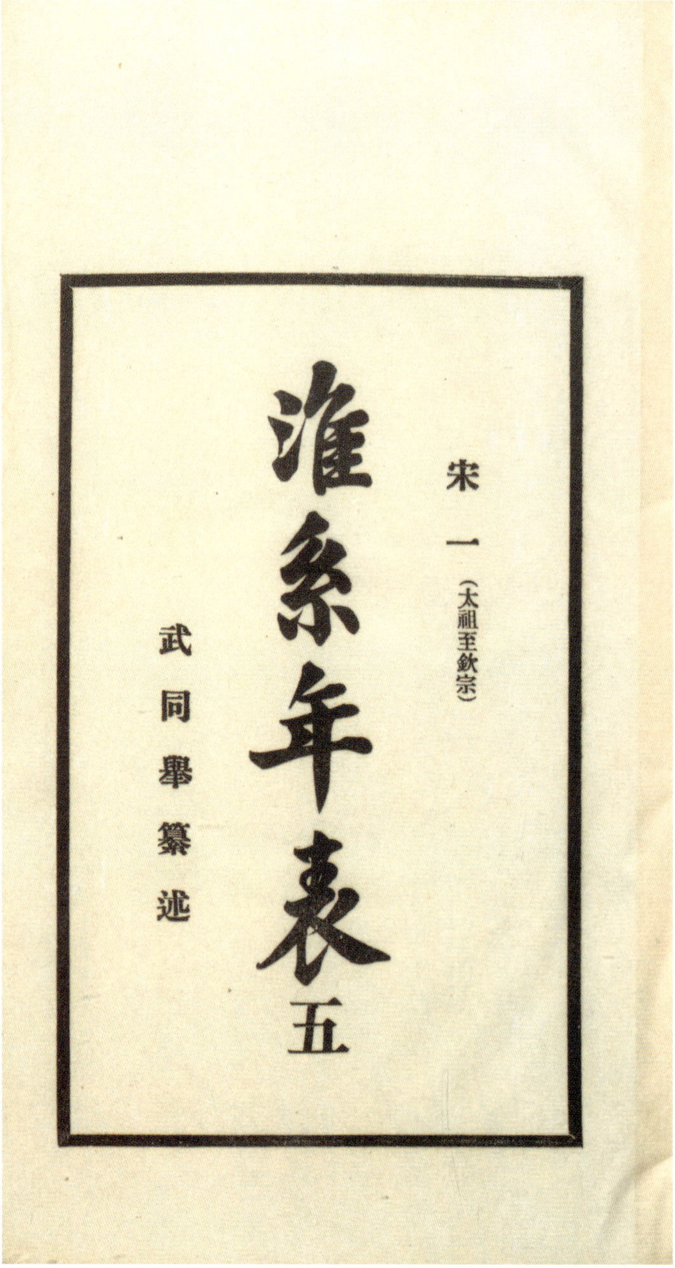

淮系年表全编不分卷

武同举纂　民国十七年（1928）铅印本　三册

版式不一。线黑口，上单黑鱼尾。开本高 28.9 厘米，宽 17.8 厘米。

武同举（1871—1944），生平简介见前“会勘江北运河日记”条。

《淮系年表全编》由图、表、岁纪和全淮水道四部分构成，是我国第一部编年体淮河水利史。淮系年表弁图共一百四十二幅，其中淮系全图一幅、淮系历史总图十四幅、淮系历史分图八十幅、淮系现势测图四十七幅。除淮系总图为请人缩绘外，其余各图皆为武同举亲手绘制。淮系年表共有十四个年表

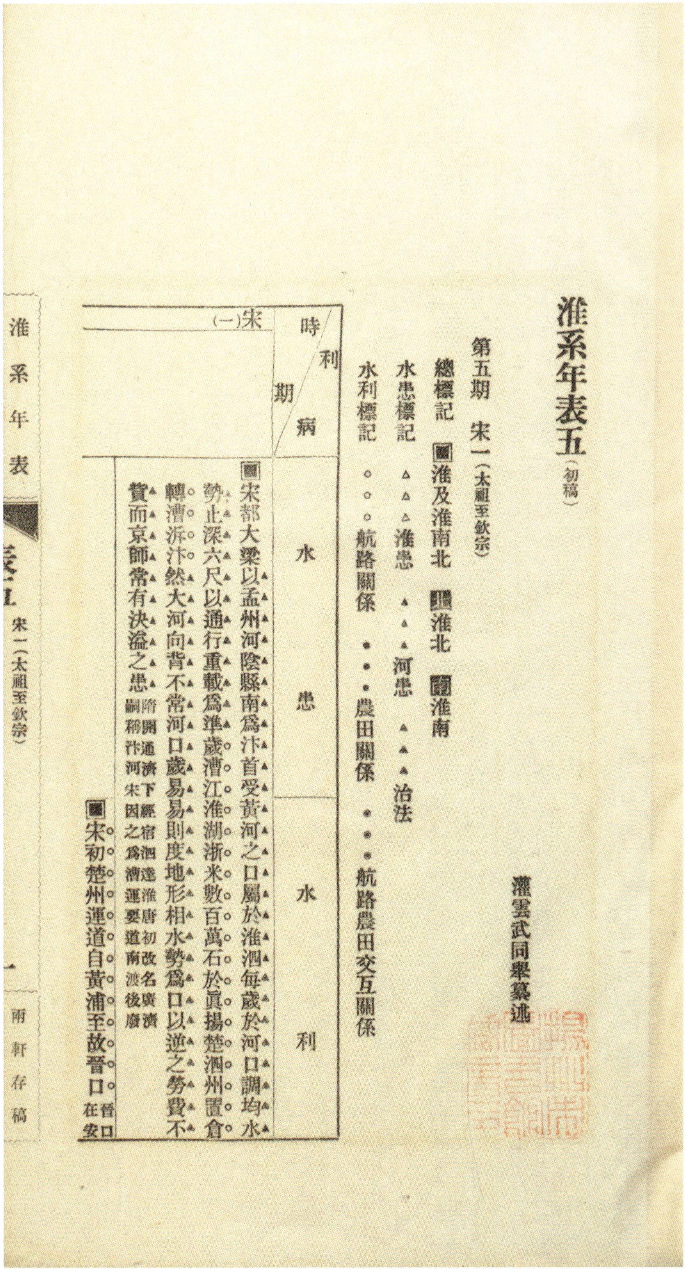

淮系年表五（初稿）

灌雲武同舉纂述

第五期　宋一（太祖至欽宗）

總標記　▣淮及淮南北　▣淮北　▣淮南

水患標記　△△△淮患　▲▲▲河患　▲▲▲治法

水利標記　○○○航路關係　●●●農田關係　●●●航路農田交互關係

時期	利病 水患	水利
宋（一）	▣宋都大梁以孟州河陰縣南爲汴首受黃河之口屬於淮泗每歲於河口調均水勢止深六尺以通行重載爲準歲漕江淮湖浙米數百萬石於眞揚楚泗州置倉轉漕泝汴然大河向背不常河口歲易易則度地形相水勢爲口以逆之勞費不貲而京師常有決溢之患（隋開通濟下經宿泗達淮唐初改名廣濟嗣稱汴河宋因之爲漕運要道南渡後廢）	▣宋初楚州運道自黃浦至故晉口（晉口在安

淮系年表　表五　宋一（太祖至欽宗）　一　雨軒存稿

系列，记述唐虞至清末之间淮、黄两河的水患及水利大事。岁纪编，自唐尧迄清宣统，凡四千二百六十八年。全淮水道编共分十段，每段皆有综述、利病分析、左右岸情况，并在河口与地名间注有方位、距离。本书既有淮系历史纵贯线的记载，也有淮系现状横断面的剖析，辅以各主要历史时期淮河流域总图及淮河、黄河、运河水系分图，脉络清晰，资料翔实，言简意赅，是民国时期研究淮河历史与治导现状的重要著作，在新中国成立后的治淮工程建设初期，起到了重要作用，为江苏的水利建设作出了很大贡献。

淮系年表水道編

灌雲武同舉纂述 霞峯

全淮水道 據沈秉璜君勘淮筆記及古今各書圖

淮水第一段……自胎簪山至桐柏縣城

淮水首尾一千九百二十餘里源出河南省桐柏縣胎簪山伏流出山東北流經固廟寨西又屈經寨北而東流成川自此以下始稱淮河淮河屈曲東北流北岸有響水河及滿堂河水口淮河轉而東南流右會刺耳溝水淮河又東南流北岸有張莊水口淮河又東南流南岸有水簾河龍潭河水口水口西南爲桐柏縣城

淮河利病 自胎簪山至桐柏縣城

●淮身　淮源出胎簪山。胎簪爲桐柏山中峯。禹貢導淮自桐柏。水經淮水出南陽平氏縣胎簪山。東北過桐柏山。酈注淮水與醴水同源俱導。西流爲醴。東流爲淮。潛流地下三十餘里。東出桐柏之大復山南。謂之陽口。水南卽復陽縣也。山南有淮源廟。水道提綱淮水出河南南陽府桐柏縣西南桐

淮系年表水道編　全淮水道　自胎簪山至桐柏縣城　一　兩軒存稿

淮系年表歲紀編

灌雲武同舉一塵

歷代歲紀大禹治水始於帝堯七十三載舜攝政之年歷八十載治水功成茲編自唐堯起迄於清宣統帝凡四千餘年年當帝堯八

唐	虞	夏	商	盤庚改號曰殷
帝堯在位七十有二載命舜攝政又二十有八載崩堯喪三年舜爲天子	帝舜在位三十有二載命禹總師又一十有六載崩舜喪三年禹爲天子	大禹八年 啓九年 太康二十九年 仲康十三年 相二十七年（國無君）四十年羿一寒浞三十九 少康二十二年 杼十七年 槐二十六年 芒十八年	成湯十三年 太甲三十三年 沃丁二十九年 太庚二十五年 小甲十七年 雍已十二年 太戊七十五年 仲丁十三年 外壬十五年 河亶	甲九年 祖乙十九年 祖辛十六年 沃甲二十五年 祖丁三十二年 南庚二十五年 陽甲七年 盤庚二十八年 小辛二十一年 小乙二十八年 武
▲右唐紀凡一百零二年或作一百年	▲右虞紀凡五十年	泄十六年 不降五十九年 扃二十一年 廑二十一年 孔甲三十一年 皋十一年 發十九年 桀癸五十二年		丁五十九年 祖庚七年 祖甲三十三年 廩辛六年 庚丁二十一年 武乙四年 太丁三年 帝乙三十七年 紂辛三十二年
		▲右夏紀凡四百三十九年內國無君四十年（按年數與竹書紀年有異待考）		

淮系年表歲紀編　歷代歲紀　唐　虞　夏　商　一　兩軒存稿

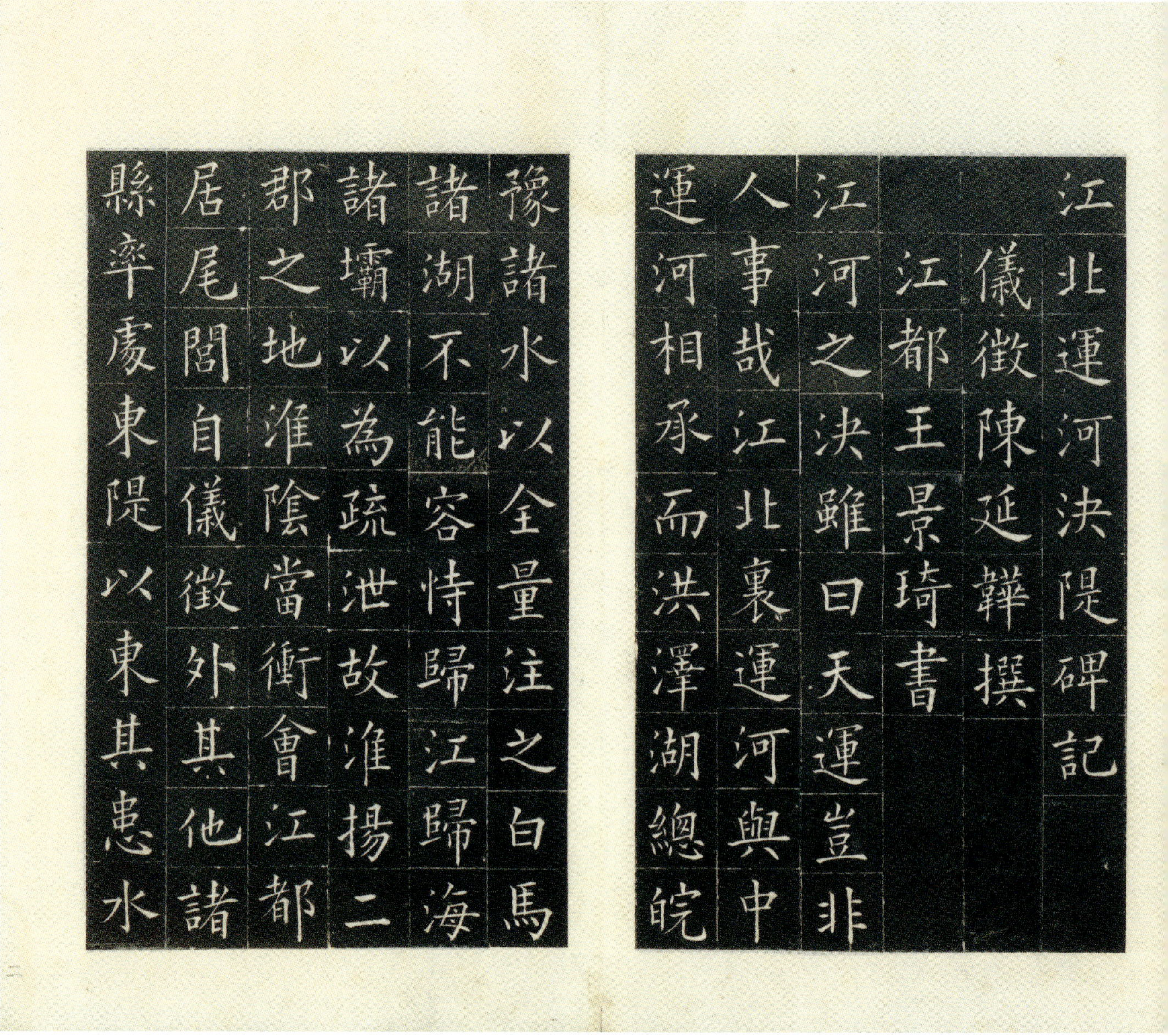
江北運河決隄碑記
儀徵陳延韡撰
江都王景琦書
江河之決雖曰天運豈非
人事哉江北裏運河與中
運河相承而洪澤湖總皖
豫諸水以全量注之白馬
諸湖不能容恃歸江歸海
諸壩以為疏泄故淮揚二
郡之地淮陰當衝會江都
居尾閭自儀徵外其他諸
縣率處東隄以東其患水

江北运河决堤碑记

陈延韡撰　王景琦书　王钝泉镌石　拓本　民国二十二年（1933）立石

经折装，十六开。墨本高 23.7 厘米，宽 14.5 厘米。

陈延韡（1879—1957），初字移孙，后改含光，以字行，别号淮海客，江苏仪征人，居扬州糙米巷。光绪二十八年（1902）举人，后授拔贡，举荐为内阁中书，然醉心于诗文书画而无意入仕。工书善画，自成一家，书法《圣教序》，尤精篆书。山水浑厚秀拔，洁净古朴，与吴昌硕、黄宾虹、齐白石等为至交。

王景琦（1878—1960），字容庵，号蓉湘，以字行，江都仙女庙人。近代扬州著名书法家、诗人。光绪二十八年举人，以知县分发广东。民国后归故里。

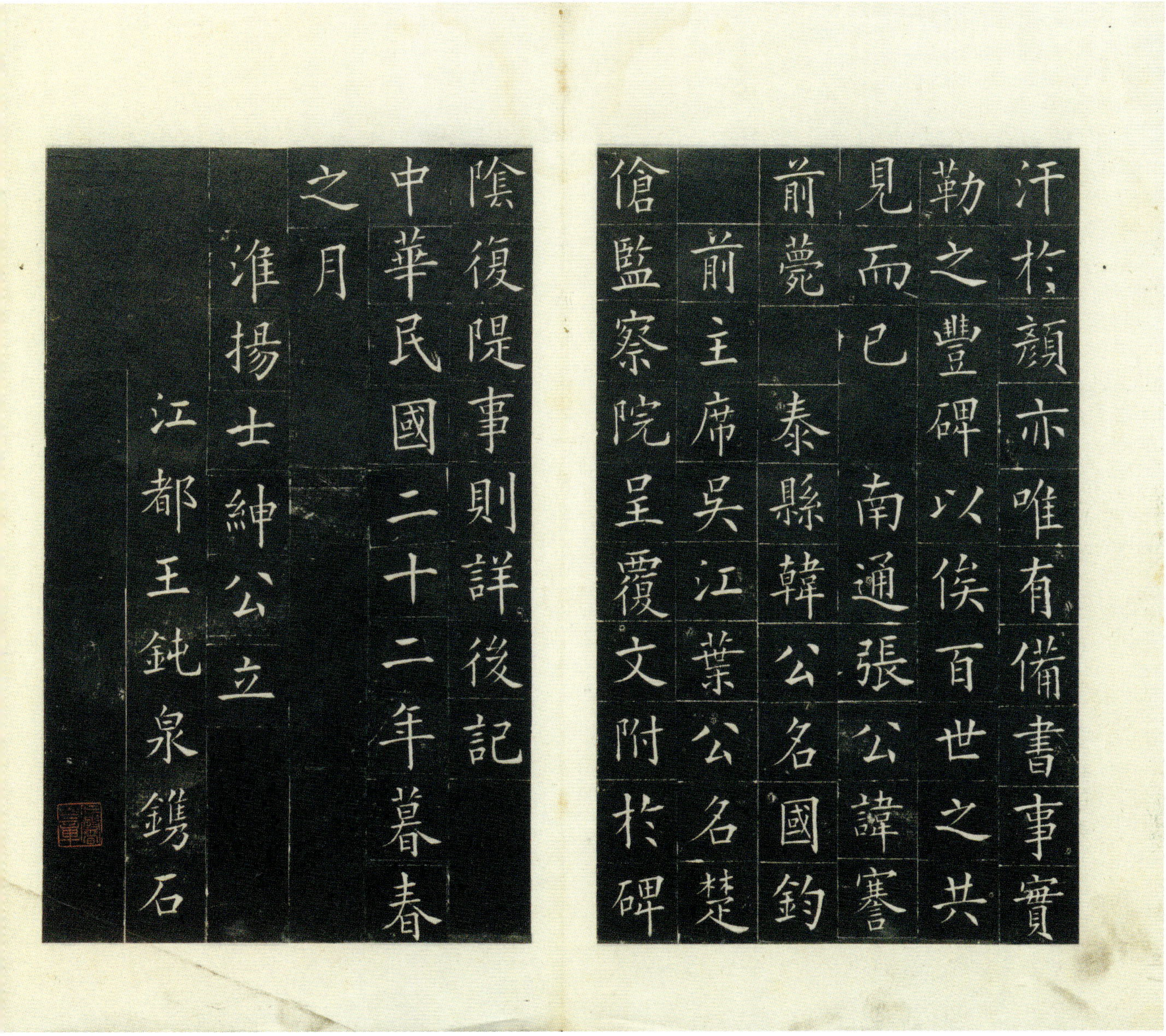
汗於顏亦唯有備書事實
勒之豐碑以俟百世之共
見而已 南通張公謇
前薨 泰縣韓公國鈞
前主席吳江葉公名楚
僉監察院呈覆文附於碑
陰復隄事則詳後記
中華民國二十二年暮春
之月
淮揚士紳公立
江都王鈍泉鐫石

曾为江苏省议员，又为冶春后社成员。能诗善书，长于行楷，楷书工秀，有“字冠八邑”之誉。著有《梦笔生花馆诗集》。

王钝泉(生卒年不详)，民国间扬州著名金石家、书画家。扬州多处碑记由其勒石，字体刚劲端庄。

《江北运河决堤碑记》主要记述民国二十年(1931)江北运河决口之事，介绍民国时期江北运河河务管理情况，揭示了造成这场祸端的人为因素。此记不仅是了解民国时期扬州运河的珍贵文献，还对当今的防洪抗灾以及水利建设具有一定的教育意义。

西汉时期，吴王刘濞在广陵『煮海为盐』，开凿了通向东海的运盐河，推动了扬州经济的发展。唐朝时期，扬州是当时最重要的食盐转运中心。清朝康乾时期，扬州盐业达到顶峰。扬州盐商一般特指明清两代在扬州经营盐业的商人。他们先是以晋商、陕商为主，后来由徽商称霸一方。盐业贸易作为扬州商业经济的中心，带动了其他商业、手工业、城市经济、住宅及园林的发展，推动了文化事业和文化产业，如美食、园艺、学术、刻书、书院、画派、戏曲、工艺等的兴盛。因此，扬州盐政、扬州盐业、扬州盐商影响了扬州城市的各个方面。从明代到民国，扬州涌现出一批重要的与盐业相关的著作，它们描绘了扬州盐业经济下的社会生态图卷。如同治九年（1870）方濬颐补刻的《两淮盐法志》，全面记述了清乾嘉年间两淮盐业全盛时期的面貌，体例谨严，门类齐全，资料翔实，堪称淮盐『黄金时代』的盐政专书。

第二单元　扬州盐业

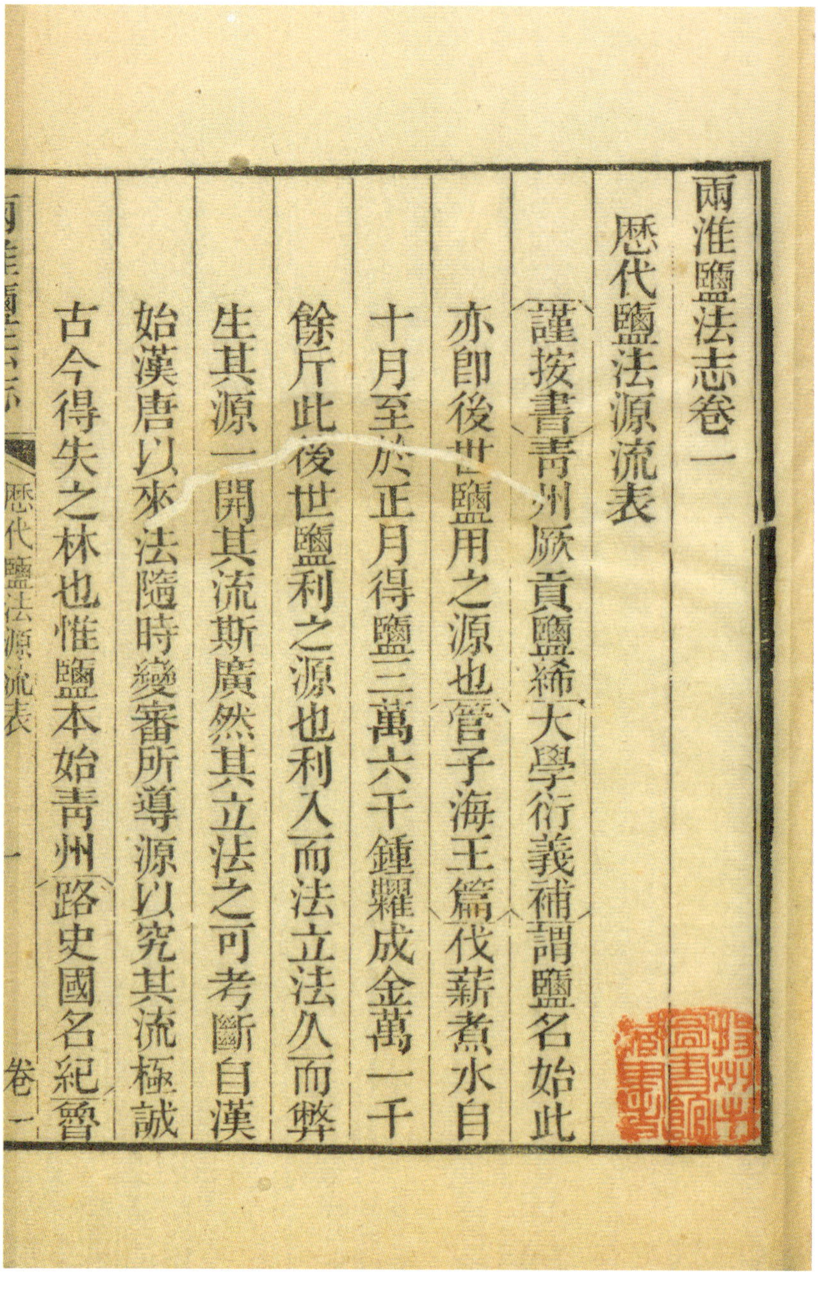
兩淮鹽法志卷一

歷代鹽法源流表

謹按書青州厥貢鹽絺大學衍義補謂鹽名始此亦即後世鹽用之源也管子海王篇伐薪煮水自十月至於正月得鹽三萬六千鍾糶成金萬一千餘斤此後世鹽利之源也利入而法立法久而弊生其源一開其流斯廣然其立法之可考斷自漢始漢唐以來法隨時變審所導源以究其流極誠古今得失之林也惟鹽本始青州路史國名紀晉

兩淮鹽法志　歷代鹽法源流表　卷一　一

〔嘉庆〕两淮盐法志五十六卷首四卷

〔清〕单渠总纂　清同治九年（1870）扬州书局重刻本　三十二册

半叶九行，行二十二字。白口，左右双边，上单黑鱼尾。版框高 18.9 厘米，宽 14.8 厘米。

单渠（生卒年不详），“精申韩之学”，应佶山之邀，为嘉庆年间续修《两淮盐法志》之总纂。

《〔嘉庆〕两淮盐法志》上承康熙、雍正、乾隆三朝所修《两淮盐法志》，记载

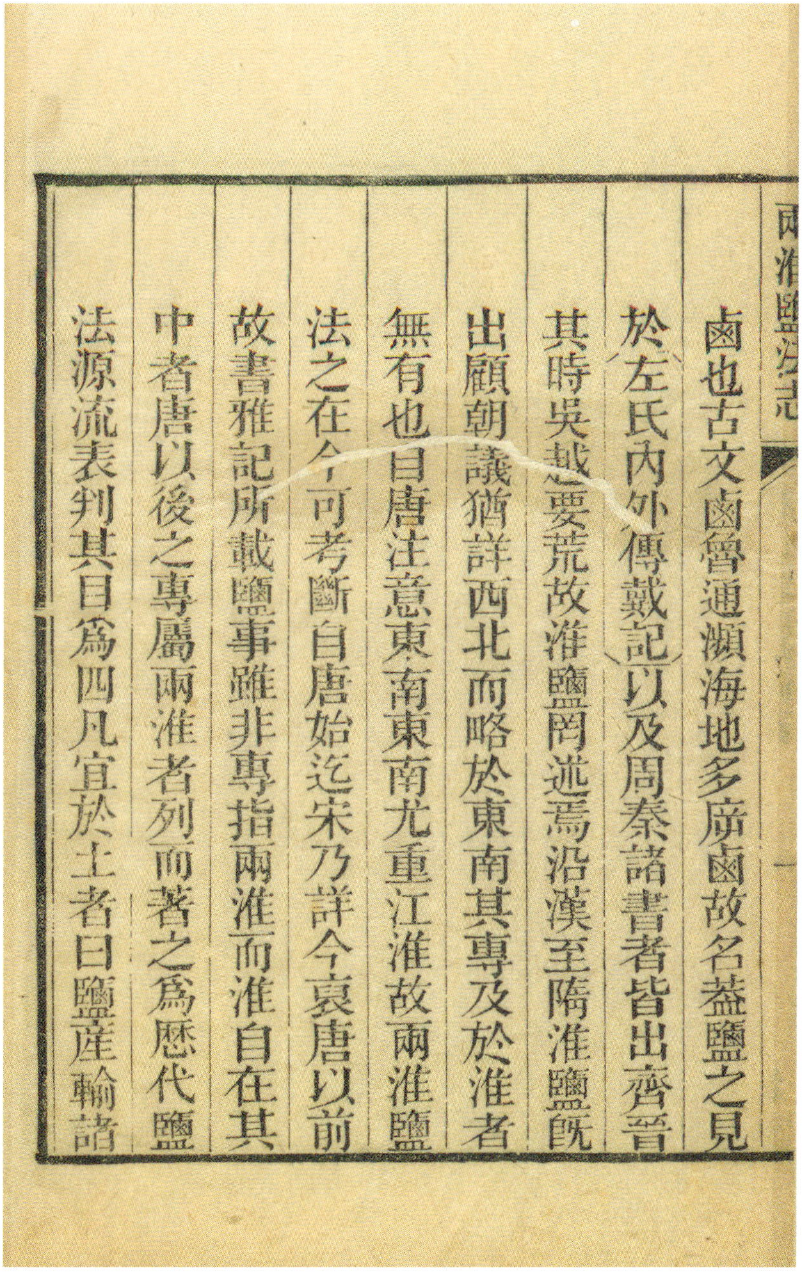
兩淮鹽法志

鹵也古文鹵魯通瀕海地多㡿鹵故名蓋鹽之見於左氏內外傳戴記以及周秦諸書者皆出齊晉其時吳越遐荒故淮鹽罔述焉沿漢至隋淮鹽既出顧朝議猶詳西北而略於東南其專及於淮者無有也自唐注意東南東南尤重江淮故兩淮鹽法之在今可考斷自唐始迄宋乃詳今裒唐以前故書雅記所載鹽事雖非專指兩淮而淮自在其中者唐以後之專屬兩淮者列而著之爲歷代鹽法源流表判其目爲四凡宜於土者曰鹽產輸諸

〔嘉庆〕两淮盐法志五十六卷首四卷

乾隆十三年（1748）至嘉庆十一年（1806）近六十年间两淮盐法的变革损益，着重记述两淮盐区生产、销售、转运、课则等规章。分十二门，各隶子目，体例严谨。该志全面反映了乾嘉年间两淮盐业全盛时期的面貌，资料翔实，行文典雅，堪称淮盐“黄金时代”的百科全书，是研究两淮盐政的重要资料。

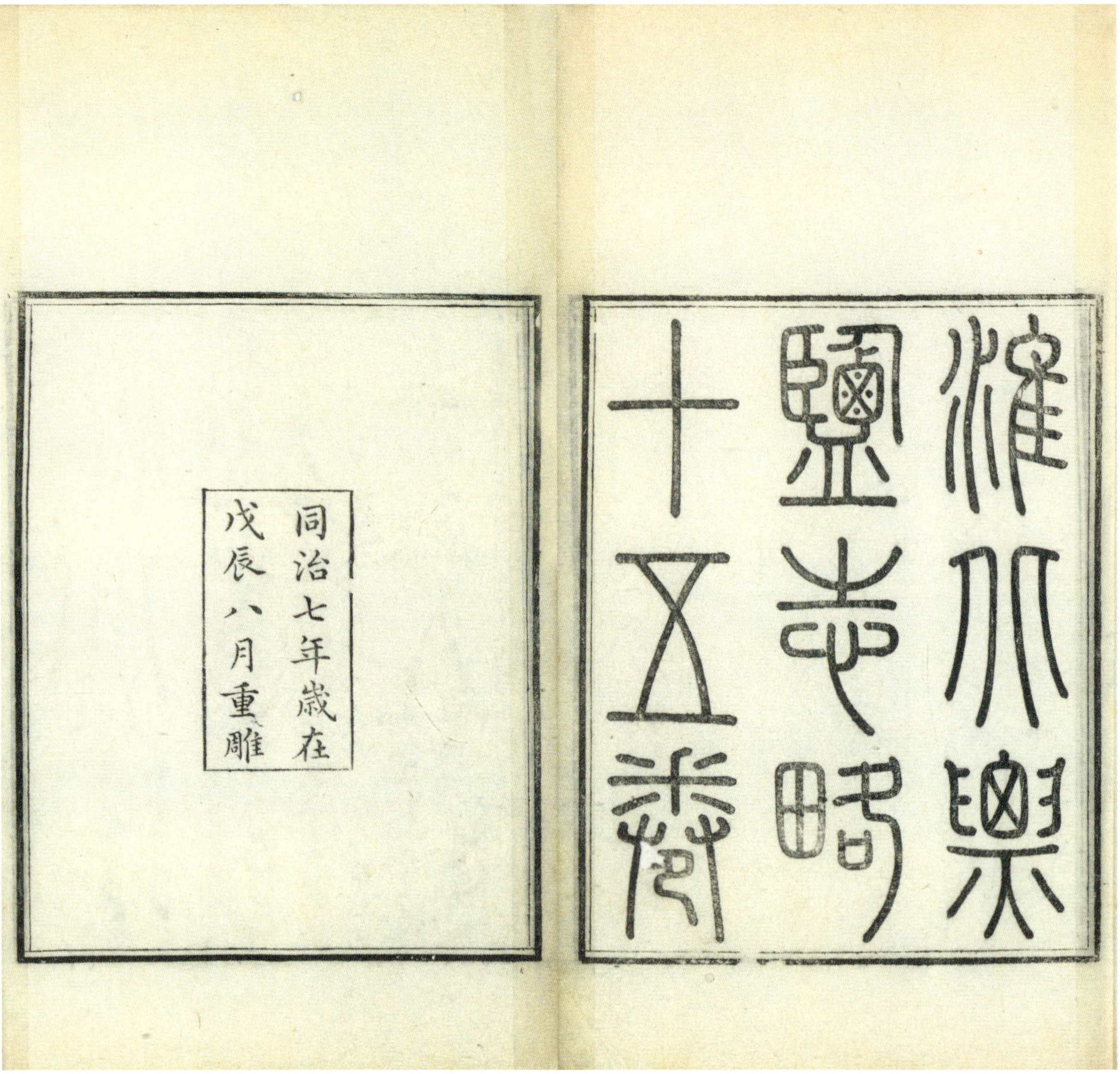

淮北票盐志略十五卷

〔清〕童濂编　清同治七年（1868）刻本　四册

半叶十行，行二十字。白口，四周双边，上单黑鱼尾。版框高 18.5 厘米，宽 14.8 厘米。

童濂（？—1850），浙江会稽（今绍兴）人，一说湖北江夏（今属武汉）人。道光十二年（1832）任淮北盐场海州分司运判。后任护理运使。陶澍改行票盐的得力助手，所编《淮北票盐志略》，备载陶澍盐务政绩。

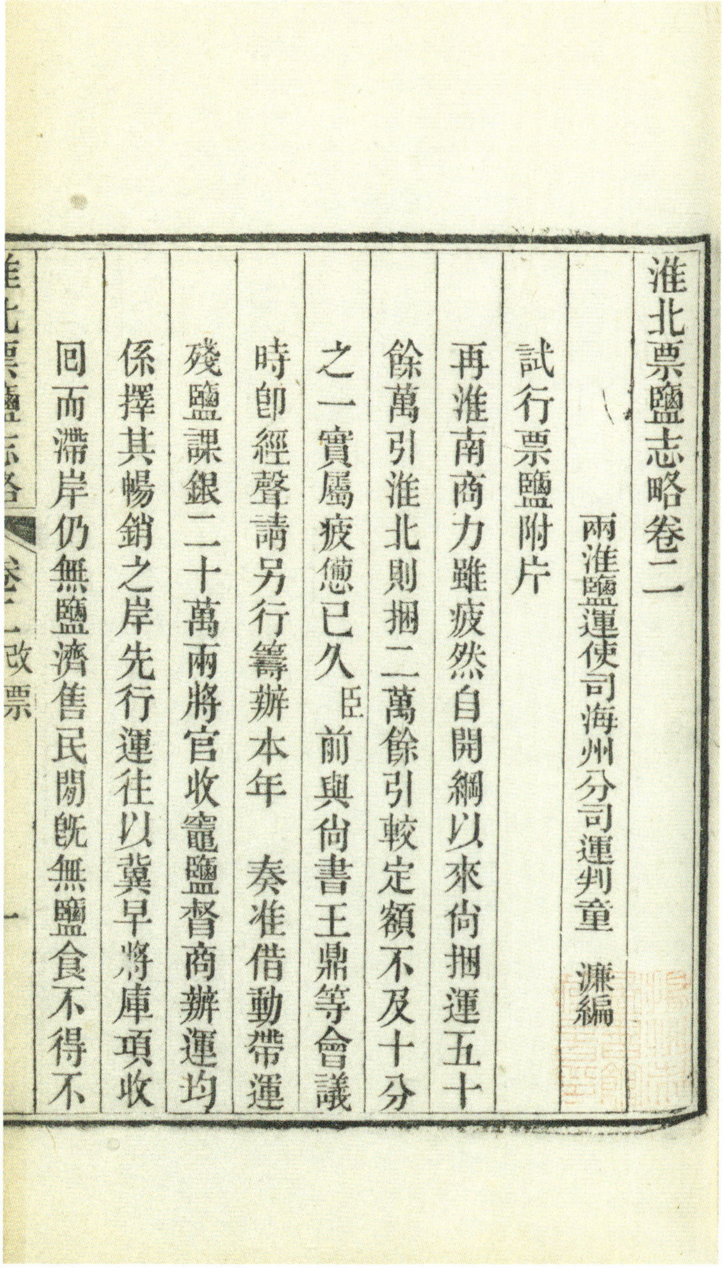

淮北票鹽志略卷二
兩淮鹽運使司海州分司運判童　濂編
試行票鹽附片
再淮南商力雖疲然自開綱以來尚捆運五十
餘萬引淮北則捆二萬餘引較定額不及十分
之一實屬疲憊已久臣前與尚書王鼎等會議
時即經聲請另行籌辦本年　奏准借動帶運
殘鹽課銀二十萬兩將官收竈鹽督商辦運均
係擇其暢銷之岸先行運往以冀早將庫項收
回而滯岸仍無鹽濟售民閒既無鹽食不得不
淮北票鹽志略　卷二　改票　一

《淮北票盐志略》由童濂主持编修，魏源、许乔林共同纂辑，于道光十八年成书并刊印。咸丰十一年(1861)，书版在板浦毁于火。同治七年八月，两淮盐运使司海州分司重新刊印。该书辑录了自道光十二年至十八年间，以陶澍为首的一批官员在淮北创行票盐的有关奏疏、详禀、批示、章程、条规、告示等资料，展示了盐政改革的经过、举措及成效。

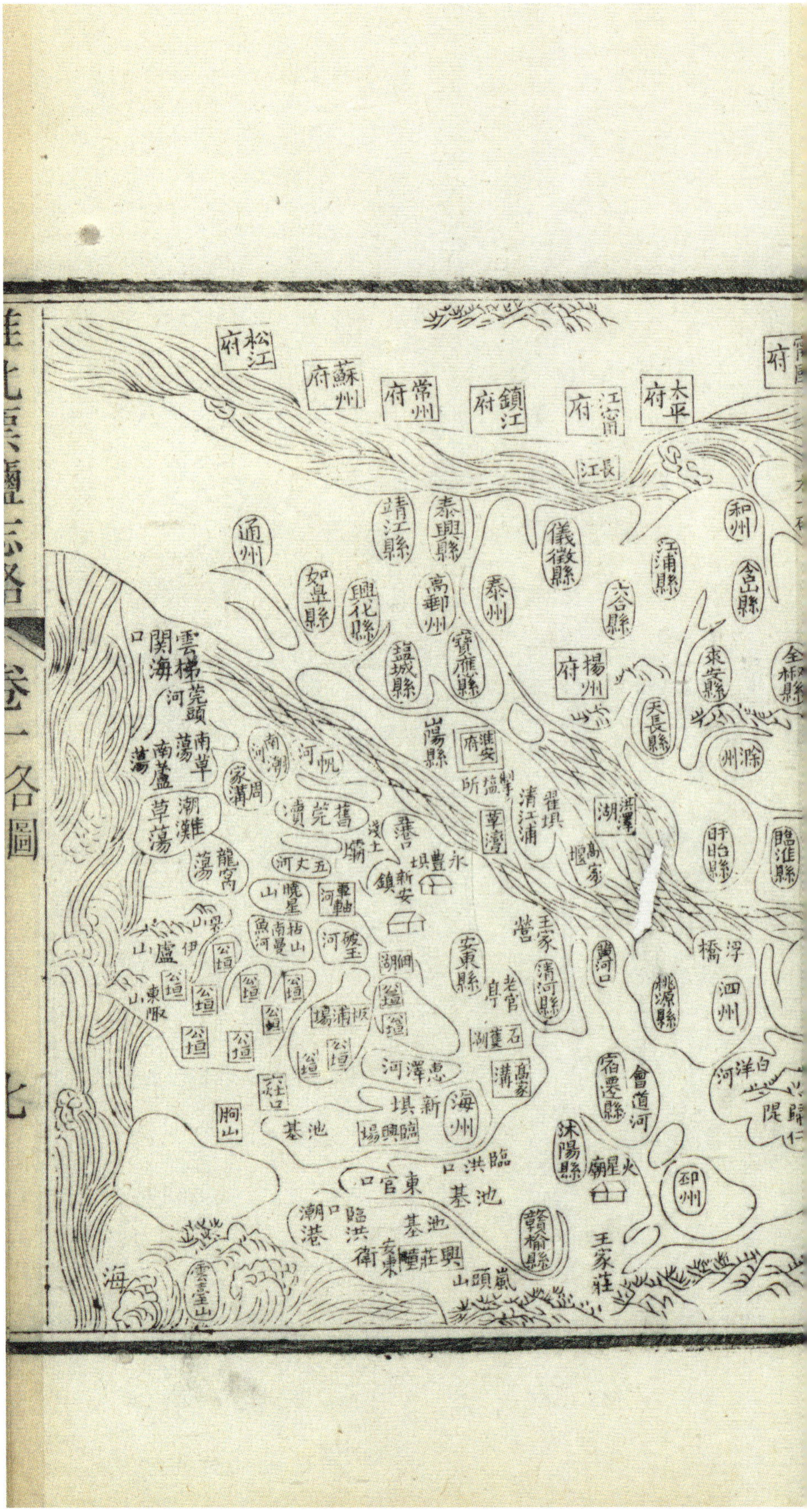
松江府
蘇州府
常州府
鎮江府
江甯府
太平府
長江
通州
靖江縣
泰興縣
儀徵縣
如皋縣
興化縣
高郵州
泰州
六合縣
江浦縣
和州
含山縣
鹽城縣
寶應縣
揚州府
來安縣
天長縣
滁州
山陽縣
淮安府
清江浦
洪澤湖
盱眙縣
臨淮縣
安東縣
清河縣
桃源縣
泗州
海州
沭陽縣
宿遷縣
邳州
贛榆縣
海

淮北票盐志略十五卷

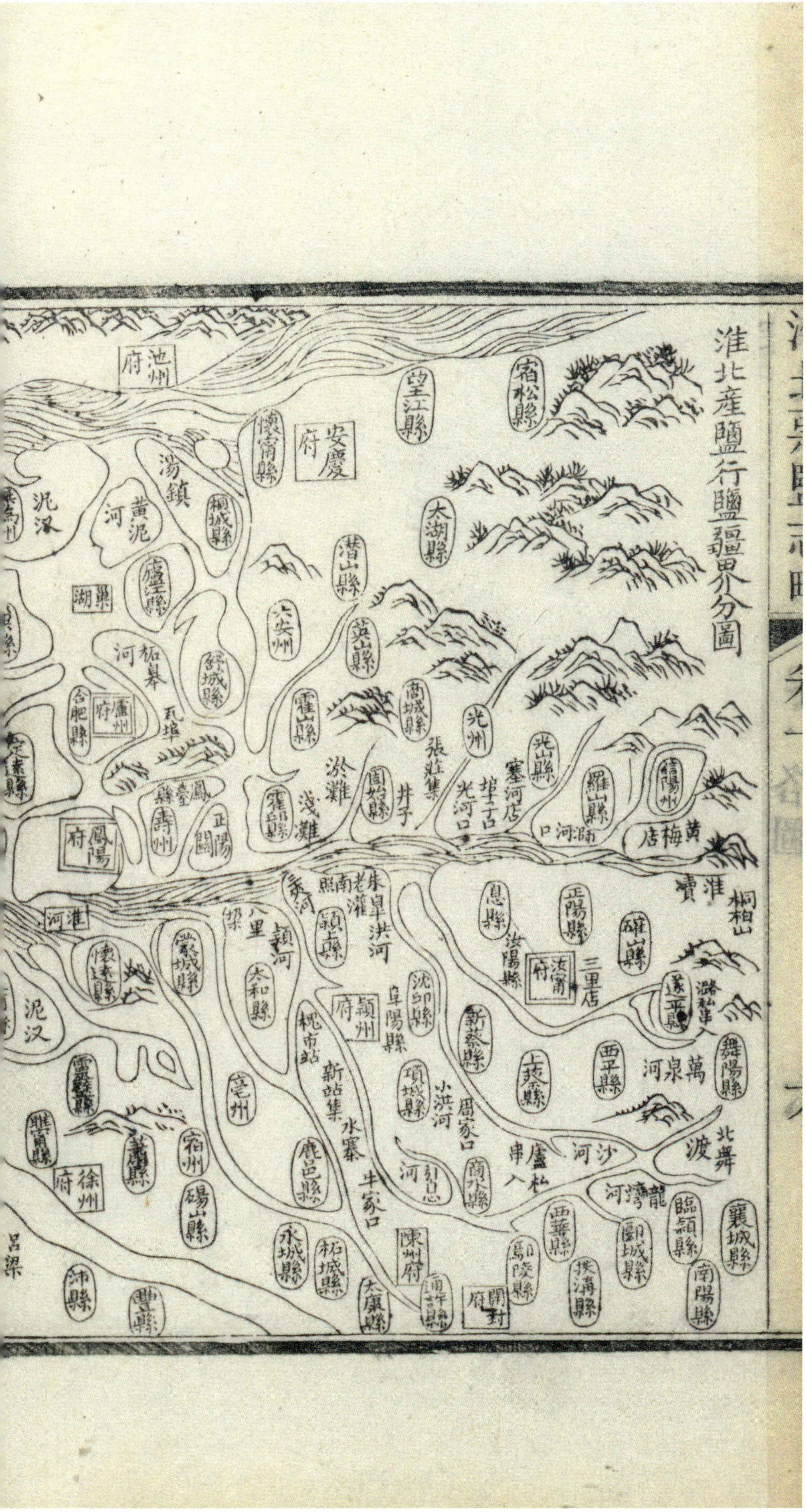
淮北產鹽行鹽疆界分圖
池州府
安慶府
望江縣
宿松縣
懷寧縣
太湖縣
潛山縣
桐城縣
六安州
英山縣
霍山縣
商城縣
光州
光山縣
羅山縣
信陽州
黃梅店
廬州府
合肥縣
鳳陽府
壽州
淮河
潁州府
太和縣
蒙城縣
懷遠縣
亳州
宿州
徐州府
沛縣
豐縣
呂梁
永城縣
柘城縣
鹿邑縣
太康縣
陳州府
開封府
汝寧府
汝陽縣
息縣
正陽縣
確山縣
新蔡縣
上蔡縣
西平縣
舞陽縣
項城縣
商水縣
西華縣
臨潁縣
郾城縣
襄城縣
南陽縣

票盐备览一卷

佚名编　清道光二十六年（1846）扬州刻本　一册

半叶九行，行二十一字，无格。白口，左右双边，上单黑鱼尾。版框高 15.6 厘米，宽 10.8 厘米。

《票盐备览》一书对淮北票商运北盐以协南课的办法进行了阐释，是研究清代盐业问题和票盐制度的重要史料。该书所属淮北地区改行票盐制后，效果极佳，改变了引商垄断盐利的弊病，贩盐手续简便，清扫了盐务陋规。“其法简

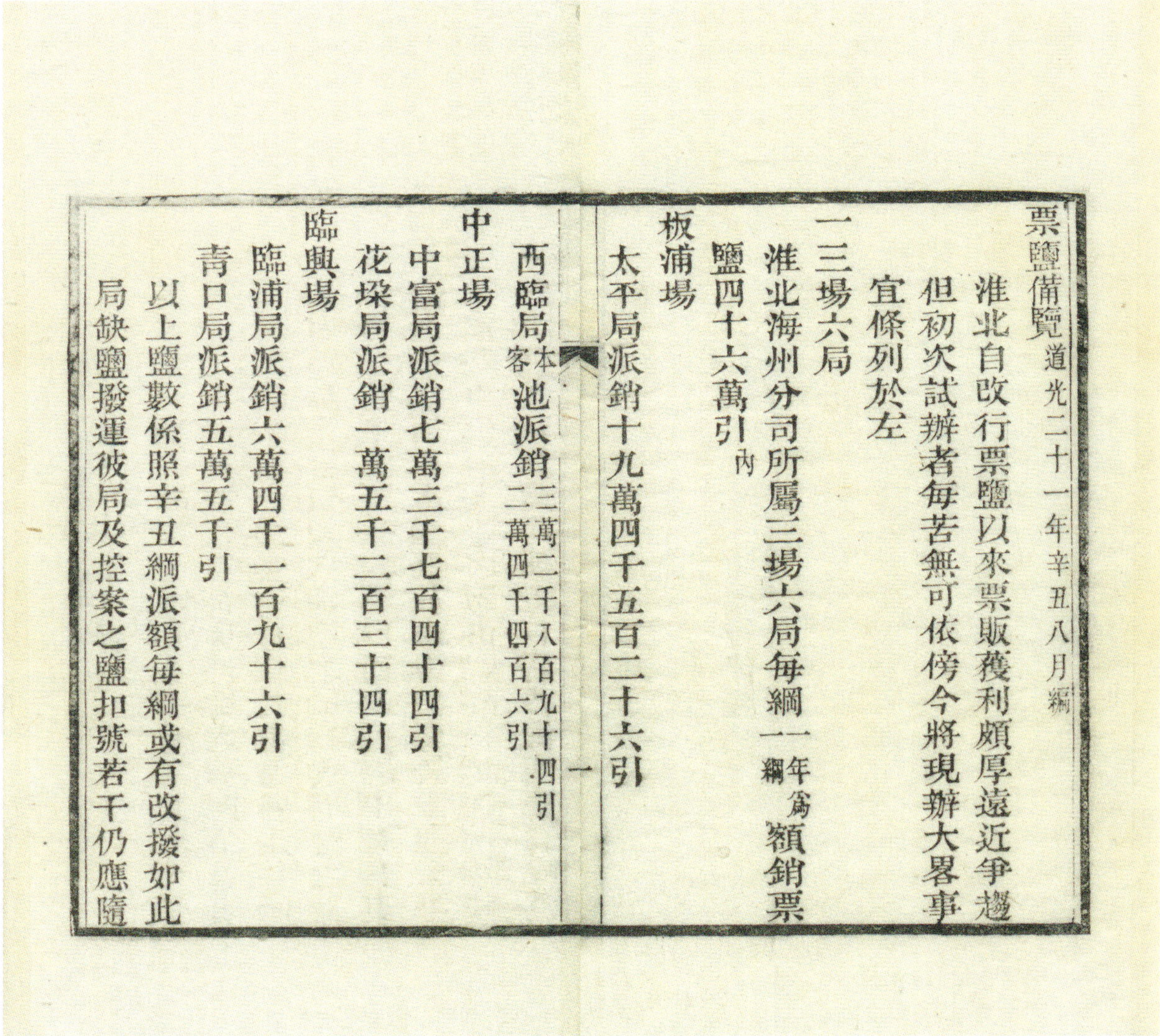
票鹽備覽 道光二十一年辛丑八月編
淮北自改行票鹽以來票販獲利頗厚遠近爭趨
但初次試辦者每苦無可依傍今將現辦大畧事
宜條列於左
一三場六局
淮北海州分司所屬三場六局每綱一年為一綱額銷票
鹽四十六萬引內
板浦場
太平局派銷十九萬四千五百二十六引
一
西臨局本客池派銷三萬二千八百九十四引二萬四千四百六十引
中正場
中富局派銷七萬三千七百四十四引
花垛局派銷一萬五千二百三十四引
臨興場
臨浦局派銷六萬四千一百九十六引
青口局派銷五萬五千引
以上鹽數係照辛丑綱派額每綱或有改撥如此
局缺鹽撥運彼局及控案之鹽扣號若干仍應隨

易而便民，故行之时，获利数倍。于是远近闻风而来者若鹜趋焉。历今十载，变瘠区为沃壤，化枭匪为良民，厥功伟矣。”

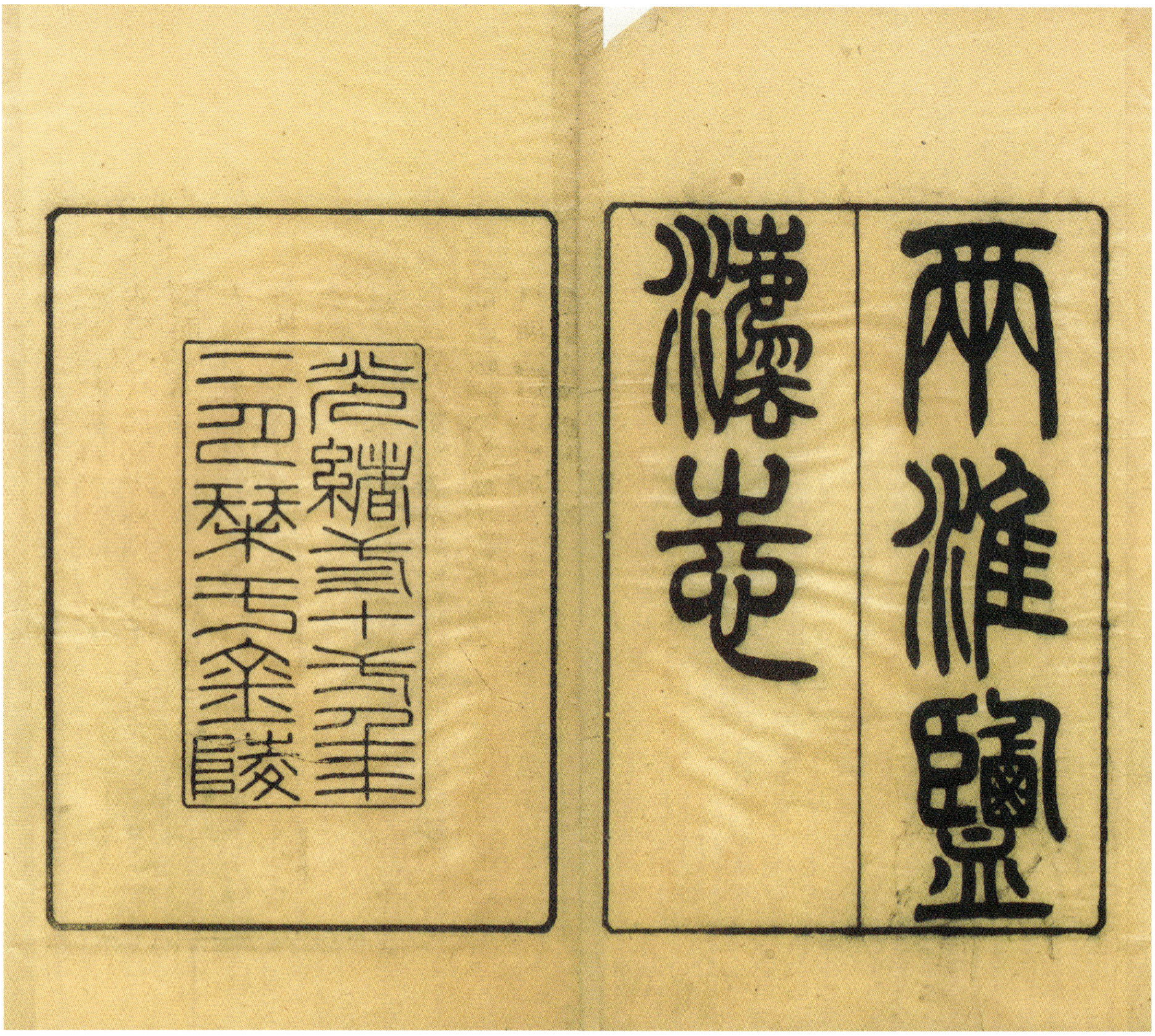

〔光绪〕两淮盐法志一百六十卷首一卷

〔清〕王定安等编　清光绪三十一年（1905）金陵刻本　十四册

半叶十行，行二十三字。白口，四周双边，上单黑鱼尾。版框高 18.6 厘米，宽 13.4 厘米。

王定安（1833—1898），字鼎丞，号空舲，湖北宜昌人。同治元年（1862）举人。曾任山西冀宁水利驿传道署、山西布政使。曾国藩幕僚。长于史志，有传世著作十多部，逾千万字，内容涉及经籍、史志、金石、诗歌、杂记等。主持编纂有《〔光绪〕两淮盐法志》《曾氏宗圣志》，著《湘军记》《贼酋名号谱》《求阙斋

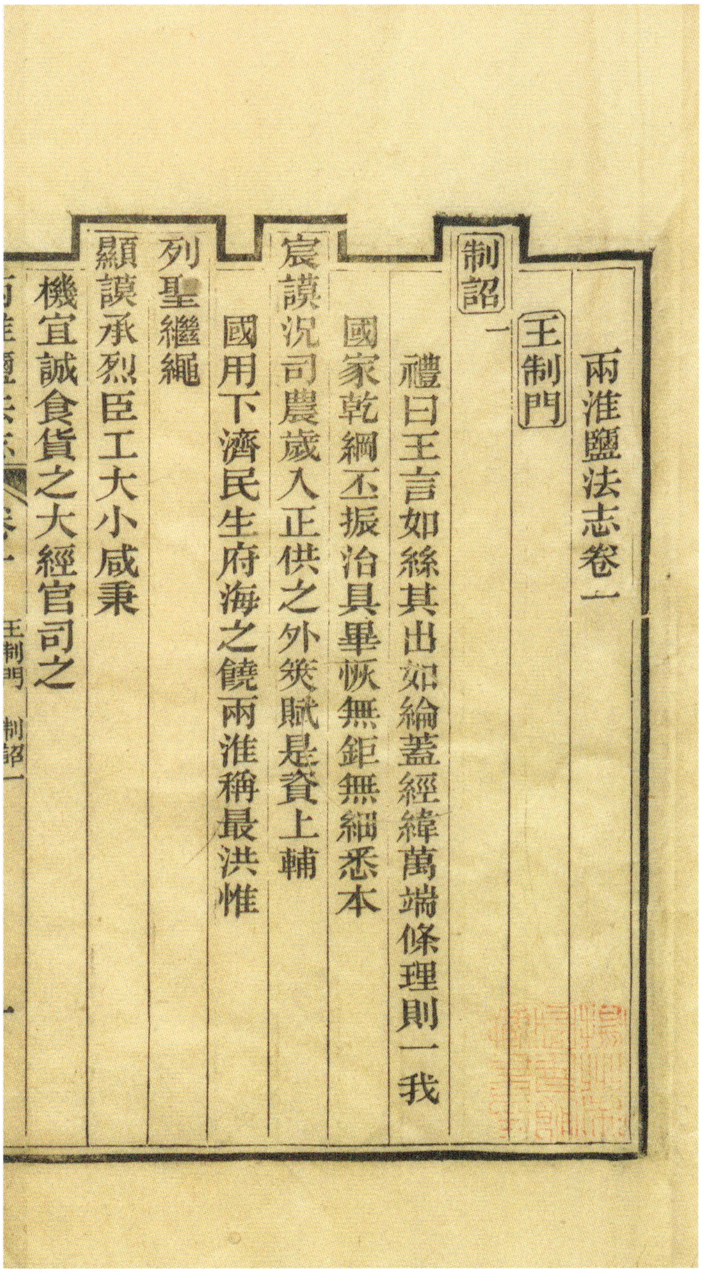
兩淮鹽法志卷一
王制門
制詔一
禮曰王言如絲其出如綸蓋經緯萬端條理則一我
國家乾綱丕振治具畢柧無鉅無細悉本
宸謨況司農歲入正供之外筴賦是資上輔
國用下濟民生府海之饒兩淮稱最洪惟
列聖繼繩
顯謨承烈臣工大小咸秉
機宜誠食貨之大經官司之
兩淮鹽法志　卷一　王制門　制詔一

弟子记》《曾文正公事略》《曾忠襄公年谱》《空舲文抄》《续古文辞类纂》等。

两淮盐法志书自嘉庆十一年（1806）重修之后，迄光绪十五年，已届八十余年。其间改纲为票，变故百生，今昔情形，迥然各别。曾国荃于光绪十五年十一月筹捐设局重修，委派王定安总司编纂，至光绪十八年十二月全书告竣。统以十门，分九十多个子目，凡一百六十卷。此书所补充记载的制度条例上自嘉庆十年，下至光绪十七年，与前四部旧志相延续，清代两淮盐法制度记载自此系统完备，具有重要的历史价值。

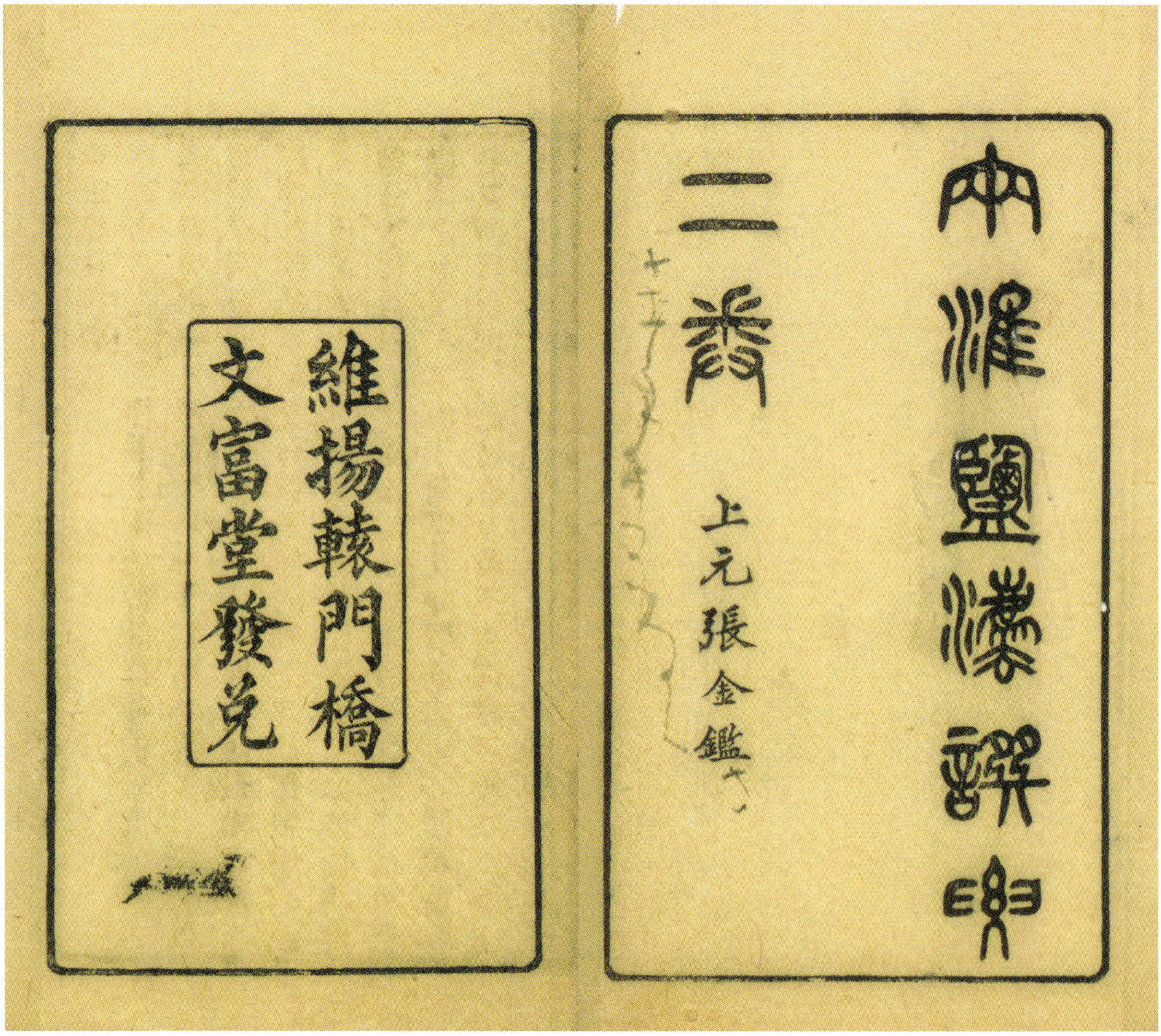

两淮盐法撰要二卷

陈庆年撰　清光绪间维扬辕门桥文富堂刻本　一册

半叶十行，行二十二字。黑口，左右双边，上单黑鱼尾。版框高 18.4 厘米，宽 12.1 厘米。

陈庆年（1863—1929），字善馀，号石城乡人，晚号横山乡人，江苏镇江人。光绪十一年（1885）入江阴南菁书院就读。光绪十四年优贡生。专治史学，尤重社会经济、军事领域。先后任湖北译书局总纂、两湖书院分纂、江楚编译局坐办等职，编撰《洋务辑要》《列国政要》等书。著述甚丰，有《西石城风俗志》《横

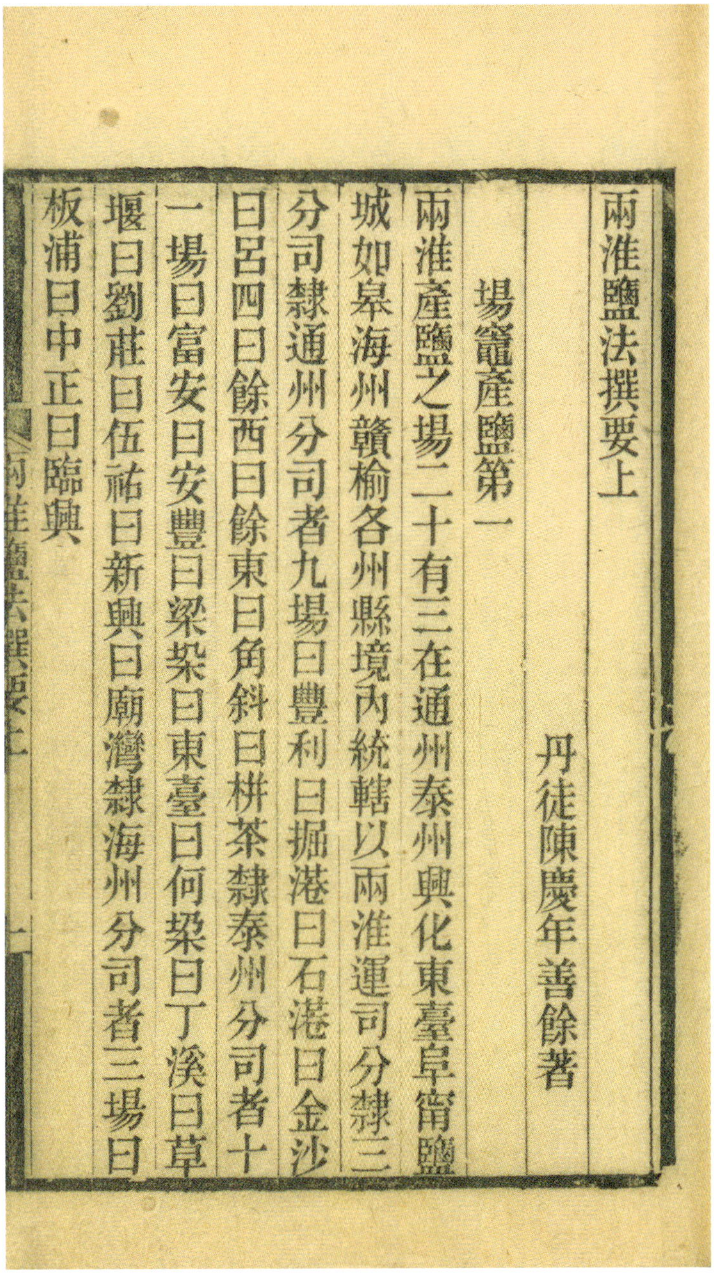
兩淮鹽法撰要上

丹徒陳慶年善餘著

場竈產鹽第一

兩淮產鹽之場二十有三在通州泰州興化東臺阜甯鹽城如臯海州贛榆各州縣境內統轄以兩淮運司分隸三分司隸通州分司者九場曰豐利曰掘港曰石港曰金沙曰呂四曰餘西曰餘東曰角斜曰栟茶隸泰州分司者十一場曰富安曰安豐曰梁垛曰東臺曰何垛曰丁溪曰草堰曰劉莊曰伍祐曰新興曰廟灣隸海州分司者三場曰板浦曰中正曰臨興

兩淮鹽法撰要上 一

山乡人丛稿》等。筑有横山草堂，藏书不下十万册。

陈庆年时佐王定安修《〔光绪〕两淮盐法志》，取其见行章程而成，凡十八篇，自盐产之微至国用之大，无不具备。据说王定安本作有《淮鹾歌诀》，读此书后，遂自废所作。后人以为其“纲举目张，搜辑略备，诚为简核易晓”。本书为研究清代盐业史提供了重要史料，也展现了陈氏学术经世的报国之心。

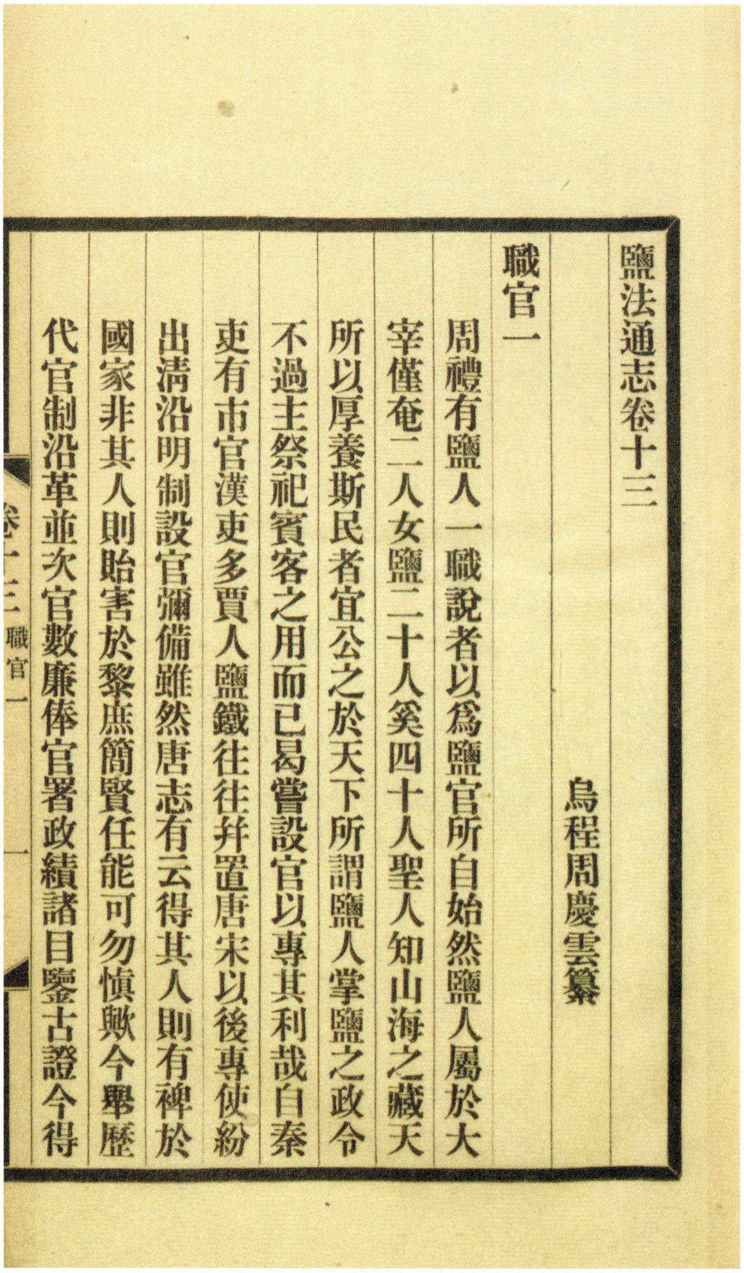
鹽法通志卷十三
烏程周慶雲纂
職官一
周禮有鹽人一職說者以爲鹽官所自始然鹽人屬於大宰僅奄二人女鹽二十人奚四十人聖人知山海之藏天所以厚養斯民者宜公之於天下所謂鹽人掌鹽之政令不過主祭祀賓客之用而已曷嘗設官以專其利哉自秦吏有市官漢吏多賈人鹽鐵往往幷置唐宋以後專使紛出淸沿明制設官彌備雖然唐志有云得其人則有裨於國家非其人則貽害於黎庶簡賢任能可勿愼歟今舉歷代官制沿革並次官數廉俸官署政績諸目鑒古證今得
卷十三　職官一　一

盐法通志一百卷

周庆云撰　民国铅印本　存六十一卷（卷十三至卷二十四，卷四十至卷八十八）　五册

半叶十一行，行二十四字。黑口，四周单边，双对黑鱼尾。版框高 18.7 厘米，宽 13.5 厘米。

周庆云（1864—1934），字景星、逢吉，号湘舲，别号梦坡，浙江湖州南浔人。光绪七年（1881）秀才，曾授永康教谕，后例授直隶知州，均未就。弃学从贾，随父辈业丝。后从事盐业，于民国十年（1921）在杭州成立两浙盐业协会，担任会

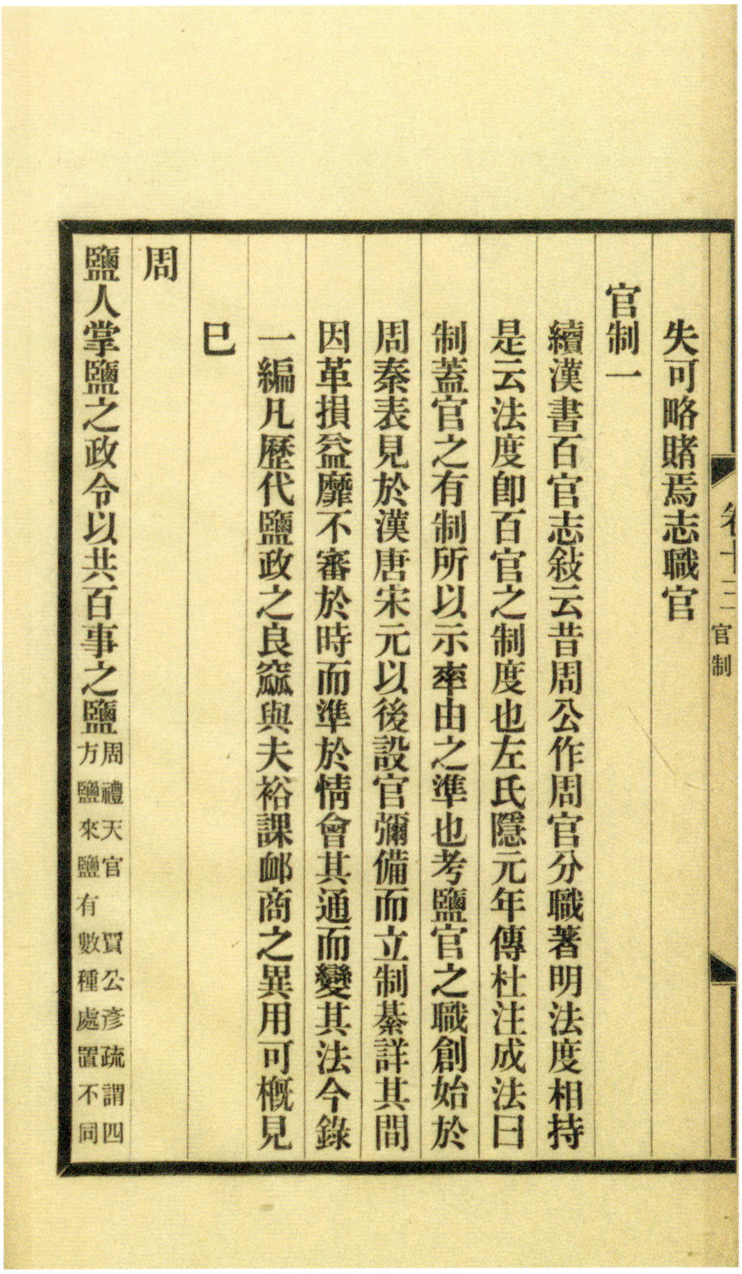
卷十二 官制

失可略睹焉志職官

官制一

續漢書百官志敘云昔周公作周官分職著明法度相持是云法度即百官之制度也左氏隱元年傳杜注成法曰制蓋官之有制所以示率由之準也考鹽官之職創始於周秦表見於漢唐宋元以後設官彌備而立制綦詳其間因革損益靡不審於時而準於情會其通而變其法今錄一編凡歷代鹽政之良窳與夫裕課郵商之異用可概見已

周

鹽人掌鹽之政令以共百事之鹽周禮天官賈公彥疏謂四方鹽來鹽有數種處置不同

长。通晓盐政历史，所著《盐法通志》《岱盐记略》等，为中国盐政留下了宝贵的历史资料。爱好文史、书画、文物、藏书。著述颇丰，有《梦坡诗文》《南浔志》《莫干山志》《琴史补》《历代两浙词人小传》等。

《盐法通志》据四川、两浙、两淮、山东、长芦、河东、两广、福建、东三省等各地盐法旧志及各地方志、各省财政说明书、《通典》、《通志》、《文献通考》等二百余种有关盐法之书，叙述自周至清的历代盐政概况。内分疆域、职官、法令、场产、引目、征榷、转运、缉私、艺文、杂记等类，是研究中国盐业史的重要文献。

扬州园林肇始于西汉，兴盛于隋唐，成熟于宋明，鼎盛于清乾隆时期。扬州园林的历史最早可追溯到西汉诸王所建宫苑。南北朝时期，徐湛之在扬州建造风亭、月观、吹台、琴室，这是见于史籍的扬州第一次官府造园活动。隋炀帝兴建有江都宫、临江宫等。唐代时，扬州成为东南第一大都会，『园林多是宅』，呈现出园林化城市景观。明代时，扬州园林逐步走向成熟，名园不断出现，叠石造山兴起。计成的《园冶》是这一时期园林理论著作的代表。清代乾隆年间，扬州园林的发展达到顶峰，这期间扬州城内外有园林几百处，尤以湖上园林（瘦西湖）最为著名。嘉道年间，个园以其叠石造景成为佳构。清末民初，西学东渐，园宅建设受西方影响，在何园长廊、汪氏小苑等园林建筑中有所体现。清代也出现了较多反映扬州园林的著作。《平山堂图志》对扬州北郊到平山堂的园林名胜分别加以叙述，并附录历代艺文，具有较大影响。

第三单元　扬州园林

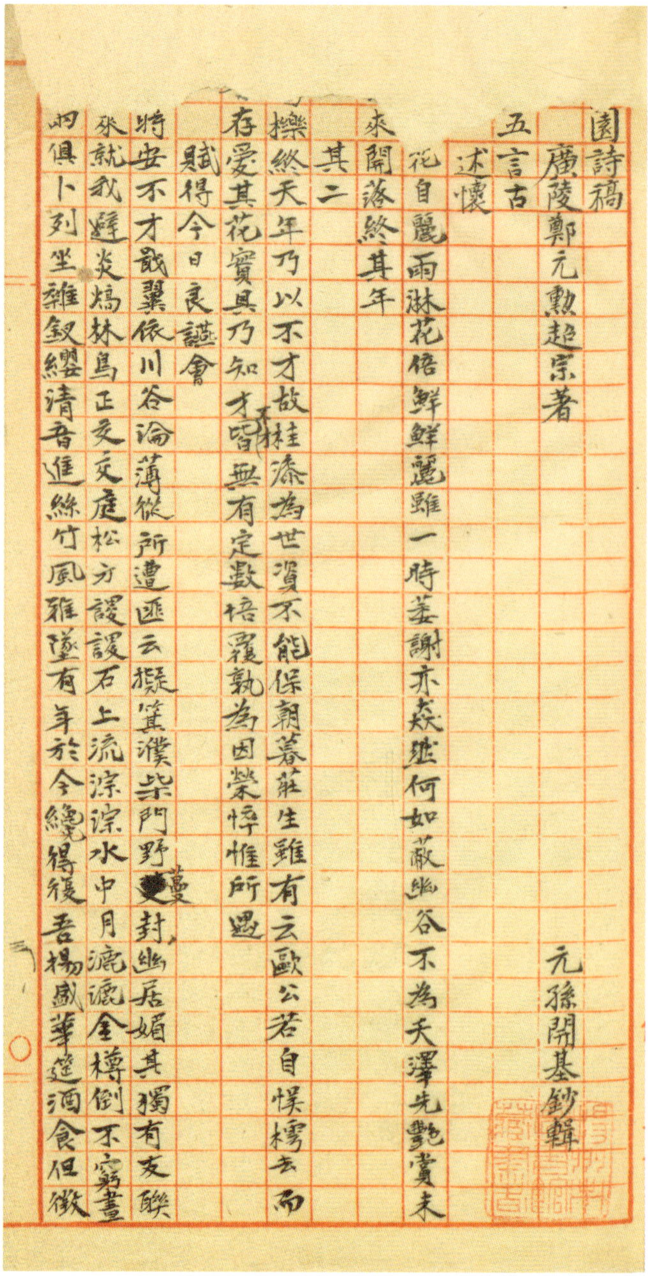
園詩稿
廣陵鄭元勳超宗著　　元孫開基鈔輯
五言古
述懷
花自麗雨淋花倍鮮鮮麗雖一時姜謝亦焱然何如蔽幽谷不為天澤先艷賞未
來開落終其年
其二
櫟終天年乃以不才故桂漆為世資不能保朝暮莊生雖有云歐公若自悮樗去而
存愛其花實具乃知才智無有定數培覆孰為因榮悴惟所遇
賦得今日良讌會
將安不才哉翼依川谷論薄從所遭匿云擬箕濮柴門野蔓封幽居媚其獨有友聯
來就我避炎熇林鳥正交交庭松方謖謖石上流淙淙水中月漉漉金樽倒不窮晝
夜俱卜列坐雜釵纓清音進絲竹風雅遂有年於今纔得復吾揚盛華筵酒食但徵

影园诗稿二卷影园瑶华集三卷

〔明〕郑元勋辑 〔清〕郑开基辑　清末民国红格抄本　五册

半叶十三行，行三十三字。版框高25.1厘米，宽14厘米。

郑元勋（1610—？），字超宗，号惠东，徽州歙县人，寓居扬州。崇祯十六年（1643）进士，累官至兵部职方司主事。为明末扬州重要文士。工诗文，善画山水。有《影园诗稿》《媚幽阁文娱》《左国类函》等。传世画作有《临石田山水图》《山水册》。

郑开基，郑元勋的后人，家有拜影楼。乾隆二十七年（1762），刻《影园瑶华

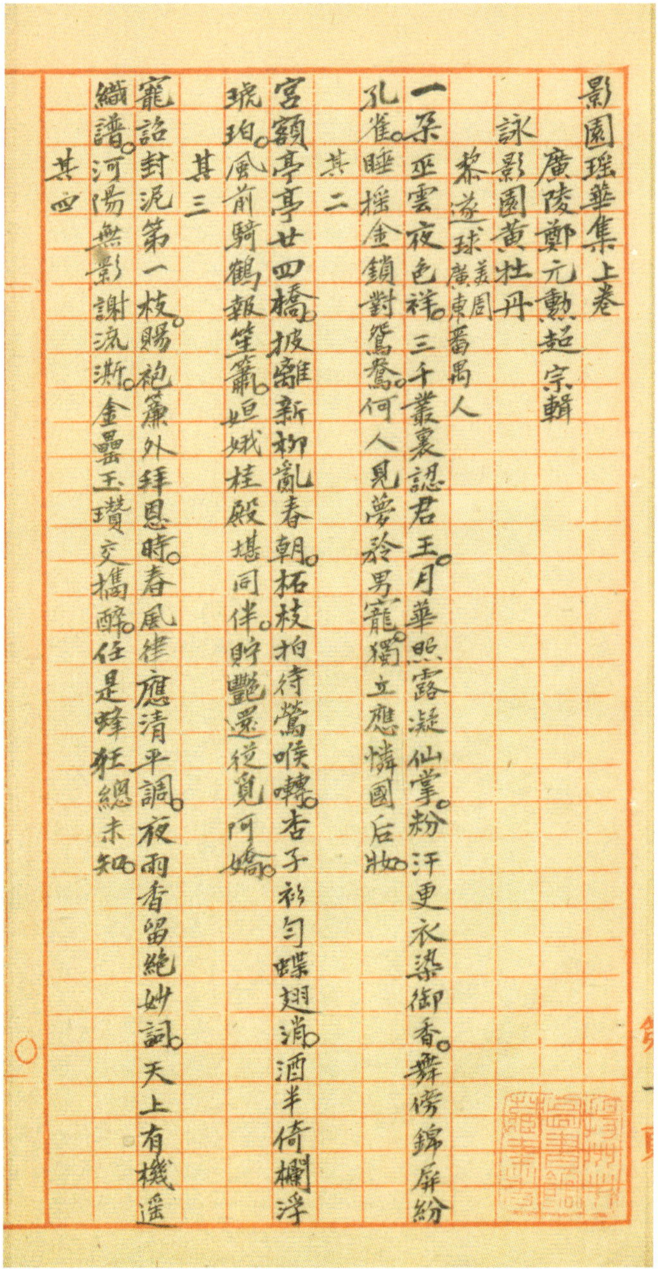
影園瑤華集上卷
廣陵鄭元勳超宗輯
詠影園黃牡丹
黎遂球 美周 廣東番禺人
一朶巫雲夜色祥。三千叢裏認君王。月華照露凝仙掌。粉汗更衣染御香。舞傍錦屏紛孔雀。睡摇金鎖對鴛鴦。何人見夢矜男寵。獨立應憐國后妝。
其二
宮額亭亭廿四橋。披離新柳亂春朝。枯枝拍待鶯喉囀。杏子衫匀蝶翅消。酒半倚欄浮琥珀。風前騎鶴報笙簫。姮娥桂殿堪同伴。貯豔還從覓阿嬌。
其三
寵語封泥第一枝。賜袍簾外拜恩時。春風徙倚清平調。夜雨香留絕妙詞。天上有機遥織譜。河陽無影謝流澌。金罍玉瓚交擕醉。任是蜂狂總未知。
其四

集》《影园诗稿文稿》等。

影园建成于崇祯七年，园名由董其昌题写。影园以其空灵秀逸而名噪江淮，被誉为“扬州第一名园”。《影园瑶华集》中有诗句曰：“广陵胜处知何处，不说迷楼说影园。”崇祯十三年，园中黄牡丹盛放，郑元勋集名流吟咏，制金觥作为奖品，内镌“黄牡丹状元”，征诗糊名易书，请人评定。郑元勋遂辑黎遂球、梁于涘等人诗作而成《影园瑶华集》一书。

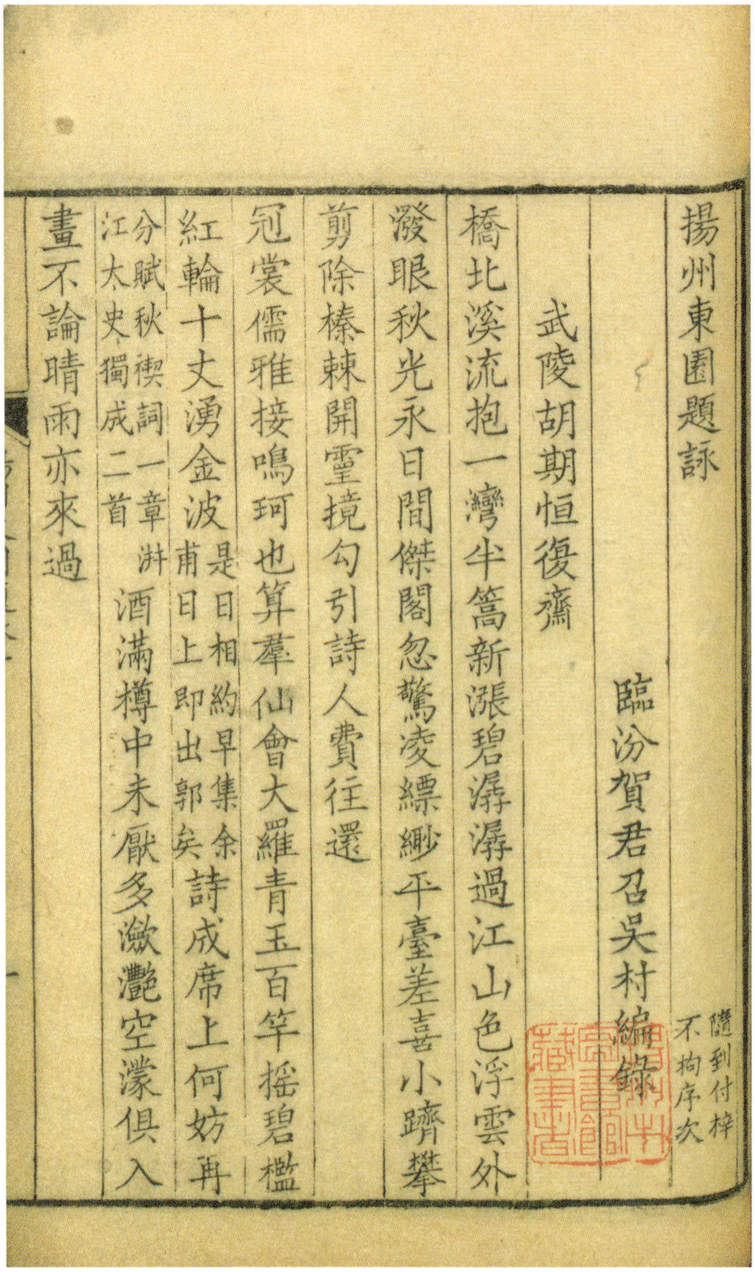
揚州東園題詠

臨汾賀君召吳村編錄　隨到付梓不拘序次

武陵胡期恒復齋

橋北溪流抱一灣半篙新漲碧潺潺過江山色浮雲外潑眼秋光永日閒傑閣忽驚凌縹緲平臺差喜小躋攀剪除榛棘開靈境勾引詩人費往還

冠裳儒雅接鳴珂也算羣仙會大羅青玉百竿搖碧檻紅輪十丈湧金波是日相約早集余甫日上即出郭矣詩成席上何妨再分賦秋禊詞一章洴江太史獨成二首酒滿樽中未厭多瀲灩空濛俱入畫不論晴雨亦來過

扬州东园题咏四卷

〔清〕贺君召辑　清乾隆十一年（1746）刻本　四册

半叶十行，行二十一字。白口，左右双边，上单黑鱼尾。版框高 19.1 厘米，宽 14.4 厘米。

贺君召（生卒年不详），字吴村，山西临汾人。生活于 18 世纪前半期，历康、雍、乾三朝。寓居扬州，经营盐业。工文墨，善书法。

东园，又称贺园，位于扬州北郊莲性寺侧，雍正年间由贺君召建，落成于乾

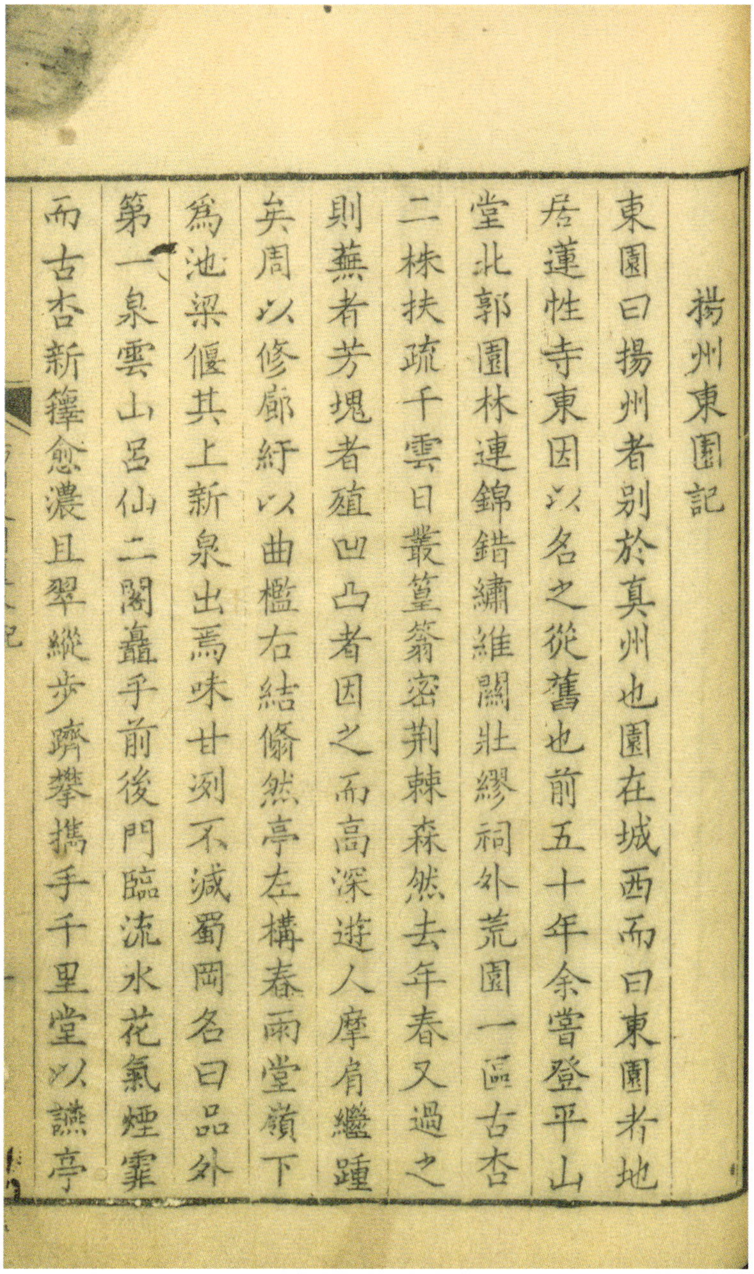
揚州東園記

東園曰揚州者别於真州也園在城西而曰東園者地居蓮性寺東因以名之從舊也前五十年余嘗登平山堂北郭園林連錦錯繡維關壯繆祠外荒園一區古杏二株扶疏干雲日叢篁蓊密荆棘森然去年春又過之則蕪者芳塊者殖凹凸者因之而高深遊人摩肩繼踵矣周以修廊紆以曲檻右結脩然亭左構春雨堂嶺下爲池梁偃其上新泉出焉味甘洌不減蜀岡名曰品外第一泉雲山呂仙二閣矗乎前後門臨流水花氣煙霏而古杏新篁愈濃且翠縱步躋攀攜手千里堂以譙亭

隆九年五月。园门位于莲花桥南岸。园内有修然亭、春雨堂、品外第一泉等十二景之胜。贺君召以游人题壁诗词及园中匾联，汇之成册，辑为《扬州东园题咏》一书。界画名家袁耀为绘《东园十二景图》。东园于嘉庆后圮毁，已无旧迹可循，昔日繁盛仅能从此书中寻觅一二。

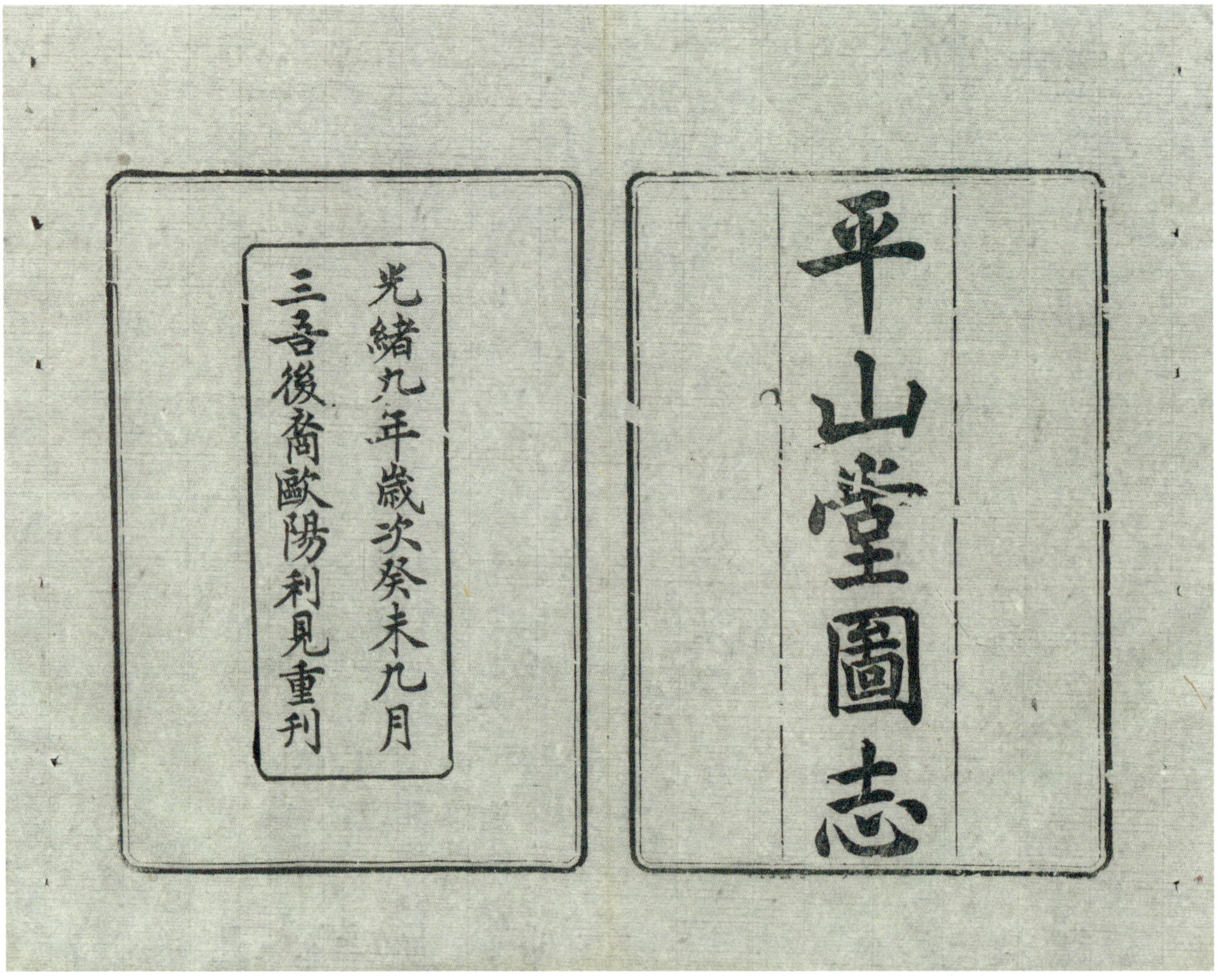

平山堂图志十卷图一卷

〔清〕赵之壁编纂　清光绪九年（1883）欧阳利见刻本　四册

半叶十行，行二十一字。白口，左右双边，上单黑鱼尾。版框高 18.8 厘米，宽 14.3 厘米。

赵之壁（？—1771？），一作赵之璧，字东辰，甘肃天水人。清初名将赵良栋之孙。由户部郎历任府道，乾隆二十七年（1762）任两淮盐运使。能擘窠书。

乾隆三十年，乾隆皇帝南巡，扬州盐商在北郊新建卷石洞天、西园曲水、虹桥揽胜、平冈艳雪等二十景，形成“两堤花柳全依水，一路楼台直到山”的园林

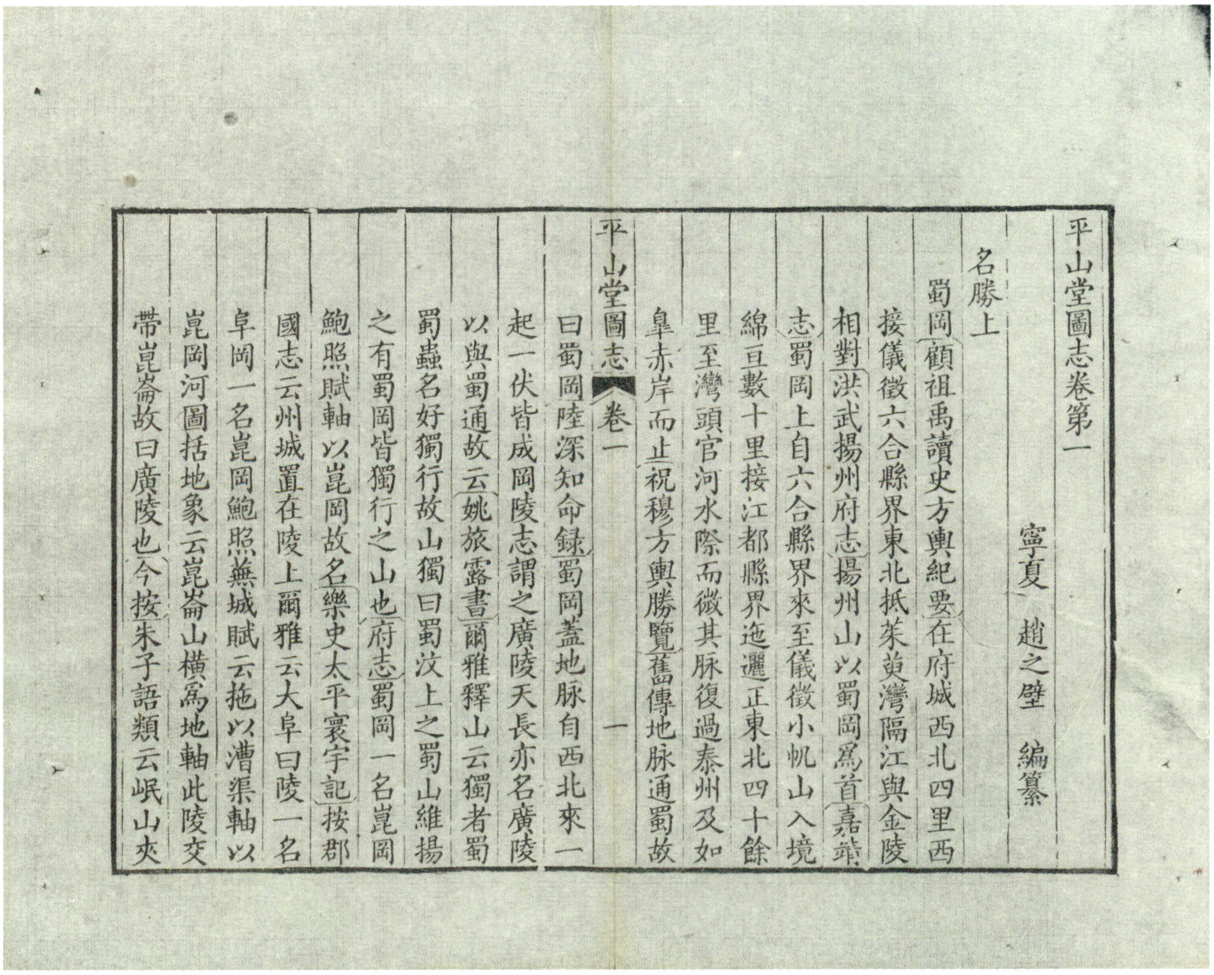
平山堂圖志卷第一

寧夏 趙之壁 編纂

名勝上

蜀岡顧祖禹讀史方輿紀要在府城西北四里西接儀徵六合縣界東北抵茱萸灣隔江與金陵相對洪武揚州府志揚州山以蜀岡爲首嘉靖志蜀岡上自六合縣界來至儀徵小帆山入境綿亘數十里接江都縣界迤邐正東北四十餘里至灣頭官河水際而微其脉復過泰州及如臯赤岸而止祝穆方輿勝覽舊傳地脉通蜀故

平山堂圖志 卷一 一

曰蜀岡陸深知命錄蜀岡蓋地脉自西北來一起一伏皆成岡陵志謂之廣陵天長亦名廣陵以與蜀通故云姚旅露書爾雅釋山云獨者蜀蜀蟲名好獨行故山獨曰蜀汶上之蜀山維揚之有蜀岡皆獨行之山也府志蜀岡一名崑岡鮑照賦軸以崑岡故名樂史太平寰宇記按郡國志云州城置在陵上爾雅云大阜曰陵一名阜岡一名崑岡鮑照蕪城賦云拖以漕渠軸以崑岡河圖括地象云崑崙山橫爲地軸此陵交帶崑崙故曰廣陵也今按朱子語類云岷山夾

景观。赵之壁幸遇此盛事，在接驾后纂成《平山堂图志》一书。

平山堂为北宋庆历八年（1048）欧阳修任扬州太守时所营建。本书对扬州北郊至平山堂沿途的园林和名胜分别加以叙述，并附以历代艺文。其图采用多面连式，长达六十余页，构图严谨，是清代著名的版画作品。书中全面介绍了清代全盛时期的瘦西湖，图文并茂，直观性强，为研究瘦西湖的形成发展和清代造园艺术及园林史提供了实例资料，对充实瘦西湖文化内涵有重要参考价值。

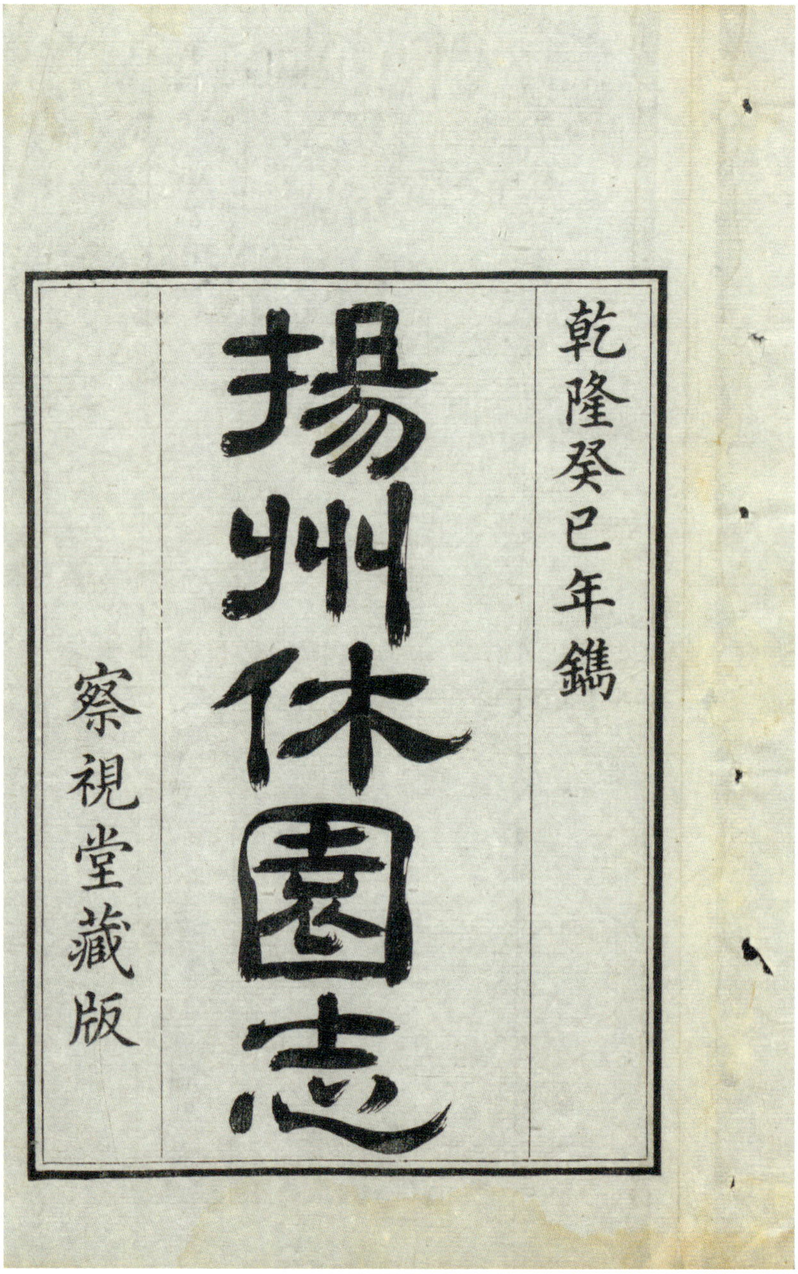

扬州休园志八卷首一卷

〔清〕郑庆祜纂　清乾隆三十八年（1773）察视堂自刻本　二册

半叶十行，行十九字。白口，左右双边，上单黑鱼尾。版框高 18.6 厘米，宽 14.3 厘米。

郑庆祜（生卒年不详），字受天，号昉村，江苏江都（今属扬州）人，祖籍安徽歙县。郑氏迁扬世系第八世孙。贡生，候选布政司理问。擅诗，著《浮青阁诗》等。于乾隆三十五年对休园进行第四次修葺。

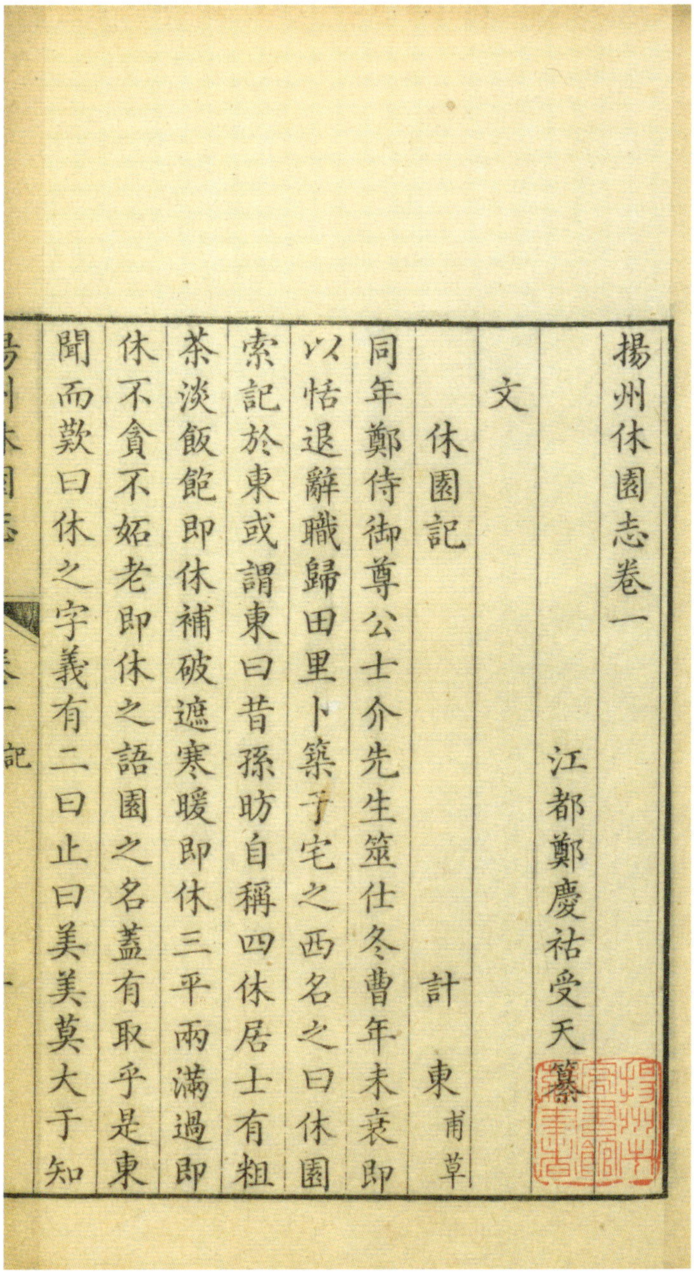
揚州休園志卷一

江都鄭慶祜受天纂

文

休園記　計東甫草

同年鄭侍御尊公士介先生筮仕冬曹年未衰即以恬退辭職歸田里卜築于宅之西名之曰休園索記於東或謂東曰昔孫昉自稱四休居士有粗茶淡飯飽即休補破遮寒暖即休三平兩滿過即休不貪不妬老即休之語園之名蓋有取乎是東聞而歎曰休之字義有二曰止曰美美莫大于知

《扬州休园志》为郑庆祜在第四次修葺休园之际，将诸先贤所作园记、先人懿行之文、时人咏园诗文等内容汇编而成。休园是郑侠如于明朝末年建立的私家园林，其前身为扬州朱氏、汪氏两园。休园历经五代经营，四次修葺，惜现已圮毁。本书对于探窥休园旧观、研究扬州园林文化具有重要的史料价值。

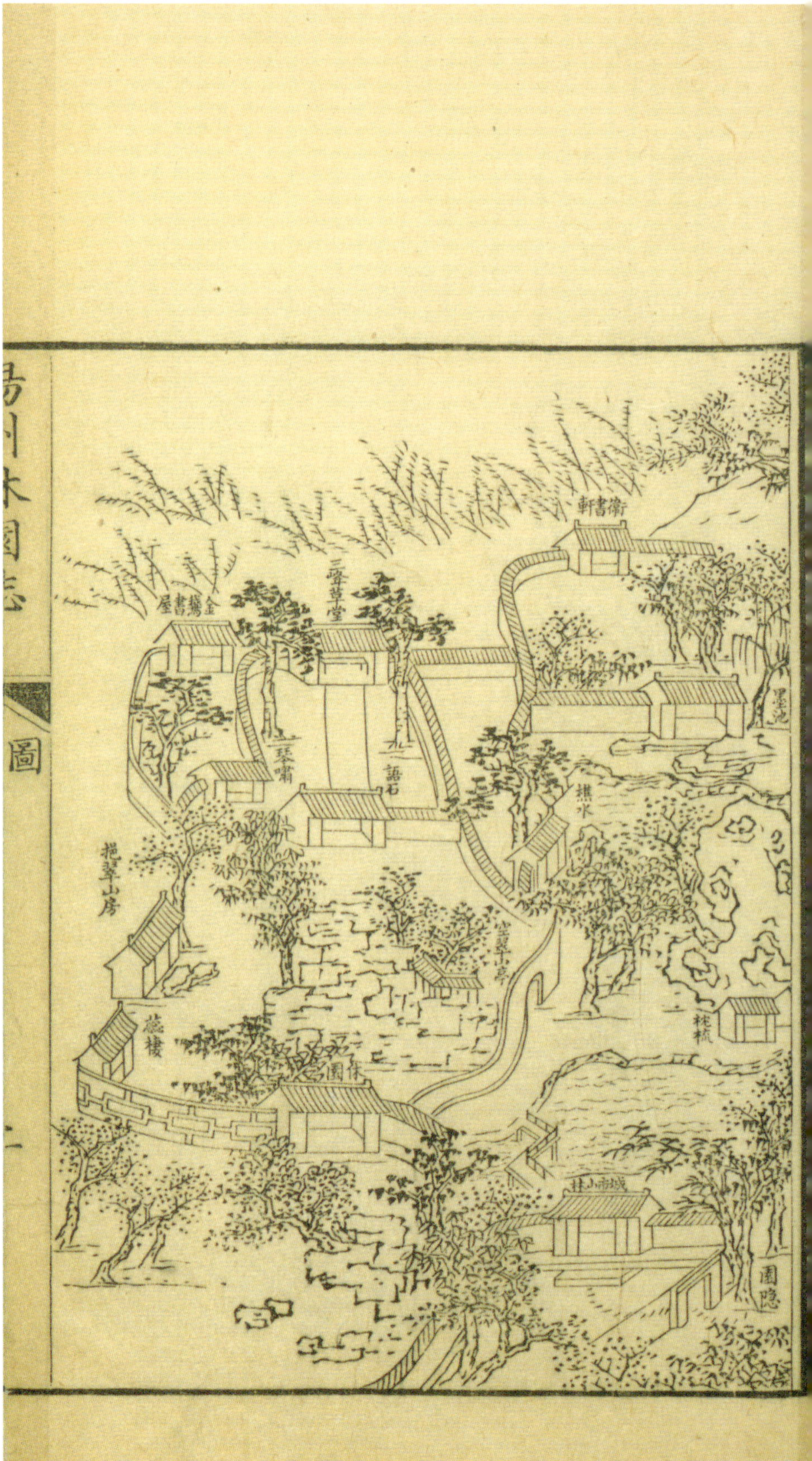
圖
三峯草堂
語石
墨池

扬州休园志八卷首一卷

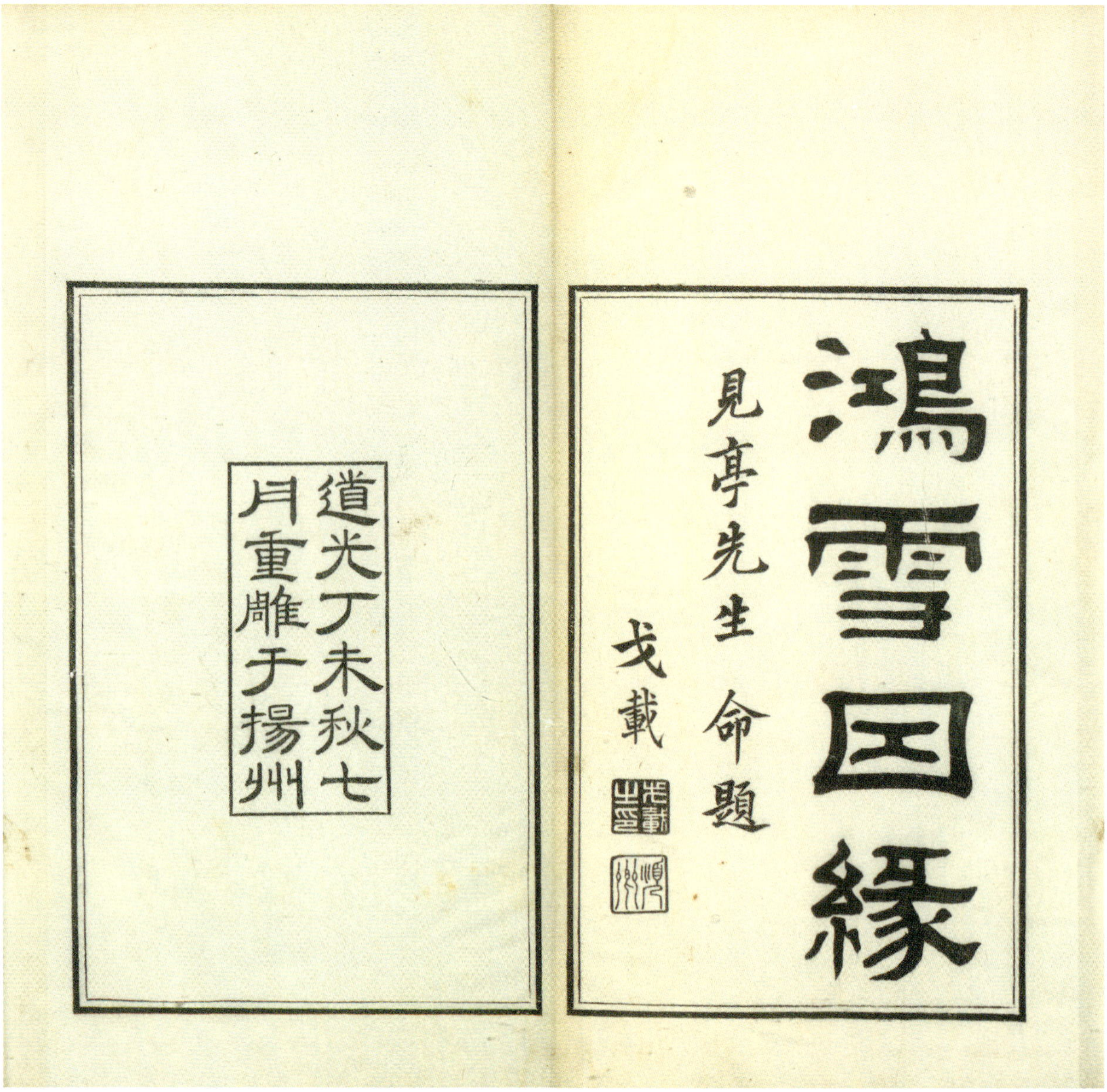

鸿雪因缘图记三集

〔清〕麟庆撰　〔清〕汪英福等绘　清道光二十七年（1847）扬州刻本　十二册

半叶十行，行二十一字。白口，四周双边，上单黑鱼尾。版框高 19.3 厘米，宽 13.5 厘米。

麟庆（1791—1846），姓完颜氏，字伯馀，号见亭，满洲镶黄旗人。嘉庆十四年（1809）进士，授内阁中书，升兵部主事。历任河南按察使、江南河道总督兼兵部侍郎、两江总督管两淮盐政等。宦迹遍及安徽、河南、江浙、贵州、湖北等省。性耽风雅，足迹所至，探幽取胜。著有治河专书《黄运河口古今图说》《河工器具图说》等。

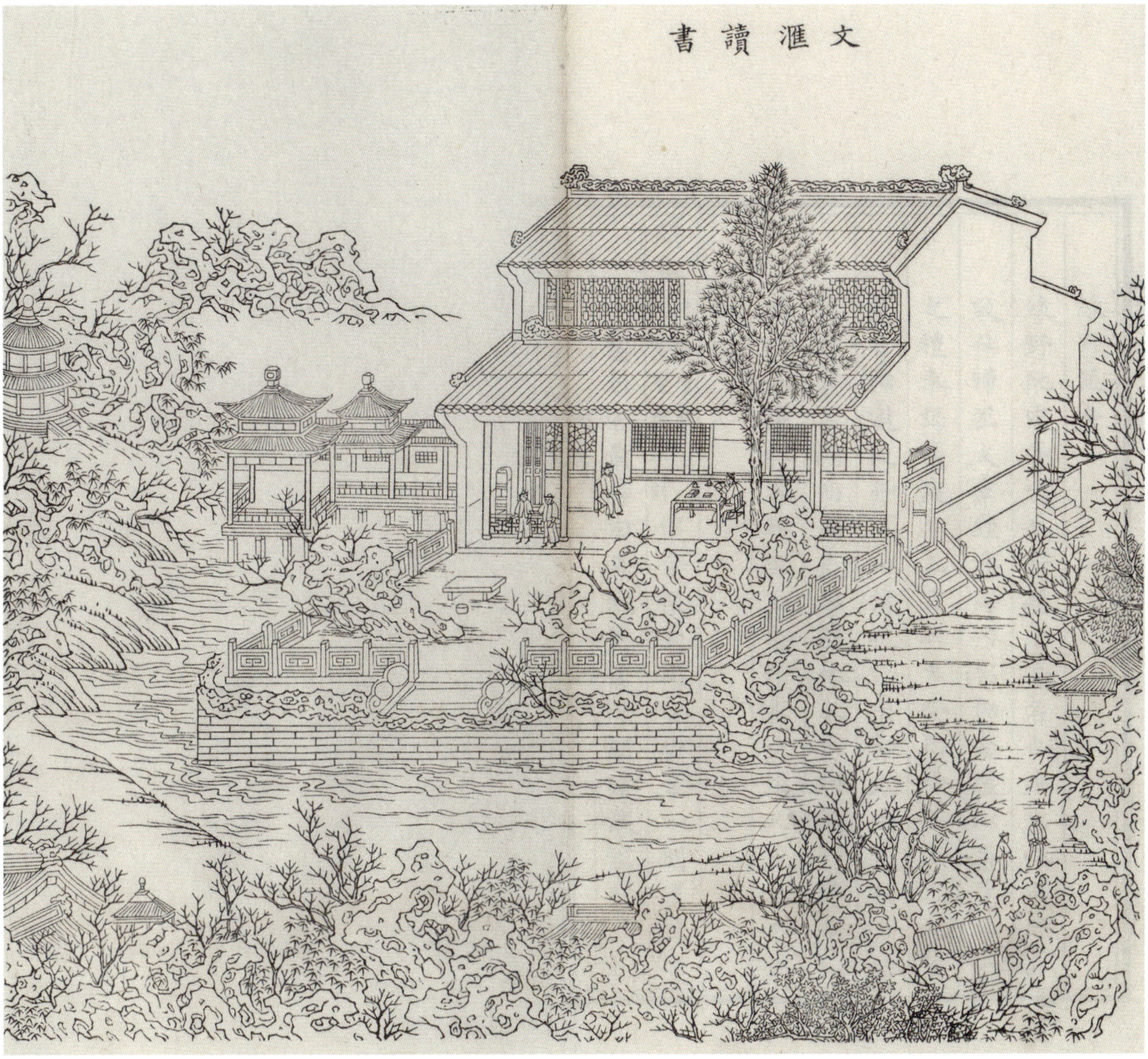

汪英福(生卒年不详),字春泉,扬州画家。精于绘事,尤工山水。

《鸿雪因缘图记》以图文并茂的形式记录麟庆的生平游历、见闻,被其自视为别创一格的年谱。书名“鸿雪”取自苏轼《和子由渑池怀旧》中的诗句“人生到处知何似,应似飞鸿踏雪泥”。麟庆认为人与世间万事万物的联系都是一种“因缘”,若不用语言文字记录,这些“因缘”便会如鸿雪一般了无痕迹。全书三集六卷,共有图二百四十幅,记二百四十篇。涉及山川古迹、风土民情、河防水利、盐务等多方面,反映道光年间社会风貌。文笔流畅简练,插图写刻精美,颇受收藏者珍视。

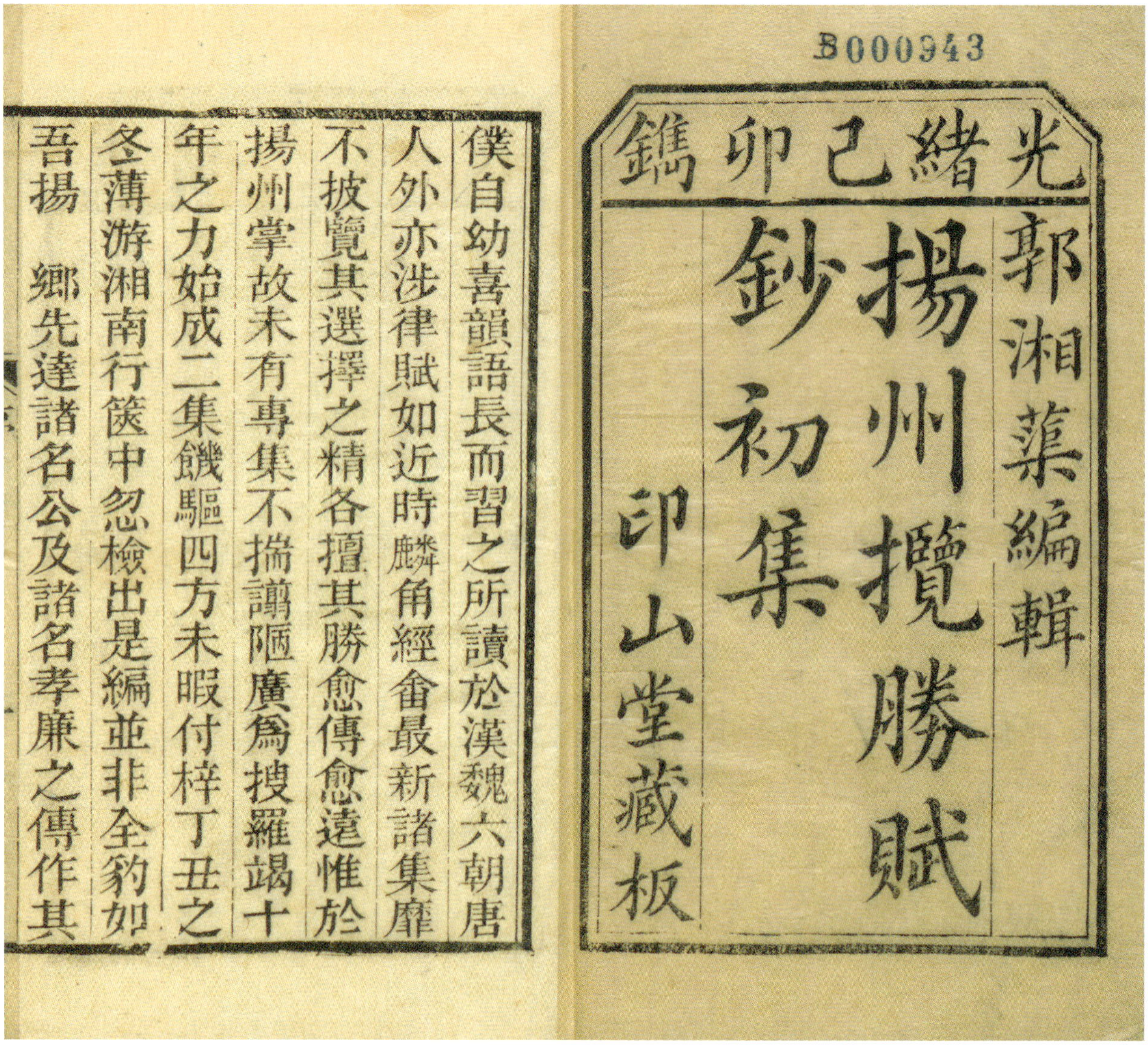
僕自幼喜韻語長而習之所讀於漢魏六朝唐人外亦涉律賦如近時麟角經畬最新諸集靡不披覽其選擇之精各擅其勝愈傳愈遠惟於揚州掌故未有專集不揣譾陋廣爲搜羅竭十年之力始成二集饑驅四方未暇付梓丁丑之冬薄游湘南行篋中忽檢出是編並非全豹如吾揚　鄉先達諸名公及諸名孝廉之傳作其

光緒己卯鐫

郭湘蕖編輯

揚州攬勝賦鈔初集

印山堂藏板

扬州揽胜赋钞初集四卷五集四卷

〔清〕郭晋超编　清光绪五年（1879）印山堂刻本　四册

半叶九行，行二十五字。白口，左右双边，上单黑鱼尾。版框高 14.3 厘米，宽 9 厘米。

郭晋超（1819—1891），字湘蕖，江苏江都（今属扬州）人。太平天国时期入郭松林幕，以军功累保至副将，后改儒官教职。自小喜韵语，长期钻研汉魏六朝诗书，涉猎律赋。曾绘《老去填词图》，海内名士题咏甚多。今存《人月双清馆诗钞》一卷，又名《情田杂俎》。

《扬州揽胜赋钞》计划编撰八集，现存初集和五集各四卷。初集四卷所收

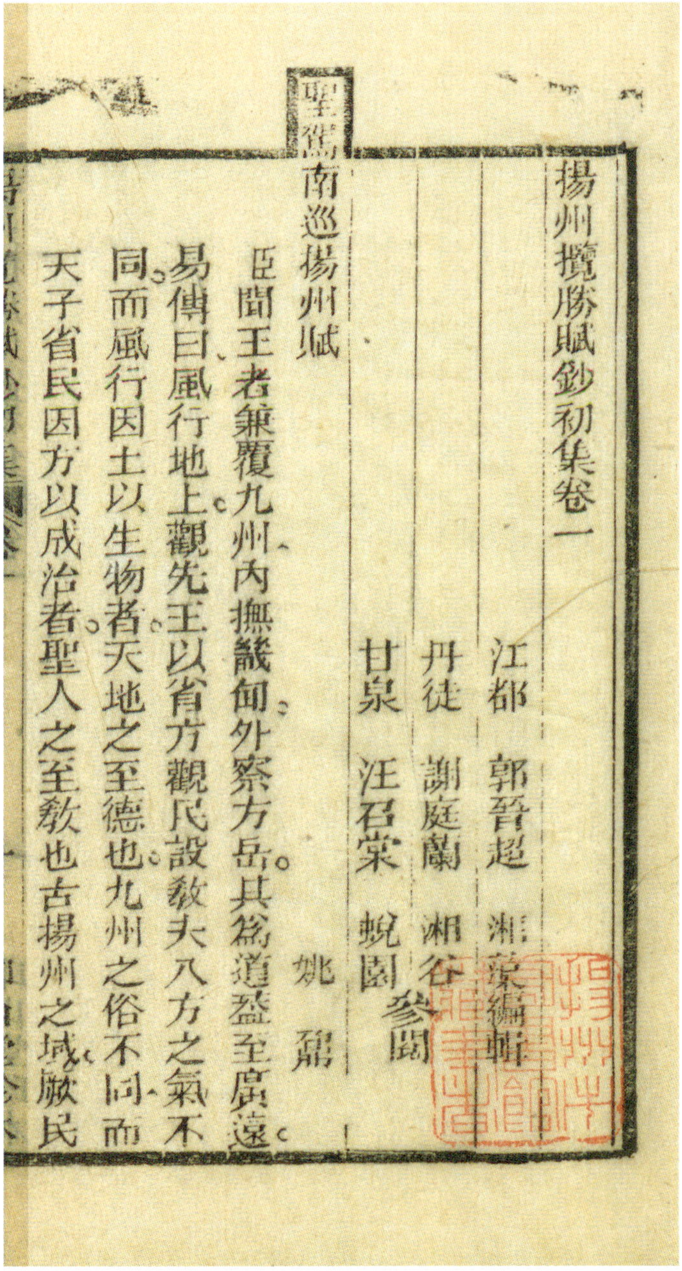
揚州攬勝賦鈔初集卷一
江都　郭晉超　湘巖編輯
丹徒　謝庭蘭　湘谷　參閱
甘泉　汪召棠　蜆園
聖駕南巡揚州賦　姚　鼐
臣聞王者兼覆九州內撫畿甸外察方岳其爲道蓋至廣遠易傳曰風行地上觀先王以省方觀民設敎夫八方之氣不同而風行因土以生物者天地之至德也九州之俗不同而天子省民因方以成治者聖人之至敎也古揚州之域厥民

均是山川、城邑、古迹、名胜、寺观、园亭各实题，计百篇，每篇末都附有题解和小传。五集四卷所收为史鉴、政绩、事实、诗文、游览、寄寓各虚题，共百篇。是书“因取备题，故所登古赋、律赋不拘一体”。大概先选定一个物象，然后抓住其一个或几个特点加以铺陈描写，往往杂体物、言情和说理三者而出入，并且在描写中利用寓意、比喻的方式寄托情志。其题材之广阔、立意之深邃、层次之绵密、押韵之规范，均可圈可点。本书收录扬州地方名胜的题赋有《广陵赋》《梅花岭赋》《广陵涛赋》《瓜洲赋》《第五泉赋》《江风山月亭赋》《竹西亭赋》《平山堂赋》《迷楼赋》《明月楼赋》《邗沟王庙赋》等。

扬州是淮扬菜的中心和发源地，自古以来就有『吃在扬州』的美誉。扬州美食奠定于两汉，成名于隋唐，完善于明清。汉代广陵烹饪即已达到很高水平，枚乘《七发》铺陈的美食显示了扬州美食的丰富。隋唐以来，受益于大运河南北贯通，中外客商在此云集，扬州美食博采众长，兼收并蓄。至清代，康熙、乾隆先后南巡，多次驻跸扬州，推动了扬州经济社会的高度繁荣，加之盐商饮食的极致考究，使扬州美食步入了发展的鼎盛阶段。李斗《扬州画舫录》记录了满汉席的详细菜谱。袁枚撰写的《随园食单》不仅介绍了许多具体的烹饪方法，还论述了他的美食主张，其中尤以淮扬菜为重。童岳荐《调鼎集》记录了以扬州菜系为主的食品，是一部操作性很强的淮扬美食菜谱。中华人民共和国成立以来，扬州的淮扬菜制作得到进一步提升，『开国第一宴』主要菜点即扬州师傅主理的淮扬菜。时至今日，淮扬菜仍是创新不辍，享誉海内外。2001年，中国烹饪协会授予扬州『淮扬菜之乡』的称号。2019年，联合国教科文组织授予扬州『世界美食之都』称号。米粒分明、色香味俱佳的扬州传统美食——扬州炒饭成为扬州享誉世界的城市名片。

第四单元　扬州美食

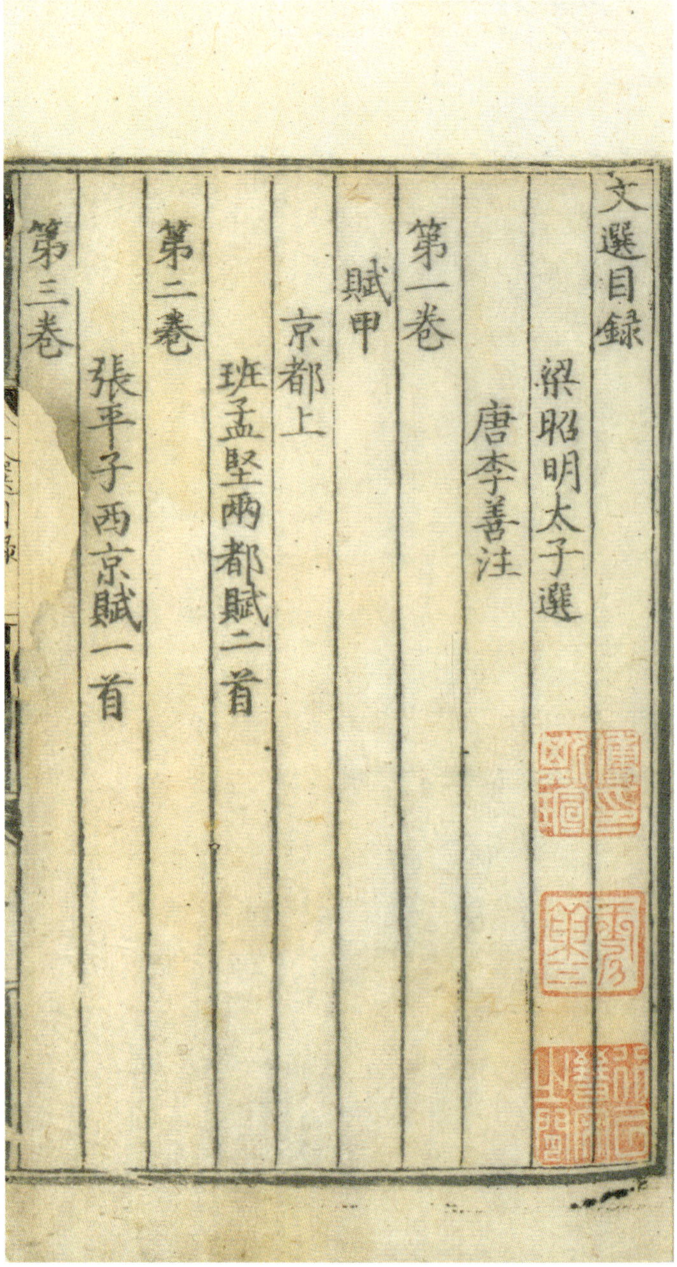
文選目録
梁昭明太子選
唐李善注
第一卷
賦甲
京都上
班孟堅兩都賦二首
第二卷
張平子西京賦一首
第三卷

文选六十卷

〔梁〕萧统编 〔唐〕李善注　明成化二十三年(1487)唐藩朱芝址刻本　二十册

半叶十行,行二十二字,小字双行同。黑口,四周双边,双顺黑鱼尾。版框高22.6厘米,宽15厘米。有"傅斯瑄印""行居晋宋之间""唐国图书""万国经史之章"等印。

萧统(501—531),字德施,小字维摩,南兰陵郡兰陵县(今江苏丹阳)人。梁武帝萧衍长子。天监元年(502)被册立为太子,未继帝位即于中大通三年

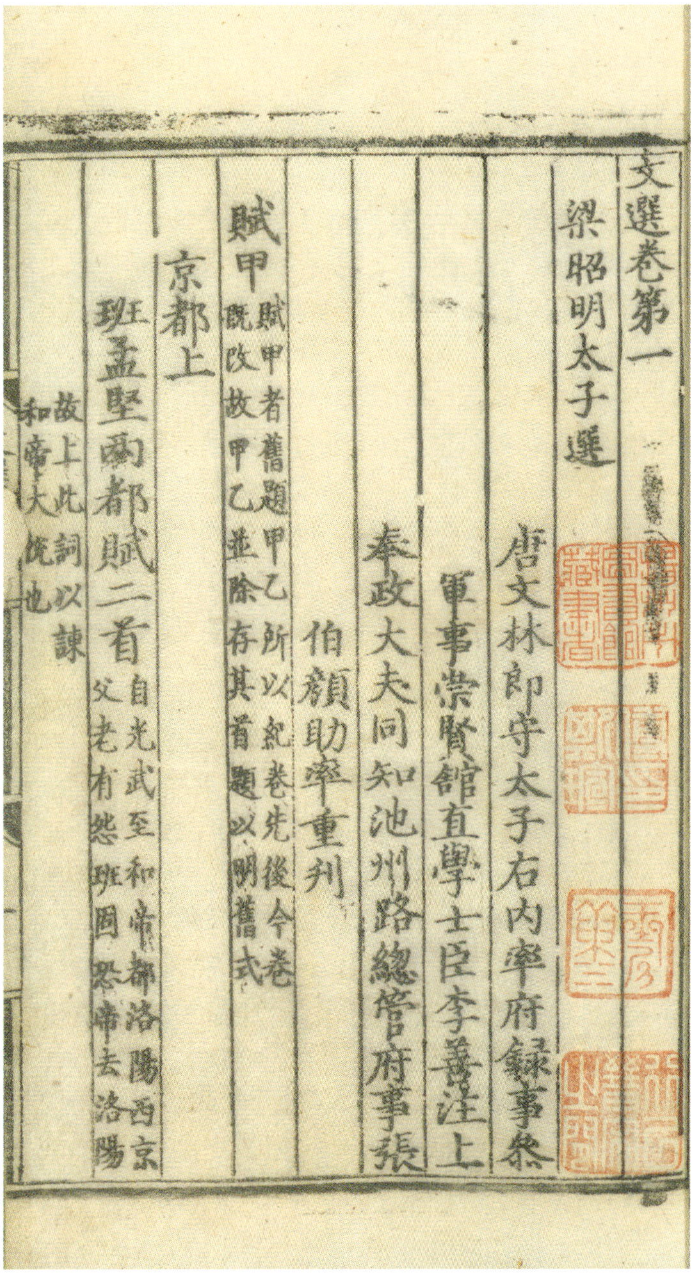
文選卷第一
梁昭明太子選
唐文林郎守太子右内率府録事叅
軍事崇賢館直學士臣李善注上
奉政大夫同知池州路總管府事張
伯顔助率重刊
賦甲賦甲者舊題甲乙所以紀卷先後今卷既改故甲乙並除存其首題以明舊式
京都上
班孟堅兩都賦二首自光武至和帝都洛陽西京父老有怨班固恐帝去洛陽故上此詞以諫和帝大悅也

(531)病死，年仅三十一岁，谥号昭明，后世称其为“昭明太子”。酷爱读书，勤于著述，有《正序》《古今诗苑英华》等，均亡佚。主持编纂《文选》，史称《昭明文选》，是中国现存最早的一部诗文总集。

李善(约630—689)，江都(今属江苏扬州)人。唐代文选学家。曾任崇贤馆直学士、兰台郎等职。学识渊博，但不善治文，专于注释，时人称为“书簏”。因罪株连，流放姚州，后遇赦还，寓居开封、郑州之间，以讲授《文选》为业。注解《文选》六十卷，又著有《汉书辨惑》三十卷。

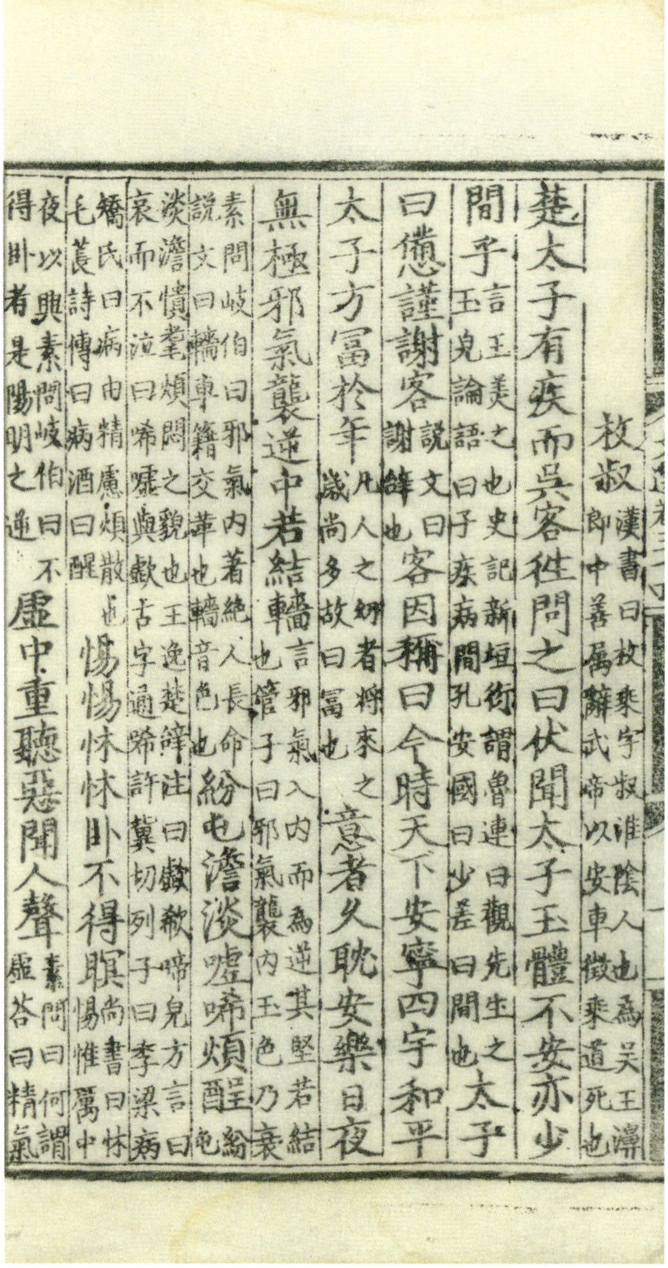
枚叔 漢書曰枚乘字叔淮陰人也為吳王濞郎中善屬辭武帝以安車徵乘道死也
楚太子有疾而吳客往問之曰伏聞太子玉體不安亦少
間乎 言王美之也史記新垣衍謂魯連曰觀先生之玉皃論語曰子疾病間孔安國曰少差曰間也 太子
曰憊謹謝客 說文曰謝辭也 客因稱曰今時天下安寧四宇和平
太子方富於年 凡人之年者將來之歲尚多故曰富也 意者久耽安樂日夜
無極邪氣襲逆中若結轖 言邪氣入內而為逆其堅若結也管子曰邪氣襲內正色乃衰
素問岐伯曰邪氣內著絕人長命說文曰轖車籍交革也轖音色也 紛屯澹淡噓唏煩酲
澹淡憒憒煩悶之貌也王逸楚辭注曰歔欷啼皃方言曰哀而不泣曰唏噓與歔古字通唏許冀切列子曰季梁病
矯氏曰病由精慮煩散也毛萇詩傳曰病酒曰酲 惕惕怵怵臥不得瞑 尚書曰怵惕惟厲中
夜以興素問岐伯曰不得臥者是陽明之逆 虛中重聽惡聞人聲 素問曰何謂虛答曰精氣

《文选》由萧统组织文人共同编选。此书收录了周代至六朝梁几百年间一百三十多位作者的七百余篇作品，从文体上大致可分为诗歌、辞赋、杂文三大类，又细分为赋、诗、骚、七、诏、册、令、教等三十多类。萧统有意识地将文学作品同学术著作、疏奏应用之文区别开来，使中国自先秦以来文史不分现象有了明确的分界。

其中枚乘的赋文《七发》是一篇讽谕性作品。全文从楚太子有病，一吴客前去问候写起。表面上是发问太子在一些方面能否有所享受，实际上是展

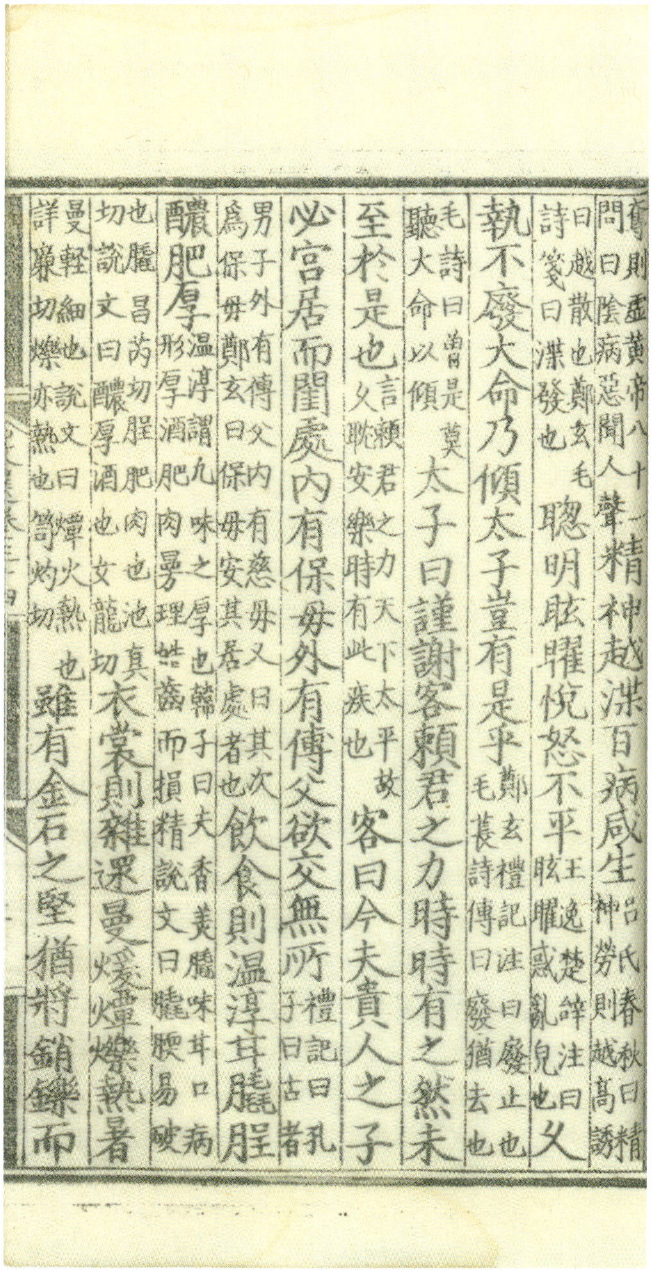
奪則虛黃帝八十一問曰陰病惡聞人聲精神越渫百病咸生呂氏春秋曰精神勞則越高誘
曰越散也鄭玄毛詩箋曰渫發也聰明眩曜悅怒不平王逸楚辭注曰久眩曜惑亂皃也
執不廢大命乃傾太子豈有是乎鄭玄禮記注曰廢止也毛萇詩傳曰廢猶去也
毛詩曰曾是莫聽大命以傾太子曰謹謝客賴君之力時時有之然未
至於是也言賴君之力天下太平故久耽安樂時有此疾也客曰今夫貴人之子
必宮居而閨處內有保母外有傅父欲交無所禮記曰孔子曰古者
男子外有傅父內有慈母又曰其次爲保母鄭玄曰保母安其居處者也飲食則溫淳甘膬腥
醲肥厚溫淳謂九味之厚也韓子曰夫香美膬味甘口病形厚酒肥肉曼理皓齒而損精說文曰膬耎易破
也膬昌芮切腥肥肉也池真切說文曰醲厚酒也女龍切衣裳則雜遝曼煖燂爍熱暑
曼輕細也說文曰燂火熱也詳廉切爍亦熱也舒灼切雖有金石之堅猶將銷鑠而

示与揭露了只有贵族统治阶级才能拥有的对文化与生活的享乐。展览所陈列的这一段文字，以甘美的饮食启发太子，从中可以看出西汉时期淮扬菜选料之广泛，飞禽走兽、时鲜蔬菜、水产山珍、五谷杂粮，皆可入馔。此外，烹调时采取炖、焖、烩、炒、烤等各种烹调方法，在追求色、香、味的同时，也讲究营养搭配。读着这些文字，古代饮食文化的温情弥漫在我们周围，可触可嗅，口舌生津，余味无穷。

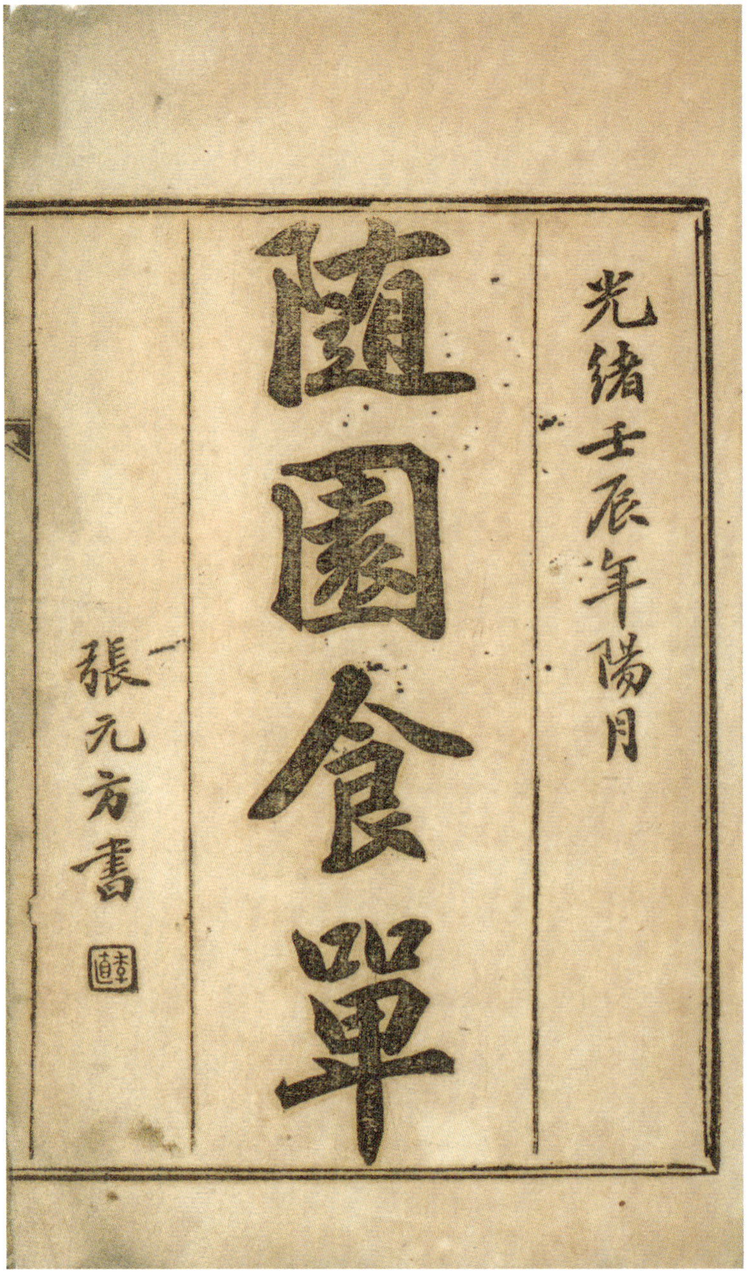

随园食单一卷

〔清〕袁枚编　清光绪十八年（1892）著易堂铅印本　一册

半叶十九行，行四十字，小字双行同。白口，四周双边，上单黑鱼尾。版框高 14.9 厘米，宽 10.8 厘米。有红笔批注。有"张仲"印。

袁枚（1716—1798），字子才，号简斋，晚年自号仓山居士、随园主人等，浙江钱塘（今杭州）人。乾隆四年（1739）进士，授翰林院庶吉士，先后任溧水、江宁、江浦等县知县。诗人、散文家、文学评论家和美食家。与赵翼、蒋士铨合称

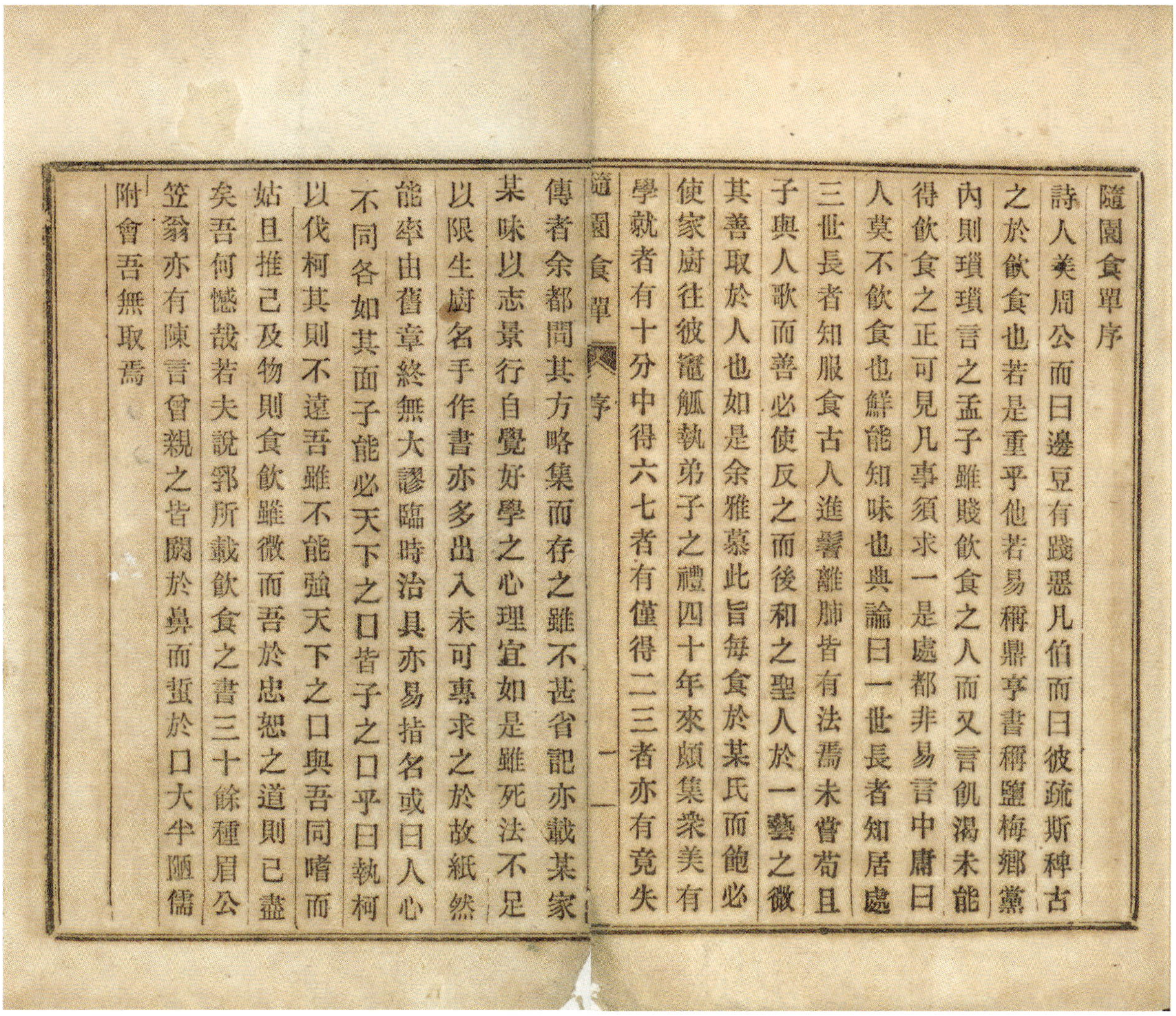
隨園食單序

詩人美周公而曰籩豆有踐惡凡伯而曰彼疏斯粺古之於飲食也若是重乎他若易稱鼎亨書稱鹽梅鄉黨內則瑣瑣言之孟子雖賤飲食之人而又言飢渴未能得飲食之正可見凡事須求一是處都非易言中庸曰人莫不飲食也鮮能知味也典論曰一世長者知居處三世長者知服食古人進鬐離肺皆有法焉未嘗苟且子與人歌而善必使反之而後和之聖人於一藝之微其善取於人也如是余雅慕此旨每食於某氏而飽必使家廚往彼竈觚執弟子之禮四十年來頗集衆美有學就者有十分中得六七者有僅得二三者亦有竟失傳者余都問其方略集而存之雖不甚省記亦載某家某味以志景行自覺好學之心理宜如是雖死法不足以限生廚名手作書亦多出入未可專求之於故紙然能率由舊章終無大謬臨時治具亦易指名或曰人心不同各如其面子能必天下之口皆子之口乎曰執柯以伐柯其則不遠吾雖不能強天下之口與吾同嗜而姑且推己及物則食飲雖微而吾於忠恕之道則已盡矣吾何憾哉若夫說郛所載飲食之書三十餘種眉公笠翁亦有陳言曾覯之皆閼於鼻而蜇於口大半陋儒附會吾無取焉

隨園食單　序　一

“乾嘉三大家”，与赵翼、张问陶合称“性灵派三大家”，也是“清代骈文八大家”之首。他论诗提倡“性灵说”，注重情感表达；为文不拘义法，纵横跌宕，自成一家。

《随园食单》是我国清代系统论述烹饪技术和南北菜点的集大成之作。书中着重介绍了食材的名称、配料和制作流程，并对饮食文化的发展做了诸多的理论概括。全书共分十四单，除须知单和戒单两个总单外，另有海鲜单、江鲜单、特牲单、杂牲单、羽族单、水族有鳞单、水族无鳞单、杂素菜单、小菜

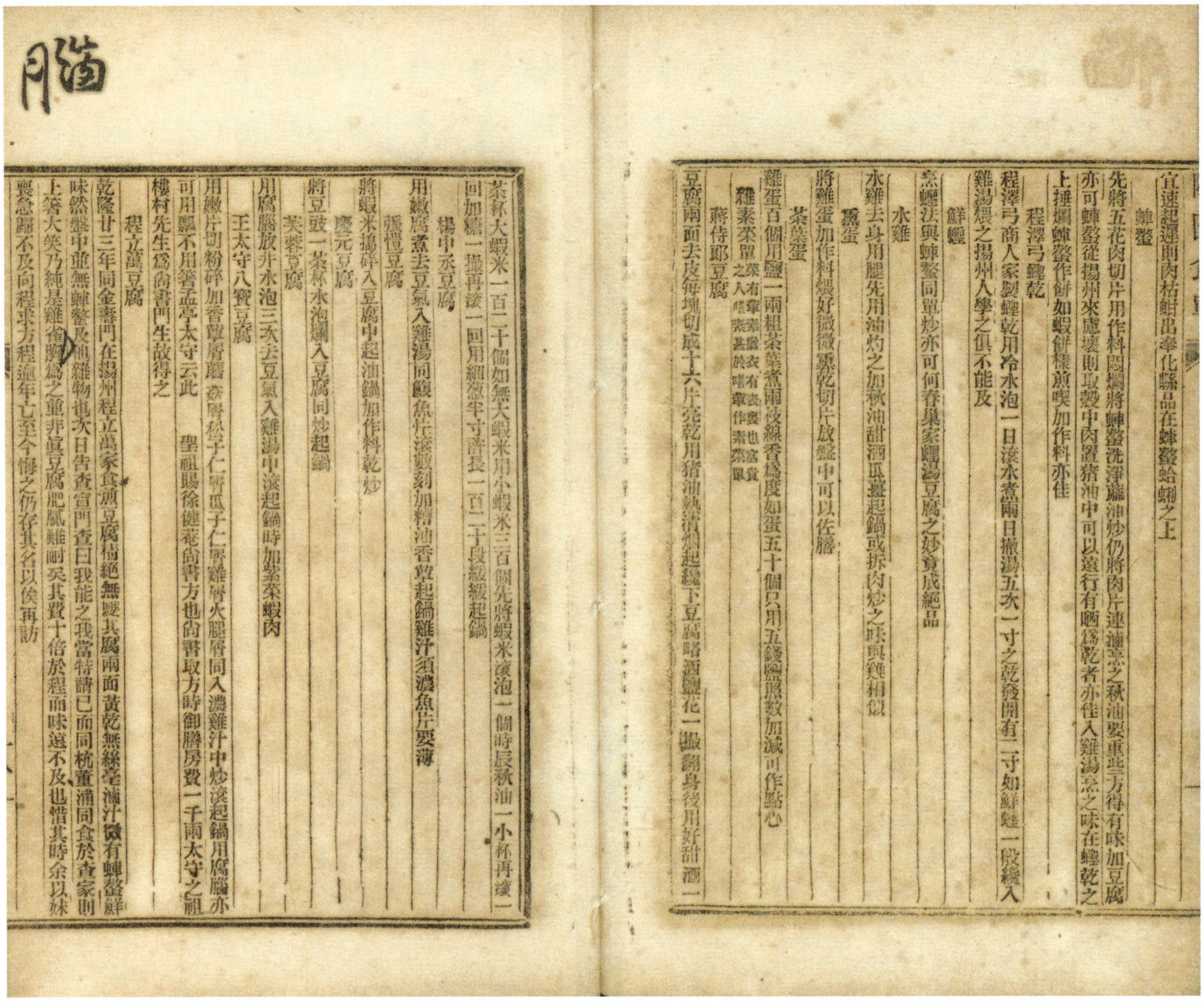
宜速起遲則肉枯鮓出奉化縣品在蛼螯蛤蜊之上
蛼螯
先將五花肉切片用作料悶爛將蛼螯洗淨麻油炒仍將肉片連滷烹之秋油要重些方得有味加豆腐
亦可蛼螯從揚州來慮壞則取殼中肉置猪油中可以遠行有晒為乾者亦佳入雞湯烹之味在蟶乾之
上捶爛蛼螯作餅如蝦餅樣煎喫加作料亦佳
程澤弓蟶乾
程澤弓商人家製蟶乾用冷水泡一日滾水煮兩日撤湯五次一寸之乾發開有二寸如鮮蟶一般纔入
雞湯煨之揚州人學之俱不能及
鮮蟶
烹蟶法與蛼螯同單炒亦可何春巢家蟶湯豆腐之妙竟成絕品
水雞
水雞去身用腿先用油灼之加秋油甜酒瓜薑起鍋或拆肉炒之味與雞相似
熏蛋
將雞蛋加作料煨好微微熏乾切片放盤中可以佐膳
茶葉蛋
雞蛋百個用鹽一兩粗茶葉煮兩枝線香為度如蛋五十個只用五錢鹽照數加減可作點心
雜素菜單 菜有葷素猶衣有表裏也富貴之人嗜素甚於嗜葷作素菜單
蔣侍郎豆腐
豆腐兩面去皮每塊切成十六片晾乾用猪油熱灼清烟起纔下豆腐略洒鹽花一撮翻身後用好甜酒一

茶杯大蝦米一百二十個如無大蝦米用小蝦米三百個先將蝦米滾泡一個時辰秋油一小杯再滾一
回加糖一撮再滾一回用細葱半寸許長一百二十段緩緩起鍋
楊中丞豆腐
用嫩腐煮去豆氣入雞湯同鰒魚片滾數刻加糟油香蕈起鍋雞汁須濃魚片要薄
張愷豆腐
將蝦米搗碎入豆腐中起油鍋加作料乾炒
慶元豆腐
將豆豉一茶杯水泡爛入豆腐同炒起鍋
芙蓉豆腐
用腐腦放井水泡三次去豆氣入雞湯中滾起鍋時加紫菜蝦肉
王太守八寶豆腐
用嫩片切粉碎加香蕈屑蘑菇屑松子仁屑瓜子仁屑雞屑火腿屑同入濃雞汁中炒滾起鍋用腐腦亦
可用瓢不用箸孟亭太守云此 聖祖賜徐健菴尚書方也尚書取方時御膳房費一千兩太守之祖
樓村先生為尚書門生故得之
程立萬豆腐
乾隆廿三年同金壽門在揚州程立萬家食煎豆腐精絕無雙其腐兩面黃乾無絲毫滷汁微有蛼螯鮮
味然盤中並無蛼螯及他雜物也次日告查宣門查曰我能之我當特請已而同杭董浦同食於查家則
上箸大笑乃純是雞雀腦為之並非真豆腐肥膩難耐矣其費十倍於程而味遠不及也惜其時余以妹
喪急歸不及向程求方程逾年亡至今悔之仍存其名以俟再訪

单、点心单、饭粥单和茶酒单，详细论述了中国 14 至 18 世纪中叶流行的三百多道菜式。

《随园食单》记录扬州地区的菜点共十四种，如“臧八太爷家制之最精”的鸡圆，“扬州朱分司家制之最精”的红煨鳗，“其白如雪，揭之如有千层”的千层馒头，“食之滑腻温柔，肉与米化”的粽子……在袁枚笔下，扬州菜制作精良、味美可口，不仅体现出扬州地区独特的烹饪技艺，更对扬州饮食业的发展起到了很好的引领作用。

隨園食單

須知單 學問之道先知而後行飲食亦然作須知單

先天須知

凡物各有先天如人各有資稟人性下愚雖孔孟教之無益也物性不良雖易牙烹之亦無味也指其大略猪宜皮薄不可腥臊雞宜騸嫩不可老稚鯽魚以扁身白肚爲佳烏背者必崛强於盤中鰻魚以湖溪游泳爲貴江生者必槎枒其骨節穀餵之鴨其膘肥而白色壅土之筍其節少而甘鮮同一火腿也而好醜判若天淵同一台鯗也而美惡分爲冰炭其他雜物可以類推大抵一席佳餚司廚之功居其六買辦之功居其四

一作料須知

廚者之作料如婦人之衣服首飾也雖有天姿雖善塗抹而敝衣藍縷西子亦難以爲容善烹調者醬用伏醬先嘗甘否油用香油須審生熟酒用酒娘應去糟粕醋用米醋須求清冽且醬有清濃之分油有葷素之別酒有酸甜之異醋有陳新之殊不可絲毫錯誤其他葱椒薑桂糖鹽雖用之不多而俱宜選擇上品蘇州店賣秋油有上中下三等鎮江醋顔色雖佳味不甚酸失醋之本旨矣以板浦醋爲第一浦口醋次之

一洗刷須知

洗刷之法燕窩去毛海參去泥魚翅去沙鹿筋去臊肉有筋瓣剔之則酥鴨有腎臊削之則淨魚膽破而全盤皆苦鰻涎存而滿椀多腥韭刪葉而白存菜棄邊而心出內則曰魚去乙去醜鼈此之謂也諺云若要魚好喫洗得白筋出亦此之謂也

一調劑須知

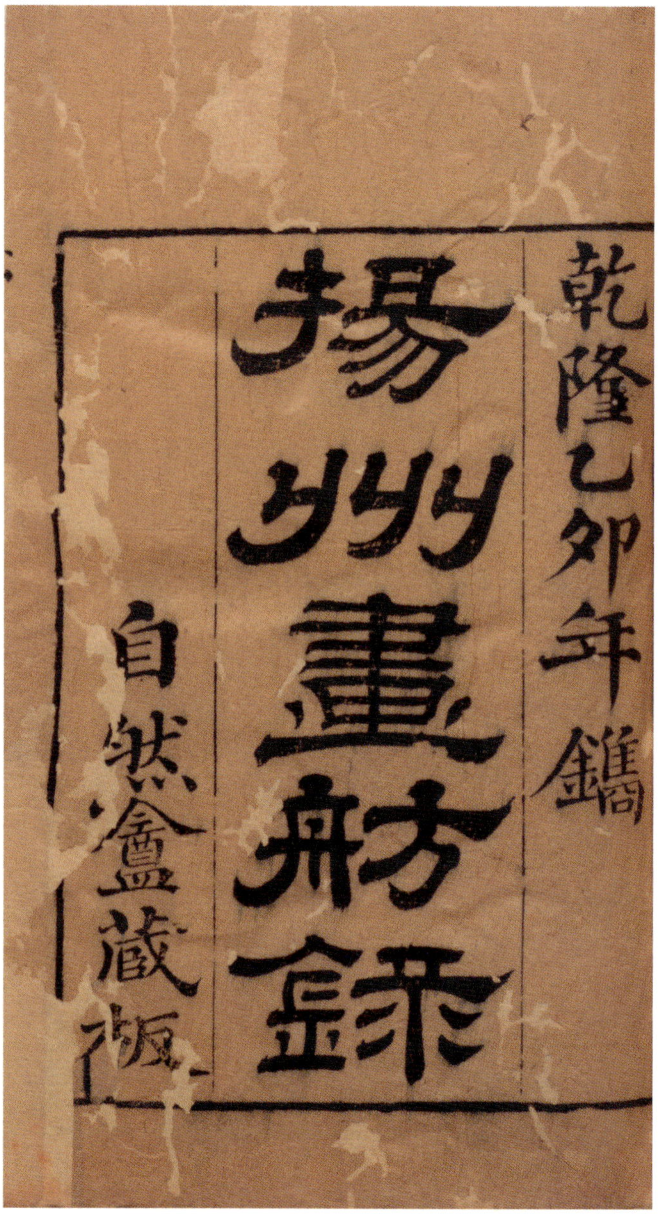

扬州画舫录十八卷

〔清〕李斗撰　清嘉庆二年（1797）刻本　八册

半叶十行，行二十四字，小字双行同。白口，左右双边，上单黑鱼尾。版框高16.7厘米，宽11.6厘米。尾附朱笔跋。有朱、墨笔批注。有“息尘庵主”“成都王四”“雪岑”“疆学宧”“华扬”“秉恩”“息尘”等印。

李斗（1749—1817），字北有，号艾塘，别署画舫中人，江苏仪征人。监生。早年不喜治八股文，喜爱交游，性格任侠尚义，曾两上京师，三出岭表，兼通戏曲、诗歌、音律、数学等。著有传奇《岁星记》和《奇酸记》，另有《永报堂诗集》《艾堂乐府》，与《扬州画舫录》合而为《永报堂集五种》。

《扬州画舫录》是李斗所撰的笔记文集，也是一部记叙康乾时期扬州人民

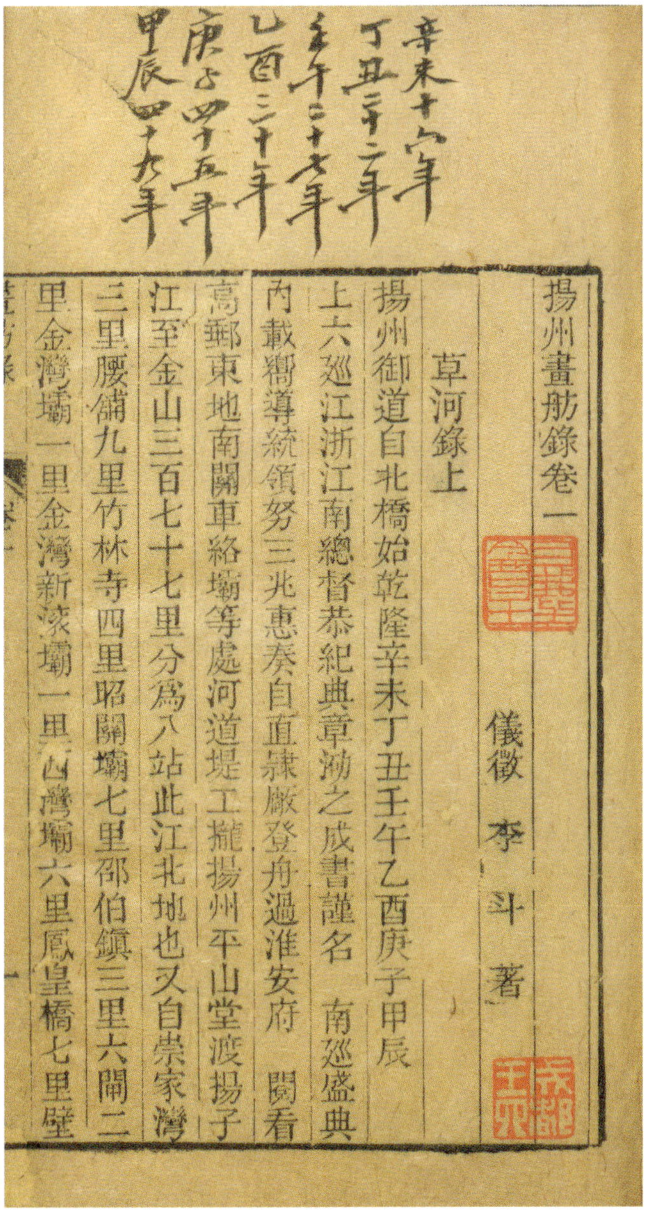
辛未十六年 丁丑二十二年 壬午二十七年 乙酉三十年 庚子四十五年 甲辰四十九年

揚州畫舫錄卷一

儀徵 李斗 著

草河錄上

揚州御道自北橋始乾隆辛未丁丑壬午乙酉庚子甲辰上六廵江浙江南總督恭紀典章勒之成書謹名南廵盛典內載嚮導統領努三兆惠奏自直隸厰登舟過淮安府閱看高郵東地南關車邏壩等處河道堤工攏揚州平山堂渡揚子江至金山三百七十七里分爲八站此江北地也又自崇家灣三里腰舖九里竹林寺四里昭關壩七里邵伯鎮三里六閘二里金灣壩一里金灣新河壩一里西灣壩六里鳳皇橋七里壁

生活的文化史书。全书共十八卷，“以地为经，以人物记事为纬”，记述了扬州的城市区划、山川名胜、运河沿革、园林古迹、风俗美食等，并保存了许多文学、文化方面的史料，为后世研究扬州地方文化提供了宝贵资料。

《扬州画舫录》所记饮食文化的内容散见于各卷中，主要涉及五个方面：一是城市主要饮食消费场所如茶肆、酒肆、食肆、游船，以及官绅、盐商等的私人园林；二是主要饮食消费群体，有盐商、文人和普通百姓等；三是大型饮食文化事件，如文人酒会、虹桥修禊、乾隆巡幸等；四是盐商奢侈的食事；五是各种饮食趣事。通过《扬州画舫录》的记载，扬州饮食对游客的吸引力得到了提升，扬州饮食的文化价值也得到极大的丰富。

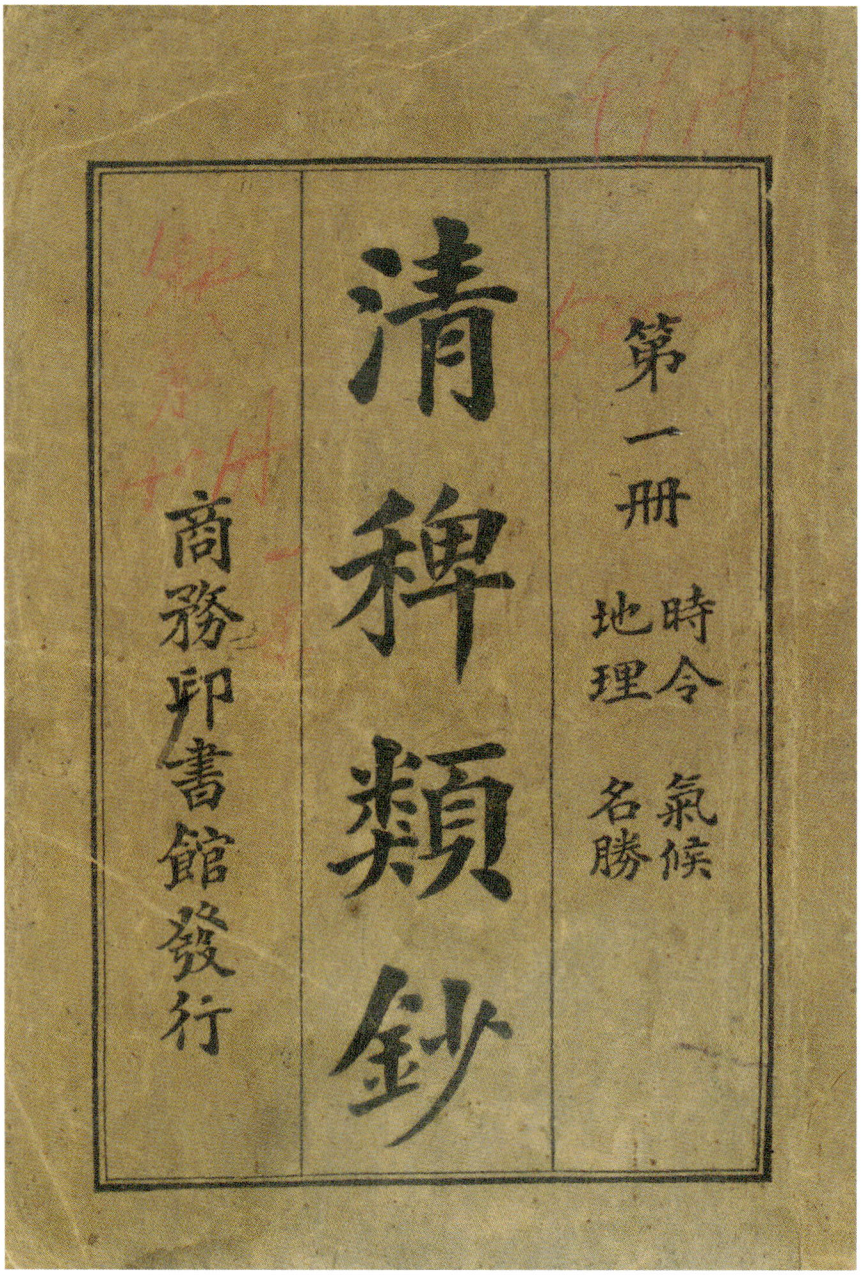

清稗类钞九十二类

徐珂编　民国七年（1918）上海商务印书馆铅印本　四十七册

开本高 18.8 厘米，宽 12.8 厘米。

徐珂（1869—1928），原名徐昌，字仲玉，后改字仲可，浙江杭县（今属杭州）人。光绪年间举人，官至内阁中书，曾任袁世凯幕僚，后赴上海任商务印书馆编辑，并加入南社。为人风趣、和善而豪爽。著有《真如室诗》《大受堂札记》等，另编有《清朝野史大观》《天苏阁丛刊》《历代白话诗选》等。

《清稗类钞》收集了清代自顺治至宣统共二百六十多年间的朝野佚闻笔记，

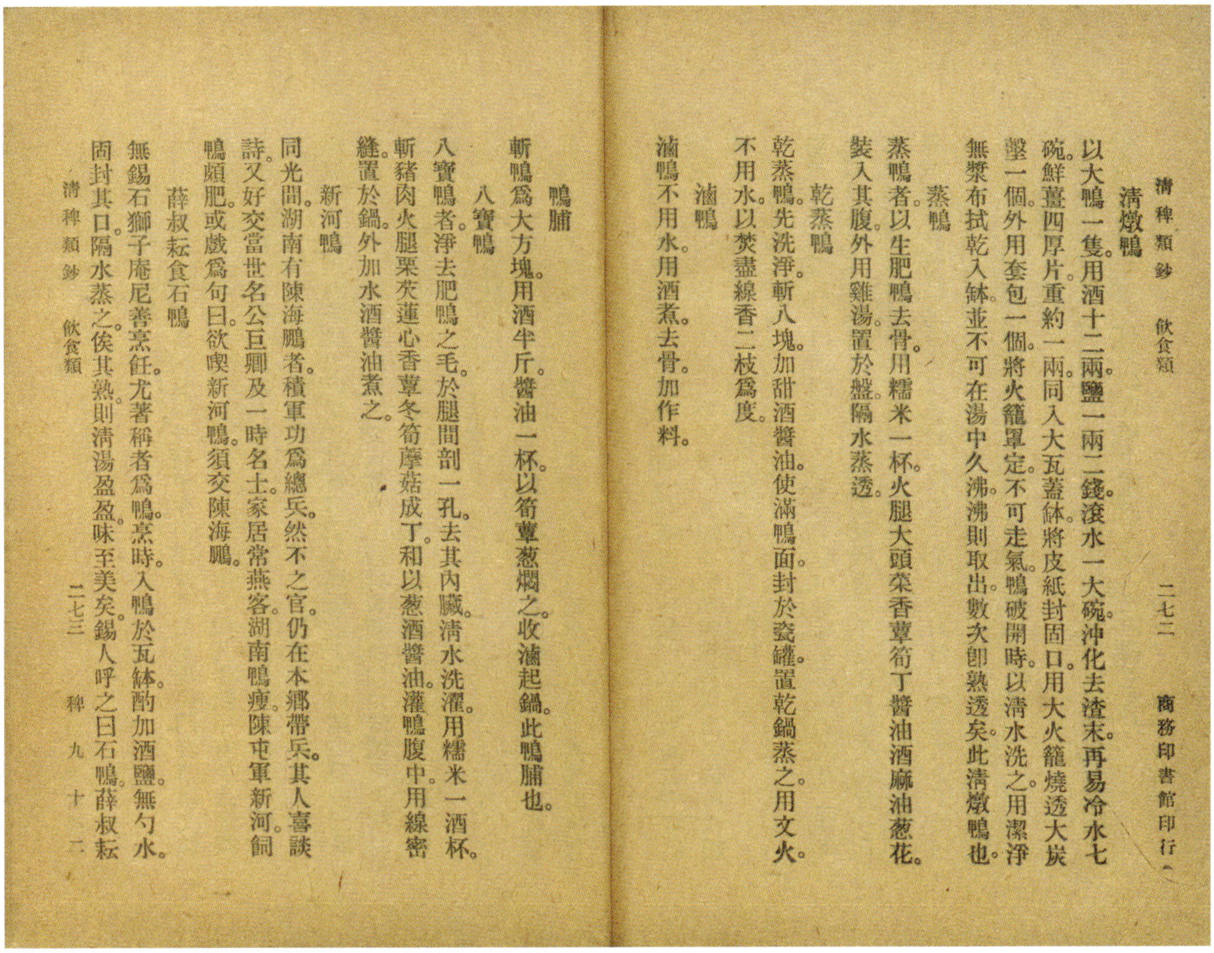

清燉鴨

以大鴨一隻。用酒十二兩。鹽一兩二錢。滾水一大碗。沖化去渣末。再易冷水七碗。鮮薑四厚片。重約一兩。同入大瓦蓋鉢。將皮紙封固口。用大火籠燒透大炭墼一個。外用套包一個。將火籠罩定。不可走氣。鴨破開時。以清水洗之。用潔淨無漿布拭乾入鉢。並不可在湯中久沸。沸則取出。數次卽熟透矣。此清燉鴨也。

蒸鴨

蒸鴨者。以生肥鴨去骨。用糯米一杯。火腿大頭菜香蕈笋丁醬油酒麻油葱花。裝入其腹。外用雞湯置於盤。隔水蒸透。

乾蒸鴨

乾蒸鴨。先洗淨。斬八塊。加甜酒醬油。使滿鴨面。封於甕罐。置乾鍋蒸之。用文火。不用水。以焚盡線香二枝爲度。

滷鴨

滷鴨不用水。用酒煮。去骨。加作料。

鴨脯

斬鴨爲大方塊。用酒半斤。醬油一杯。以笋蕈葱燜之。收滷起鍋。此鴨脯也。

八寶鴨

八寶鴨者。淨去肥鴨之毛。於腿間剖一孔。去其內臟。清水洗濯。用糯米一酒杯。斬豬肉火腿栗芡蓮心香蕈冬笋蘑菇成丁。和以葱酒醬油。灌鴨腹中。用線密縫。置於鍋。外加水酒醬油煮之。

新河鴨

同光間。湖南有陳海鵬者。積軍功爲總兵。然不之官。仍在本鄉帶兵。其人喜談詩。又好交當世名公巨卿及一時名士。家居常燕客。湖南鴨瘦。陳屯軍新河。飼鴨頗肥。或戲爲句曰。欲喫新河鴨。須交陳海鵬。

薛叔耘食石鴨

無錫石獅子庵尼善烹飪。尤著稱者爲鴨。烹時。入鴨於瓦鉢。酌加酒鹽。無勺水。固封其口。隔水蒸之。俟其熟。則清湯盈盈。味至美矣。錫人呼之曰石鴨。薛叔耘

内容多采自野史笔记和当时的报刊，并分门别类，按性质、年代先后，以事类从。全书分为九十二类，一万三千五百余条。书中内容涉及历朝大事、社会经济、典章制度、学术文化、古迹名胜等，为研究清代社会史提供了丰富的史料。

《清稗类钞》有关饮食方面的内容主要集中在第九十二类“饮食类”，类下按条列饮食品目、烹饮技艺、饮食掌故，如有宴会、小酌、茶、酒、汤、羹、酪、奶、粥、饭、点心等，共收条目八百六十多条，涉及北京、广州、南京、扬州等多地美食，内容丰富、形式多样。

扬州刻书始于唐代，发展于宋元，兴盛于清代。早在唐代，扬州就刻印过元稹、白居易的诗集。宋代时，扬州府学最早刻印沈括的名著《梦溪笔谈》，现存最早的扬州宋代官刻本有北宋雍熙二年（985）高邮军署刻《金刚般若波罗蜜经》三卷。扬州刻书分官刻、家刻与坊刻。清代扬州官刻，规格高，规模大，持续时间久，影响深远，成果丰硕。官办的刻书专业机构，如扬州诗局、扬州书局、淮南书局，各有其特色，并取得巨大的成就。清代扬州刻书中，家刻本数量繁多，其中『马版』『秦版』都享有盛名。清代，扬州专门从事刻书的书坊逐渐增多，有据可考的有六十余家。扬州盐商热衷于刻书，不惜斥巨资刻印各种书籍，范围遍及经、史、子、集。明清时期，许多文人都喜好刻书，与刻书活动结下不解之缘。扬州学派、扬州画派中有许多人都自刻过书，如阮元、王念孙、王引之、金农、郑板桥等。官刻本中最具代表的要数唐诗收录的集大成者、康熙御制的《全唐诗》，全书写、刻、校、印皆精，字体秀润，墨色均匀，取开化纸印制，纸薄色白而韧强，为清刻本之极品。

定全唐文卷一

高祖皇帝

姓李氏諱淵字叔德其先隴西成紀人後徙長安祖

周有功爲柱國追封唐公帝生襲封隋大業十三年

月爲太原留守明年五月舉義兵十一月入長安尊

帝自爲大丞相進爵爲王義寧二年戊寅五月受禪

武德在位九年八月傳位太子年七十一謚曰大武

廟號高祖追尊神堯大聖大光孝皇帝

受老人等官教

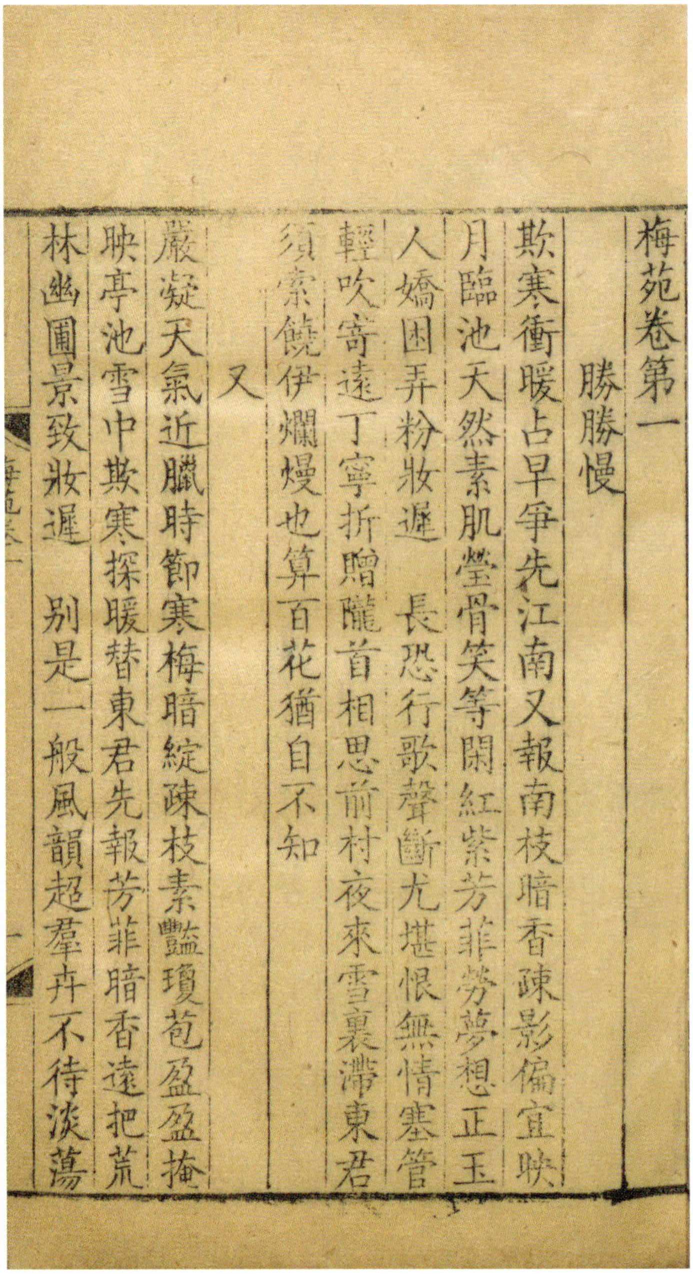

梅苑卷第一
勝勝慢
欺寒衝暖占早爭先江南又報南枝暗香踈影偏宜映
月臨池天然素肌瑩骨笑等閑紅紫芳菲勞夢想正玉
人嬌困弄粉妝遲　長恐行歌聲斷尤堪恨無情塞管
輕吹寄遠丁寧折贈隴首相思前村夜來雪裏滯東君
須索饒伊爛熳也算百花猶自不知
又
嚴凝天氣近臘時節寒梅暗綻踈枝素豔瓊苞盈盈掩
映亭池雪中欺寒探暖替東君先報芳菲暗香遠把荒
林幽圃景致妝遲　別是一般風韻超羣卉不待淡蕩

楝亭藏书十二种

〔清〕曹寅编　清康熙四十五年（1706）扬州诗局刻本　十六册

半叶十一行，行二十一字。线黑口，左右双边，双对黑鱼尾。版框高 16.5 厘米，宽 11.8 厘米。

曹寅（1658—1712），字子清，一字楝亭，号荔轩，一号雪樵，满洲汉军正白旗人。官至通政使、江宁织造、两淮盐政。著有《楝亭诗钞》《楝亭词钞》《楝亭文钞》等。

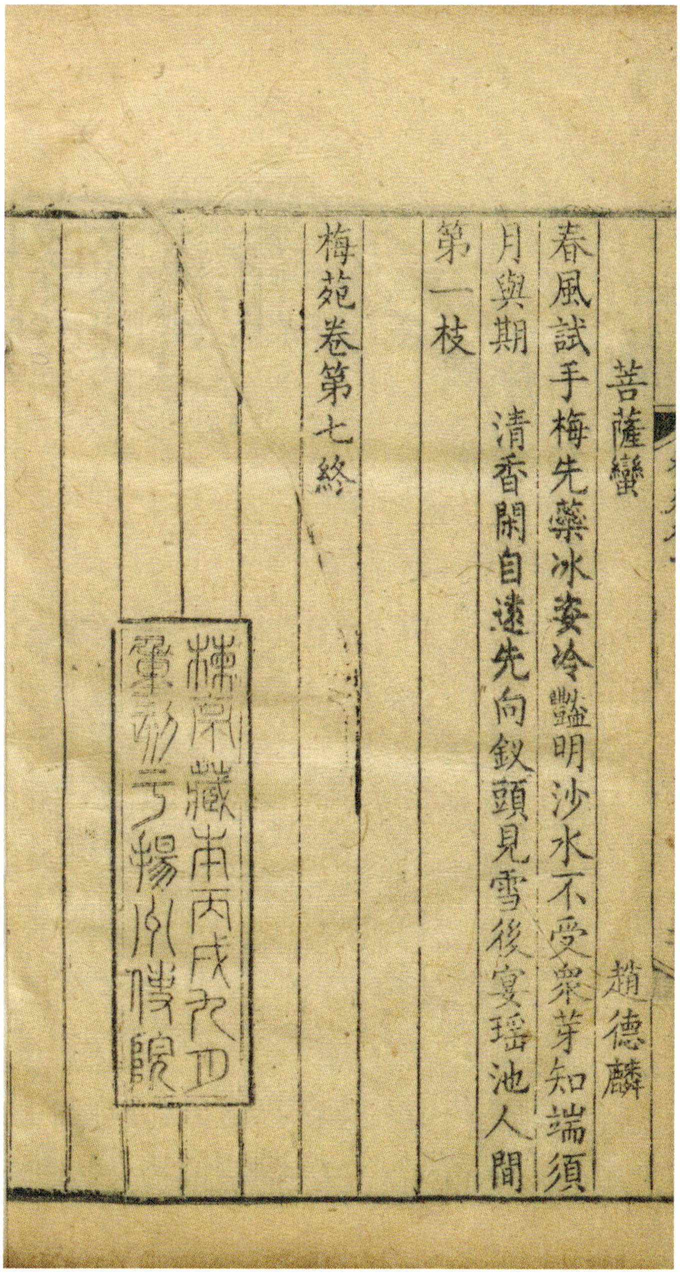

是编共十二种，包括《声画集》《梅苑》《新编录鬼簿》《砚笺》《琴史》《禁扁》《分门类纂唐宋时贤千家诗选》《墨经》《法书考》《钓矶立谈》《颐堂先生糖霜谱》《都城纪胜》。楝亭为曹寅读书之所，藏书甚富。是编所收各书均为曹寅据其所藏宋元善本重新刊刻，校勘颇为精审，精印成书后流传一时。书内有牌记“楝亭藏本丙戌九月重刻于扬州使院”。扬州使院为清代两淮巡盐御史廨署，时任江宁织造兼两淮巡盐御史的曹寅，奉旨校刊《全唐诗》，在扬州天宁寺创办扬州诗局时常驻于此。扬州诗局除刊印内府钦定《全唐诗》外，还刻印曹寅家藏书和自己所著书多种。

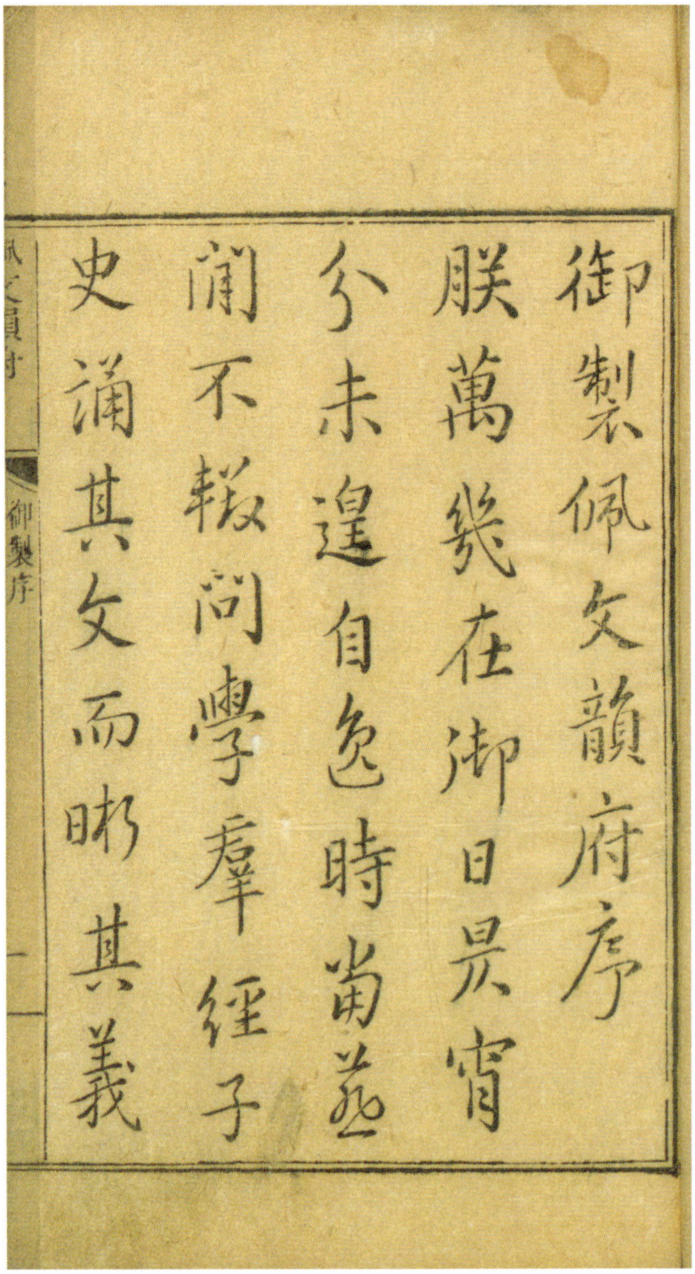
御製佩文韻府序
朕萬幾在御日昃宵
分未遑自逸時尚蒐
閲不輟問學羣經子
史誦其文而晰其義
佩文韻府　御製序　一

佩文韵府一百六卷

〔清〕张玉书等编　清康熙五十一年至五十二年（1712—1713）扬州书局刻本　二百册

半叶十二行，行二十五字，小字双行同。白口，四周双边，上单黑鱼尾。版框高 16.5 厘米，宽 11.7 厘米。

张玉书（1642—1711），字素存，号润甫，江苏丹徒（今镇江）人。顺治十八年（1661）进士。历任翰林院编修、文华殿大学士兼户部尚书、充《平定朔漠方略》总裁官等。赠太子太保，谥文贞。在朝为官五十年，其中为相二十多年，深

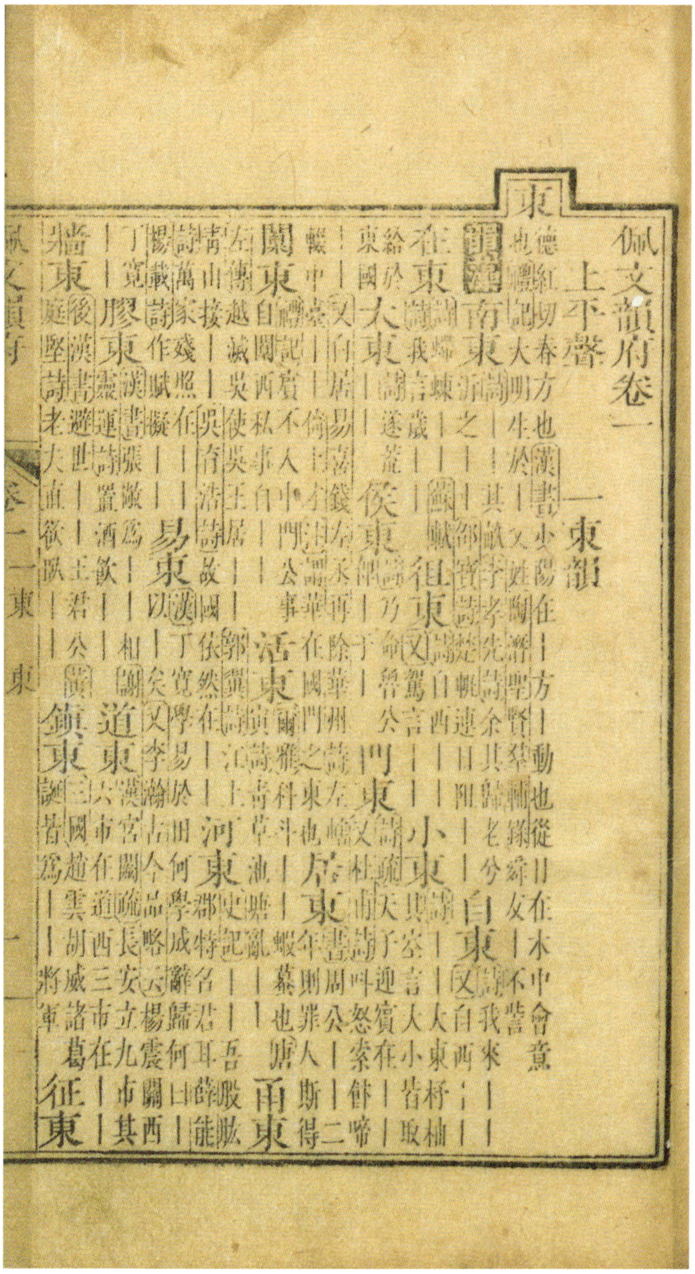
佩文韻府卷一

上平聲

一東韻

佩文韵府一百六卷

得康熙倚重，世称“京江相国”。精研史学，擅古文辞，称一代大手笔。著有《张文贞公集》，主持编纂《平定朔漠方略》《佩文韵府》《康熙字典》等书。

本书依诗韵分卷，以韵统字，以字统事。每字之下，列有韵藻、对语及摘句，总共收一万多字，词汇近五十万条，是清代官修大型词藻典故辞典之一。据学者考证，《佩文韵府》在康熙年间刊刻过两次，有两种版本：康熙五十年（1711）武英殿刻本、康熙五十一年至五十二年（1712—1713）扬州书局刻本。扬州书局本是曹寅等人根据朝廷颁发的写定样本刊刻而成，两种版本字体不一致。经与武英殿本比对，本馆藏本字体略有差别，故定为扬州书局本。

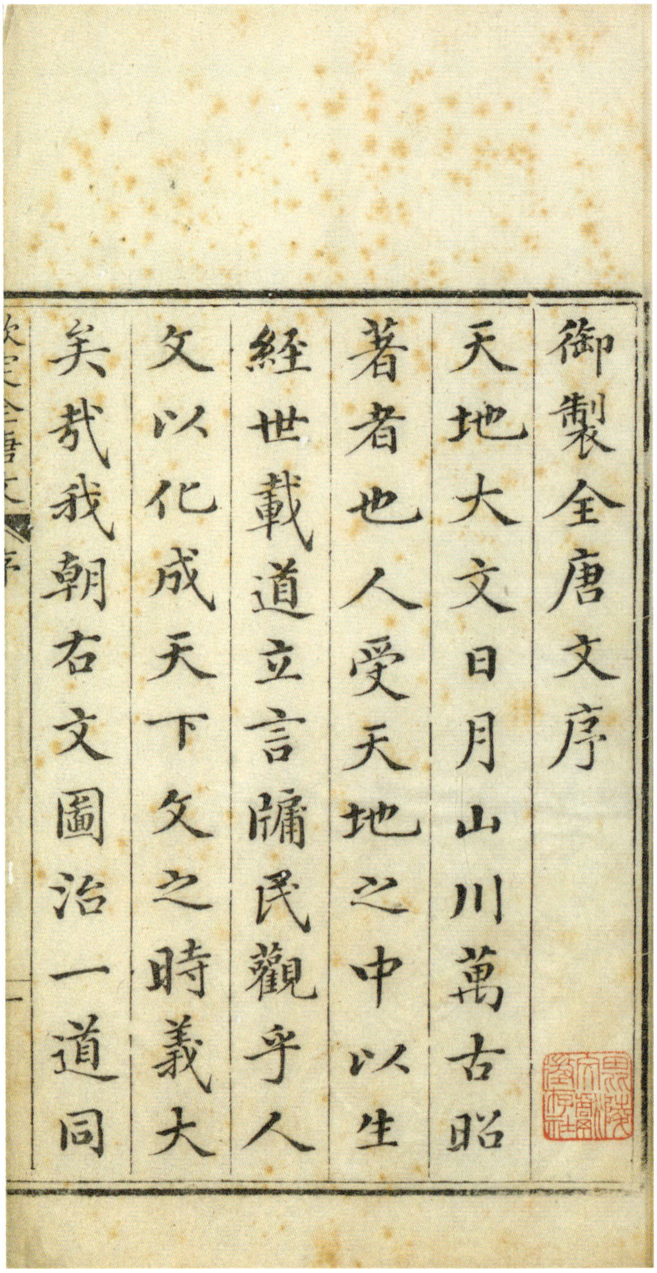
御製全唐文序
天地大文日月山川萬古昭
著者也人受天地之中以生
經世載道立言牖民觀乎人
文以化成天下文之時義大
矣哉我朝右文圖治一道同

钦定全唐文一千卷

〔清〕董诰等辑　清嘉庆二十三年（1818）扬州刻本　二百四十册

半叶九行，行二十二字。白口，四周双边，上单黑鱼尾。版框高19.9厘米，宽14.4厘米。有“毗陵文献征存社”印。

董诰（1740—1818），字雅伦，一字西京，号蔗林，浙江富阳（今属杭州）人。董邦达长子。乾隆二十八年（1763）进士，累官户部尚书、刑部尚书、军机大臣、东阁大学士、文华殿大学士、国史馆总裁、《四库全书》副总裁等职，以太保大学士致仕。居官勤廉，能诗文，善书画。领衔辑纂《满洲源流考》《西巡盛典》《授衣广训》等。

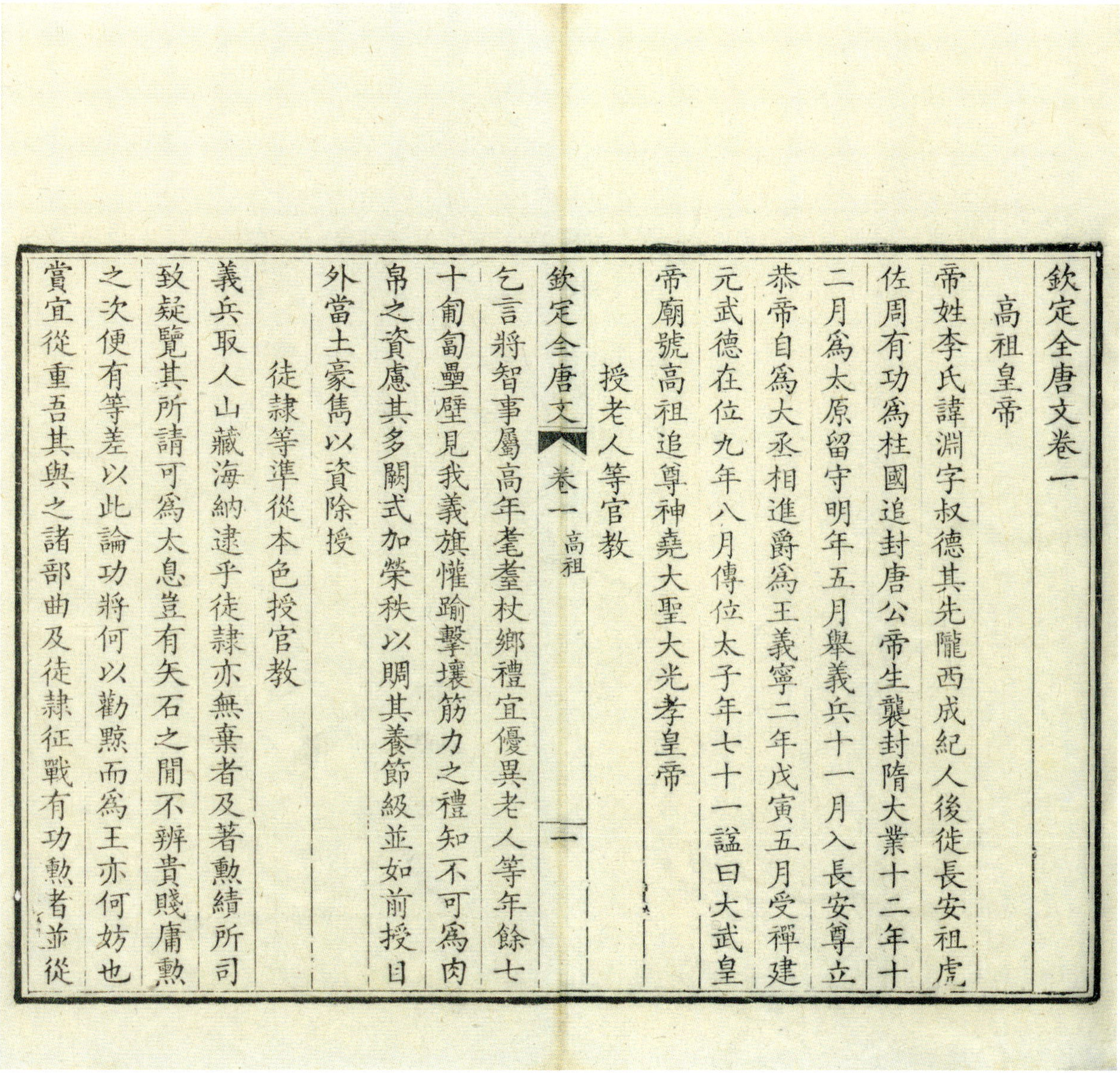

欽定全唐文卷一

高祖皇帝

帝姓李氏諱淵字叔德其先隴西成紀人後徙長安祖虎佐周有功爲柱國追封唐公帝生襲封隋大業十二年十二月爲太原留守明年五月舉義兵十一月入長安尊立恭帝自爲大丞相進爵爲王義寧二年戊寅五月受禪建元武德在位九年八月傳位太子年七十一謚曰大武皇帝廟號高祖追尊神堯大聖大光孝皇帝

授老人等官教

乞言將智事屬高年耄耋杖鄉禮宜優異老人等年餘七十匍匐壘壁見我義旗懽踰擊壤筋力之禮知不可爲肉帛之資慮其多闕式加榮秩以賙其養節級並如前授目外當土豪雋以資除授

徒隸等準從本色授官教

義兵取人山藏海納逮乎徒隸亦無棄者及著勳績所司致疑覽其所請可爲太息豈有矢石之間不辨貴賤庸勳之次便有等差以此論功將何以勸黥而爲王亦何妨也賞宜從重吾其與之諸部曲及徒隸征戰有功勳者並從

欽定全唐文　卷一　高祖　一

《全唐文》是一部收录唐至五代文章的总集。董诰组织学者，在旧版《唐文》基础上，博采《四库全书》《永乐大典》《古文苑》《文苑英华》《唐文粹》及史、子杂家、金石碑版等资料，历时六年编纂而成。收录一万八千四百多篇文章，录三千余位作者。《清宫扬州御档》所收《奏为校刊钦定全唐文告成奉旨赏还顶戴谢恩事》，云此书“阅定后发交两淮盐政衙门刊刻”；诏令《晓谕赏赐全唐文事》中亦提到此书“在扬州刊刻”。其书写、刻、印、装之精良，一如扬州诗局所刊之《全唐诗》。晚清学者俞樾赞：“有唐一代文苑之美，毕萃于兹。读唐文者，叹观止矣。”

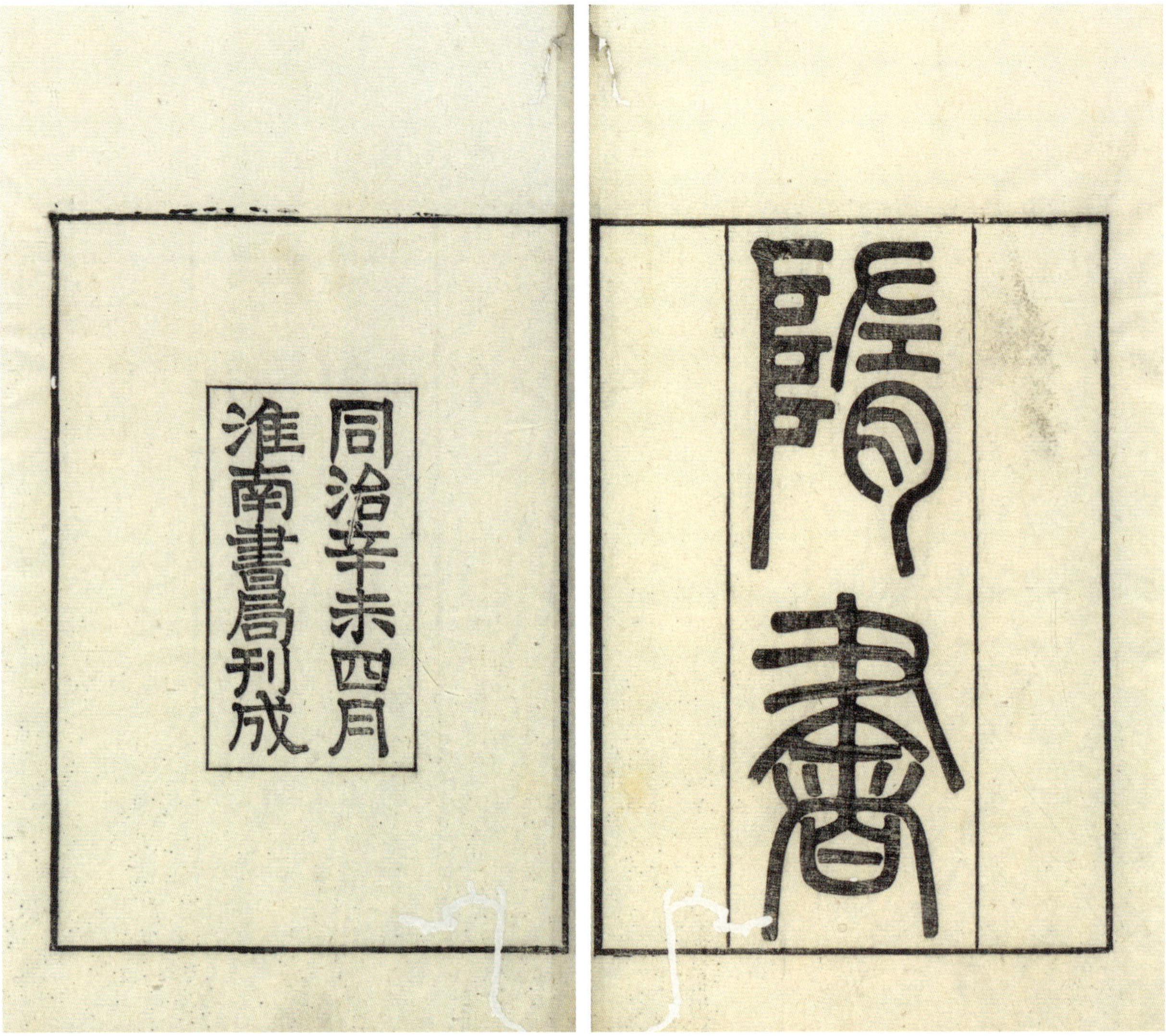

隋书八十五卷

〔唐〕魏徵等撰　清同治十年（1871）淮南书局刻本　十六册

半叶十二行，行二十五字。白口，左右双边，上单黑鱼尾。版框高 21.1 厘米，宽 15 厘米。

魏徵（580—643），字玄成，河北曲阳人。隋末参加瓦岗起义军，后归投李渊，太子建成引为洗马。唐太宗即位，重其才，擢为谏议大夫，历官尚书右丞、秘书监、侍中、左光禄大夫、太子太师等，进封郑国公。敢于犯颜直谏，太宗引以为

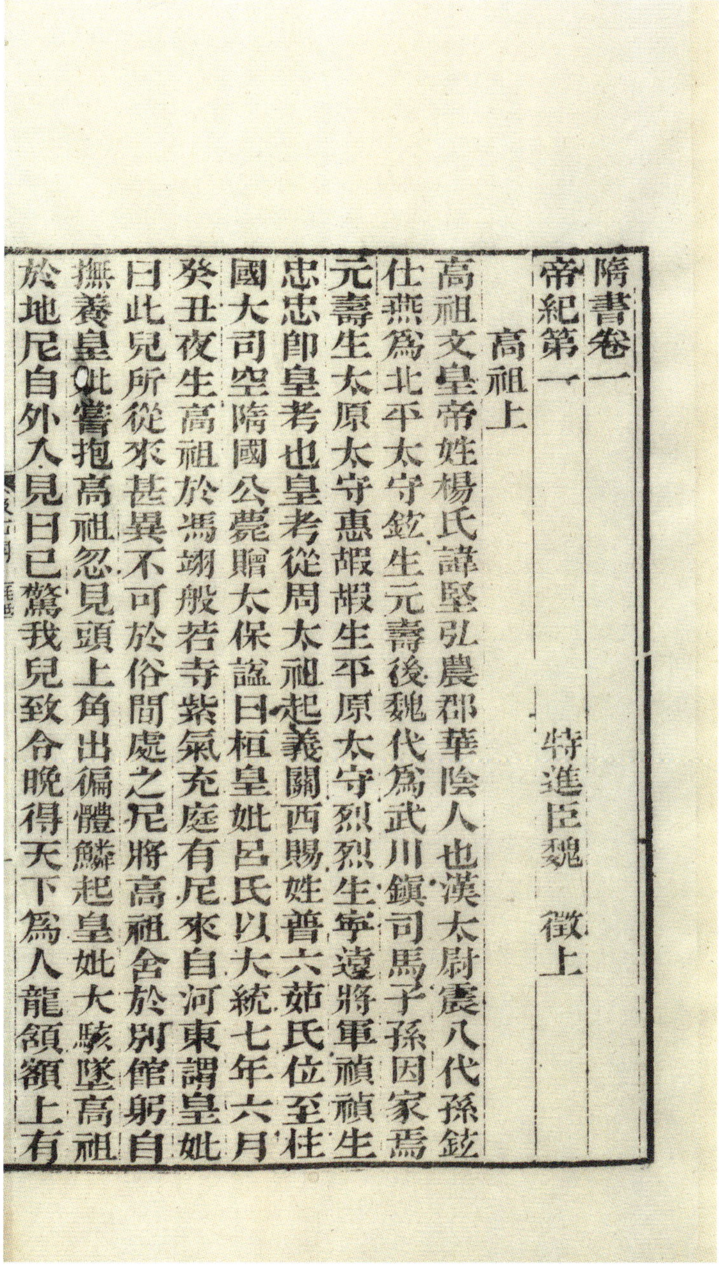
隋書卷一
帝紀第一　特進臣魏　徵上
高祖上
高祖文皇帝姓楊氏諱堅弘農郡華陰人也漢太尉震八代孫鉉
仕燕為北平太守鉉生元壽後魏代為武川鎮司馬子孫因家焉
元壽生太原太守惠嘏嘏生平原太守烈烈生寧遠將軍禎禎生
忠忠即皇考也皇考從周太祖起義關西賜姓普六茹氏位至柱
國大司空隋國公薨贈太保謚曰桓皇妣呂氏以大統七年六月
癸丑夜生高祖於馮翊般若寺紫氣充庭有尼來自河東謂皇妣
曰此兒所從來甚異不可於俗間處之尼將高祖舍於別館躬自
撫養皇妣嘗抱高祖忽見頭上角出徧體鱗起皇妣大駭墜高祖
於地尼自外入見曰已驚我兒致令晚得天下為人龍頷額上有

镜，史称诤臣。善文史，《隋书》序论及《齐书》《梁书》《陈书》总论，皆出其手，是唐初杰出的政治家和史学家。

本书为由魏徵主持编纂的关于隋代的纪传体史书。全书记载隋文帝开国至隋恭帝亡国共计三十八年的历史。《隋书》的编撰距隋亡时间较近，因而能够据实直书，记载较为详实、准确，也贯穿着以史为鉴的思想。《隋书》保留了大量典章制度资料，有的甚至追溯到汉魏，对后人研究中古制度源流很有帮助。

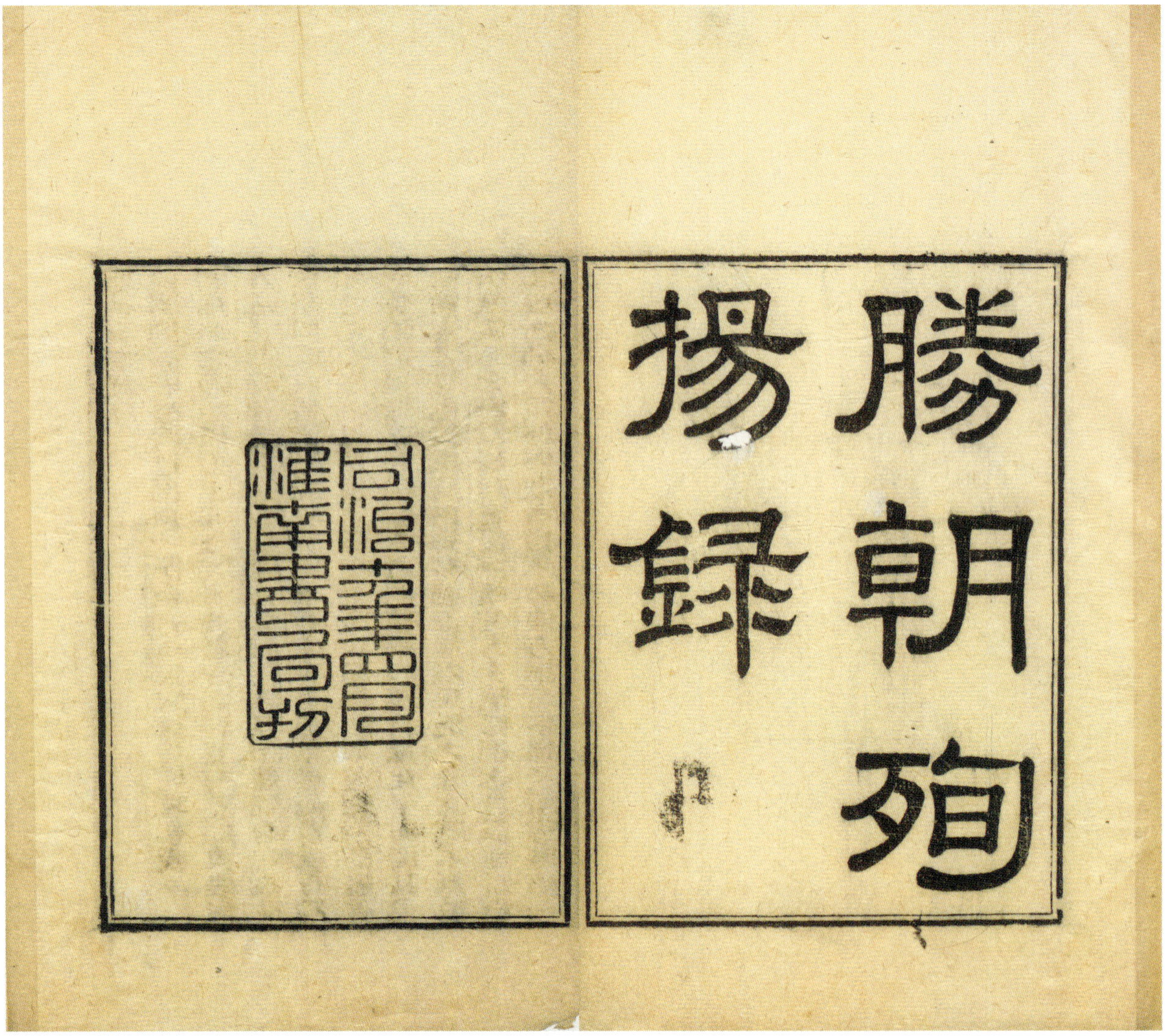

胜朝殉扬录三卷

〔清〕刘宝楠辑　清同治十年（1871）淮南书局刻本　一册

半叶十行，行二十五字，小字双行同。黑口，左右双边，上单黑鱼尾。版框高 18.4 厘米，宽 13.6 厘米。

刘宝楠（1791—1855），字楚桢，号念楼，江苏宝应人。五岁而孤，母乔氏教育之。师叔父台拱，早有文名。道光二十年（1840）进士。历任直隶文安、宝坻、固安、元氏、三河等县知县。曾主讲广陵书院，与刘文淇、梅植之、汪喜

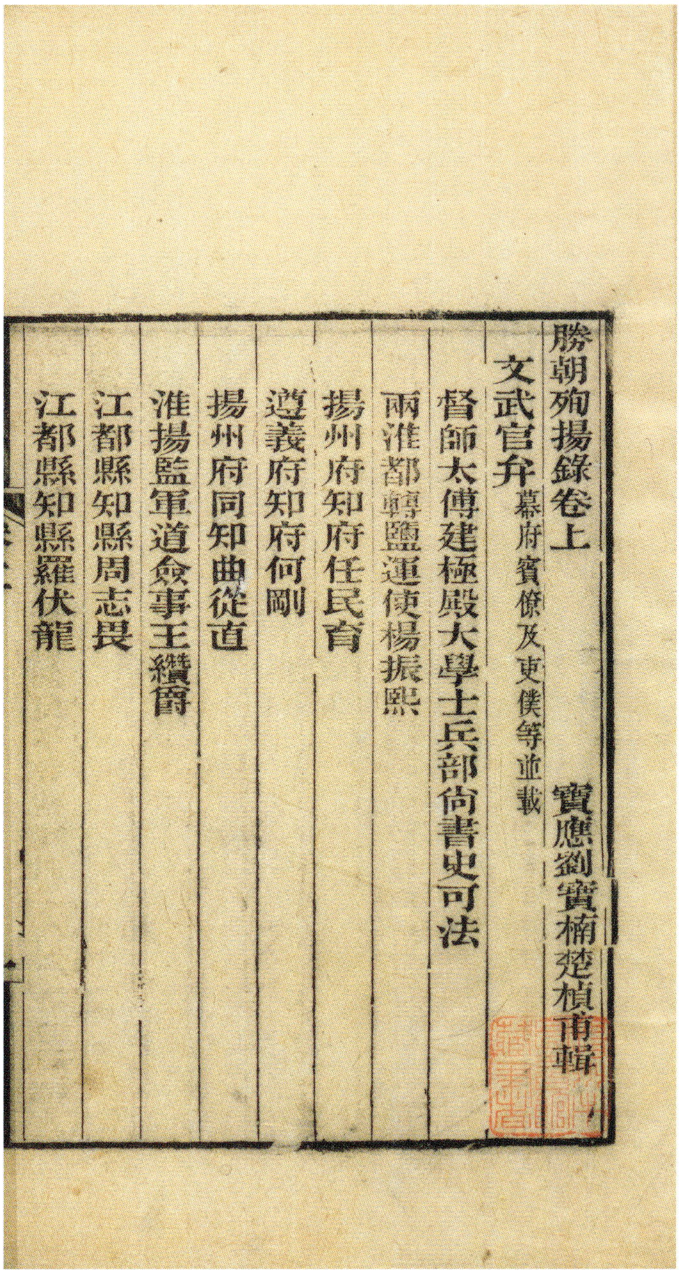
勝朝殉揚錄卷上　寶應劉寶楠楚楨甫輯

文武官弁　幕府賓僚及吏僕等並載

督師太傅建極殿大學士兵部尚書史可法

兩淮都轉鹽運使楊振熙

揚州府知府任民育

遵義府知府何剛

揚州府同知曲從直

淮揚監軍道僉事王纘爵

江都縣知縣周志畏

江都縣知縣羅伏龍

孙等人交往甚密，是“扬州学派”的杰出代表。长于朴学，与刘台拱、刘恭冕合称为“宝应刘氏三世”。

本书是明末时扬州人民抗清斗争的重要文献。明末，史可法在扬州抗清牺牲，同时殉难者颇多。道光十八年（1838），刘氏应扬州地方官之请，搜集正史及地方文献、野史稗乘中有关资料，考核史公祠之应从祀者、忠义节孝祠之应补祀者，共载八百余人，资料较为完备。

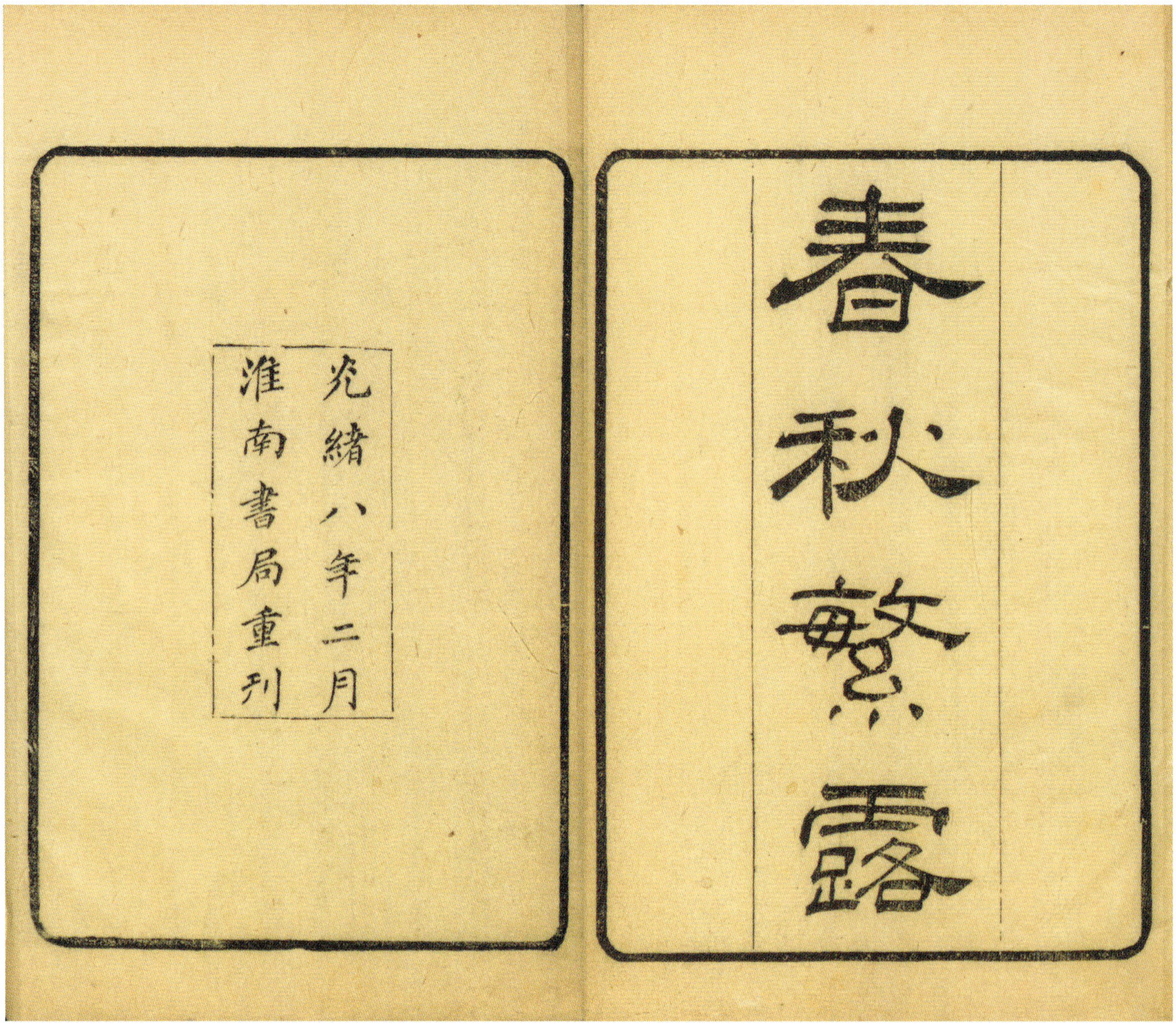

春秋繁露十七卷

〔汉〕董仲舒撰　清光绪八年（1882）淮南书局刻本　二册

半叶十行，行二十字，小字双行同。线黑口，左右双边，上单黑鱼尾。版框高18.7厘米，宽13.5厘米。

董仲舒（前179—前104），广川（今河北景县）人。汉景帝时任博士，讲授《公羊春秋》。汉武帝时以贤良对“天人三策”，封江都相。一度被废为中大夫，以言灾异而下狱。不久复任胶西王相。后以病免官家居，迄于终老。董仲舒系统地提出了“天人感应”“大一统”“罢黜百家，独尊儒术”的主张，使儒学成为中

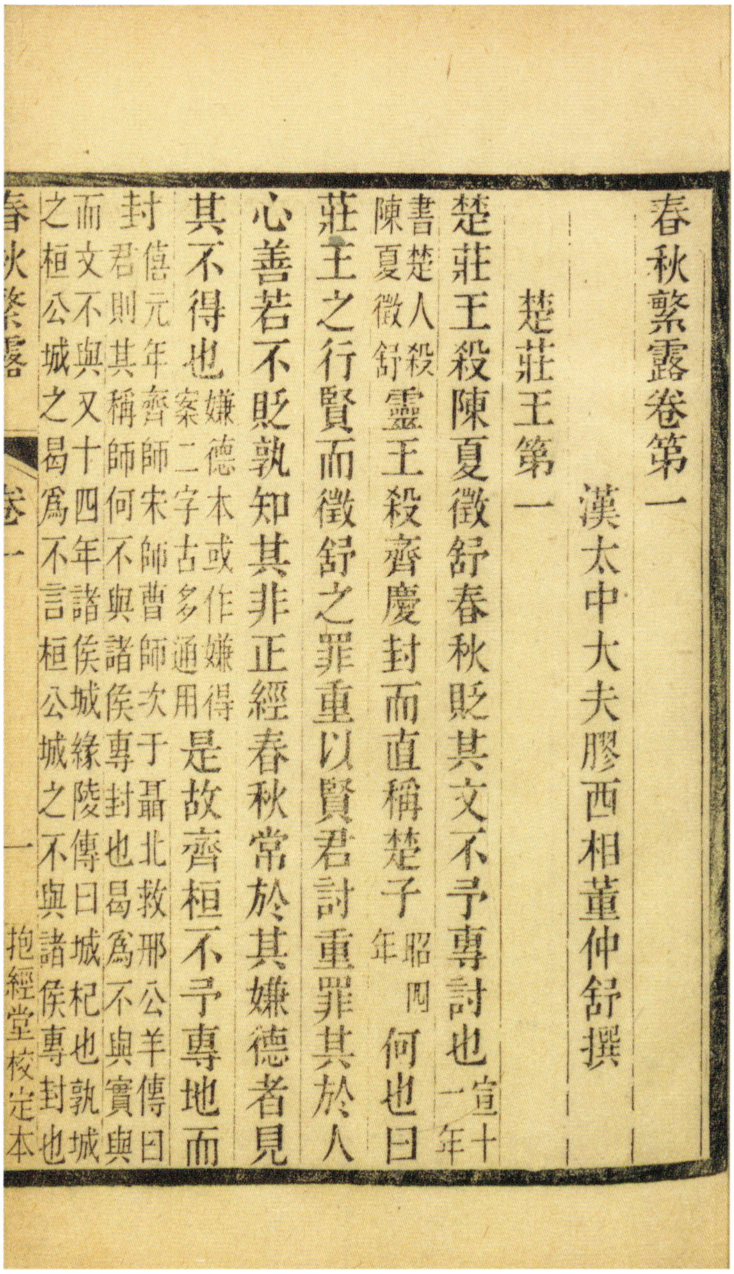
春秋繁露卷第一
漢太中大夫膠西相董仲舒撰
楚莊王第一
楚莊王殺陳夏徵舒春秋貶其文不予專討也宣十一年書楚人殺陳夏徵舒靈王殺齊慶封而直稱楚子昭四年何也曰莊王之行賢而徵舒之罪重以賢君討重罪其於人心善若不貶孰知其非正經春秋常於其嫌德者見其不得也嫌德本或作嫌得案二字古多通用是故齊桓不予專地而封僖元年齊師宋師曹師次于聶北救邢公羊傳曰君則其稱師何不與諸侯專封也曷爲不與實與而文不與又十四年諸侯城緣陵傳曰城杞也孰城之桓公城之曷爲不言桓公城之不與諸侯專封也
春秋繁露　卷一　一　抱經堂校定本

国社会的正统思想，影响长达两千多年。所著除《春秋繁露》外，还有《士不遇赋》等。

本书凡十七卷八十二篇，为后人辑录董仲舒遗文而成，书名为辑录者所加。本书对《春秋》大义进行引申和发挥，推崇公羊学，发挥“春秋大一统”的思想宗旨，阐述了以阴阳五行为框架，以天人感应为核心的神学目的论，为中央集权的统治提供了理论基础，同时确立了儒学的正统地位，成为两千多年来封建统治的理论根基。

山海经十八卷

〔晋〕郭璞注　清康熙五十三年至五十四年(1714—1715)项絪群玉书堂刻本　二册

半叶十一行,行二十一字。线黑口,四周单边,上单黑鱼尾。版框高18厘米,宽13.7厘米。有"汪灿印""易心斋""汪谦之印""弘仔""思永堂藏书"等印。

郭璞(276—324),字景纯,河东闻喜(今属山西)人。西晋末避乱至江南,历任宣城郡、丹阳郡参军。晋元帝时,历官著作佐郎、尚书郎等。后因劝阻王敦起兵而被杀,追赠弘农太守。博学高才,擅词赋,精训诂,通晓阴阳历算。著述

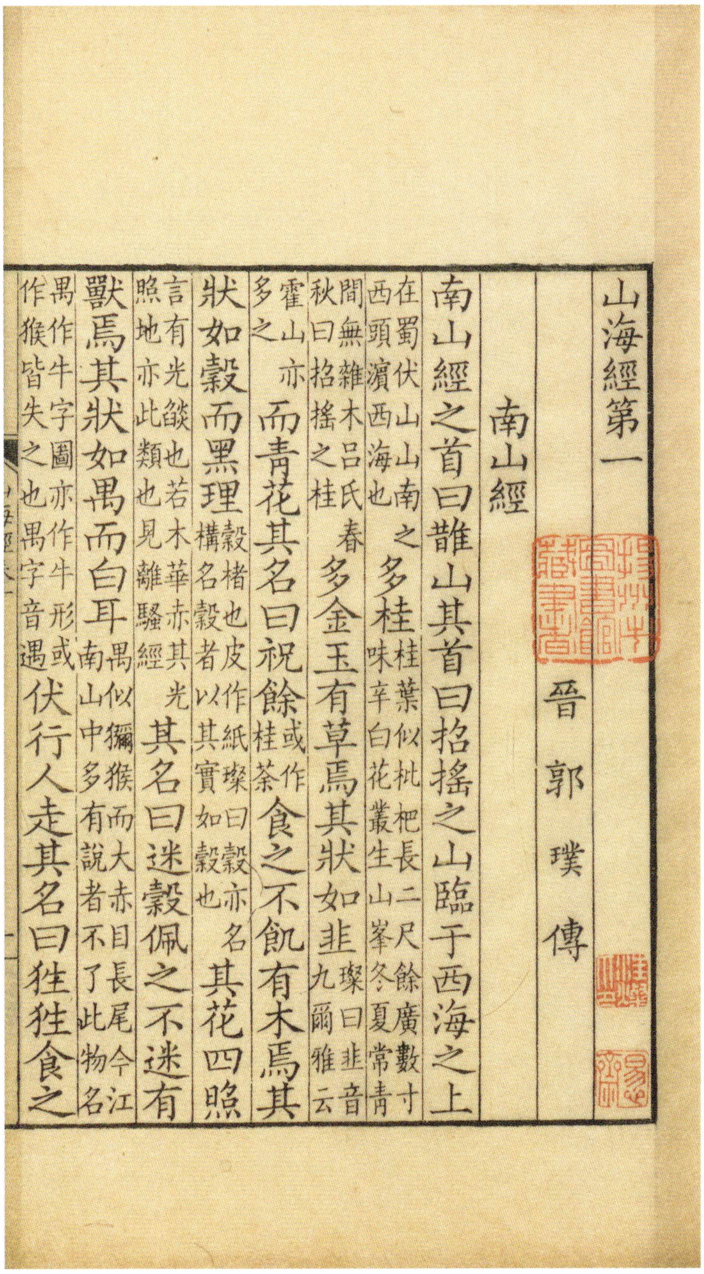

山海經第一

南山經

晉　郭　璞　傳

南山經之首曰䧿山其首曰招搖之山臨于西海之上在蜀伏山山南之西頭濱西海也多桂桂葉似枇杷長二尺餘廣數寸味辛白花叢生山峯冬夏常青間無雜木呂氏春秋曰招搖之桂多金玉有草焉其狀如韭璨曰韭音九爾雅云霍山亦多之而青花其名曰祝餘或作桂茶食之不飢有木焉其狀如穀而黑理穀楮也皮作紙璨曰穀亦名構名穀者以其實如穀也其花四照言有光燄也若木華赤其光照地亦此類也見離騷經其名曰迷穀佩之不迷有獸焉其狀如禺而白耳禺似獮猴而大赤目長尾今江南山中多有說者不了此物名禺作牛字圖亦作牛形或作猴皆失之也禺字音遇伏行人走其名曰狌狌食之

甚富，除卜筮之书外，注《尔雅》《方言》《穆天子传》《山海经》《楚辞》等数十万言，撰有诗、赋、诔、颂亦数万言。

《山海经》是我国古代地理名著，撰者不详。现存十八篇，包括山经五篇、海外经四篇、海内经五篇、大荒经四篇。是书记载了大量的殊方异物、神话传说，是了解古代地理、历史、巫术、医药、民俗的重要资料，具有地理学、神话学、民俗学、医学、文学、历史学等多方面的文献价值。神话学家袁珂评曰“非特史地之权舆，亦乃神话之渊府”。

水经注四十卷

〔北魏〕郦道元注　清康熙五十三年至五十四年(1714—1715)项絪群玉书堂刻本　十册

半叶十一行,行二十一字。线黑口,四周单边,上单黑鱼尾。版框高17.9厘米,宽13.7厘米。

郦道元(？—527),字善长,范阳涿县(今河北涿州)人。官御史中尉,执法严峻。晚年遭谗言,为雍州刺史所杀。好学博览,文笔深峭。除《水经注》外,另撰有《本志》《七聘》等,均已佚。

《水经注》是注释《水经》的综合性地理著作,由郦道元参考大量地理资

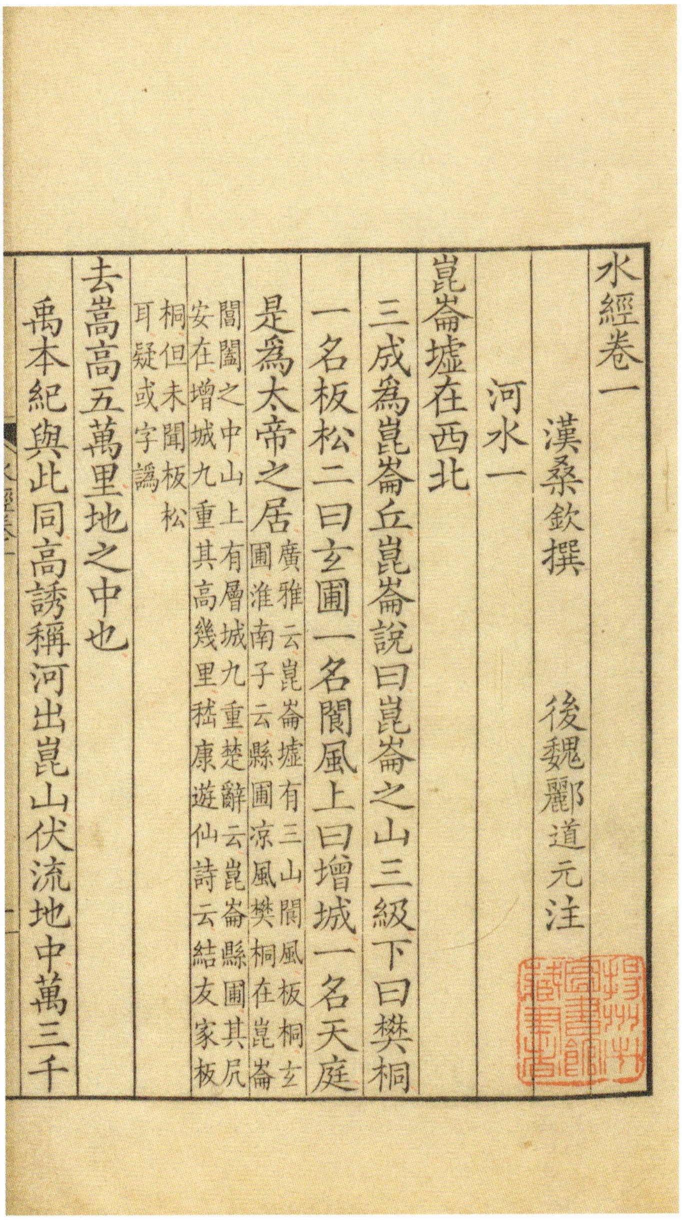
水經卷一
漢桑欽撰　後魏酈道元注
河水一
崑崙墟在西北
三成爲崑崙丘崑崙說曰崑崙之山三級下曰樊桐
一名板松二曰玄圃一名閬風上曰增城一名天庭
是爲太帝之居廣雅云崑崙墟有三山閬風板桐玄圃淮南子云縣圃凉風樊桐在崑崙閶闔之中山上有層城九重楚辭云崑崙縣圃其尻安在增城九重其高幾里嵇康遊仙詩云結友家板桐但未聞板松耳疑或字譌
去嵩高五萬里地之中也
禹本紀與此同高誘稱河出崑山伏流地中萬三千

料，并结合实地调研而写成。该书记述了一千二百多条河流的发源地点、流经地区、支渠分布，以及河道历史上的变迁等情况，并介绍了水道流经各地的山陵、城郭、农田水利、土地物产乃至风俗习惯，是研究我国古代地理、历史、文化的重要参考文献。

《水经注》与《山海经》均为项絪群玉书堂依宋本校定刊刻，有“歙县项絪校刊”牌记，用软体字，写刻精美，刊印俱佳。项絪（生卒年不详），字书存，歙县绍濂乡小溪（今属安徽黄山）人。曾任延安同知，后继祖业在扬州经营盐业，自此寓居扬州之仪征。项絪生性喜爱藏书、刻书，有玉渊堂、群玉书堂等堂号，其刊刻书籍之精，名重当时。

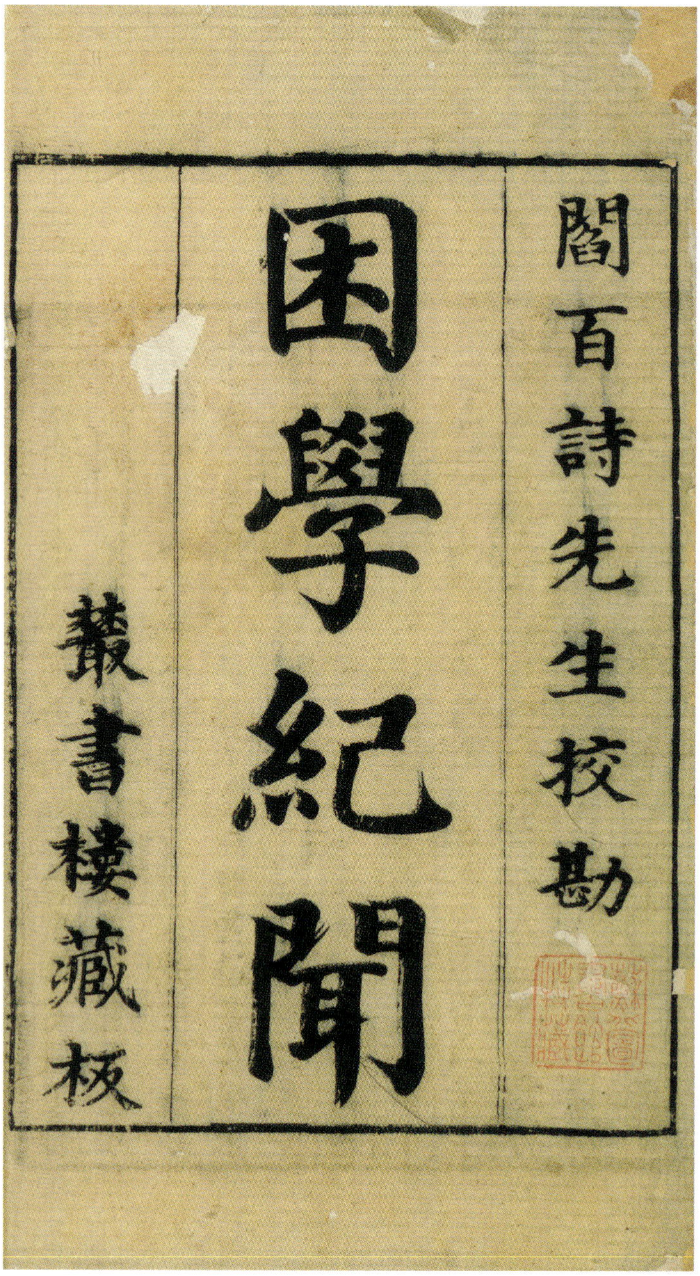

困学纪闻二十卷

〔宋〕王应麟撰　清乾隆三年（1738）马氏丛书楼刻本　八册

半叶十一行，行二十字。白口，左右双边，上单黑鱼尾。版框高19.5厘米，宽15厘米。有“东海郡徐氏印”“寇异夫过目”印。

王应麟（1223—1296），字伯厚，号深宁居士、厚斋，庆元府鄞县（今浙江宁波）人。宋理宗淳祐元年（1241）进士。宝祐四年（1256）中博学宏词科。官至礼部尚书兼给事中。南宋亡，隐居乡里，著书立说。博通经史百家、天文地理，

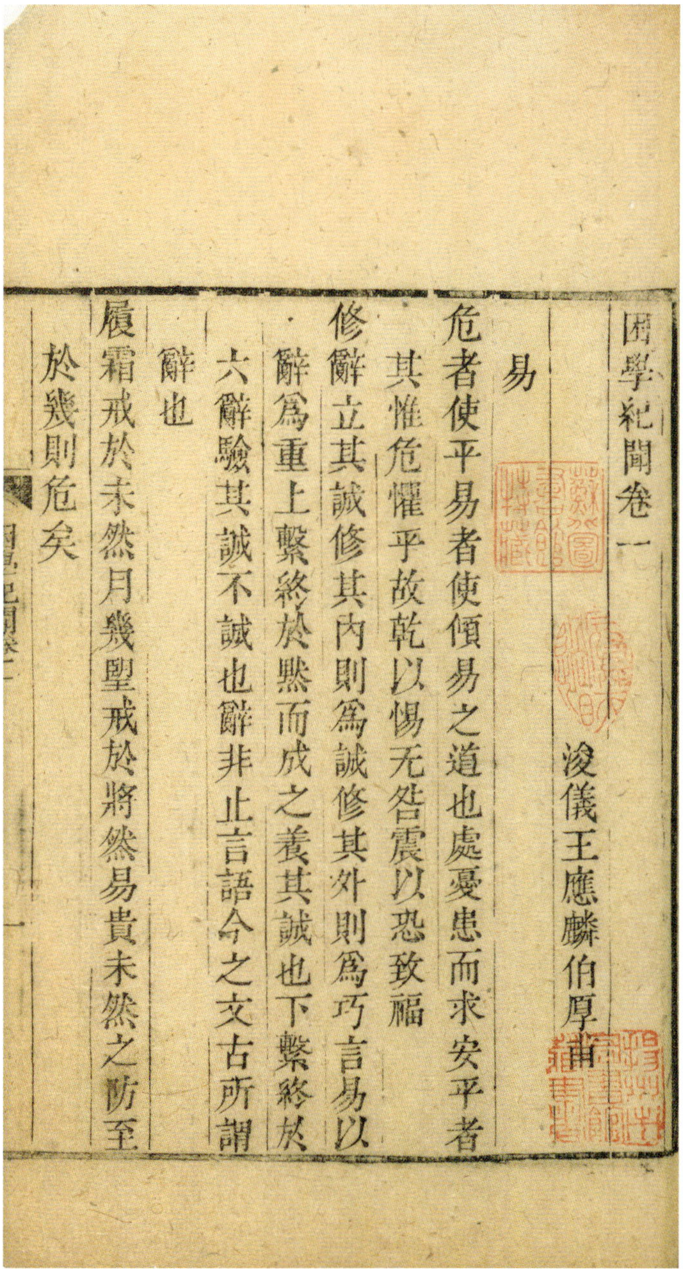
困學紀聞卷一

浚儀王應麟伯厚甫

易

危者使平易者使傾易之道也處憂患而求安平者其惟危懼乎故乾以惕无咎震以恐致福

修辭立其誠修其內則爲誠修其外則爲巧言易以辭爲重上繫終於默而成之養其誠也下繫終於六辭驗其誠不誠也辭非止言語今之文古所謂辭也

履霜戒於未然月幾望戒於將然易貴未然之防至於幾則危矣

尤熟悉掌故制度，长于考证。治学不主一说，不名一家，而集诸家之大成，取汉唐之核、采两宋之纯，与胡三省、黄震并称“宋元之际浙东学派三大家”。著有《玉海》《困学纪闻》《小学绀珠》《通鉴地理通释》等书。

是书为考据型学术札记，成书于元初。内容涉及传统学术的各个方面，其中以论述经学为重点，与沈括《梦溪笔谈》、洪迈《容斋随笔》并称“宋代三大笔记”。

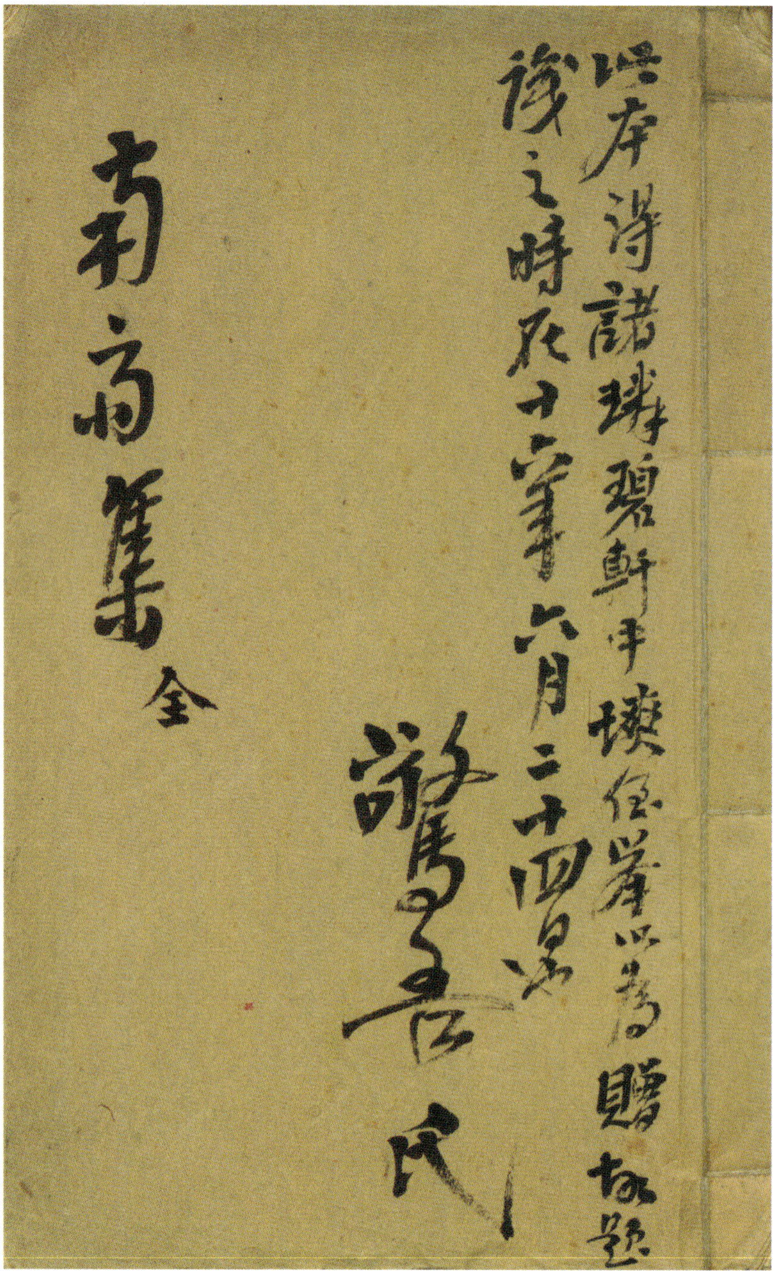

南斋集六卷

〔清〕马曰璐撰　清乾隆马氏刻本　存三卷（卷一至三）　一册

半叶十行，行十九字。白口，左右双边，上单黑鱼尾。版框高 17.6 厘米，宽 12.2 厘米。封面有惊吾氏墨笔题识。

马曰璐（1701—1761），字佩兮，号半查，安徽祁门人，以业盐定居扬州。其兄马曰琯，字秋玉，号嶰谷。兄弟皆好学，并以诗名时，人称“扬州二马”。马氏藏书十余万卷，建藏书楼数十间，各命名为“街南书屋”“小玲珑山馆”“丛书

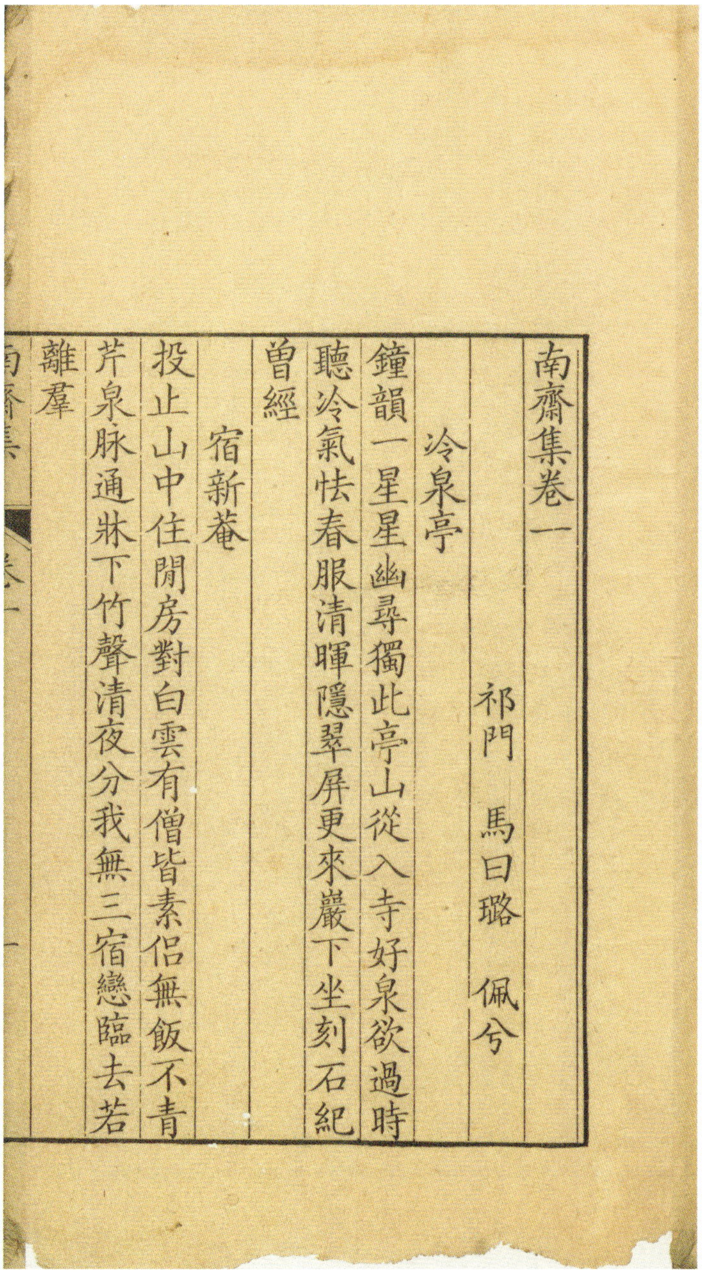

南齋集卷一

祁門　馬曰璐　佩兮

泠泉亭

鐘韻一星星幽尋獨此亭山從入寺好泉欲過時聽泠氣怯春服清暉隱翠屏更來巖下坐刻石紀曾經

宿新菴

投止山中住閒房對白雲有僧皆素侶無飯不青芹泉脉通牀下竹聲清夜分我無三宿戀臨去若離羣

楼”，有“藏书甲东南”之誉。乾隆三十七年（1772），朝廷开馆编纂《四库全书》，广征天下藏书家秘本，马家献书七百余种，为私人献书全国之冠。马氏刊刻图书众多，刻有《说文解字》《玉篇》《广韵》等，版刻精善，世称“马版”。

本书为马曰璐的诗集。诗依年代编次，起于雍正七年（1729），止于乾隆二十六年。马曰璐以清新淡雅的笔触，抒发了他独特的情感和对人生的思考。杭世骏在《南斋集序》中评：“吾友马君半查，志洁行芳，秕糠一切……诗不立异，亦不苟同，酝酿群籍，抒写性真。”

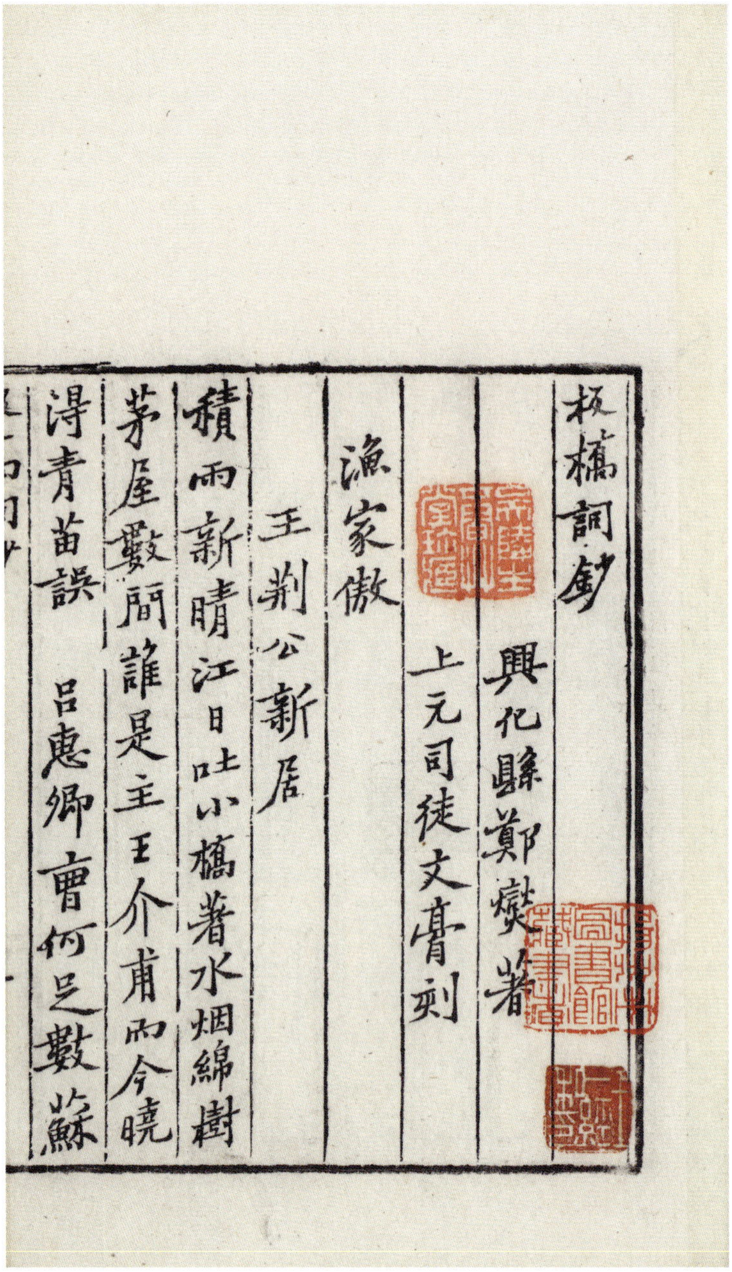
板橋詞鈔
興化縣鄭燮著
上元司徒文膏刻
漁家傲
王荆公新居
積雨新晴江日吐小橋著水烟綿樹
茅屋數間誰是主王介甫而今曉
淂青苗誤　呂惠卿曹何足數蘇

板桥集六卷

〔清〕郑燮撰　清乾隆司徒文膏刻本　四册

半叶行款不一。白口，左右双边，单黑鱼尾(《诗钞》)。版框不一(《诗钞》高 15.9 厘米，宽 12.8 厘米)。有“少云之鉨”“王一经私印”“吴陵生春草堂珍藏”印。

郑燮(1693—1765)，字克柔，号理庵，又号板桥，人称板桥先生，扬州府兴化县人。乾隆元年(1736)进士，官山东范县、潍县县令，政绩显著。因灾年为

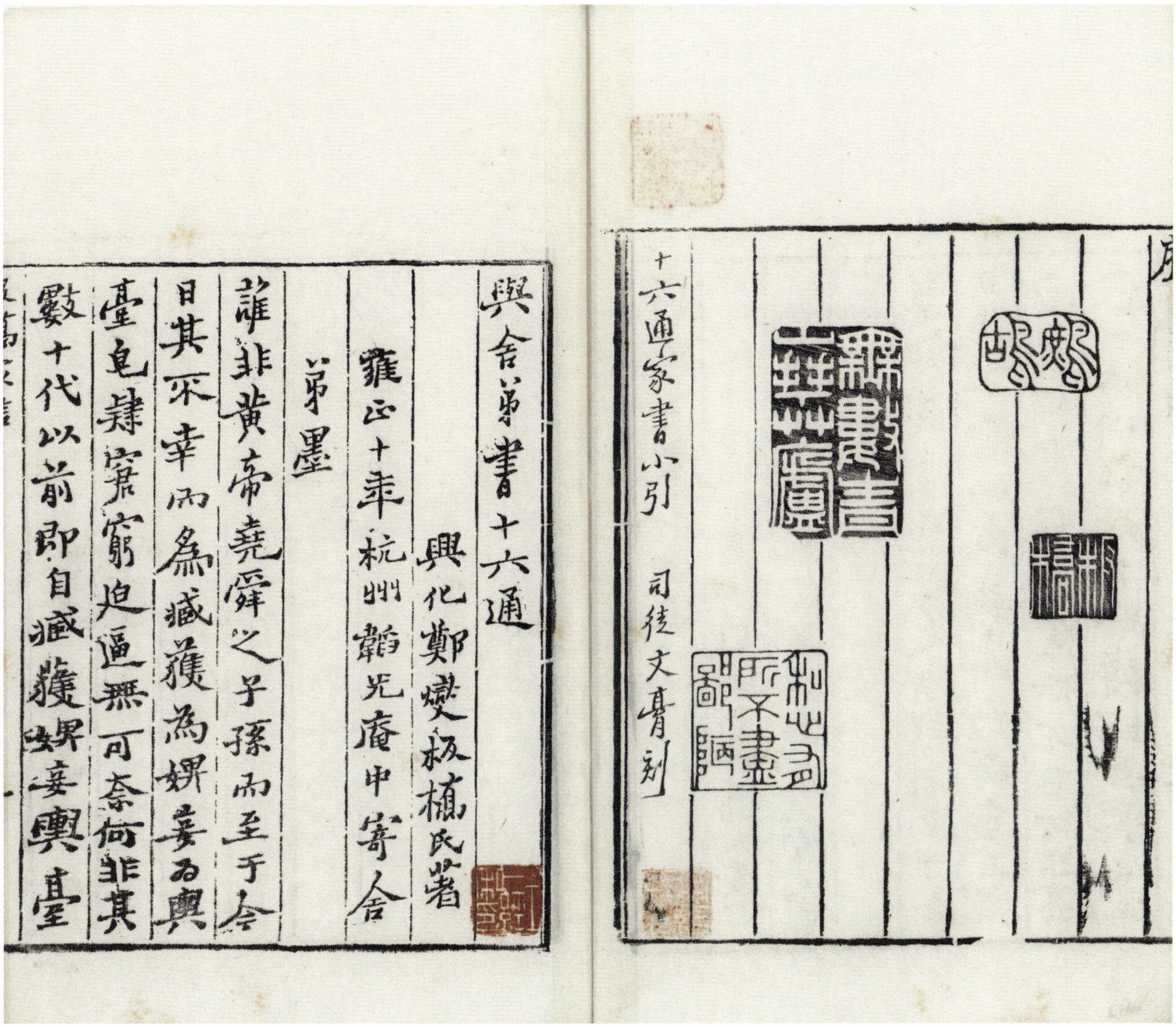
十六通家書小引
司徒文膏刻

與舍弟書十六通
興化鄭燮板橋氏著
雍正十年杭州韜光庵中寄舍弟墨
誰非黃帝堯舜之子孫而至于今日其不幸而為臧獲為婢妾為輿臺皂隸窘窮迫逼無可奈何非其數十代以前即自臧獲婢妾輿臺

民请赈，得罪大吏，乞病归，寓扬州，以卖画为生。其诗、书、画，世称“三绝”。是清代比较有代表性的文人画家，为“扬州八怪”重要代表人物。著有《板桥集》。

是书为郑板桥诗、文、词的合集，包括《诗钞》二卷、《词钞》一卷、《小唱》一卷、《家书》一卷、《题画》一卷。本书由郑板桥手书上版，由其弟子司徒文膏刻版。全书镌刻精工，版刻字体再现了板桥“六分半书”的独特韵味，在清代写刻本中独树一帜。

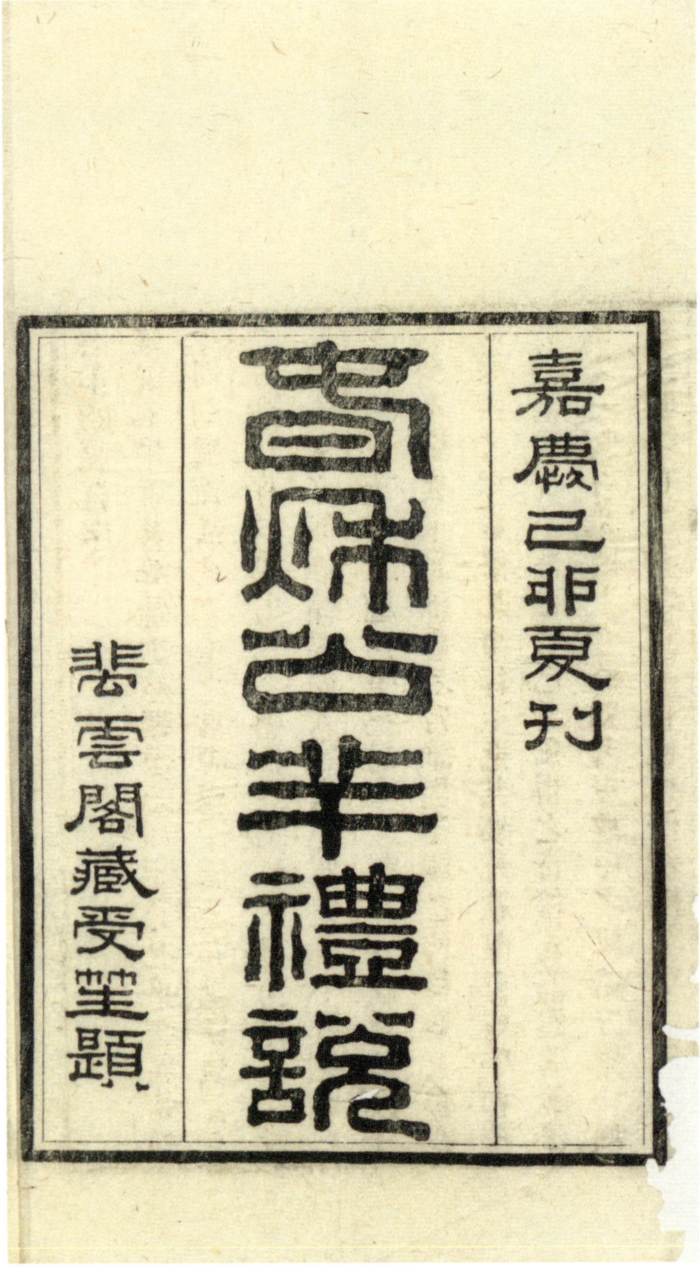

蜚云阁凌氏丛书六种

〔清〕凌曙撰　清嘉庆、道光间江都凌氏蜚云阁刻本　存二种(《公羊礼说》一卷、《春秋公羊礼疏》十一卷)　五册

半叶十一行,行二十二字。白口,左右双边,上单黑鱼尾。版框高 17.9 厘米,宽 13.7 厘米。

凌曙(1775—1829),字晓楼,一字子昇,江苏江都(今属扬州)人。国子监生。入京为阮元校辑经史书,得阅群书,学大进。其治学以治经为主,治经初治

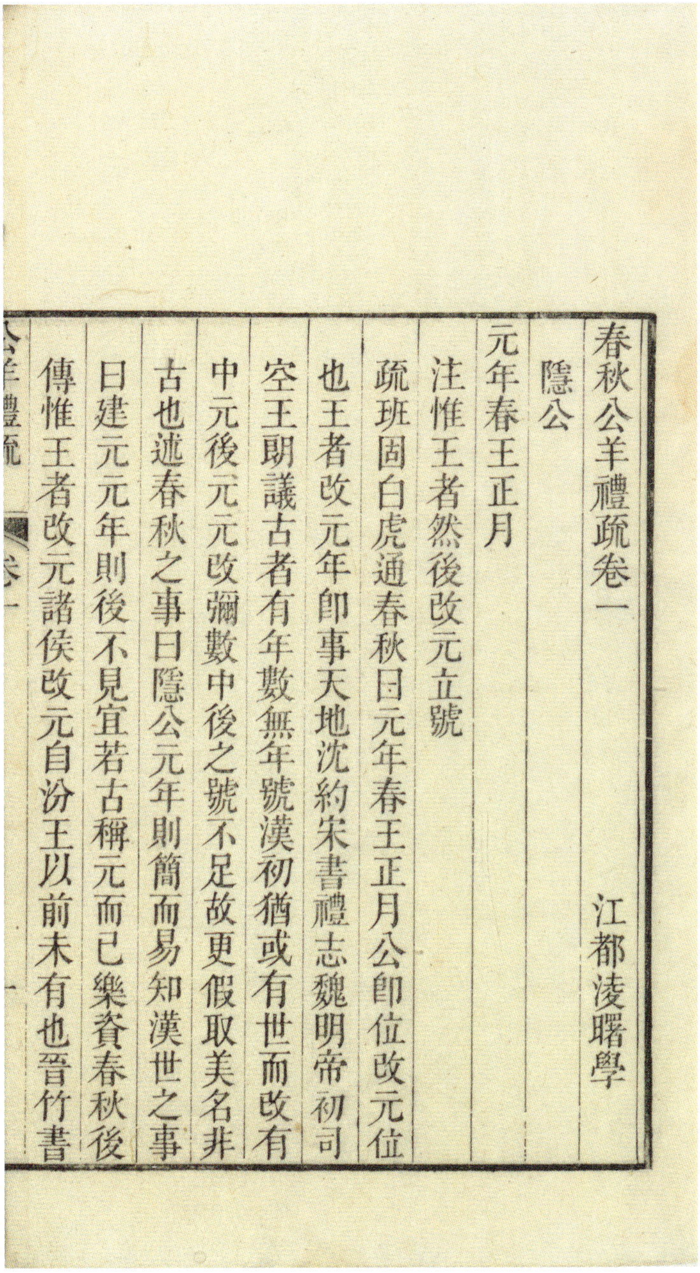
春秋公羊禮疏卷一　　江都淩曙學
隱公
元年春王正月
注惟王者然後改元立號
疏班固白虎通春秋曰元年春王正月公卽位改元位
也王者改元年卽事天地沈約宋書禮志魏明帝初司
空王朗議古者有年數無年號漢初猶或有世而改有
中元後元元改彌數中後之號不足故更假取美名非
古也迹春秋之事曰隱公元年則簡而易知漢世之事
曰建元元年則後不見宜若古稱元而已樂資春秋後
傳惟王者改元諸侯改元自汾王以前未有也晉竹書
公羊禮疏　卷一　一

《礼》，后致力于《公羊春秋》。认为春秋大义存于《公羊》，专主董仲舒、何休学说，乃收集旧说并吸取清代学者研究成果，著有《春秋公羊礼疏》《公羊礼说》《公羊问答》《春秋繁露注》《礼论略钞》等。

是书为凌曙著作的汇刻丛书，共收录六种，即《四书典故核》《春秋公羊礼疏》《公羊礼说》《公羊问答》《春秋繁露注》《礼论略钞》。

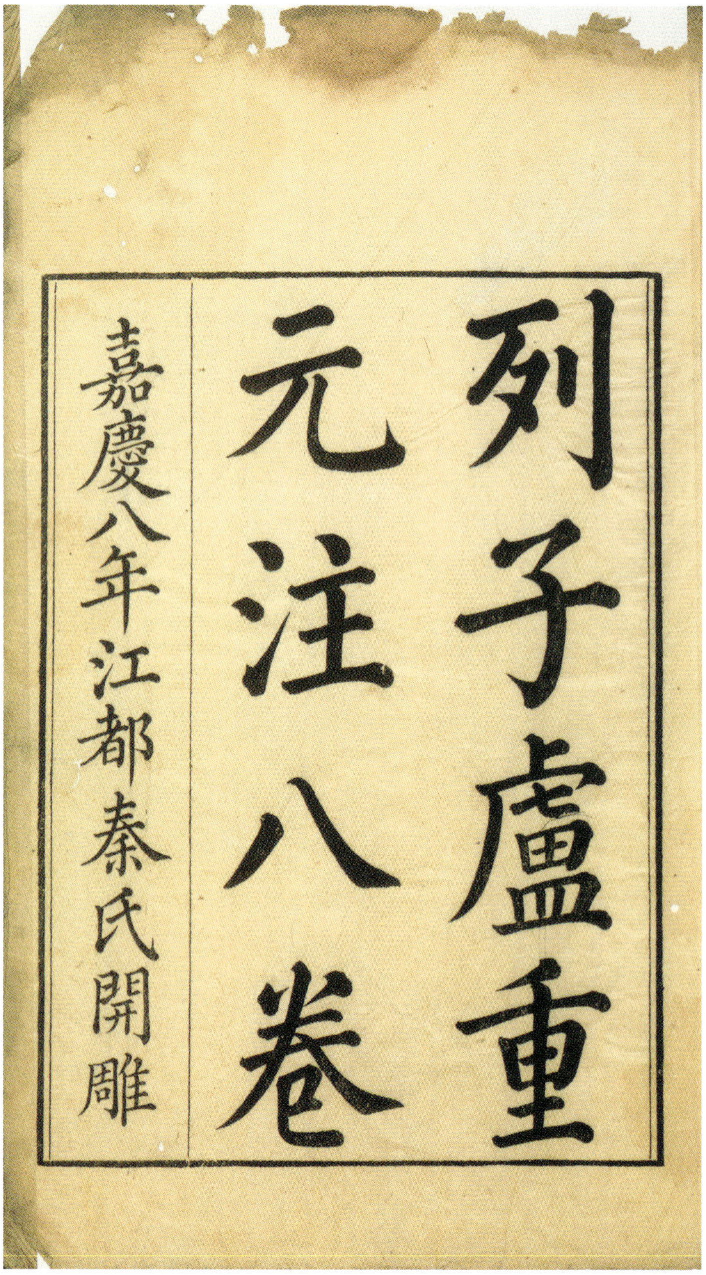
列子盧重元注八卷
嘉慶八年江都秦氏開雕

列子八卷

〔战国〕列御寇撰　〔唐〕卢重玄注　清嘉庆八年（1803）江都秦氏石研斋刻本　二册

半叶十行，行二十一字。白口，左右双边，上单黑鱼尾。版框高 19.3 厘米，宽 14.4 厘米。有“种德堂珍藏”“风字砚馆”印。

列御寇（约前 423—前 396），郑国圃田（今河南郑州）人。战国时道家学派的代表人物，人称列子。主张清静无为。

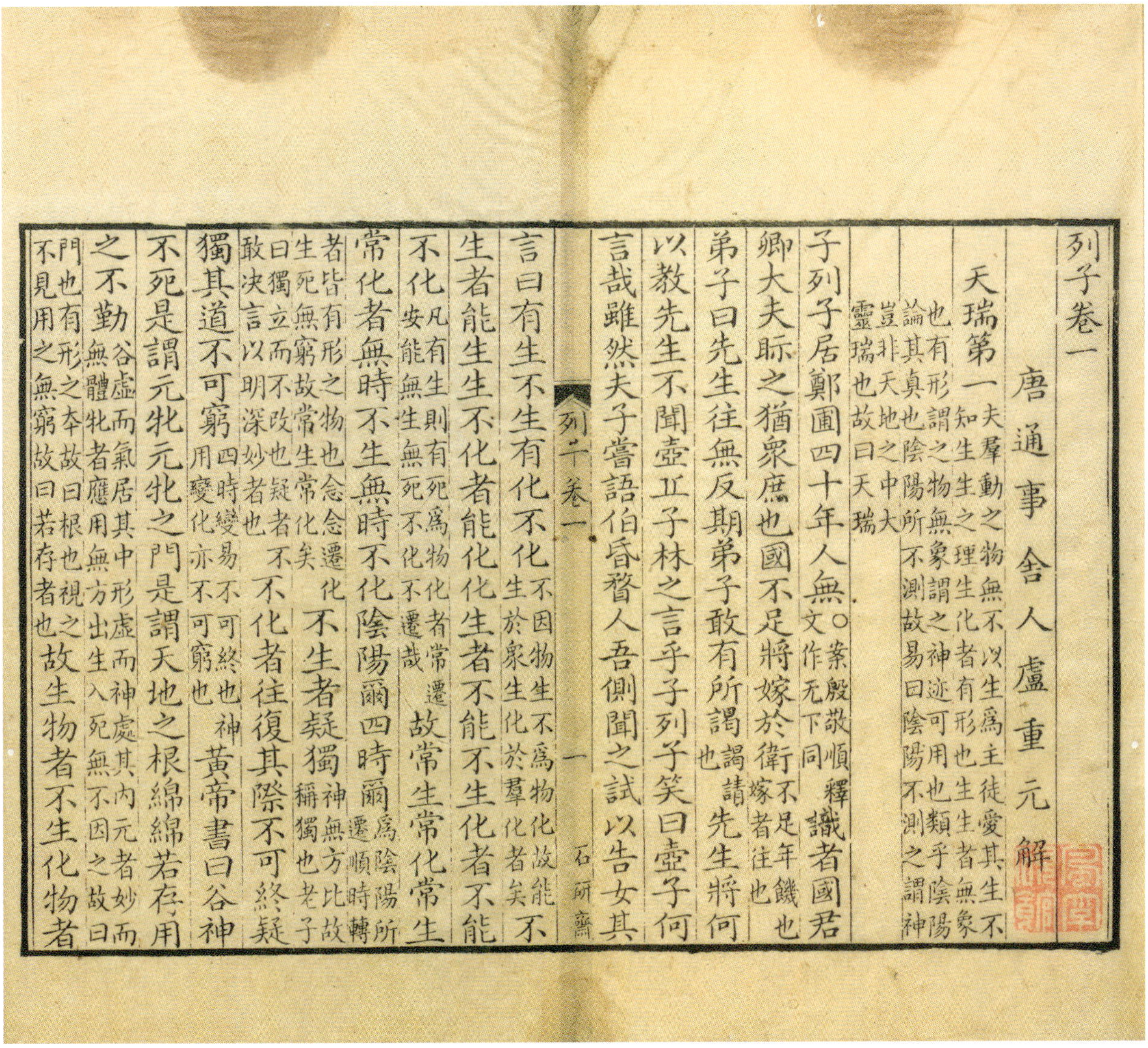
列子卷一　唐通事舍人盧重元解
天瑞第一　夫羣動之物無不以生爲主徒愛其生不知生生之理生化者有形也生生者無象也有形謂之物無象謂之神迹可用也類乎陰陽論其真也陰陽所不測故易曰陰陽不測之謂神豈非天地之中大靈瑞也故曰天瑞
子列子居鄭圃四十年人無○案殷敬順釋文作无下同識者國君卿大夫眎之猶衆庶也國不足將嫁於衛不足年饑也嫁者往也弟子曰先生往無反期弟子敢有所謁謁請也先生將何以教先生不聞壺丘子林之言乎子列子笑曰壺子何言哉雖然夫子嘗語伯昏瞀人吾側聞之試以告女其言曰有生不生有化不化不因物生不爲物化故能生於衆生化於羣化者矣不生者能生生不化者能化化生者不能不生化者不能不化凡有生則有死爲物化者常遷安能無生無死不化不遷哉故常生常化常生常化者無時不生無時不化陰陽爾四時爾爲陰陽所遷順時轉者皆有形之物也念念遷化生死無窮故常生常化矣不生者疑獨神無方比故稱獨也老子曰獨立而不改也疑者不敢決言以明深妙者也不化者往復其際不可終疑獨其道不可窮四時變易不可終也神用變化亦不可窮也黃帝書曰谷神不死是謂元牝元牝之門是謂天地之根綿綿若存用之不勤谷虛而氣居其中形虛而神處其內元者妙而無體牝者應用無方出生入死無不因之故曰門也有形之本故曰根也視之不見用之無窮故曰若存者也故生物者不生化物者

列子卷一　一　石研齋

卢重玄（生卒年不详），范阳（今河北涿县）人，生活于唐开元时。官司勋郎中。

《列子》又名《冲虚经》，是道家重要典籍。《汉书·艺文志》著录《列子》八卷，早佚。今所传《列子》，从思想内容和语言使用上看，或为后人根据古代资料所编著。全书共载民间故事寓言、神话传说等一百三十余则，题材广泛，富有教育意义，且对后世哲学、美学、文学、科技、养生、乐曲、宗教影响深远，贡献巨大。

鬼谷子陶宏景注三卷
嘉慶十年江都秦氏開雕

鬼谷子三卷附录一卷

〔梁〕陶弘景注　清嘉庆十年（1805）江都秦氏石研斋刻本　三册

半叶十行，行二十一字，小字双行同。白口，左右双边，上单黑鱼尾。版框高19.1厘米，宽14.4厘米。有“浩州韩氏双红笔馆收藏金石书画文字之印”“汾阳韩鲁盦藏书印”印。

陶弘景（456—536），字通明，丹阳秣陵（今江苏南京）人。南朝宋时，曾为诸王侍读。齐时官至奉朝请。后辞官，隐居于句容句曲山（茅山），设帐授徒，自号“华阳隐居”。梁武帝即位，屡加礼聘，不肯出仕。帝有大事，都向他咨询，

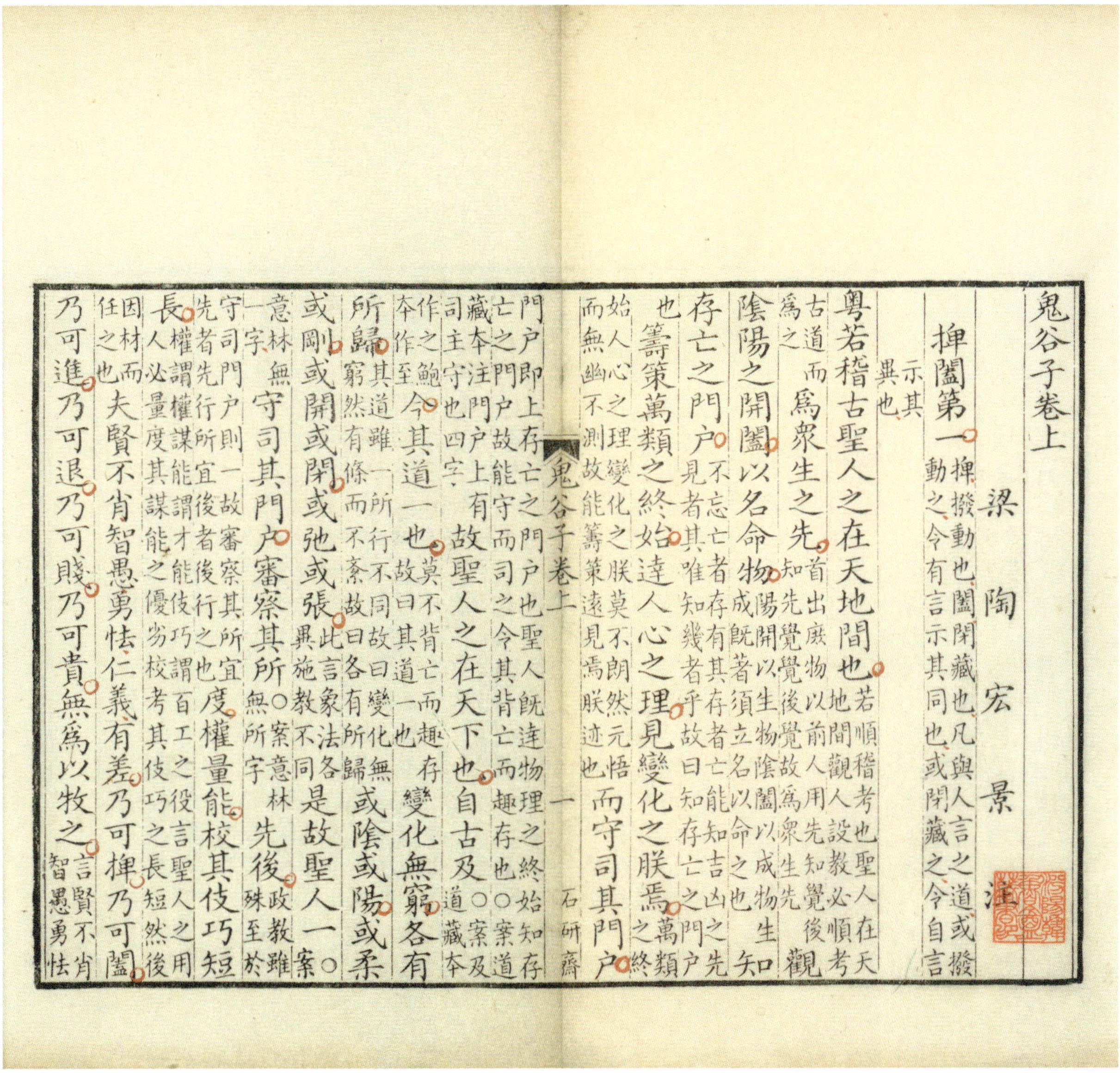

鬼谷子三卷附录一卷

时人称之为山中宰相。谥号贞白先生。喜山水，好道术，精通地理、医药，是南朝道教的重要代表人物。著有《陶隐居集》。

《鬼谷子》一书是先秦时期纵横家学派的代表作，相传是鬼谷子在楚国的监狱中写成。内容丰富，涉及政治、军事、外交等诸多领域，原书十四篇，其中十三、十四篇失传，今存十二篇。该书中心思想与儒家思想完全相悖，表现为儒家、道家、兵家和法家思想的融合，是研究战国时期纵横家思想学说的重要资料。

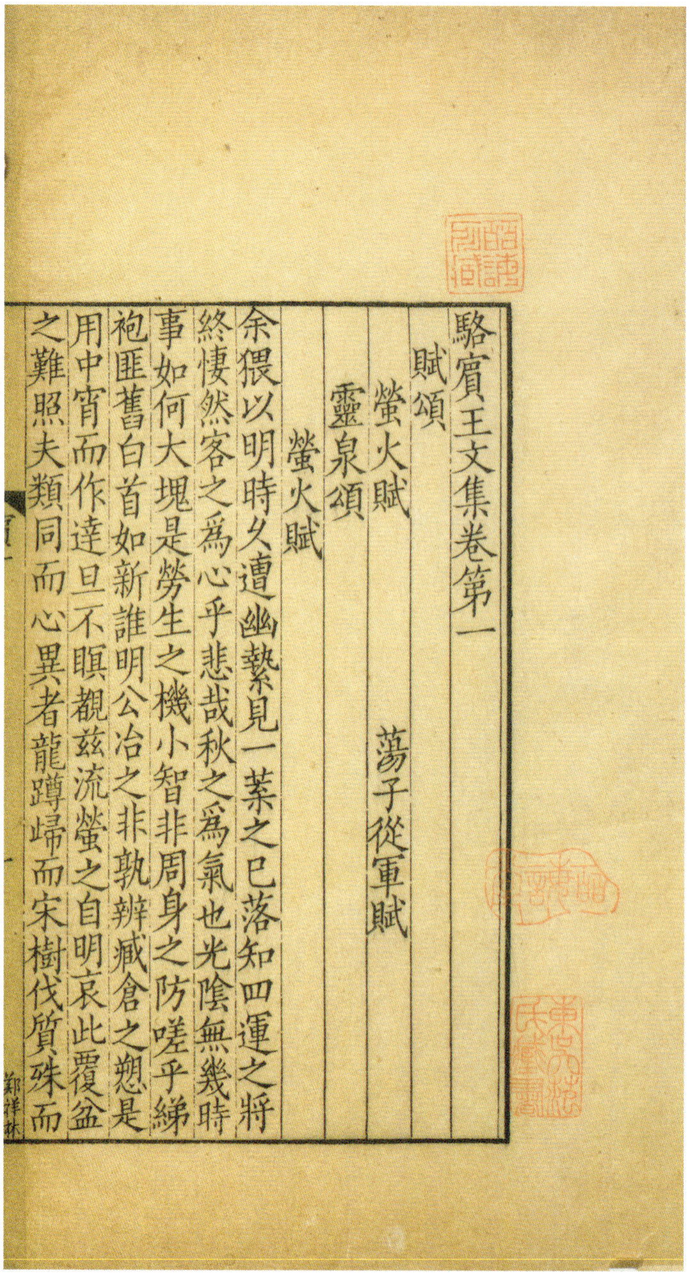
駱賓王文集卷第一
賦頌
螢火賦　蕩子從軍賦
靈泉頌
螢火賦
余猥以明時久遭幽縶見一葉之已落知四運之將
終悽然客之爲心乎悲哉秋之爲氣也光陰無幾時
事如何大塊是勞生之機小智非周身之防嗟乎綈
袍匪舊白首如新誰明公冶之非孰辨臧倉之愬是
用中宵而作達旦不暝覩茲流螢之自明哀此覆盆
之難照夫類同而心異者龍蹲歸而宋樹伐質殊而
鄭祥林

骆宾王文集十卷考异一卷

〔唐〕骆宾王撰　考异一卷〔清〕顾广圻撰　清嘉庆二十一年（1816）江都秦氏石研斋刻本　二册

半叶十一行，行二十字。白口，左右双边，上单黑鱼尾。版框高 18.4 厘米，宽 11.3 厘米。有“东吴范氏皕诲堂藏书之图记”“东吴范氏藏书”“皕诲堂”“皕诲所藏”印。

骆宾王（约 640—约 684），字观光，婺州义乌（今浙江义乌）人。少有才名。显庆时，为道王李元庆府属官。历任武功主簿、长安主簿。迁侍御史。出为临

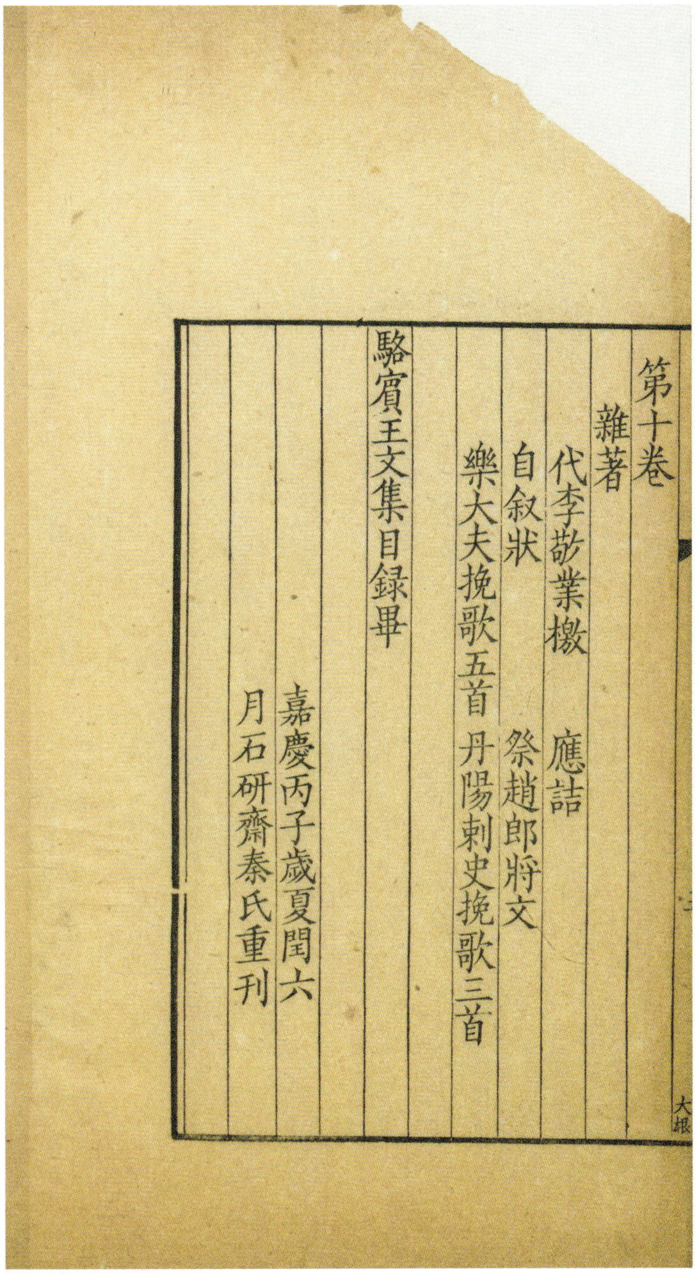

海县丞，世称“骆临海”。光宅元年(684)，随徐敬业起兵讨伐武则天，败亡后下落不明。与王勃、杨炯、卢照邻合称“初唐四杰”。

顾广圻(1770—1839)，字千里，号涧薲、思适居士等，江苏元和(今属苏州)人。诸生。喜藏书，藏书处名思适斋。精通经学和小学，尤擅长目录和校勘。其校书与黄丕烈之批注被誉为“黄批顾校”，名盛天下，为藏家珍视。

是书为初唐著名诗人骆宾王的诗文合集，计赋颂一卷，诗四卷，文五卷。顾广圻曾取《文苑英华》与此本互勘，撰《考异》一卷附于后。骆宾王所作诗《帝京篇》、文《为徐敬业讨武曌檄》等对后世有重要影响。

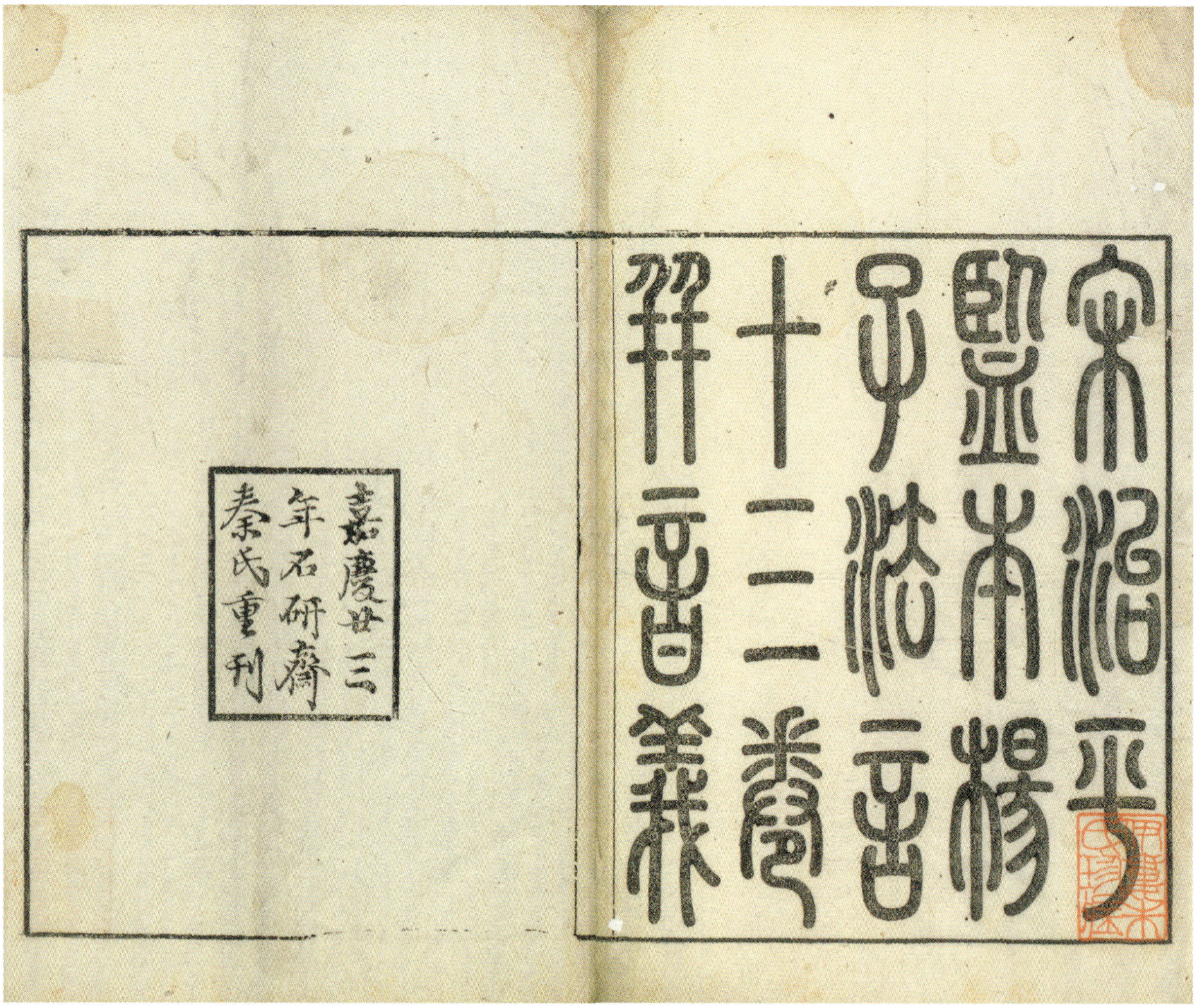

扬子法言十三卷音义一卷

〔汉〕扬雄撰 〔晋〕李轨注 清嘉庆二十三年（1818）江都秦氏石研斋刻本 一册

半叶十行，行十八字，小字双行二十五字。白口，左右双边。版框高 21.5 厘米，宽 17.6 厘米。有“伊娄朱氏珍藏”印。

扬雄（前 53—18），又作杨雄，字子云，蜀郡成都（今四川成都）人。西汉哲学家、文学家、语言学家。汉成帝时为给事黄门郎，晚年在王莽新朝作大夫，校

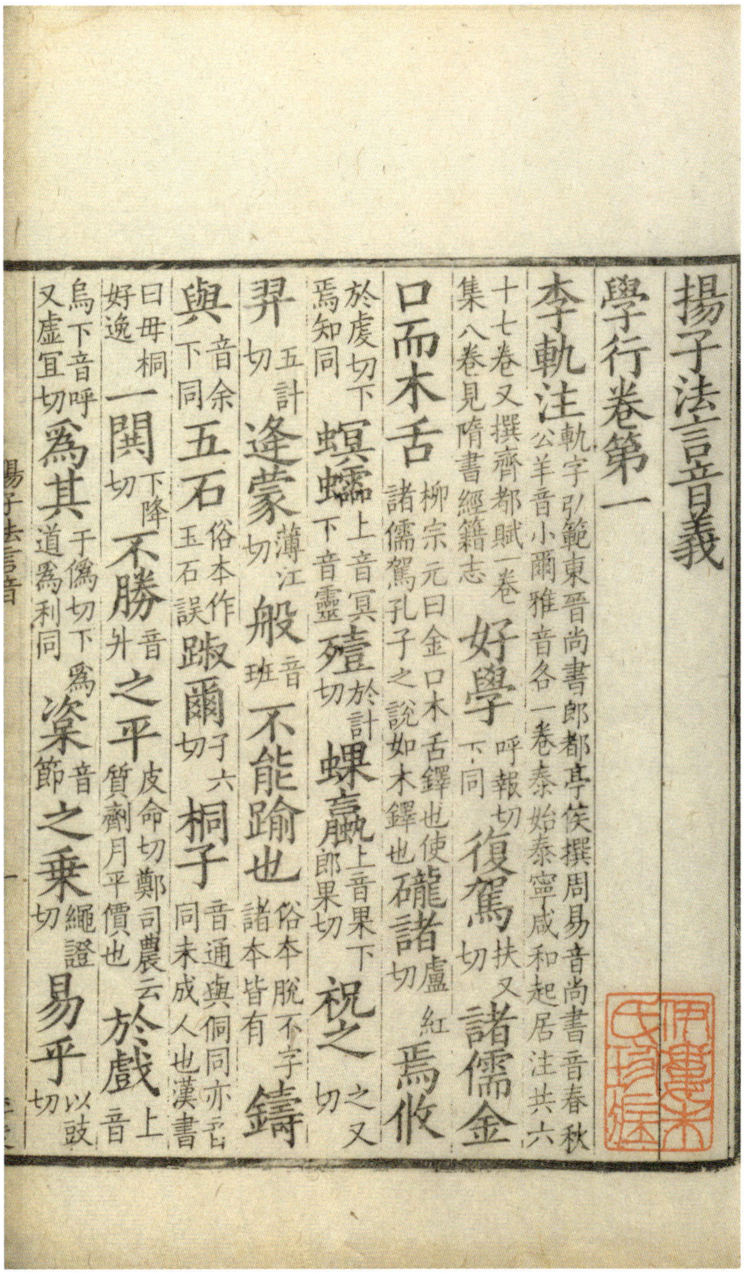

揚子法言音義

學行卷第一

李軌注 軌字弘範東晉尚書郎都亭侯撰周易音尚書音春秋公羊音小爾雅音各一卷泰始泰寧咸和起居注共六十七卷又撰齊都賦一卷集八卷見隋書經籍志 好學 呼報切下同 復駕 扶又切 諸儒 金口而木舌 柳宗元曰金口木舌鐸也使諸儒駕孔子之說如木鐸也 礲諸 盧紅切 焉攸 於虔切下焉知同 螟蠕 上音冥下音靈 殪 於計切 蜾蠃 上音果下郎果切 祝之 之又切 羿 五計切 逢蒙 薄江切 般 音班 不能踰也 俗本脫不字諸本皆有 鑄與 音余下同 五石 俗本作玉石誤 跛爾 了六切 桐子 音通與侗同亦云同未成人也漢書曰毋桐好逸 一閧 下降切 不勝 音升 之平 皮命切鄭司農云質劑月平價也 於戲 上音烏下音呼又虛宜切 爲其 于僞切下爲道爲利同 滐 音節 之乘 繩證切 易乎 以豉切

揚子法言音 一

扬子法言十三卷音义一卷

书天禄阁。以文章名世，《羽猎赋》《长杨赋》《甘泉赋》等流传至今。另著《方言》，是研究古代语言的重要资料。

李轨（生卒年不详），字弘范，江夏（今湖北武汉）人。东晋时官祠部郎中、都亭侯。

是书为扬雄仿《论语》体例而作，简称《法言》。成书于汉哀帝元寿元年（前2）。全书分“学行”“吾子”“修身”“问道”等篇，内容广泛，包括思想、政治、经济、天文、文学、军事等方面，集中反映了扬雄的哲学思想和政治理念。

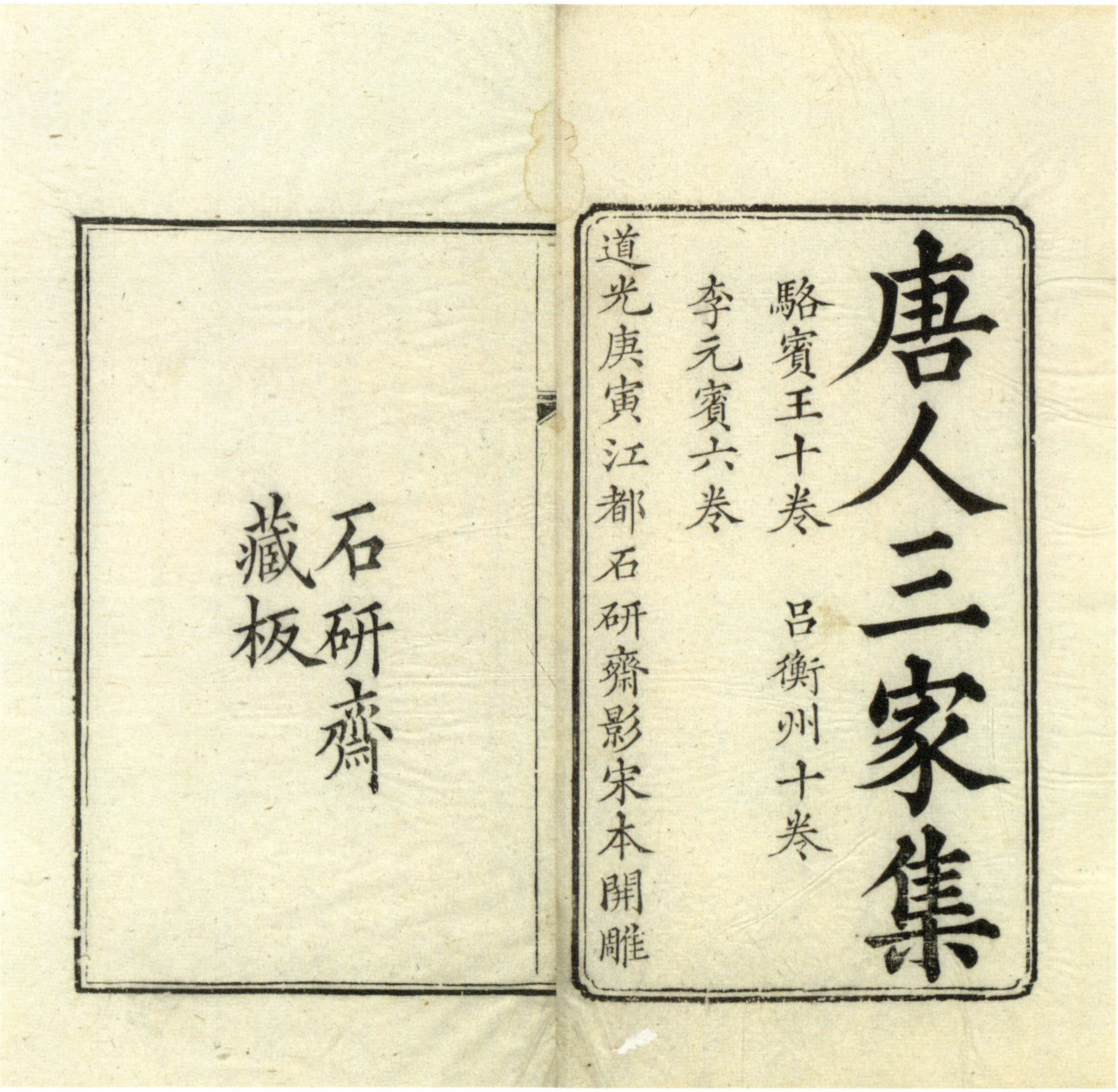

唐人三家集二十六卷

〔清〕秦恩复辑　清嘉庆、道光间江都秦氏石研斋刻本　四册

半叶十一行，行二十字。白口，左右双边，上单黑鱼尾。版框高 18.4 厘米，宽 11.3 厘米。

秦恩复（1760—1843），字近光，一字淡生，号敦夫，室名石研斋、享帚精舍，江苏江都（今属扬州）人。乾隆五十二年（1787）进士，授编修。嘉庆间，曾受聘主讲诂经精舍、乐义书院，与校《全唐文》。所居玉笥仙馆藏书数万卷，自编

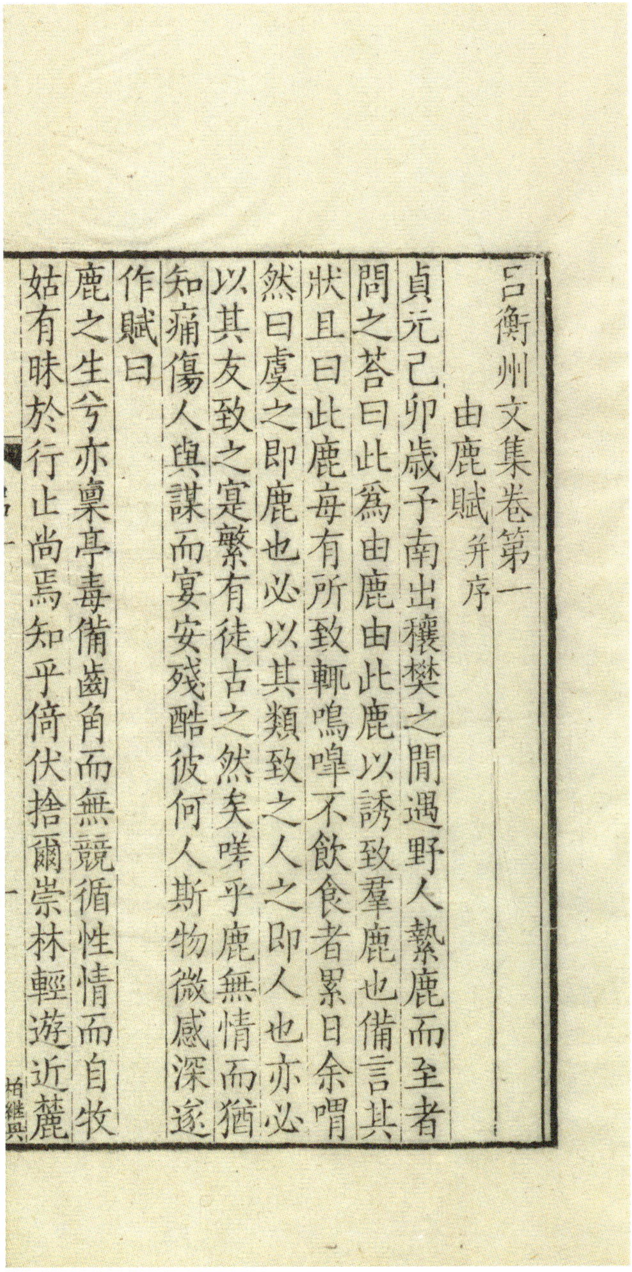
吕衡州文集卷第一
由鹿賦并序
貞元己卯歲予南出穰樊之間遇野人縶鹿而至者問之荅曰此爲由鹿由此鹿以誘致羣鹿也備言其狀且曰此鹿每有所致輒鳴嘷不飲食者累日余喟然曰虞之即鹿也必以其類致之人之即人也亦必以其友致之寔繁有徒古之然矣嗟乎鹿無情而猶知痛傷人與謀而宴安殘酷彼何人斯物微感深遂作賦曰
鹿之生兮亦稟亭毒備齒角而無競循性情而自牧姑有昧於行止尚焉知乎倚伏捨爾崇林輕遊近麓

《石研斋书目》四卷，详注各书版本。毕生致力刻书，其主持刊刻之书，以校勘、写刻、印刷、装订无不力求精善著称，人称“秦版”。刻书时间历乾隆、嘉庆、道光三朝，前后长达五十余年。

本集收录唐骆宾王、吕温、李观三家诗文，共二十八卷，计有《骆宾王文集》十卷，附顾广圻撰《考异》一卷；《吕衡州文集》十卷，附顾广圻撰《考证》一卷；《李元宾文集》文编三卷，外编二卷，续编一卷。

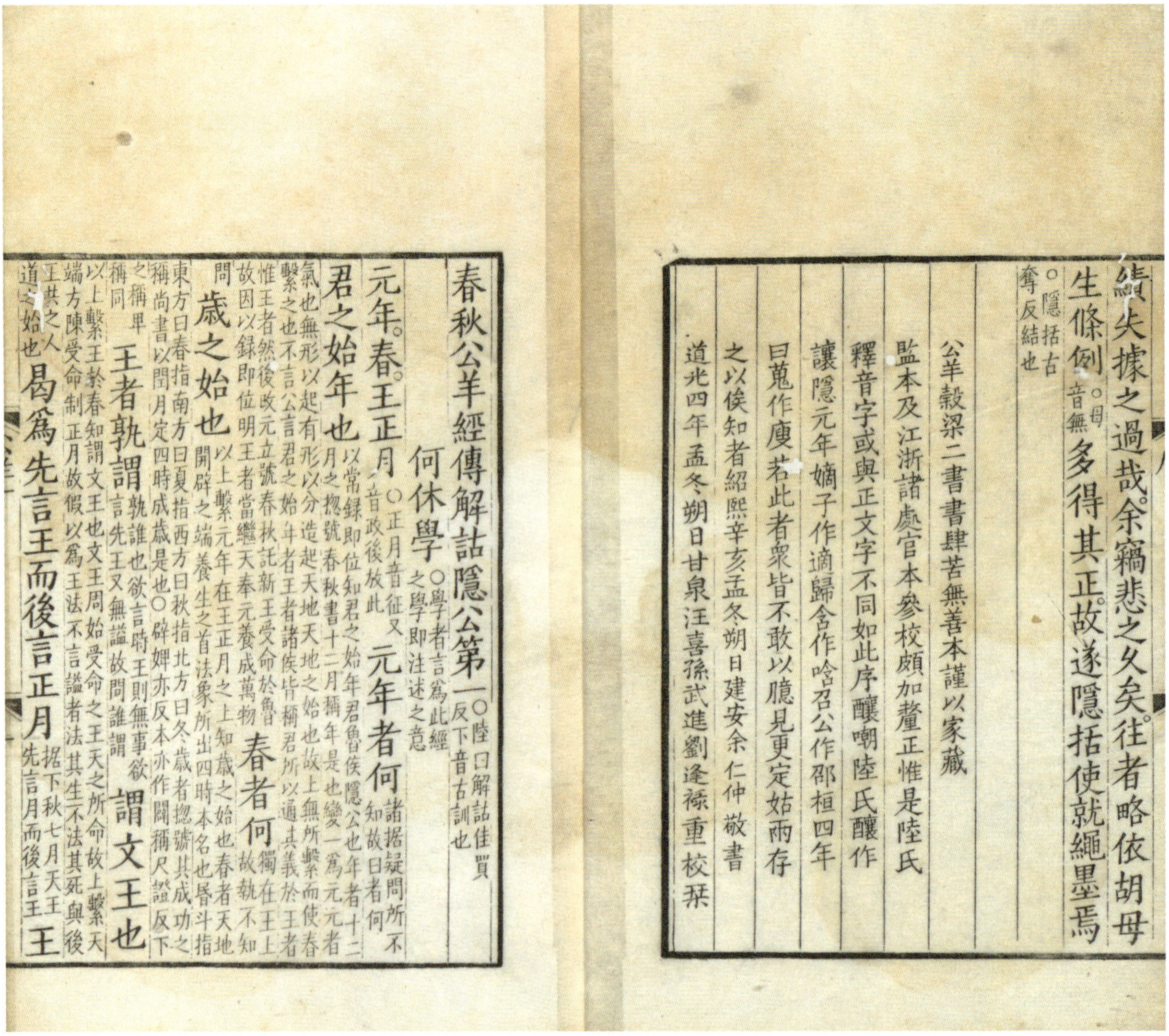
舊失據之過哉。余竊悲之久矣。往者略依胡毋生條例，○毋音無 多得其正，故遂隱括使就繩墨焉 ○隱括古奪反結也

公羊穀梁二書書肆苦無善本謹以家藏監本及江浙諸處官本參校頗加釐正惟是陸氏釋音字或與正文字不同如此序釀嘲陸氏釀作讓隱元年嫡子作適歸含作唅召公作邵桓四年曰蒐作廋若此者衆皆不敢以臆見更定姑兩存之以俟知者紹熙辛亥孟冬朔日建安余仁仲敬書

道光四年孟冬朔日甘泉汪喜孫武進劉逢祿重校栞

春秋公羊經傳解詁隱公第一 ○陸曰解詁佳買反下音古訓也

何休學 ○學者言爲此經之學即注述之意

元年。春。王正月。 ○正月音征又音政後放此

元年者何 諸据疑問所不知故曰者何

君之始年也 以常録即位知君之始年君魯侯隱公也年者十二月之揔號春秋書十二月稱年是也變一爲元元者氣也無形以起有形以分造起天地天地之始也故上無所繫而使春繫之也不言公言君之始年者王者諸侯皆稱君所以通其義於王者惟王者然後改元立號春秋託新王受命於魯故因以録即位明王者當繼天奉元養成萬物

春者何 獨在王上故執不知問

歲之始也 以上繫元年在王正月之上知歲之始也春者天地開辟之端養生之首法象所出四時本名也昏斗指東方曰春指南方曰夏指西方曰秋指北方曰冬歲者揔號其成功之稱尚書以閏月定四時成歲是也○辟婢亦反本亦作闢稱尺證反下之稱皆同

王者孰謂 孰誰也欲言時王則無事欲言先王又無謚故問誰謂

謂文王也 以上繫王於春知謂文王也文王周始受命之王天之所命故上繫天端方陳受命制正月故假以爲王法不言謚者法其生不法其死與後王共之人道之始也

曷爲先言王而後言正月 据下秋七月天王先言月而後言王

王

春秋公羊经传解诂十二卷

〔汉〕何休撰　清道光四年（1824）扬州汪氏问礼堂刻本　四册

半叶十一行，行十八九字不等，小字双行二十七字。白口，左右双边，双顺黑鱼尾。版框高 17.7 厘米，宽 12.5 厘米。

何休（129—182），字邵公，任城樊（今山东济宁）人。东汉著名的经学大师，精通六经、历法、算学等。因太傅陈蕃荐举而参政，又因党锢事起而受牵连，被罢官回家，历时十余年写成《春秋公羊经传解诂》，阐述《春秋》微言大义。党

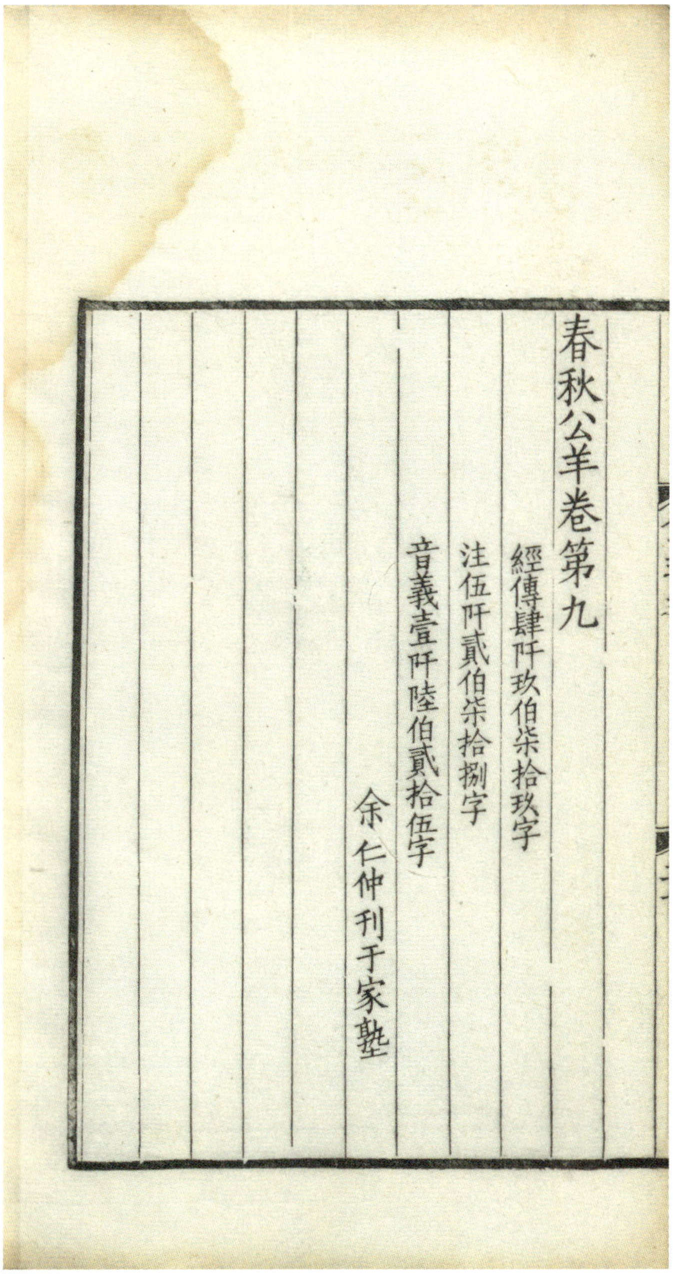
春秋公羊卷第九
經傳肆阡玖伯柒拾玖字
注伍阡貳伯柒拾捌字
音義壹阡陸伯貳拾伍字
余仁仲刊于家塾

锢禁解后，历任司徒、议郎、谏议大夫等。另著有《孝经注》《论语注》《公羊墨守》《穀梁废疾》等，均佚。

《春秋公羊经传解诂》（通称《公羊解》）是对古代文献《公羊传》的详细注释，共分为十二卷。何氏注解旨在解释《公羊传》中的文字和意义，帮助读者理解春秋时期的历史、文化和社会变迁。注解从多个角度出发，涵盖语言学、史学、哲学等领域，不仅帮助阐释古代史事，也为后人传承了春秋时期的思想精华。本书是现存最完备的公羊学经典。

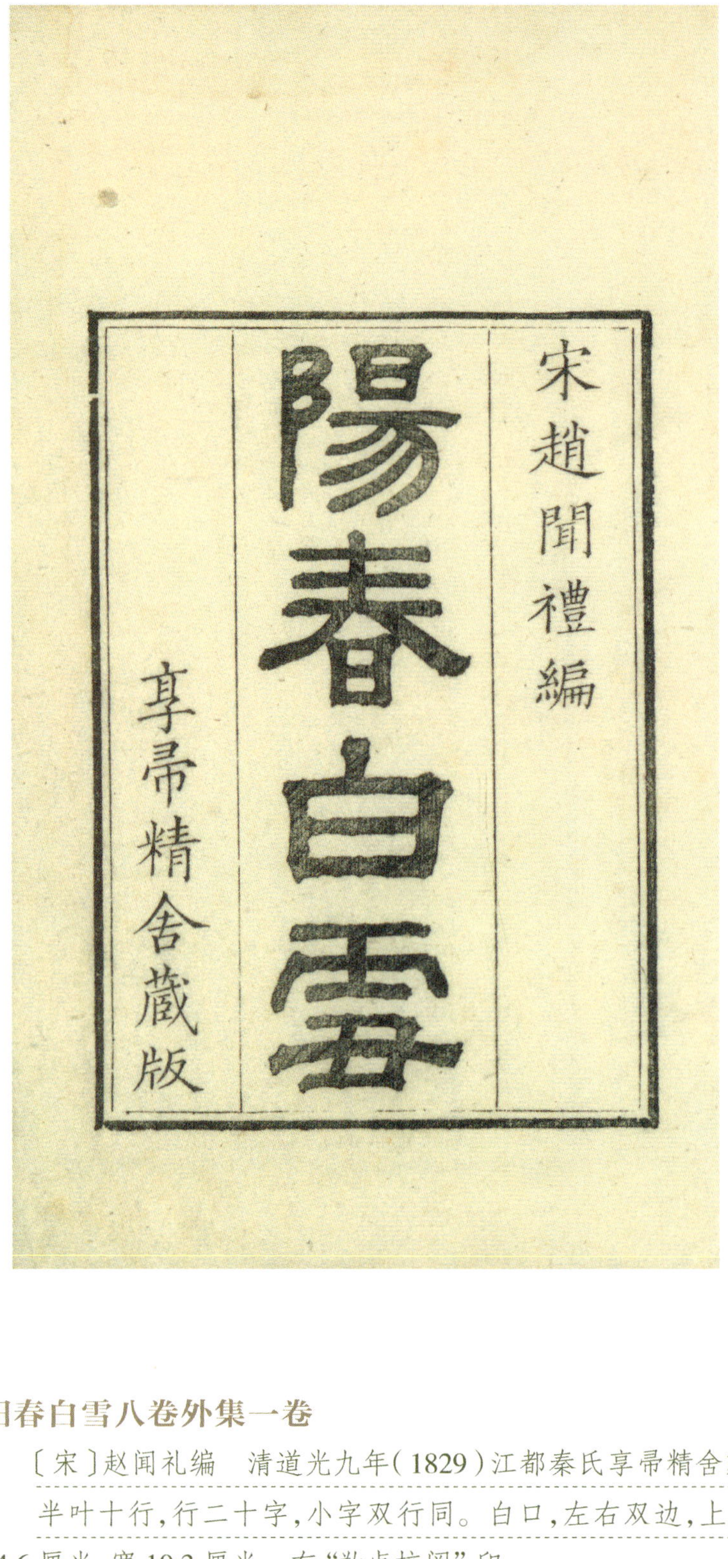

宋趙聞禮編

陽春白雪

享帚精舍藏版

阳春白雪八卷外集一卷

〔宋〕赵闻礼编　清道光九年(1829)江都秦氏享帚精舍刻本　四册

半叶十行,行二十字,小字双行同。白口,左右双边,上单黑鱼尾。版框高14.6厘米,宽10.3厘米。有"敦贞校阅"印。

赵闻礼(生卒年不详),字立之,又字粹夫,号钓月,临濮(今山东濮县)人。南宋学者,善诗词,与江湖词人丁默、林表民等唱和。曾官胥口监征,以诗卷和金石碑刻干谒权臣程公许。有词集《钓月集》,词风清丽,音节舒徐。

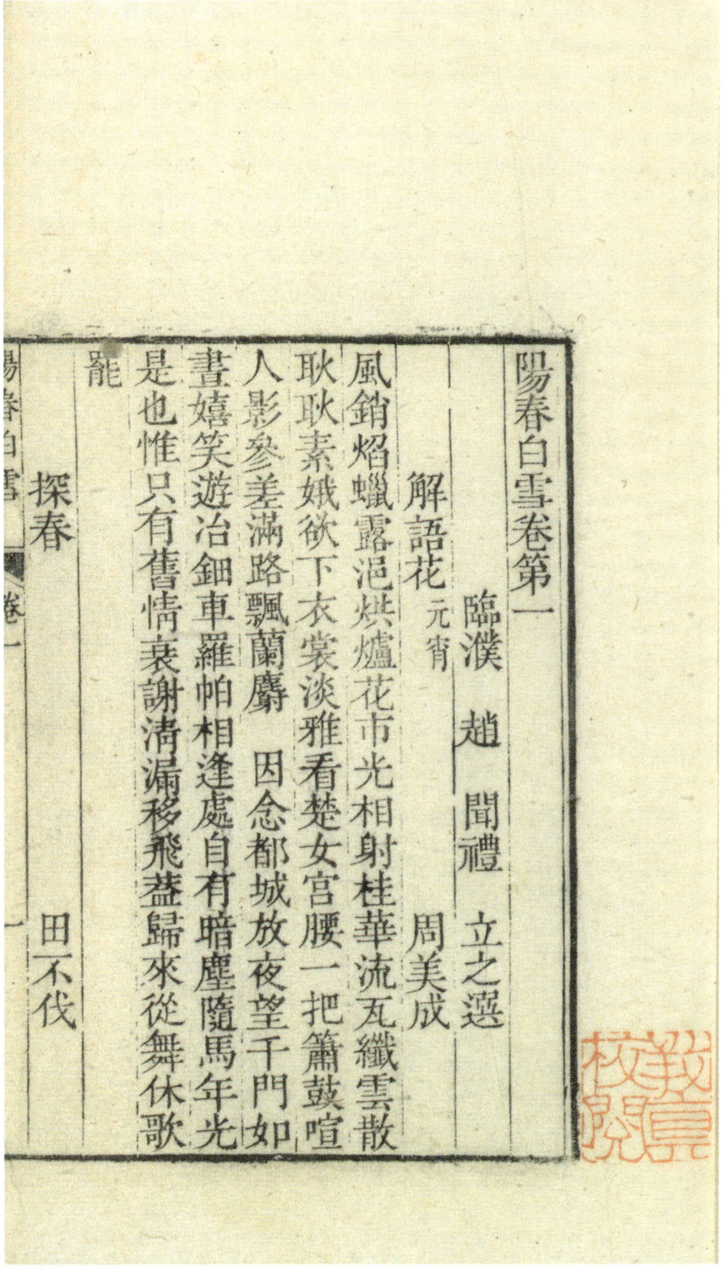
陽春白雪卷第一
臨濮　趙　聞禮　立之選
解語花 元宵　周美成
風銷焰蠟露浥烘爐花市光相射桂華流瓦纖雲散
耿耿素娥欲下衣裳淡雅看楚女宮腰一把簫鼓喧
人影參差滿路飄蘭麝　因念都城放夜望千門如
晝嬉笑遊冶鈿車羅帕相逢處自有暗塵隨馬年光
是也惟只有舊情衰謝清漏移飛蓋歸來從舞休歌
罷
探春　田不伐
陽春白雪　卷一　一

《阳春白雪》分正集八卷、外集一卷，共收词六百七十余首，词作家二百三十多人，前三卷多为北宋词，后五卷多为南宋词。正集八卷所选都是婉丽清新的作品，外集所收多为豪放不羁之作，反映了词人以婉约为正、豪放为变的观念。此书沉湮许久，直至道光年间，秦恩复得到一元代抄本，刻入其所编《词学丛书》中。

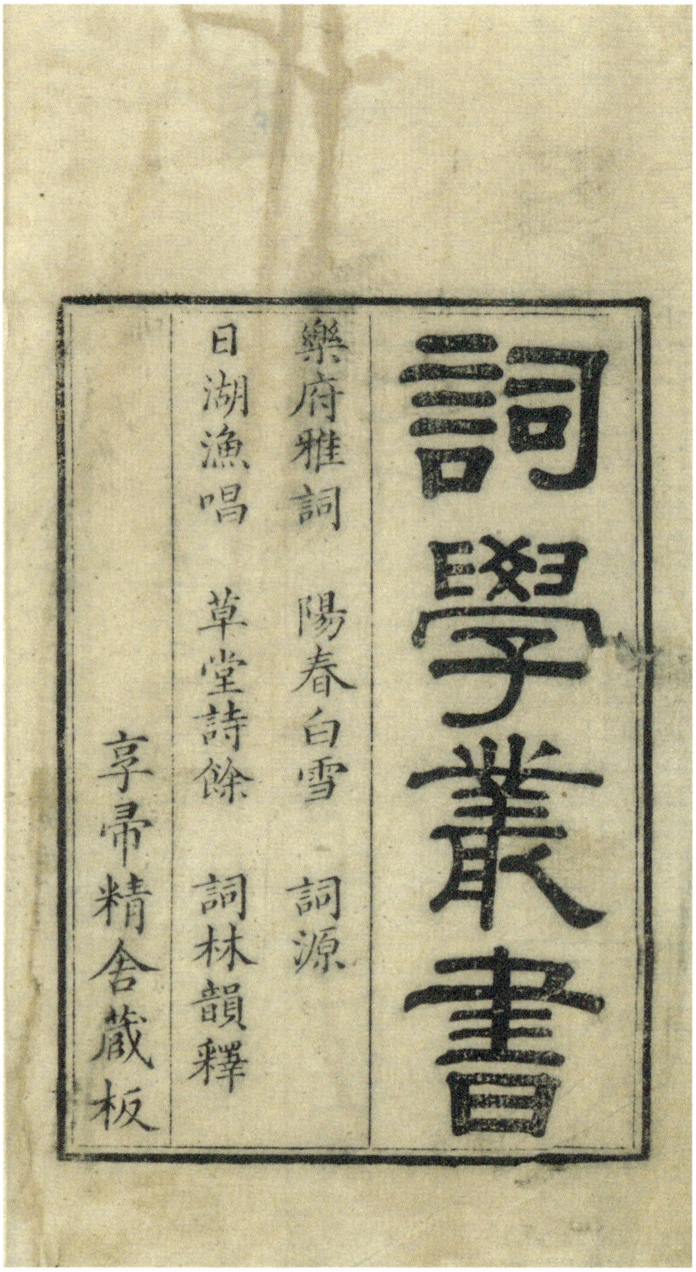

词学丛书六种二十三卷

〔清〕秦恩复辑　清嘉庆至道光间江都秦氏享帚精舍刻本　十二册

半叶十行，行二十字，小字双行同。白口，左右双边，上单黑鱼尾。版框高14.6厘米，宽10.2厘米。

秦恩复（1760—1843），生平简介见前“唐人三家集”条。

是编辑录宋曾慥《乐府雅词》三卷、《拾遗》二卷，宋赵闻礼《阳春白雪》八卷、《外集》一卷，宋张炎《词源》二卷，宋末元初陈允平《日湖渔唱》一卷、

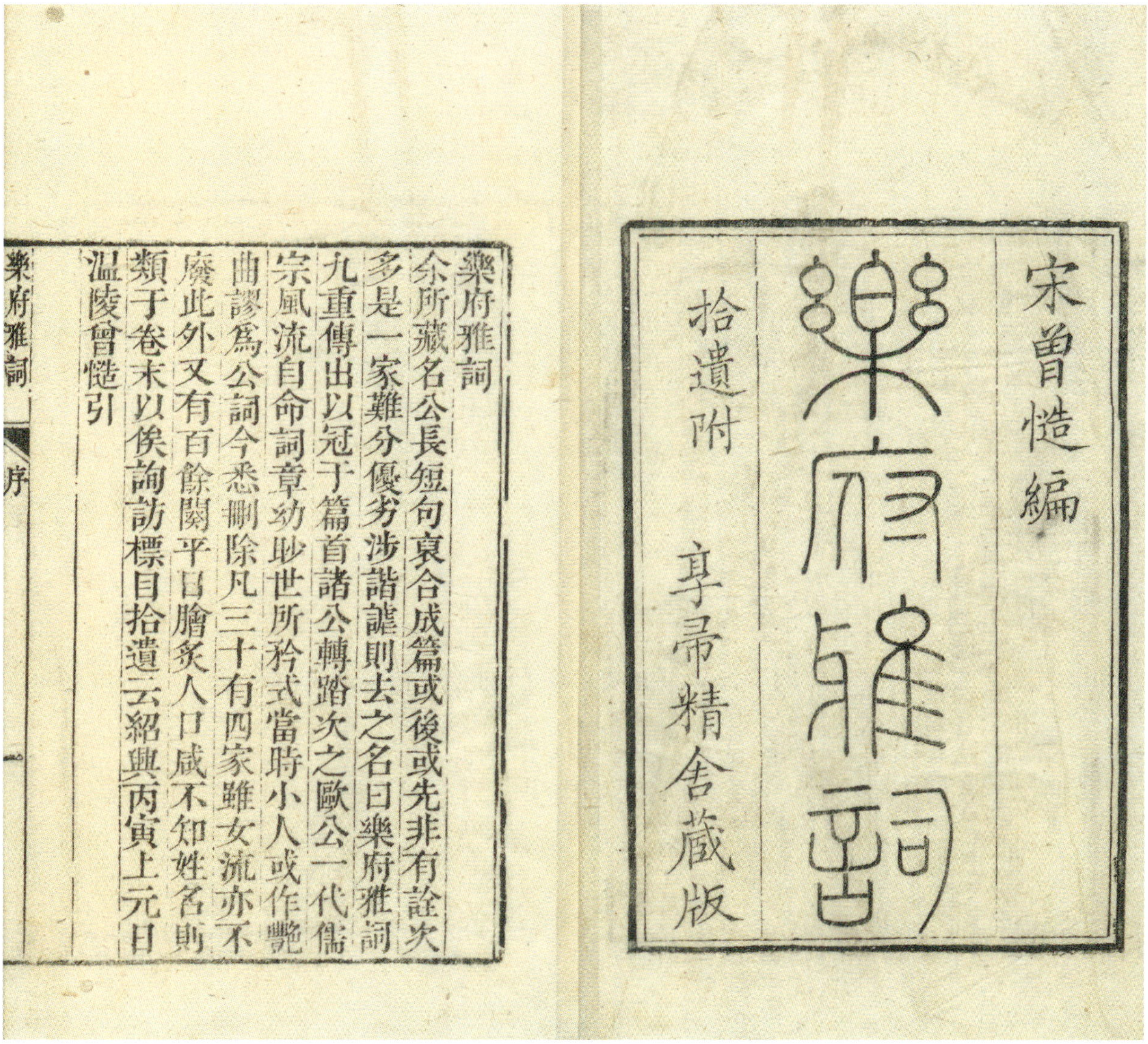
宋曾慥編
樂府雅詞
拾遺附
享帚精舍藏版

樂府雅詞
余所藏名公長短句裒合成篇或後或先非有詮次多是一家難分優劣涉諧謔則去之名曰樂府雅詞九重傳出以冠于篇首諸公轉踏次之歐公一代儒宗風流自命詞章幼眇世所矜式當時小人或作豔曲謬爲公詞今悉删除凡三十有四家雖女流亦不廢此外又有百餘闋平日膾炙人口咸不知姓名則類于卷末以俟詢訪標目拾遺云紹興丙寅上元日温陵曾慥引

樂府雅詞　序

《补遗》一卷、《续补遗》一卷，元凤林书院本《草堂诗馀》三卷和宋菉斐轩本《词林韵释》一卷，共六种二十三卷。自嘉庆十五年（1810）至道光九年（1829）陆续刊刻成书。

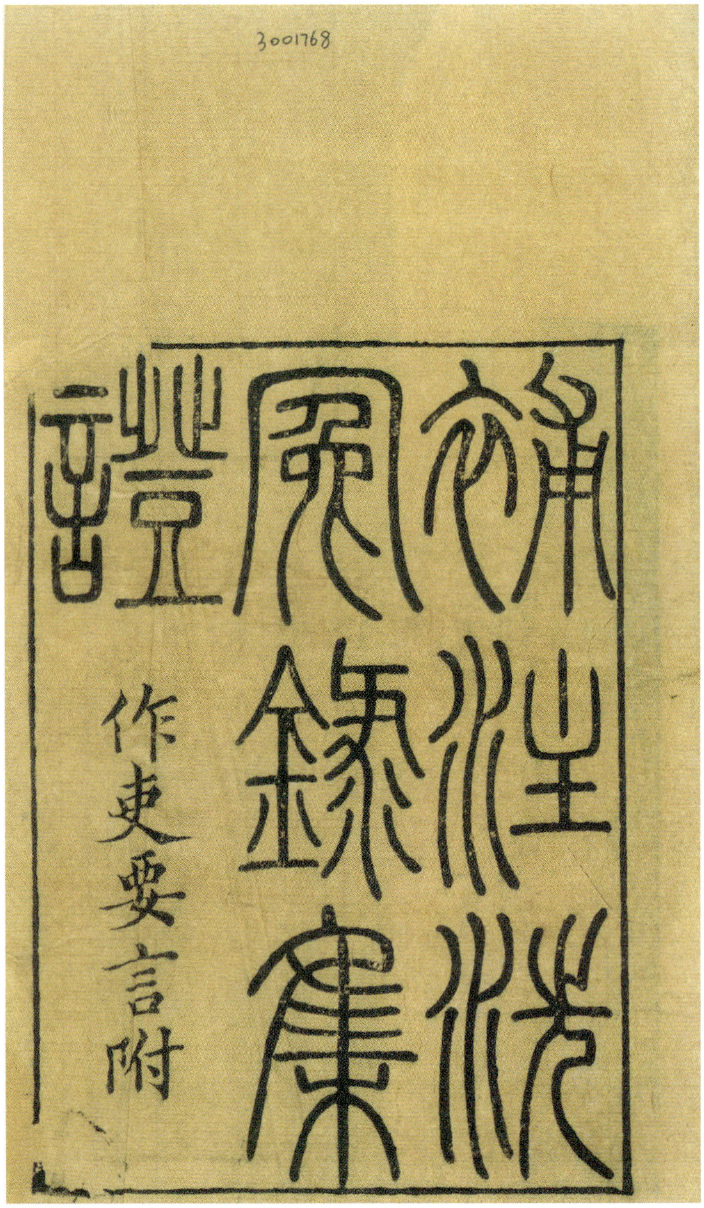

补注洗冤录集证四卷附作吏要言一卷

〔宋〕宋慈撰　〔清〕王又槐辑　清道光二十三年(1843)江都锺淮刻三色套印本　四册

半叶十行,行十八字,小字双行同。白口,左右双边,上单黑鱼尾。版框高15.1厘米,宽13.3厘米。朱、墨、蓝三色套印,正文墨色,眉上镌朱、蓝二色批注。

宋慈(1186—1249),字惠父,建阳(今属福建南平)人。宋代著名法医学家,被后世称为“法医学之父”。受业于吴稚(朱熹弟子)门下,颇受理学熏陶。嘉定十年(1217)中乙科进士,因父丧守制,至宝庆二年(1226)才踏入仕途并任江西信丰县主簿一职。在二十余年的仕宦生涯中,宋慈先后四次担任高级刑法

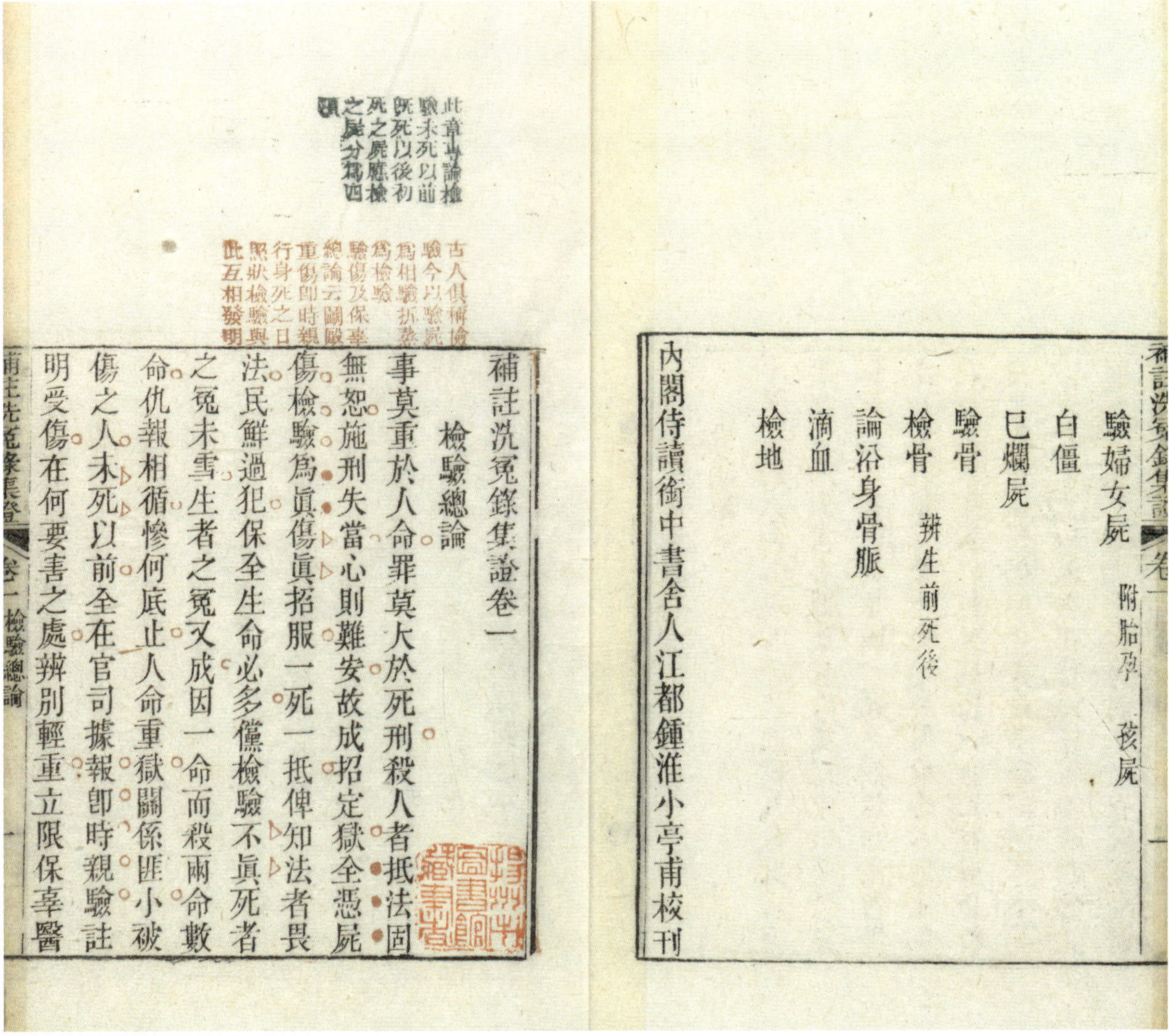
補註洗冤錄集證 卷一
驗婦女屍 附胎孕 孩屍
白僵
巳爛屍
驗骨
檢骨 辨生前死後
論沿身骨脈
滴血
檢地
內閣侍讀銜中書舍人江都鍾淮小亭甫校刊
此章專論檢驗未死以前既死以後初死之屍應檢之屍分爲四類
古人俱稱檢驗今以驗屍爲相驗拆爲檢驗驗傷及保辜總論云闘毆重傷即時親行身死之日照狀檢驗與此互相發明
補註洗冤錄集證卷一
檢驗總論
事莫重於人命罪莫大於死刑殺人者抵法固無怨施刑失當心則難安故成招定獄全憑屍傷檢驗爲眞傷眞招服一死一抵俾知法者畏法民鮮過犯保全生命必多儻檢驗不眞死者之冤未雪生者之冤又成因一命而殺兩命數命仇報相循慘何底止人命重獄關係匪小被傷之人未死以前全在官司據報即時親驗註明受傷在何要害之處辨別輕重立限保辜醫
補註洗冤錄集證 卷一 檢驗總論

官，积累了丰富的法医检验经验，将思想结晶撰成《洗冤录》一书。

王又槐（生卒年不详），字荫庭，浙江钱塘人。清代著名律学家、“法家老手”。曾入幕多年，精于律例，在长期刑幕实践中积累了丰富的经验，著有《办案要略》《刑钱必览》《政治集要》等。

宋慈以其自身的实践经验为基础，撰《洗冤录》五卷，系统记述了人体解剖、尸体检查、现场勘查、死伤鉴定等内容，并列举了各种毒物的急救、解毒方法，是世界上第一部法医学著作。至清代，王又槐结合自身实际工作，搜集验案，附于《洗冤录》之后，名为《洗冤录集证》。其后，李观澜、瞿大夫、阮其新等学者在此基础上继续增删修订，并整理汇辑同类著作，称为《补注洗冤录集证》。

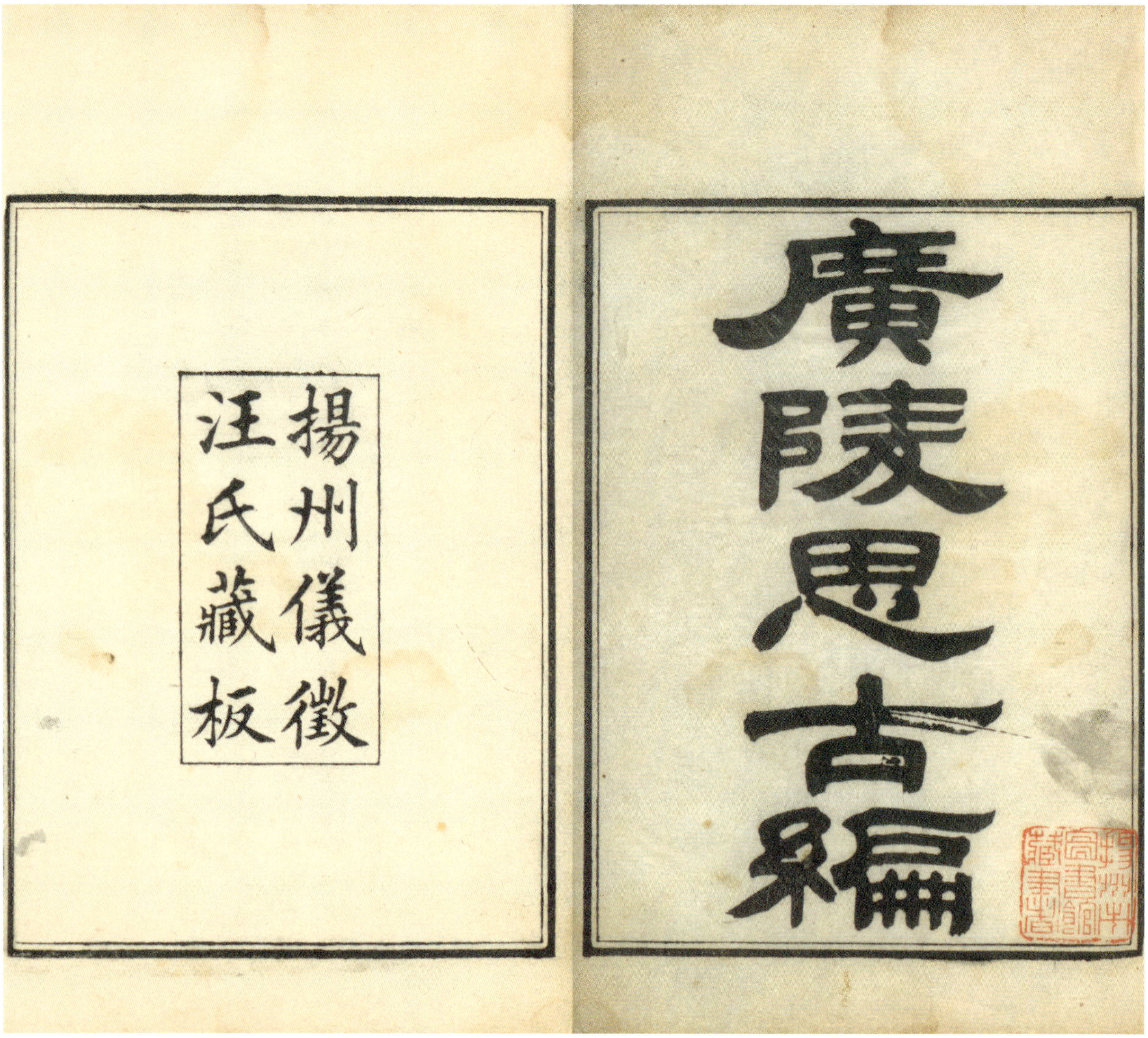

广陵思古编二十九卷

〔清〕汪廷儒编　清道光二十九年（1849）扬州仪征汪氏刻本　十册

半叶十一行，行二十二字，小字双行同。黑口，左右双边，双对黑鱼尾。版框高 17 厘米，宽 13.7 厘米。

汪廷儒（1804—1852），字醇卿，又字莼青，江苏仪征人。道光年间官翰林编修、江西副主考。工书画，其书法、山水，极得董其昌用笔、用墨之妙，皴减而有法。

广陵思古编二十九卷

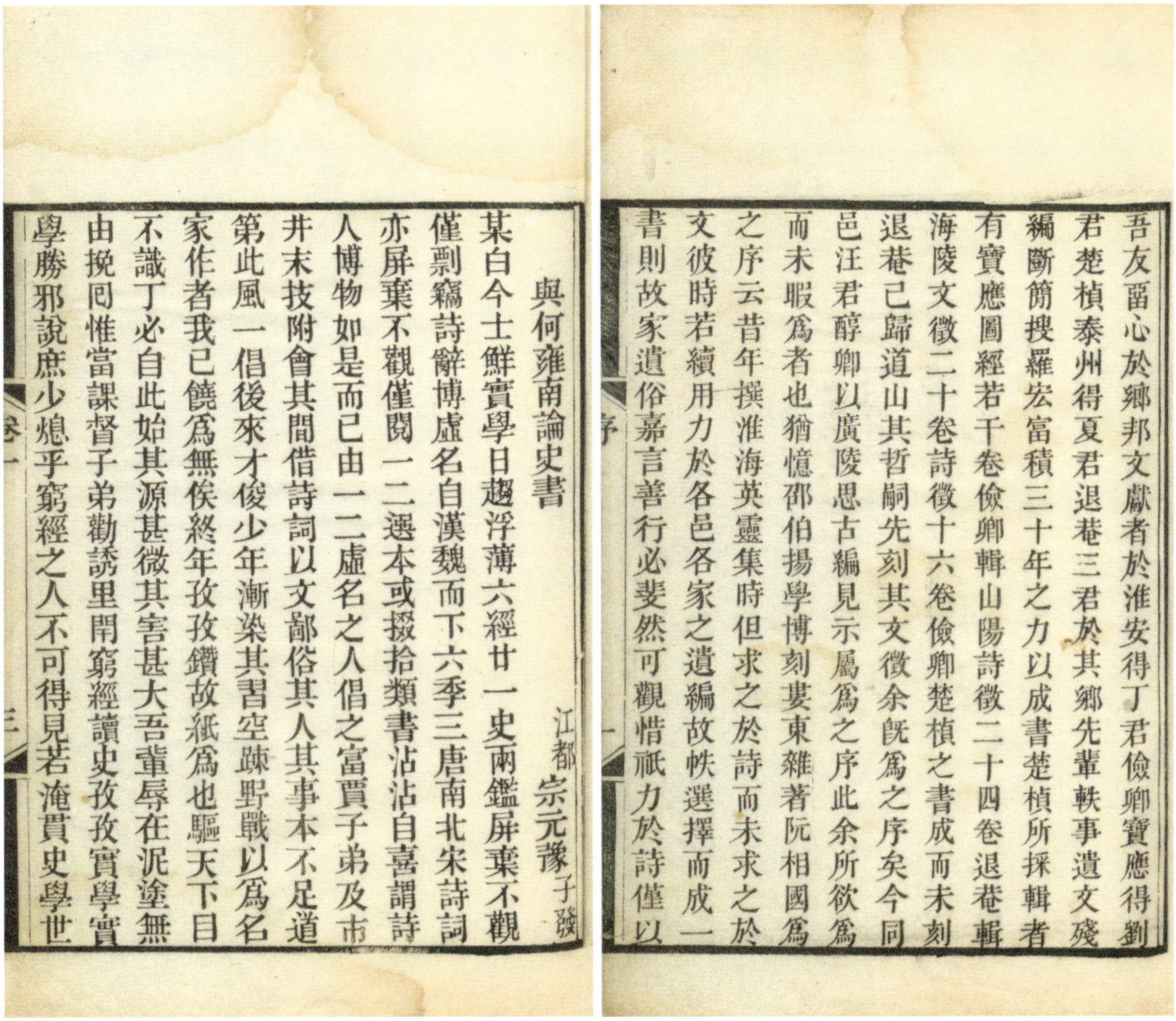
吾友留心於鄉邦文獻者於淮安得丁君儉卿寶應得劉君楚楨泰州得夏君退菴三君於其鄉先輩軼事遺文殘編斷簡搜羅宏富積三十年之力以成書楚楨所採輯者有寶應圖經若干卷儉卿輯山陽詩徵二十四卷退菴輯海陵文徵二十卷詩徵十六卷儉卿楚楨之書成而未刻退菴已歸道山其哲嗣先刻其文徵余既爲之序矣今同邑汪君醇卿以廣陵思古編見示屬爲之序此余所欲爲而未暇爲者也猶憶邵伯揚學博刻婁東雜著阮相國爲之序云昔年撰淮海英靈集時但求之於詩而未求之於文彼時若續用力於各邑各家之遺編故帙選擇而成一書則故家遺俗嘉言善行必斐然可觀惜祇力於詩僅以

與何雍南論史書

江都 宗元豫子發

某白今士鮮實學日趨浮薄六經廿一史兩鑑屏棄不觀僅剽竊詩辭博虛名自漢魏而下六季三唐南北宋詩詞亦屏棄不觀僅閱一二選本或掇拾類書沾沾自喜謂詩人博物如是而已由一二虛名之人倡之富貴子弟及市井末技附會其間借詩詞以文鄙俗其人其事本不足道第此風一倡後來才俊少年漸染其習空踈野戰以爲名家作者我已饒爲無俟終年孜孜鑽故紙爲也驅天下目不識丁必自此始其源甚微其害甚大吾輩辱在泥塗無由挽回惟當課督子弟勸誘里閈窮經讀史孜孜實學實學勝邪說庶少熄乎窮經之人不可得見若淹貫史學世

本书为一总集，辑录了扬州府所属江都、甘泉、仪征、高邮、兴化、宝应等地李道南、刘梁桢、王世球、何书、王文泗、施朝幹、吕彩等文士的作品三十余篇，分时文、古文两类。文章内容上重点围绕革除弊政、崇尚实学、维系世风、改良学风等方面论述，具有较高的史学和文学价值。

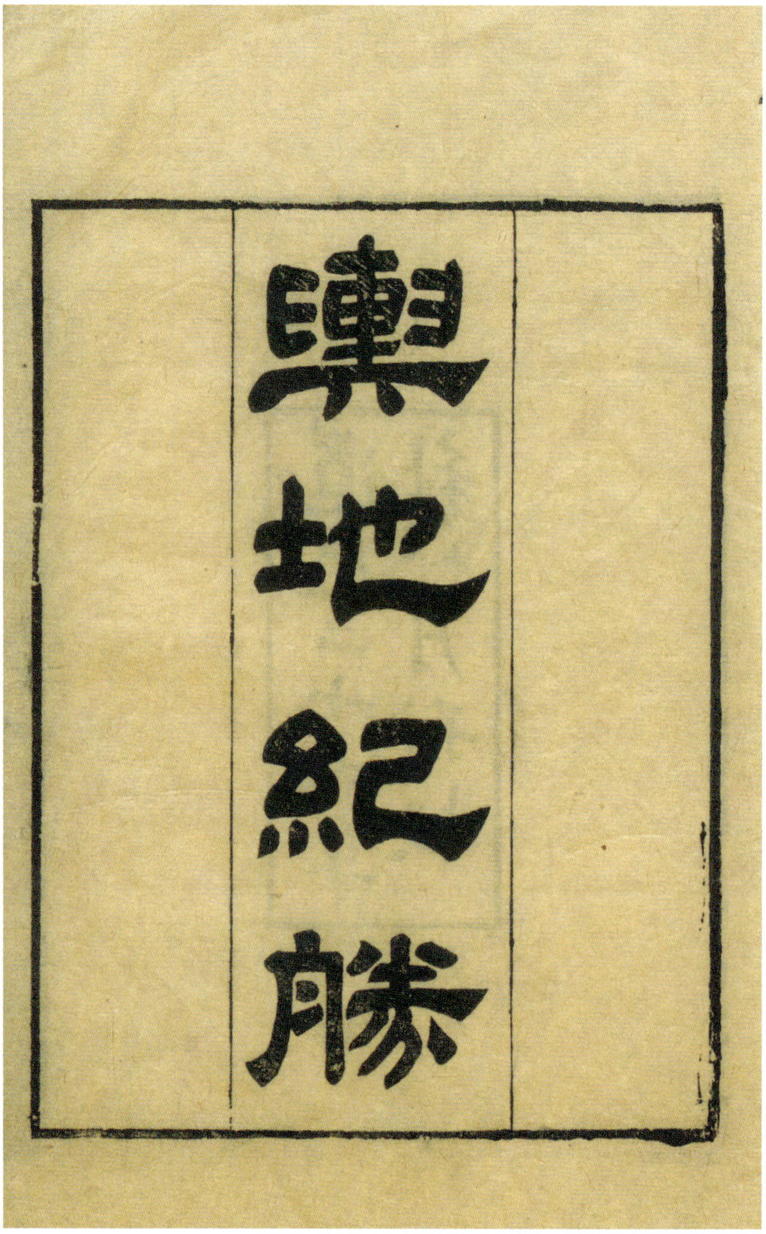

舆地纪胜二百卷校勘记五十二卷补阙十卷

〔宋〕王象之撰 〔清〕岑建功补阙 〔清〕刘文淇校勘 清道光二十九年(1849)甘泉岑氏惧盈斋刻本 六十二册

半叶十行,行二十字,小字双行同。白口,左右双边,上单黑鱼尾。版框高19.1厘米,宽15.6厘米。

王象之(1163—1230),字仪父、肖父,婺州金华(今属浙江磐安)人。庆元二年(1196)登进士第,任潼川府文学、江宁知县等。博学多识,尤精史地之学,搜罗天下地理之书及诸郡图经,著成《舆地纪胜》一书。

岑建功(生卒年不详),字绍周,号惧盈室主人,道光年间扬州著名的藏书

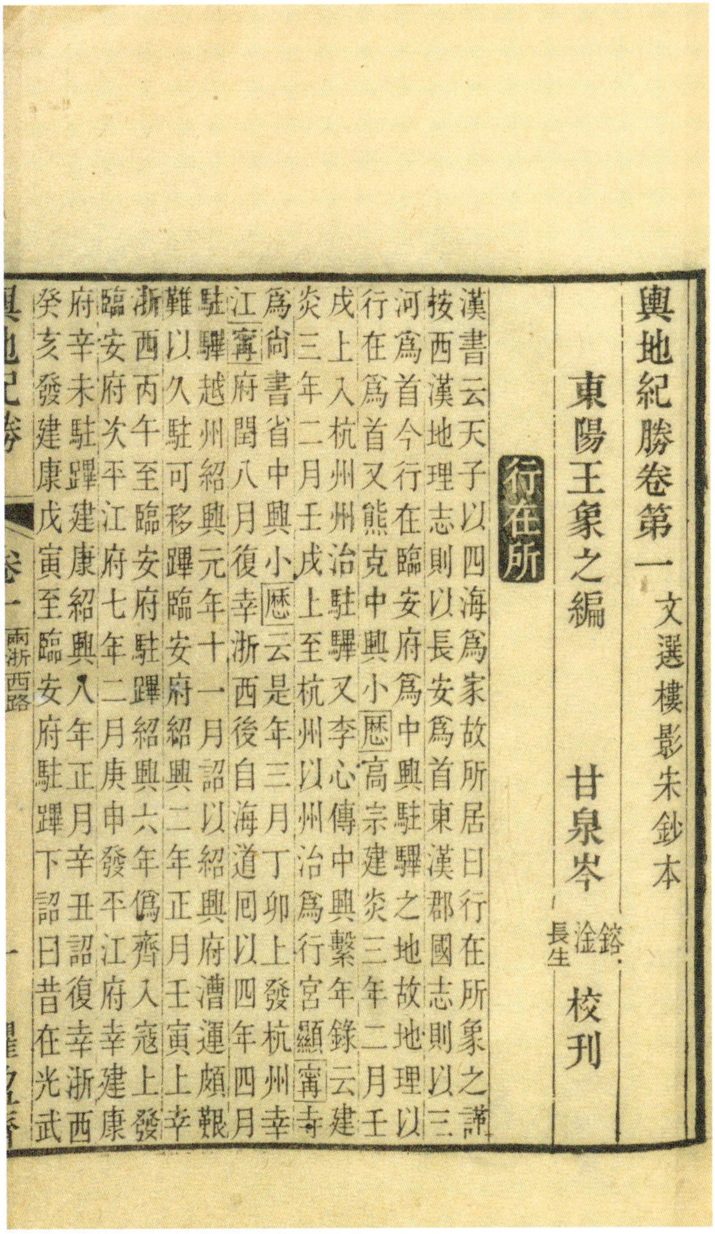
輿地紀勝卷第一　文選樓影宋鈔本
東陽王象之編　甘泉岑鎔 銓 長生 校刊
行在所
漢書云天子以四海爲家故所居曰行在所象之謹按西漢地理志則以長安爲首東漢郡國志則以三河爲首今行在臨安府爲中興駐驛之地故地理以行在爲首又熊克中興小歷高宗建炎三年二月壬戌上入杭州州治駐驛又李心傳中興繫年錄云建炎三年二月壬戌上至杭州以州治爲行宫顯寗寺爲尚書省中興小歷云是年三月丁卯上發杭州幸江寗府閏八月復幸浙西後自海道回以四年四月駐驛越州紹興元年十一月詔以紹興府漕運頗艱難以久駐可移蹕臨安府紹興二年正月壬寅上幸浙西丙午至臨安府駐蹕紹興六年僞齊入寇上發臨安府次平江府七年二月庚申發平江府幸建康府辛未駐蹕建康紹興八年正月辛丑詔復幸浙西癸亥發建康戊寅至臨安府駐蹕下詔曰昔在光武
輿地紀勝　卷一　兩浙西路　一　懼盈齋

家、刻书家。辑《旧唐书逸文》等。

本书是我国南宋时期著名的地理总志，记载南宋各路府、州、军、监的历史沿革，以及山川形胜、景物古迹、人文风俗、诗文碑记等，共二百卷。是书叙述详密、编次有法，但其中所征引的史籍多已散佚。道光二十七年（1847），刘文淇及其子刘毓崧依据张鉴、吴兰修的校记、按语，车持谦、许瀚的《舆地碑记》校记等，撰《舆地纪胜校勘记》五十二卷。道光二十九年，岑建功据各书所引《舆地纪胜》的原文撰成《舆地纪胜补阙》十卷。两书关于《舆地纪胜》的整理，对研究宋代地理颇有裨益。

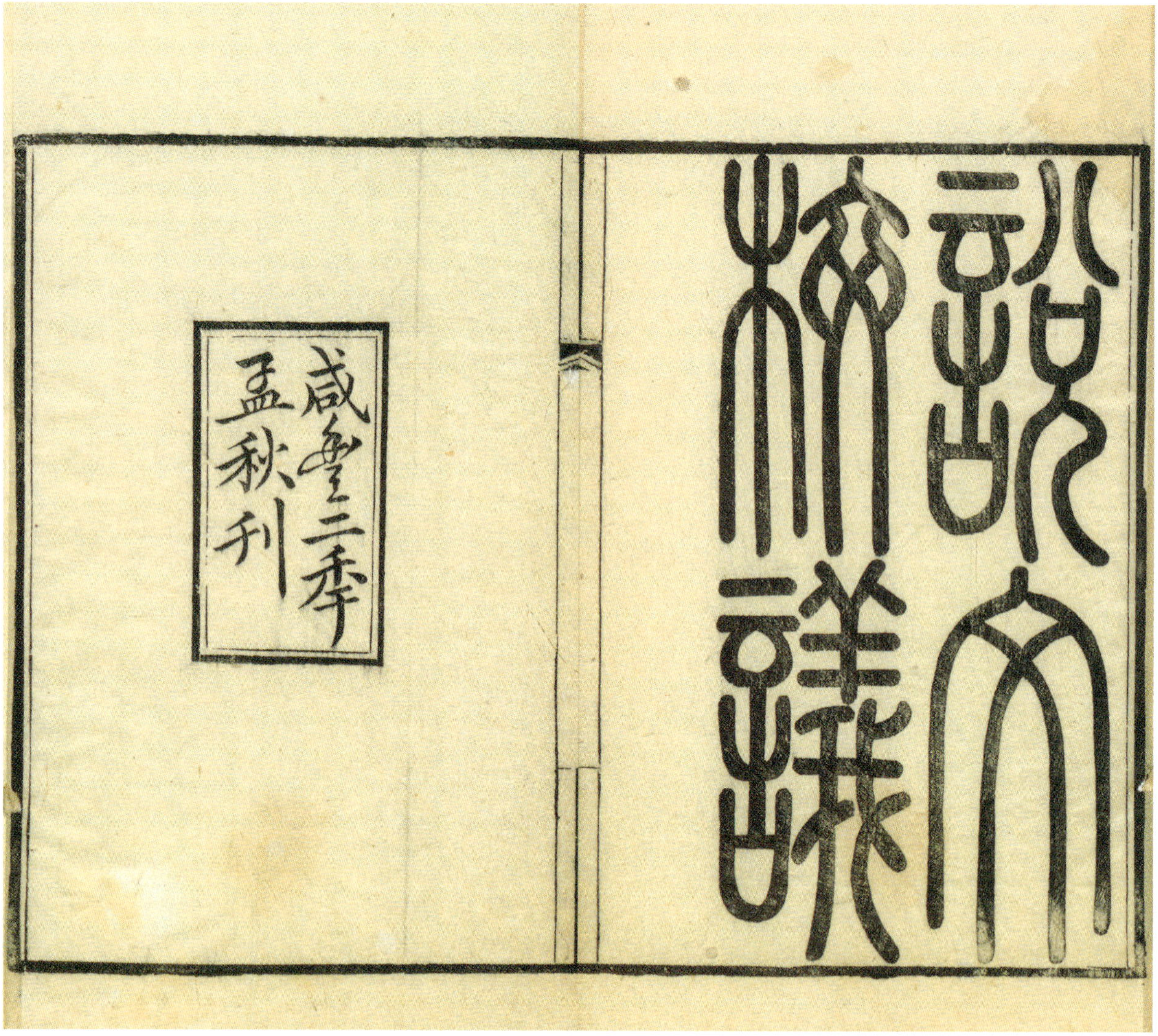

说文校议十五卷

〔清〕姚文田〔清〕严可均撰　清咸丰二年（1852）江都李氏半亩园刻《小学类编》本　四册

半叶十行，行二十一字，小字双行同。线黑口，左右双边，上单黑鱼尾。版框高18.8厘米，宽13厘米。

姚文田（1758—1827），字秋农，号梅漪等，浙江归安（今属湖州）人。嘉庆四年（1799）状元，由修撰累官至礼部尚书，历任乡试、会试副考官。博通经史、音韵文字，旁及天文、杂占、医药。著有《邃雅堂文集》《说文声系》《四声易知录》《广陵事略》等。

严可均（1762—1843），字景文，号铁桥，浙江乌程（今属湖州）人。清代

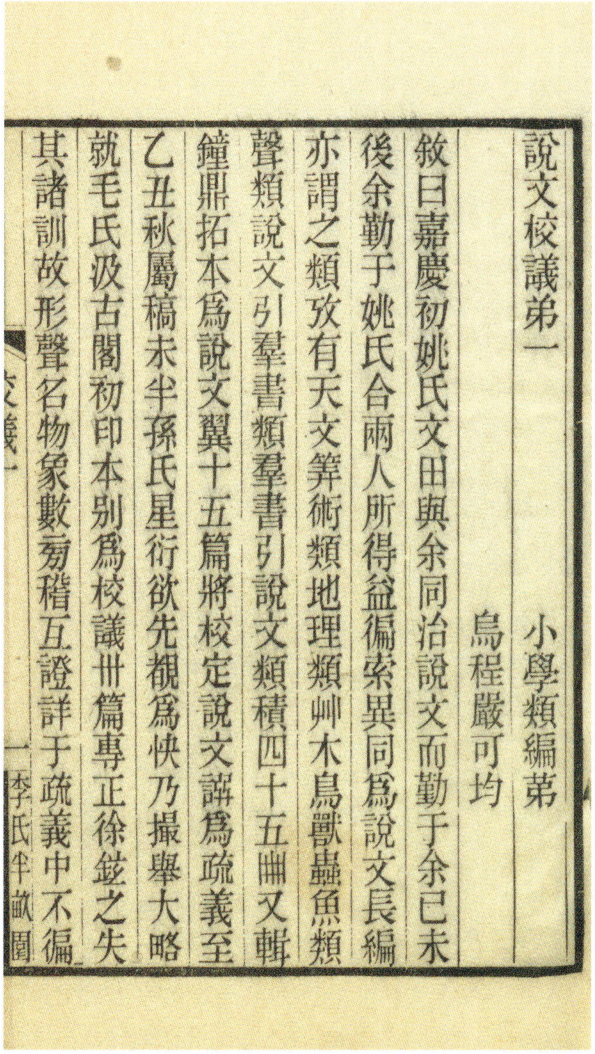
說文校議弟一
小學類編弟
烏程嚴可均
敘曰嘉慶初姚氏文田與余同治說文而勤于余已未
後余勤于姚氏合兩人所得益偏索異同爲說文長編
亦謂之類攷有天文筭術類地理類艸木鳥獸蟲魚類
聲類說文引羣書類羣書引說文類積四十五冊又輯
鐘鼎拓本爲說文翼十五篇將校定說文譔爲疏義至
乙丑秋屬稿未半孫氏星衍欲先覩爲快乃撮舉大略
就毛氏汲古閣初印本別爲校議卅篇專正徐鉉之失
其諸訓故形聲名物象數旁稽互證詳于疏義中不偏
校議一　一　李氏半畝園

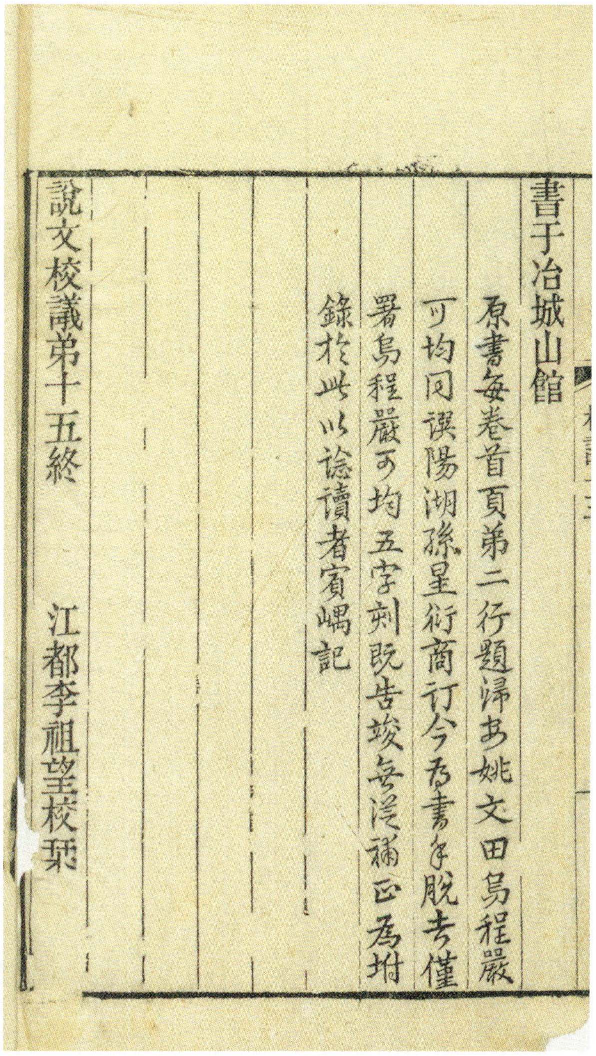
書于冶城山館
原書每卷首頁弟二行題歸安姚文田烏程嚴
可均同譔陽湖孫星衍商訂今乃書本脫去僅
署烏程嚴可均五字刻既告竣無從補正爲坿
錄於此以諗讀者賓嵎記
說文校議弟十五終
江都李祖望校栞

文献学家、藏书家。嘉庆五年(1800)举人,官建德县教谕。后因病辞官回乡,专心撰述。钻于儒家经典,精于考据,旁及诗文。撰有《说文声类》《铁桥漫稿》等,与姚文田同撰《说文长编》,与丁溶同撰《唐石经校文》,辑《全上古三代秦汉三国六朝文》。

严可均以北宋初徐铉校订本《说文解字》讹误甚多,为恢复原书旧观,于是据其校勘所得,兼采姚文田之说,撮举《长编》大略,就通行毛氏汲古阁初印本,撰为《说文校议》三十篇。全书依《说文解字》编次为序,篇各一卷,分别部类,逐字校订。著者精于校勘,故此书专以纠正徐铉疏失为务,凡所举证达三千四百余条。所校皆援据古书,注明出处,未明疑问,仍留书中,断不强作解人,严谨可信。

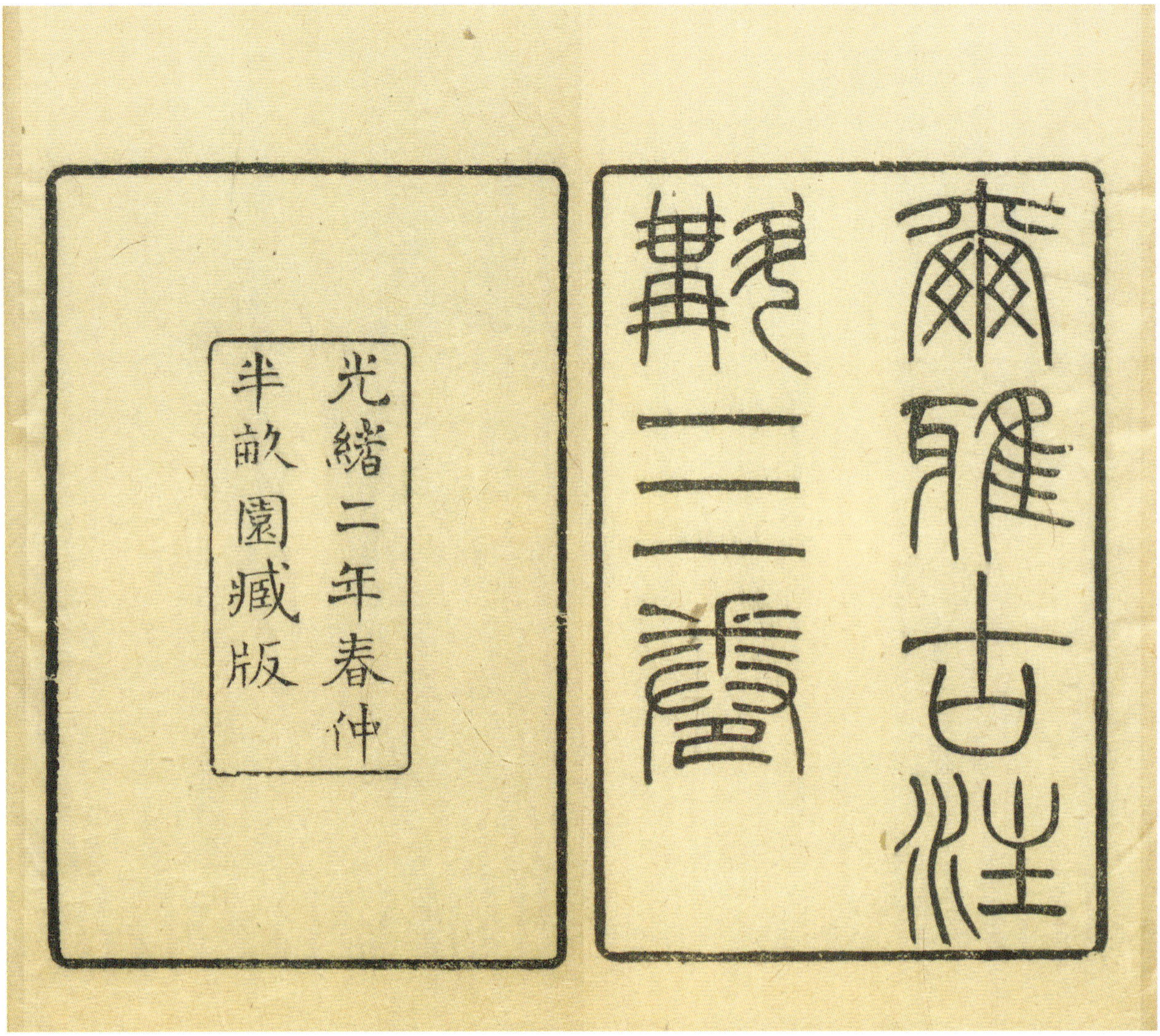

尔雅古注斠三卷兰如诗钞一卷

〔清〕叶蕙心撰　清光绪二年（1876）江都李氏半亩园刻本　四册

半叶十行，行二十一字。黑口，左右双边，上单黑鱼尾。版框高 18.2 厘米，宽 12.8 厘米。

叶蕙心（约 1815—约 1904），字兰如，江苏甘泉（今属扬州）人。清代小学家、诗人。幼承家教，工诗善琴。其丈夫李祖望亦为清代小学家，著有《小学类编》《锲不舍斋文集》等。

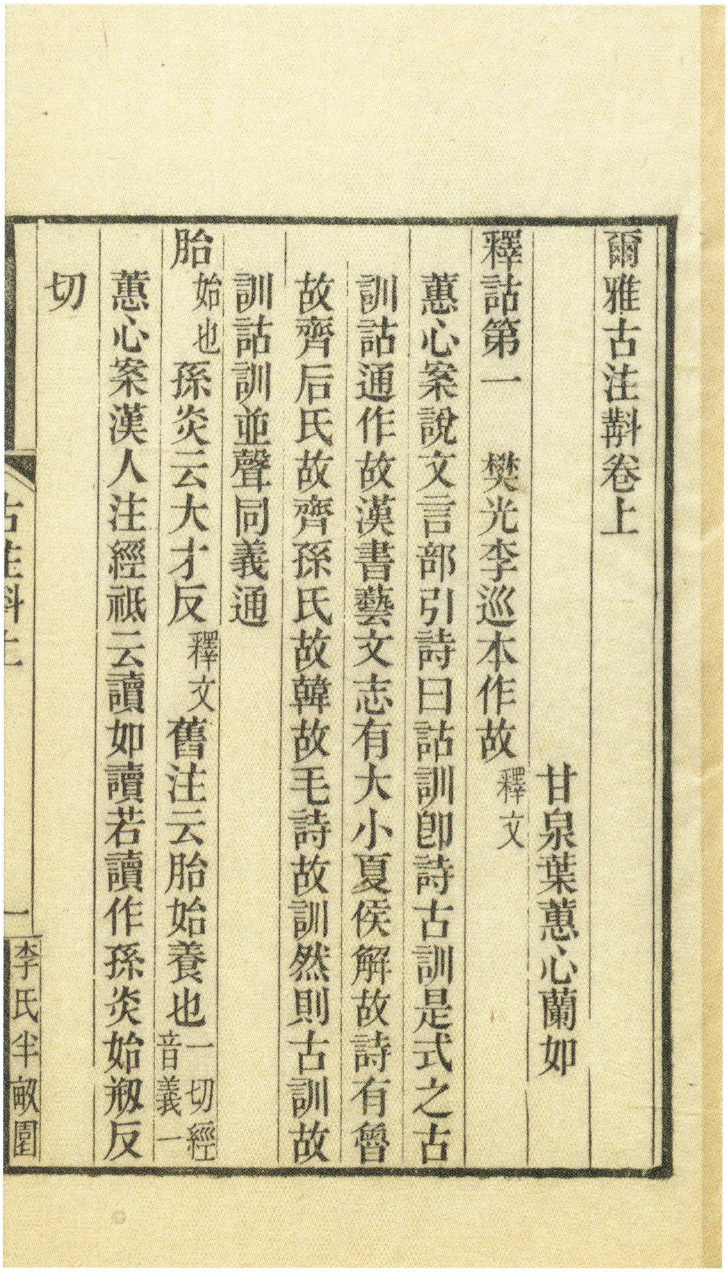
爾雅古注斠卷上

甘泉葉蕙心蘭如

釋詁第一 樊光李巡本作故 釋文

蕙心案說文言部引詩曰詁訓卽詩古訓是式之古訓詁通作故漢書藝文志有大小夏侯解故詩有魯故齊后氏故齊孫氏故韓故毛詩故訓然則古訓故訓詁訓並聲同義通

胎 始也 孫炎云大才反 釋文 舊注云胎始養也 一切經音義一

蕙心案漢人注經祗云讀如讀若讀作孫炎始刱反切

古注斠卷上 一 李氏半畝園

《尔雅古注斠》是对《尔雅》古注进行辑佚的著作。著者历近二十年，搜集汉魏以前旧注一千二百余条，编成此书。书中先列《尔雅》原文，后接所辑旧注及其出处，在部分条目中，以“蕙心案”的形式，对于诸家注解不一致之处进行辨证，并给出自己的见解。为清代雅学古注研究的重要著作。

《兰如诗钞》，为叶惠心的诗集，收诗一百余首，其中多有吟咏扬州风景者。

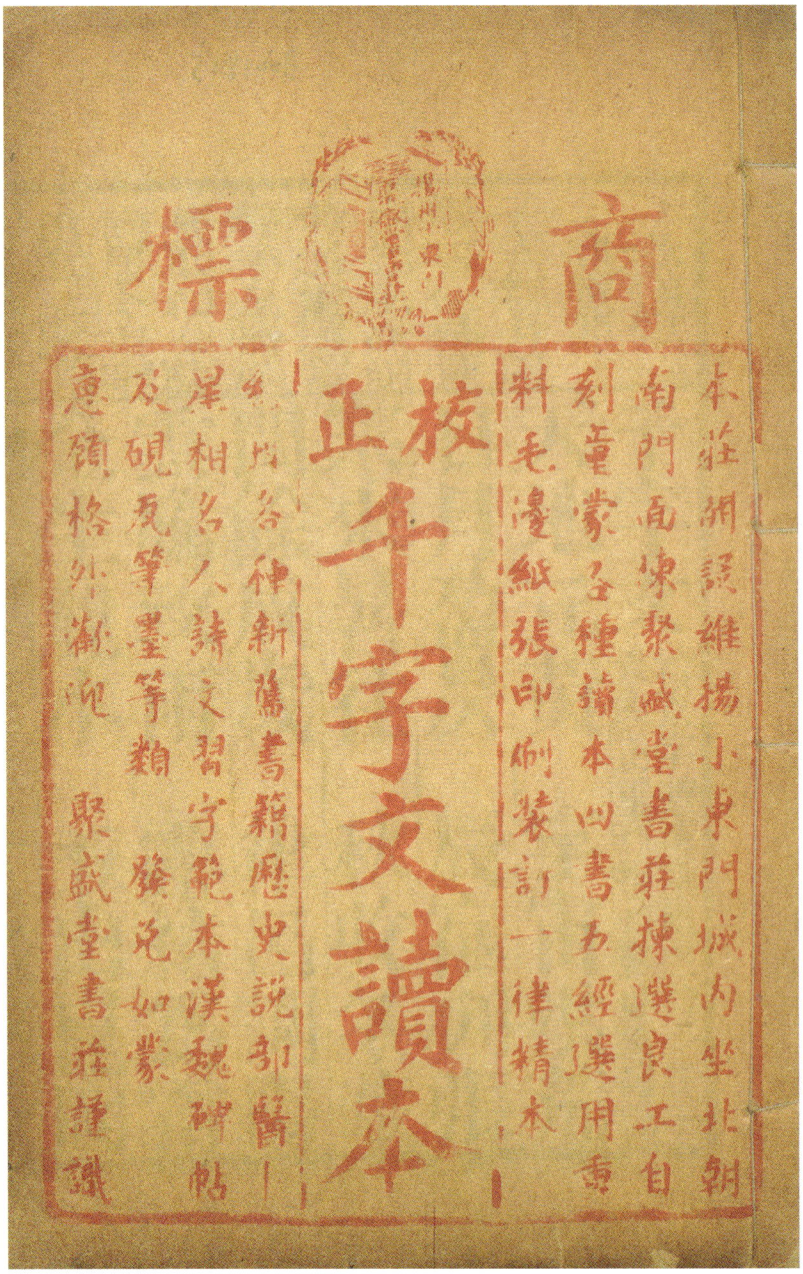

校正千字文读本一卷

〔南朝梁〕周兴嗣编　清末民国扬州聚盛堂刻本　一册

半叶两栏，上栏十行，行五字；下栏七行，行八字。白口，四周单边，上单黑鱼尾。版框高 14.3 厘米，宽 10.3 厘米。

周兴嗣（469—537），字思纂，祖籍陈郡项（今河南沈丘），世居姑孰（今安徽当涂）。南朝史学家，官至给事中。博学，善属文。参撰皇帝实录、皇德纪、起居注、职仪等百余卷。据史书记载，梁武帝选取了王羲之书写的一千字，命周兴嗣

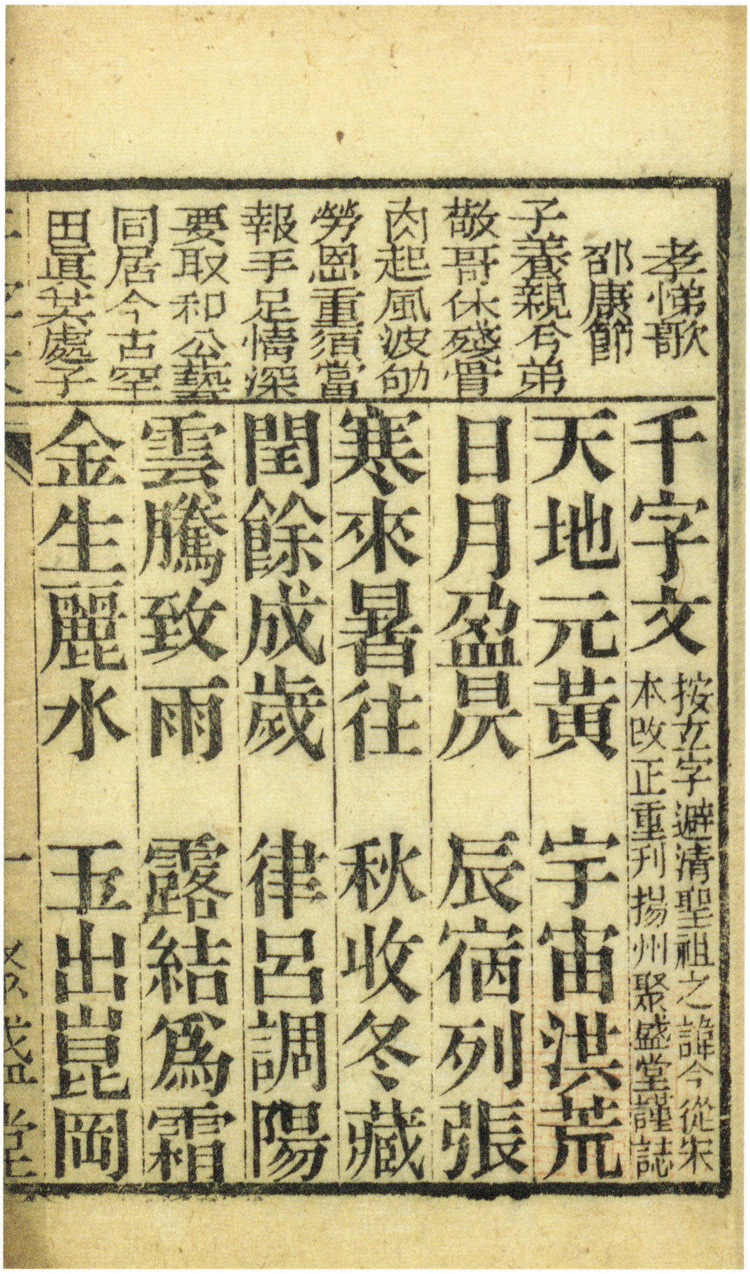
孝悌歌
邵康節
子養親兮弟敬哥休發骨肉起風波劬勞恩重須當報手足情深要取和公藝同居今古罕田真荊處子
千字文 按玄字避清聖祖之諱今從宋本改正重刊揚州聚盛堂謹誌
天地元黃 宇宙洪荒
日月盈昃 辰宿列張
寒來暑往 秋收冬藏
閏餘成歲 律呂調陽
雲騰致雨 露結爲霜
金生麗水 玉出崑岡
千字文 一 聚盛堂

编成有内容的韵文，周兴嗣在一夜之间将它编成《千字文》，传诵千古。

周兴嗣从王羲之书法作品中选取一千个字，编为四言韵语，无一字重复。自隋唐以来，《千字文》成为识字教育的启蒙读物，被誉为“天下第一字书”。所选文字大多是常用字，便于识读，内容包括社会、历史、农业知识、道德规范等方面。整体行文流畅、条理清晰、辞藻华丽、切于实用，是我国早期的蒙学课本。

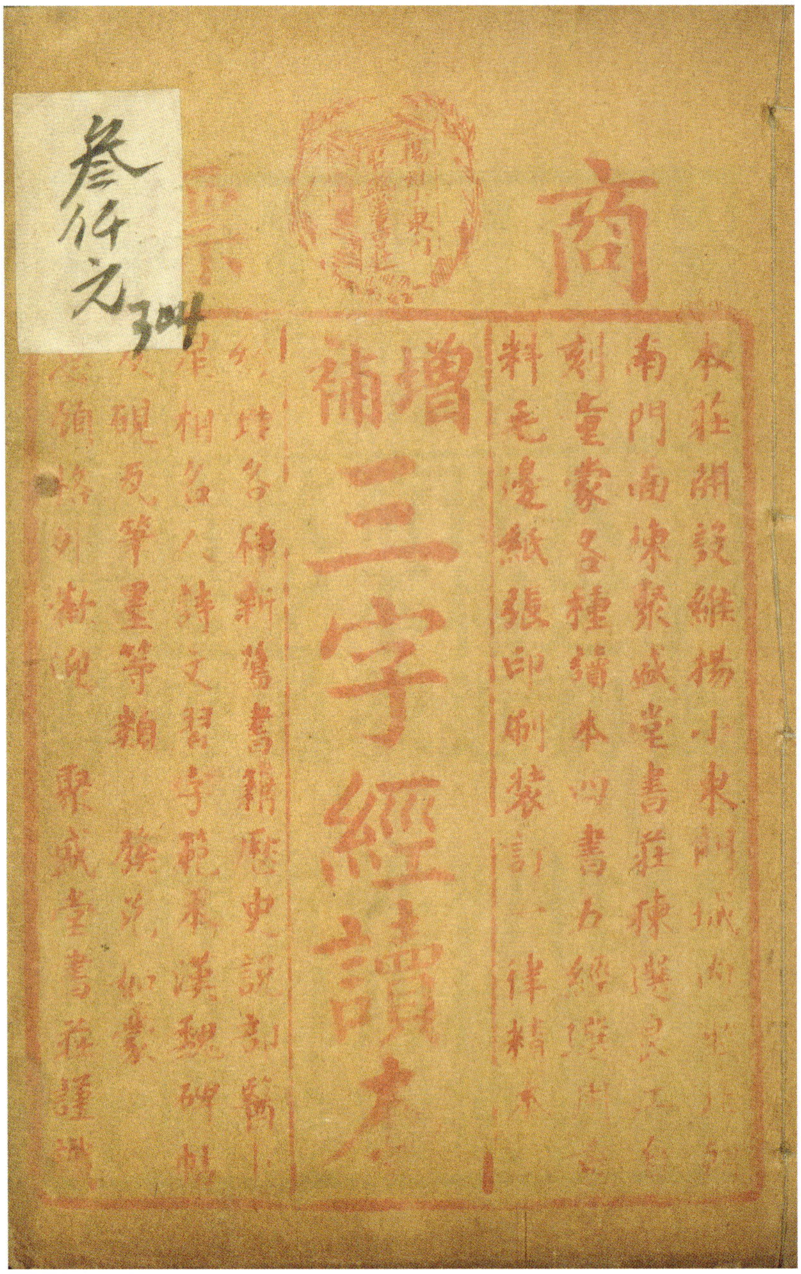

增补三字经读本不分卷

〔宋〕王应麟撰　佚名增补　民国二十二年（1933）扬州聚盛堂刻本　一册

半叶两栏，上栏十行，行五字；下栏七行，行六字。白口，四周单边，上单黑鱼尾。版框高 14.4 厘米，宽 10.2 厘米。

王应麟（1223—1296），生平简介见前“困学纪闻”条。

《三字经》最初由王应麟所编，至明清两代，一些学者陆续予以补充。全文从儒家学派中“性善说”出发，强调后天教育、社会环境对儿童成长的影响，指

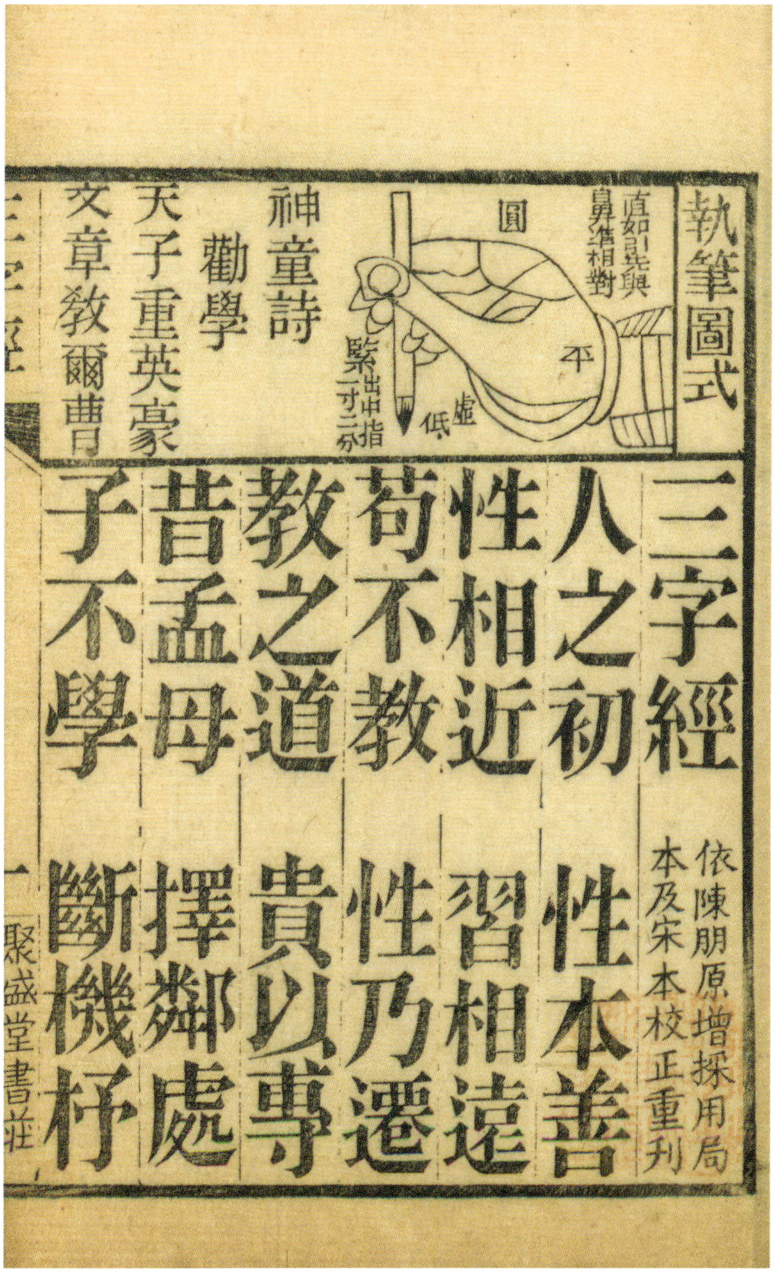
執筆圖式
直如引針與鼻準相對
圓
平
虛
低
緊出中指一寸三分

神童詩
勸學
天子重英豪
文章教爾曹

三字經
依陳朋原增採用局本及宋本校正重刊

人之初　性本善
性相近　習相遠
苟不教　性乃遷
教之道　貴以專
昔孟母　擇鄰處
子不學　斷機杼

三字經　一　聚盛堂書莊

增补三字经读本不分卷

引蒙童克服不良习惯，不断提高思想、文化、道德、智能修养。《三字经》在内容上知识性较强，包括中国传统文化的文学、历史、哲学、天文地理、人伦义理等等；在格式上三字一句，短小精悍、朗朗上口。因其文通俗顺口且易记，故而和《百家姓》《千字文》并称为中国传统蒙学三大读物。

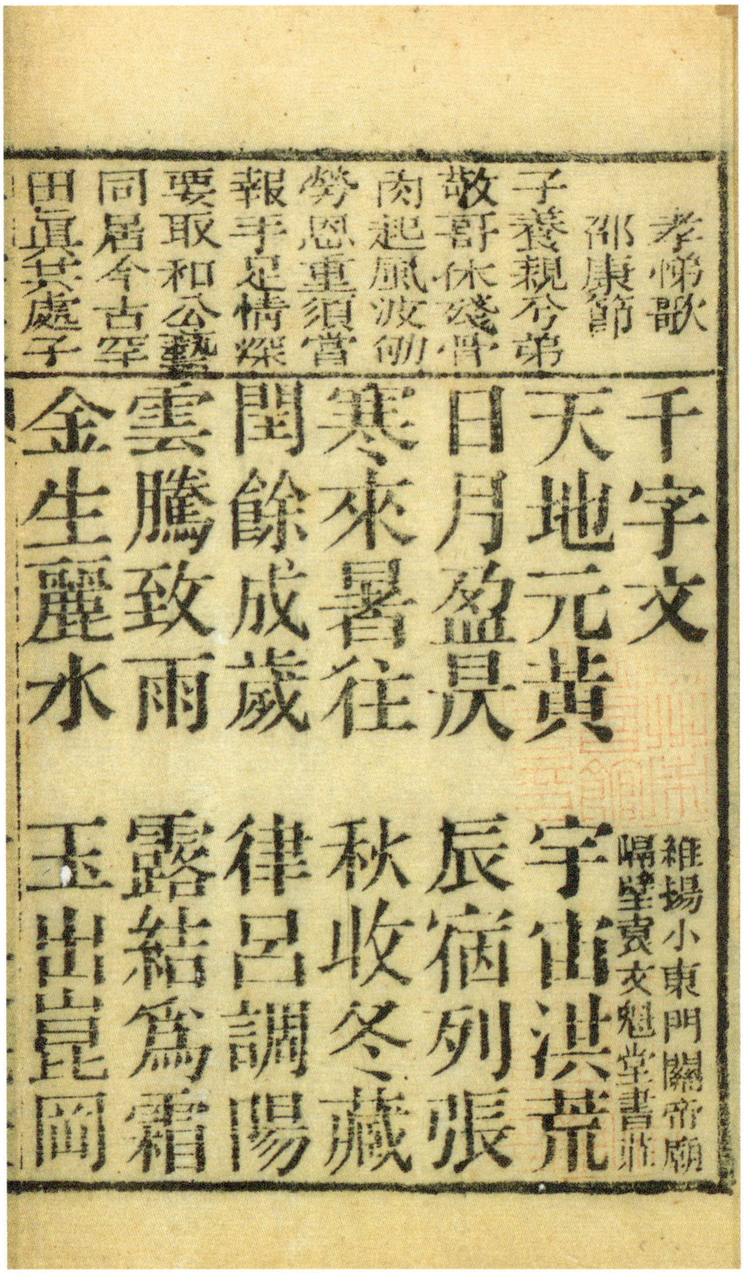
孝悌歌
邵康節

千字文
天地元黃 宇宙洪荒
日月盈昃 辰宿列張
寒來暑往 秋收冬藏
閏餘成歲 律呂調陽
雲騰致雨 露結為霜
金生麗水 玉出崑岡

維揚小東門關帝廟
隔壁袁文魁堂書莊

千字文一卷

〔南朝梁〕周兴嗣编　清末民国维扬袁文魁堂书庄刻本　一册

半叶两栏，上栏十行，行五字；下栏七行，行八字。白口，四周单边，上单黑鱼尾。版框高 14.6 厘米，宽 10.3 厘米。

周兴嗣（469—537），生平简介见前“校正千字文读本”条。

《千字文》内容简介见前“校正千字文读本”条。《千字文》作为旧时儿

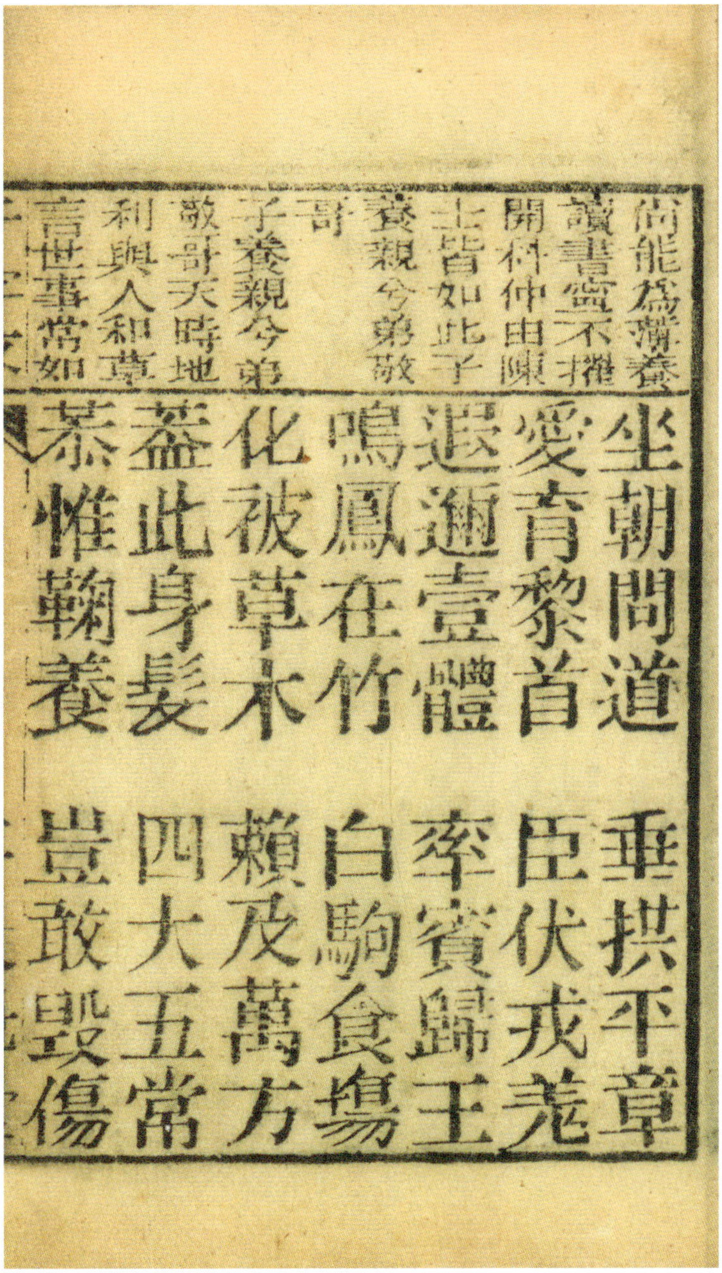
尚能為瓣養
讀書豈不推
開科仲由陳
上皆如此子
養親今弟敬
哥
子養親今弟
敬哥天時地
利與人和莫
言世事常如

坐朝問道　垂拱平章
愛育黎首　臣伏戎羌
遐邇壹體　率賓歸王
鳴鳳在竹　白駒食場
化被草木　賴及萬方
蓋此身髮　四大五常
恭惟鞠養　豈敢毀傷

童启蒙通俗读物，书坊多有翻刻。此本为维扬小东门关帝庙隔壁袁文魁堂书庄刻本。

清代乾隆、嘉庆年间，惠栋、戴震、段玉裁、王念孙、王引之等继承与发展了汉儒治经之学，一时蔚为风气，称乾嘉学派。乾嘉学派由吴派、皖派、扬派三大学术流派构成，以吴派最专、皖派最精、扬派最通。惠栋是吴派的奠基人，戴震为皖派的宗师，而王念孙、刘台拱、任大椿、汪中、焦循、阮元、凌廷堪等分别是扬州学派初、中期代表人物，刘师培是扬州学派的殿军。扬州学派在经学、小学、校勘学等方面都取得了突出成就，对当时的科学技术、训诂名物、编书刻书及藏书等方面都做出了贡献。扬州学派的成员绝大部分都著作等身。王念孙的《广雅疏证》是一部专门注解三国魏时张揖所著《广雅》的训诂学名著，可与段玉裁的《说文解字注》相媲美。

第六单元 扬州学派

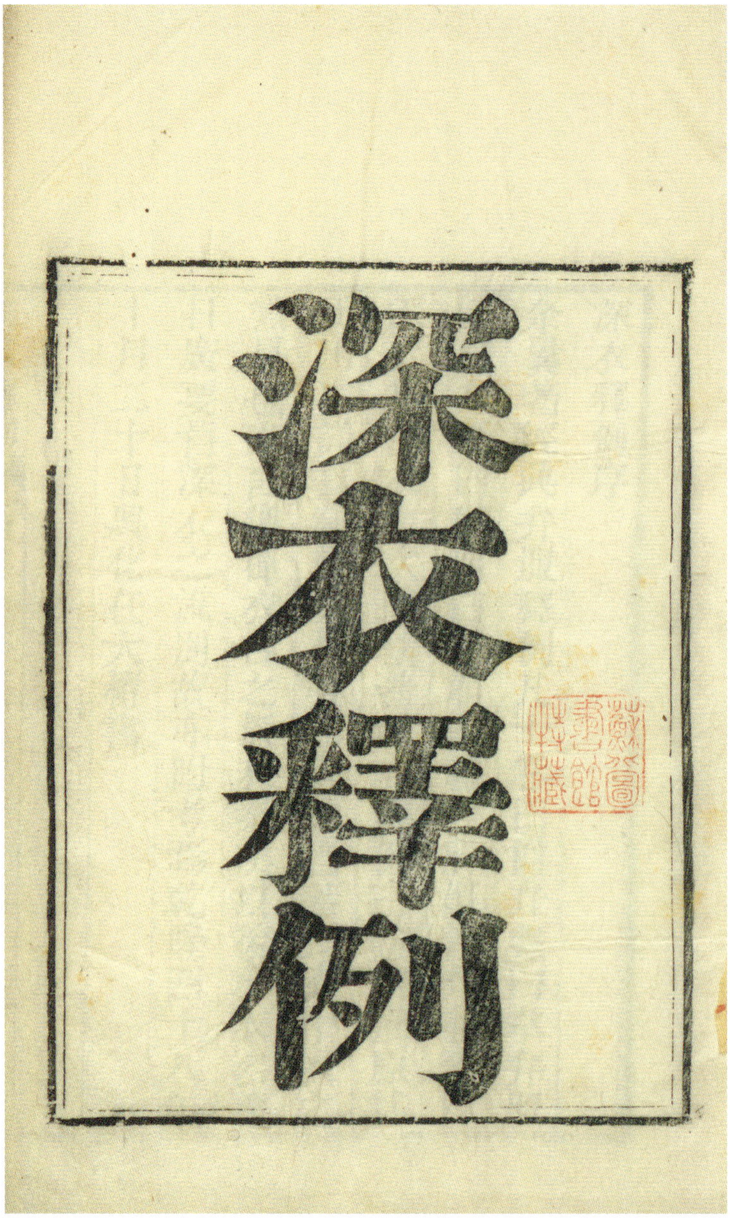

深衣释例三卷

〔清〕任大椿撰　清乾隆间刻本　一册

半叶九行，行二十字。白口，左右双边，上单黑鱼尾。版框高17.6厘米，宽13.7厘米。

任大椿（1738—1789），字幼植，又字子田，江苏兴化人。乾隆三十四年（1769）进士，授礼部仪制司主事。次年充任四库全书馆纂修，旋迁任员外郎、郎中，升陕西道监察御史，未莅任而卒。任大椿为扬州学派早期代表人物之一，经学研究侧重于典章制度，尤精于考证名物制度和辑录小学佚书。一生撰著甚多，后被合刻为《燕禧堂五种》，又被收入《皇清经解》《小学蒐佚》《翠

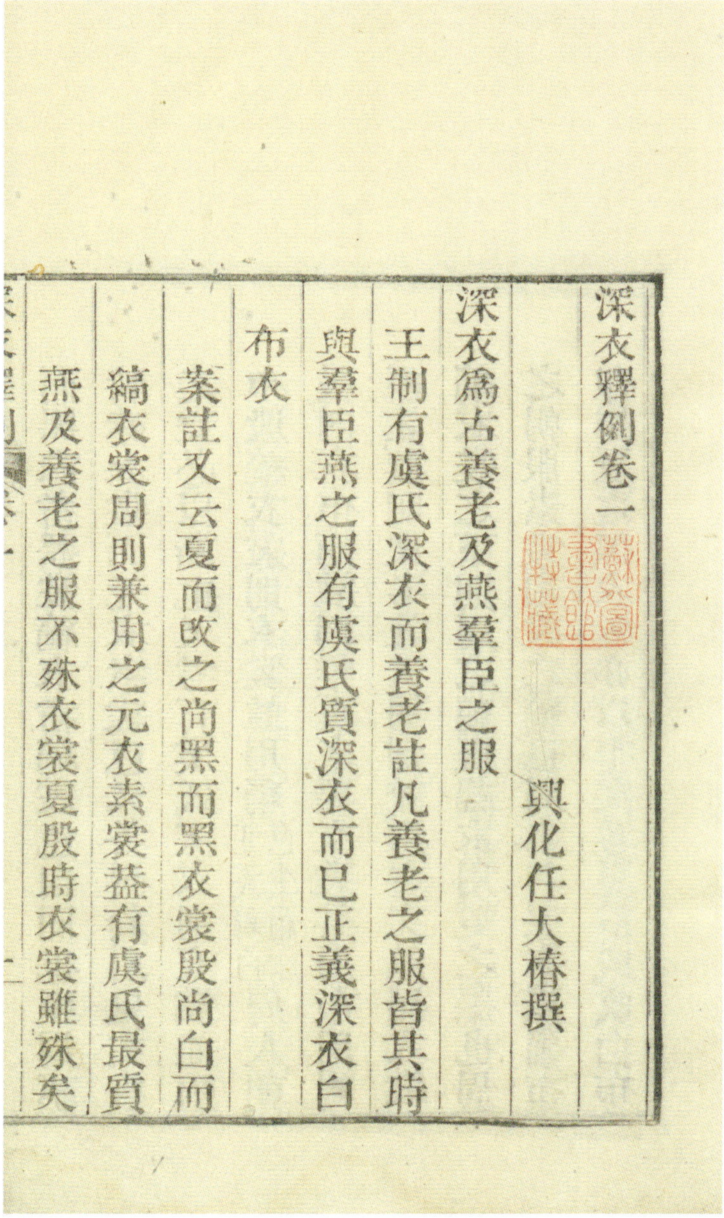

深衣釋例卷一
興化任大椿撰
深衣爲古養老及燕羣臣之服
王制有虞氏深衣而養老註凡養老之服皆其時
與羣臣燕之服有虞氏質深衣而已正義深衣白
布衣
案註又云夏而改之尚黑而黑衣裳殷尚白而
縞衣裳周則兼用之元衣素裳葢有虞氏最質
燕及養老之服不殊衣裳夏殷時衣裳雖殊矣

琅玕馆丛书》《芋园丛书》《式训堂丛书》等丛书中。

《深衣释例》是任大椿撰写的一部关于深衣的著作。书中对深衣的形制、制度等方面进行了详细的考证和阐释。“深衣”语出《礼记·王制》，谓衣（上衣）与裳（下衣，或曰裙）相连，前后深长，故名。为古诸侯、大夫、士家居时所着之服，亦为古养老服、庶人之常礼服。深衣在古代不仅是一种服饰，更是礼仪的重要体现。任大椿指出，深衣的穿着场合、穿着方式等都有严格的礼仪规定。虽然深衣是庶人的常礼服，但在不同的阶层中，深衣的样式、颜色等也存在一定的差异，体现了古代的等级制度。本书是研究中国古代服饰文化和礼仪制度的重要著作，对于理解深衣的历史演变和文化内涵具有重要的参考价值。

小学钩沈十九卷

〔清〕任大椿撰　清光绪十年(1884)龙氏刻本　二册

半叶十行,行二十二字,小字双行同。黑口,左右双边,双对黑鱼尾。版框高 18.2 厘米,宽 12.7 厘米。

任大椿(1738—1789),生平简介见前“深衣释例”条。

任大椿广泛搜集诸多已经失传但在历史上曾有重要影响的小学著作片段,对其进行整理、编排而成本书。书中涵盖了从先秦至隋唐时期有关文字、音韵、

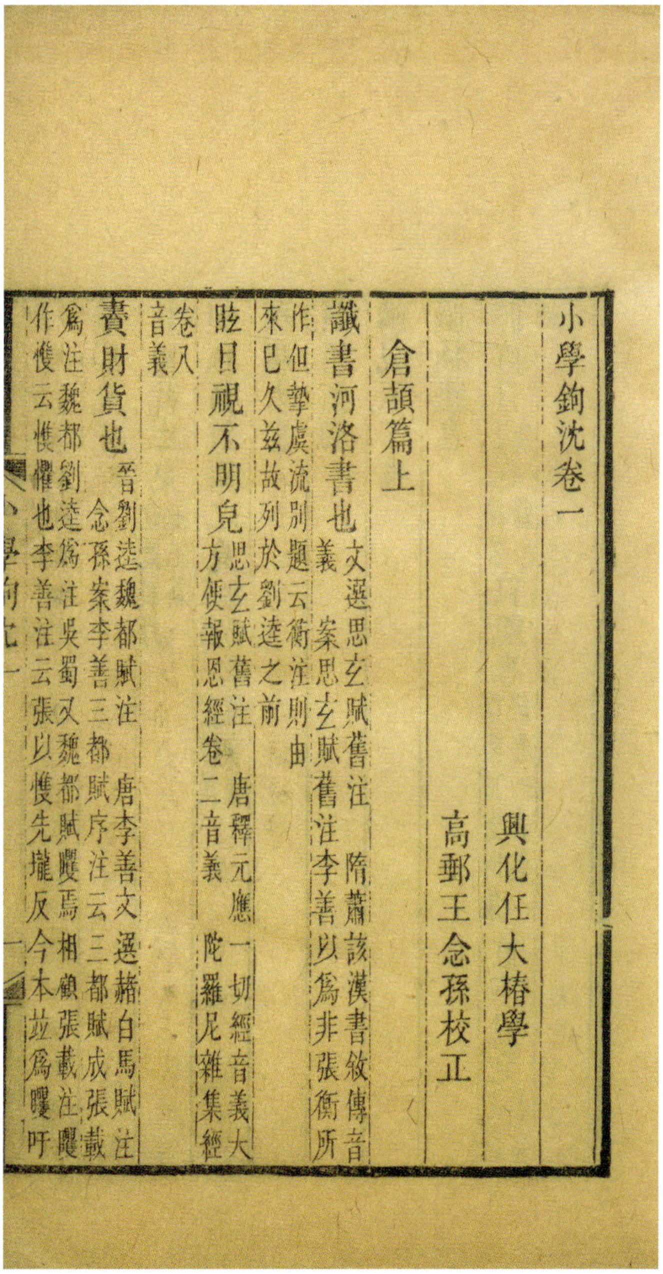
小學鉤沈卷一

興化任大椿學

高郵王念孫校正

倉頡篇上

讖書河洛書也文選思玄賦舊注　隋蕭該漢書敘傳音義　案思玄賦舊注李善以爲非張衡所作但摯虞流別題云衡注則由來已久兹故列於劉逵之前

眩目視不明皃思玄賦舊注　唐釋元應一切經音義大方便報恩經卷二音義　陀羅尼雜集經卷八音義

賫財貨也晉劉逵魏都賦注　唐李善文選赭白馬賦注　念孫案李善三都賦序注云三都賦成張載爲注魏都劉逵爲注吳蜀又魏都賦𧸘焉相顧張載注𧸘作僂云僂儸也李善注云張以僂先壠反今本竝爲𧸘吁

训诂等方面的诸多内容，比如对一些古文字的考释、古代字音的辨析、字词含义的溯源等。由于年代久远，很多早期的小学著作已经难觅全貌，《小学钩沈》通过辑佚的方式，让后世学者能够了解到那些失传文献中的部分精华内容，为研究古代语言文字学的发展脉络提供了珍贵素材，起到了保存古代小学研究成果的重要作用。书中内容曾经高邮学者王念孙校订。

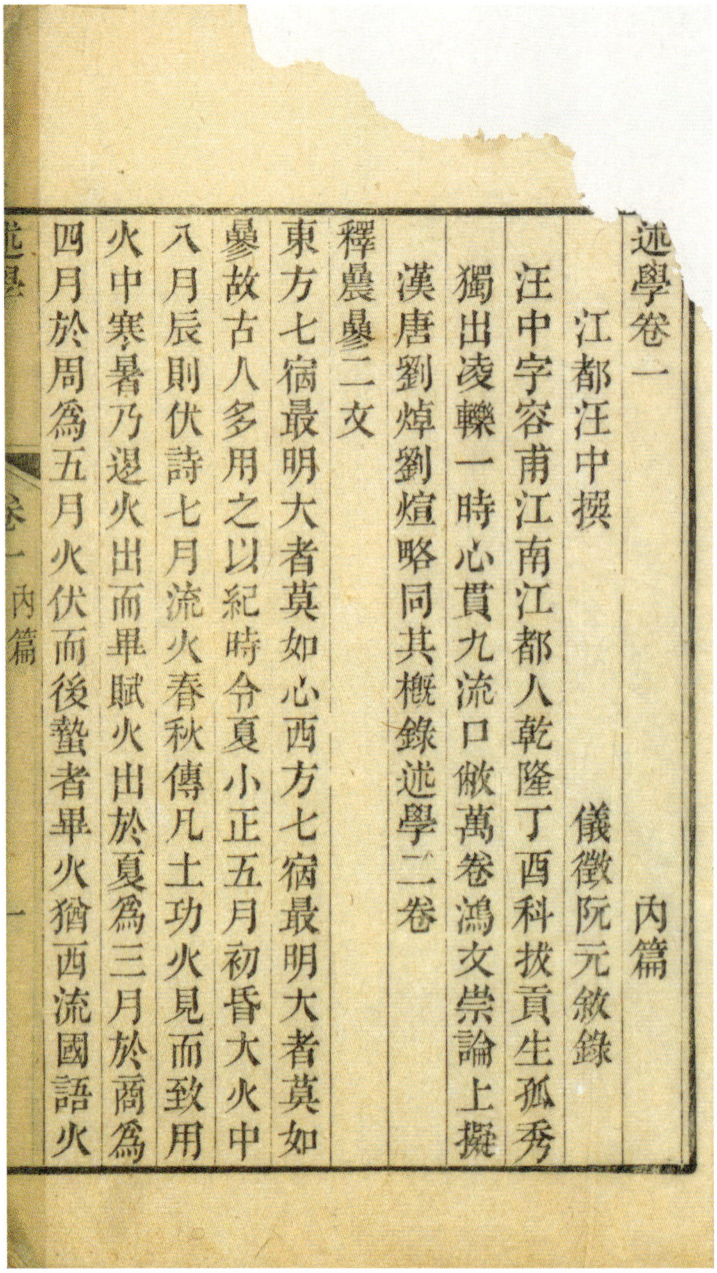
述學卷一　內篇
江都汪中撰　儀徵阮元敘錄
汪中字容甫江南江都人乾隆丁酉科拔貢生孤秀獨出淩轢一時心貫九流口敵萬卷鴻文崇論上擬漢唐劉焯劉炫略同其概錄述學二卷
釋曟曑二文
東方七宿最明大者莫如心西方七宿最明大者莫如曑故古人多用之以紀時令夏小正五月初昏大火中八月辰則伏詩七月流火春秋傳凡土功火見而致用火中寒暑乃退火出而畢賦火出於夏為三月於商為四月於周為五月火伏而後蟄者畢火猶西流國語火
述學　卷一　內篇　一

述学二卷

〔清〕汪中撰　清嘉庆三年（1798）小琅嬛仙馆刻本　一册

半叶十一行，行二十一字。白口，左右双边，上单黑鱼尾。版框高 19 厘米，宽 13.7 厘米。

汪中（1744—1794），字容甫，江苏江都（今属扬州）人。清代著名的经学家、史学家、文学家、哲学家。出身孤苦，由母亲启蒙。后因助书商贩书，得以博览经史百家之书。乾隆四十二年（1777）拔贡。能诗，工骈文，所作《哀盐船文》，为杭世骏所叹赏。精于史学，于荀子、墨子等研究，开创了新的研究方向。著有

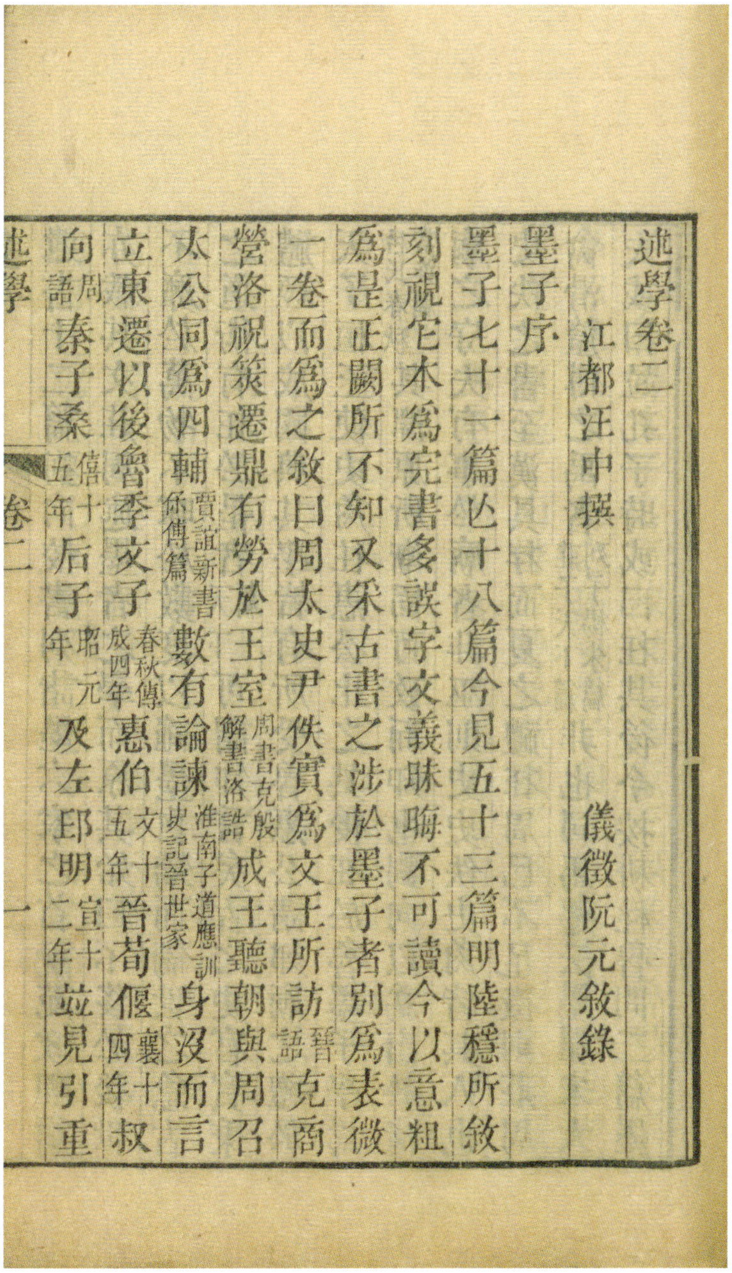

述學卷二

江都汪中撰　儀徵阮元敘錄

墨子序

墨子七十一篇亾十八篇今見五十三篇明陸穩所敘刻視它本爲完書多誤字文義昧晦不可讀今以意粗爲是正闕所不知又采古書之涉於墨子者別爲表微一卷而爲之敘曰周太史尹佚實爲文王所訪（晉語）克商營洛祝筴遷鼎有勞於王室（周書克殷解書洛誥）成王聽朝與周召太公同爲四輔（賈誼新書保傅篇）數有論諫（淮南子道應訓史記晉世家）身沒而言立東遷以後魯季文子（春秋傳成四年）惠伯（文十五年）晉荀偃（襄十四年）叔向（周語）秦子桑（僖十五年）后子（昭元年）及左邱明（宣十二年）並見引重

述學　卷二　一

《广陵通典》《述学》等。

《述学》一书，汇汪中一生著述之精要。汪中曾自称，欲“撰《述学》一书，博考先秦古籍、三代以上学制废兴，使知古人之所以为学者”。全书分为内篇、外篇，对经史诸子、名物制度等多方面进行探讨，展现了汪中深厚的学术功底，以及其独特的学术思考角度，比如在对古代文献的辨析、对一些传统观念的重新审视等方面都有精彩之处。本书曾刊刻多次，此为嘉庆间阮氏所刻，后被汇印收入《文选楼丛书》。

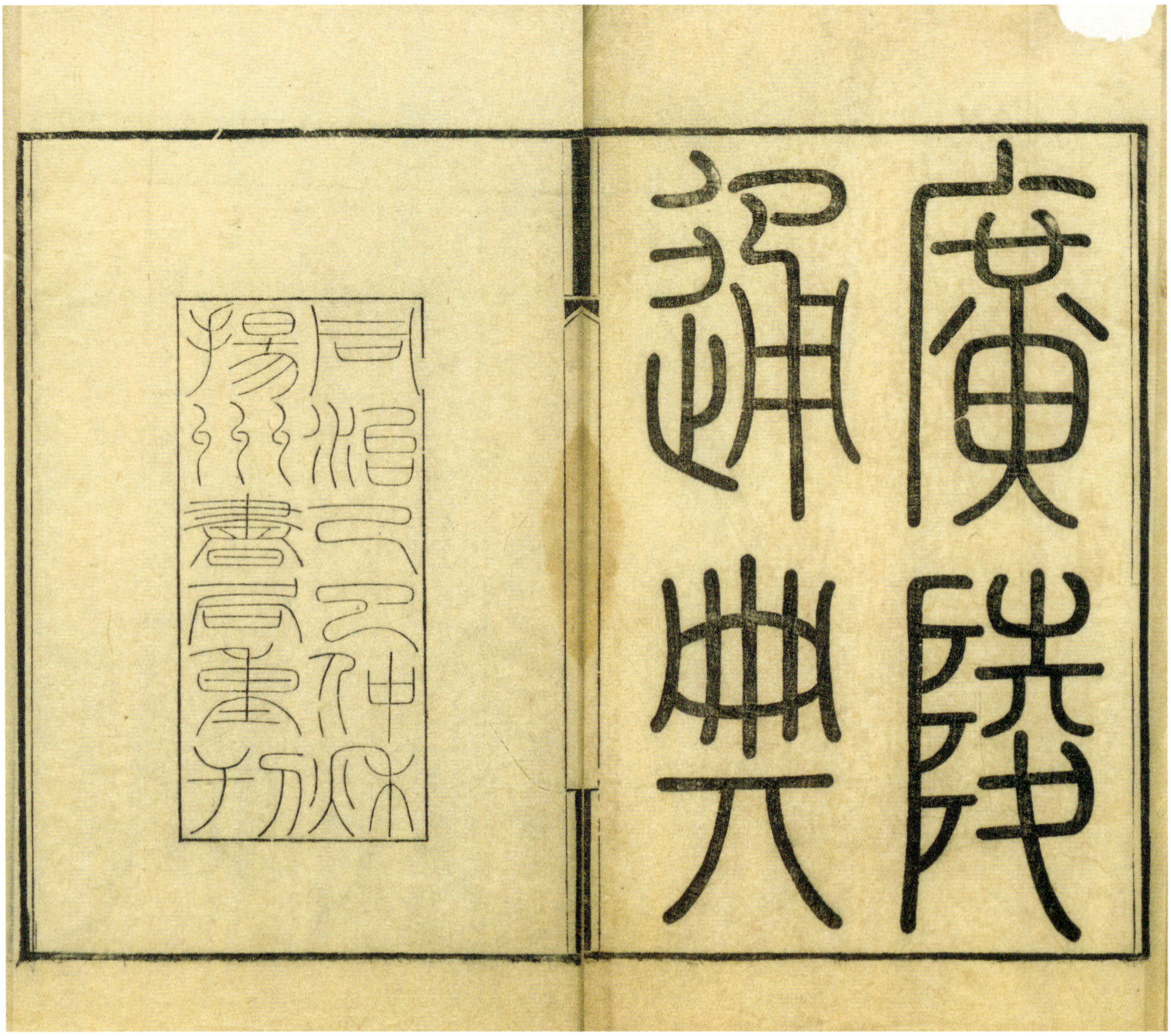

广陵通典十卷

〔清〕汪中撰　清同治八年（1869）扬州书局刻本　二册

半页十行，行二十字。黑口，左右双边，上单黑鱼尾。版框高 18.9 厘米，宽 13.5 厘米。

汪中（1744—1794），生平简介见前“述学”条。

《广陵通典》为编年体史书，分十卷。全书主要记述扬州历代大事，始于春秋时吴王夫差城邗沟，止于唐昭宗乾宁元年（894）杨行密事。本书记事的下限

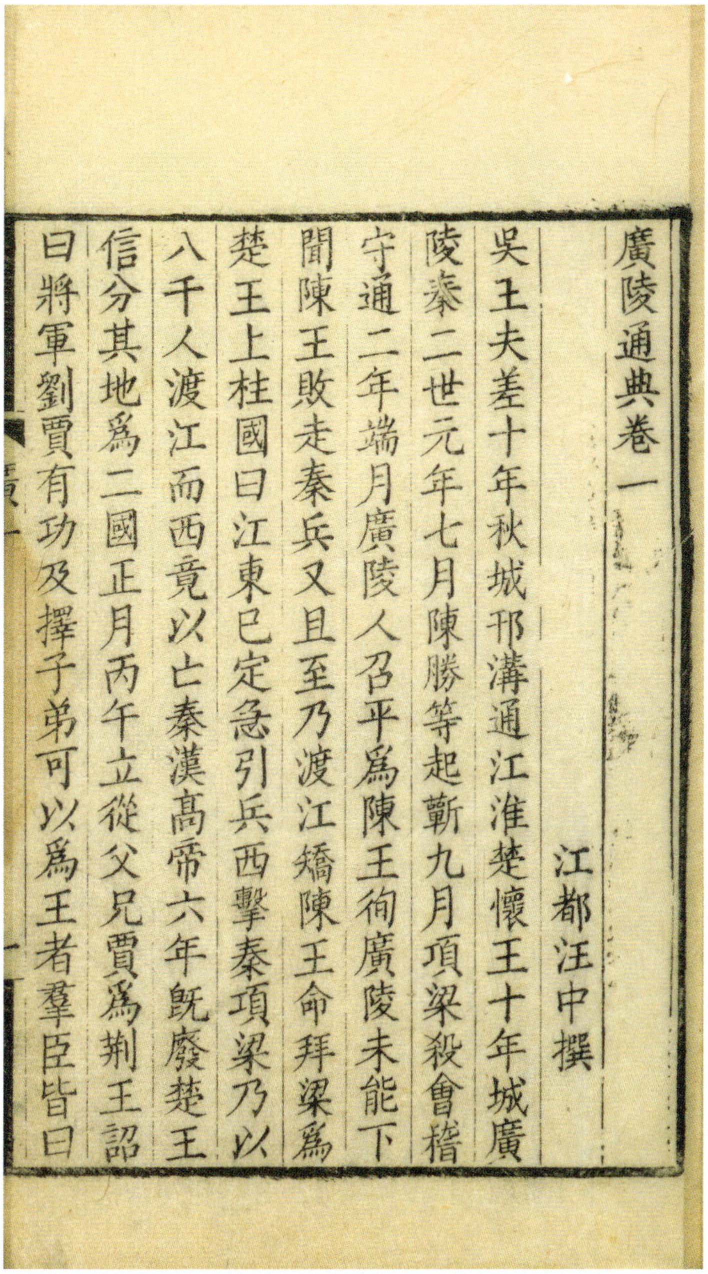
廣陵通典卷一

江都汪中撰

吳王夫差十年秋城邗溝通江淮楚懷王十年城廣陵秦二世元年七月陳勝等起蘄九月項梁殺會稽守通二年端月廣陵人召平爲陳王徇廣陵未能下聞陳王敗走秦兵又且至乃渡江矯陳王命拜梁爲楚王上柱國曰江東已定急引兵西擊秦項梁乃以八千人渡江而西竟以亡秦漢高帝六年既廢楚王信分其地爲二國正月丙午立從父兄賈爲荆王詔曰將軍劉賈有功及擇子弟可以爲王者羣臣皆曰

原计划为明清之际史可法守扬州，但汪中只写到唐朝末年就因病去世。道光三年（1823），其子喜孙将这部遗稿刻印行世。

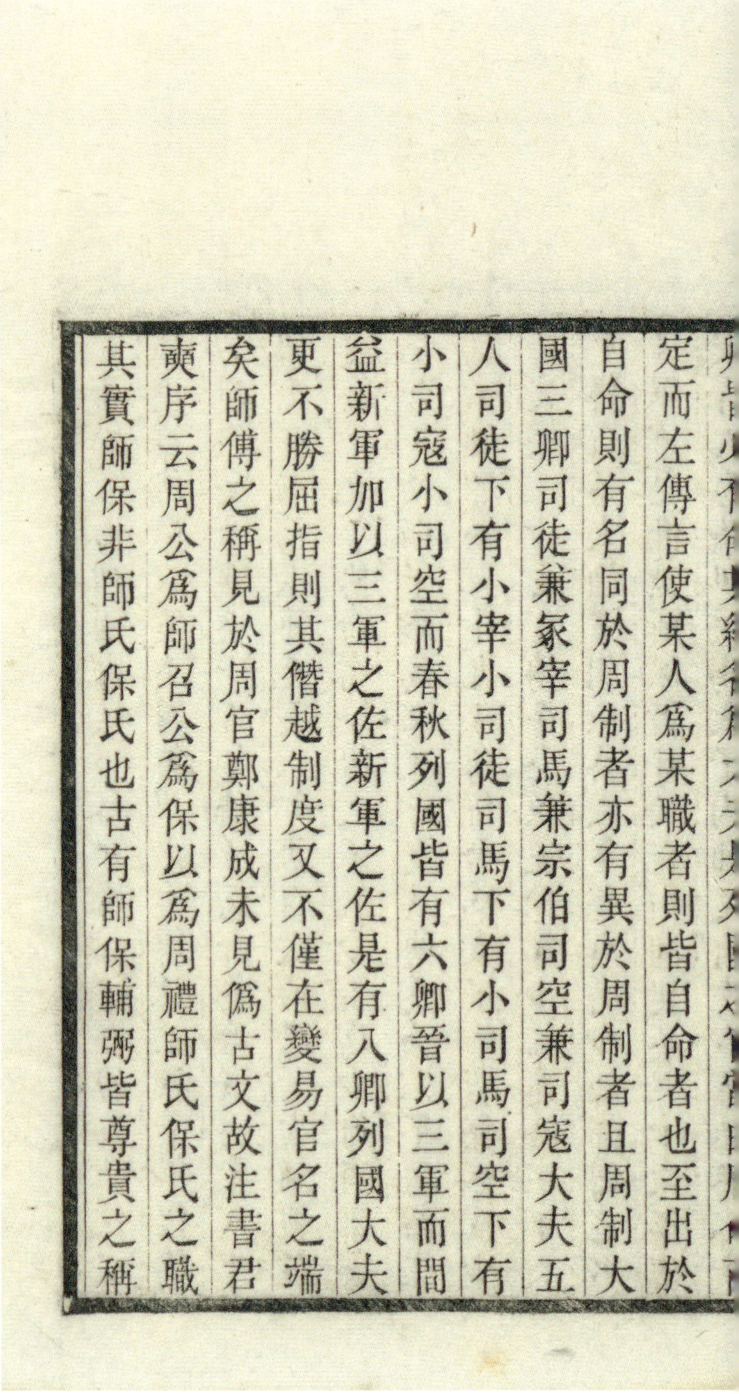
定而左傳言使某人爲某職者則皆自命者也至出於
自命則有名同於周制者亦有異於周制者且周制大
國三卿司徒兼冢宰司馬兼宗伯司空兼司寇大夫五
人司徒下有小宰小司徒司馬下有小司馬司空下有
小司寇小司空而春秋列國皆有六卿晉以三軍而間
益新軍加以三軍之佐新軍之佐是有八卿列國大夫
更不勝屈指則其僭越制度又不僅在變易官名之端
矣師傅之稱見於周官鄭康成未見僞古文故注書君
奭序云周公爲師召公爲保以爲周禮師氏保氏之職
其實師保非師氏保氏也古有師保輔弼皆尊貴之稱

春秋列国官名异同考一卷

〔清〕汪中撰　清光绪十一年(1885)仪征吴氏辑刻《蛰园丛刻》本　一册

半页十一行,行二十一字,小字双行同。黑口,左右双边,双对黑鱼尾。版框高16.4厘米,宽12.1厘米。

汪中(1744—1794),生平简介见前“述学”条。

是书以《周礼》为基础,对《春秋》经传中列国变易官名、僭越制度的情况

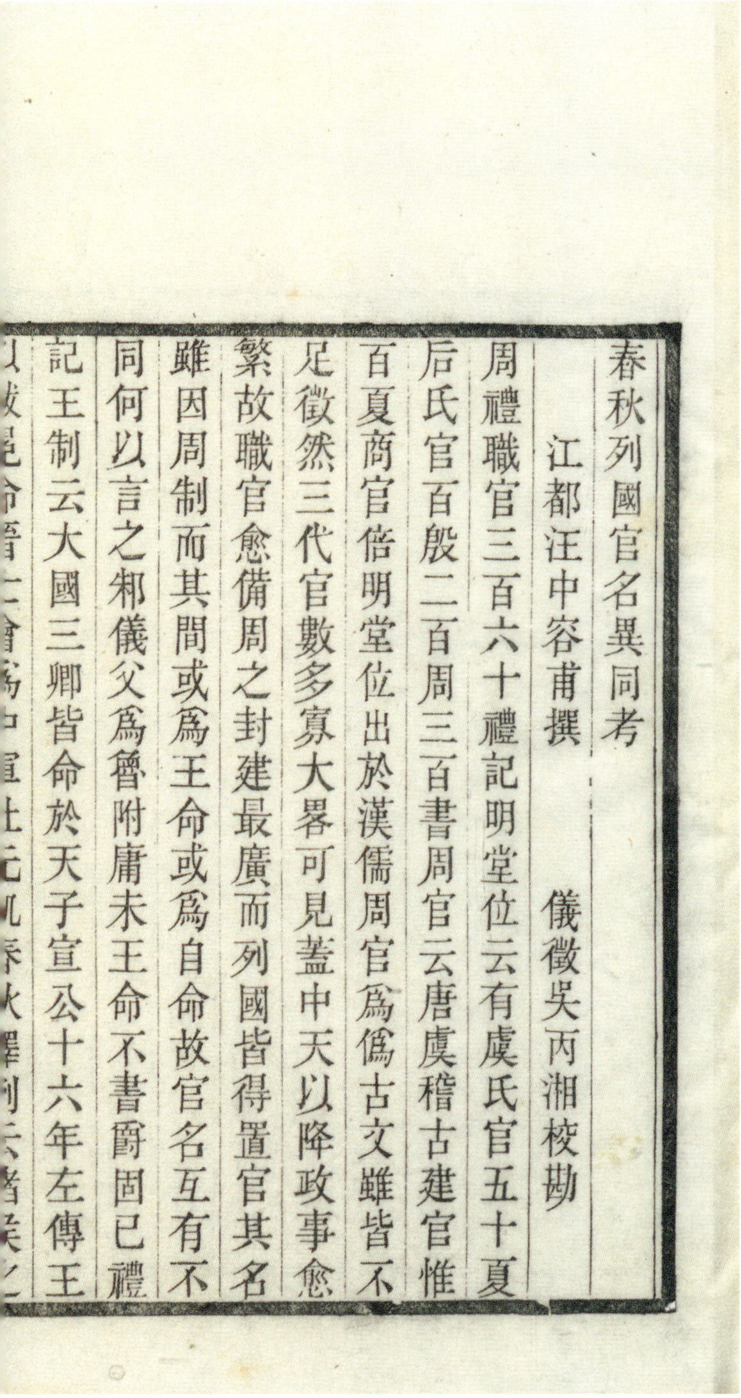

春秋列國官名異同考

江都汪中容甫撰　儀徵吴丙湘校勘

周禮職官三百六十禮記明堂位云有虞氏官五十夏后氏官百殷二百周三百書周官云唐虞稽古建官惟百夏商官倍明堂位出於漢儒周官爲僞古文雖皆不足徵然三代官數多寡大畧可見蓋中天以降政事愈繁故職官愈備周之封建最廣而列國皆得置官其名雖因周制而其間或爲王命或爲自命故官名互有不同何以言之郲儀父爲曾附庸未王命不書爵固已禮記王制云大國三卿皆命於天子宣公十六年左傳王

进行了详细论说、考证，从一个侧面揭示了各国的官制。全书广征博引，条分缕析，颇为赅贯，是清人研究《春秋》经传官制的代表作之一。

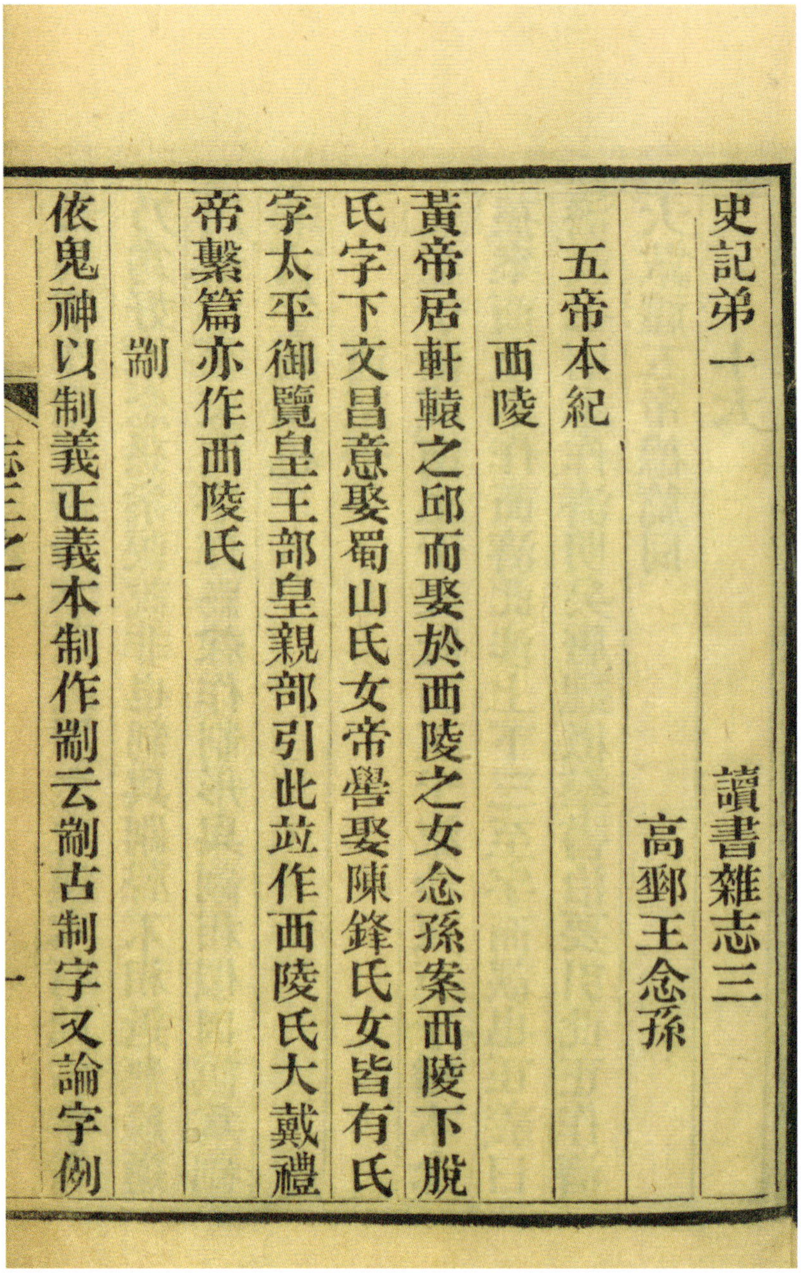
史記第一　讀書雜志三
高郵王念孫
五帝本紀
西陵
黃帝居軒轅之邱而娶於西陵之女念孫案西陵下脫
氏字下文昌意娶蜀山氏女帝嚳娶陳鋒氏女皆有氏
字太平御覽皇王部皇親部引此竝作西陵氏大戴禮
帝繫篇亦作西陵氏
剬
依鬼神以制義正義本制作剬云剬古制字又論字例
志三之一　一

读书杂志八十二卷馀编二卷

〔清〕王念孙撰　清同治九年（1870）金陵书局刻本　十八册

半叶十行，行二十一字，小字双行同。白口，四周双边，上单黑鱼尾。版框高 17.8 厘米，宽 13.3 厘米。

王念孙（1744—1832），字怀祖，号石臞，江苏高邮人。乾隆四十年（1775）进士，任翰林院庶吉士，转工部主事，升郎中，擢陕西道御史，后任山东运河道、永定河道。首劾大学士和珅。擅长以古音求古义，引伸触类，多所创见。又考

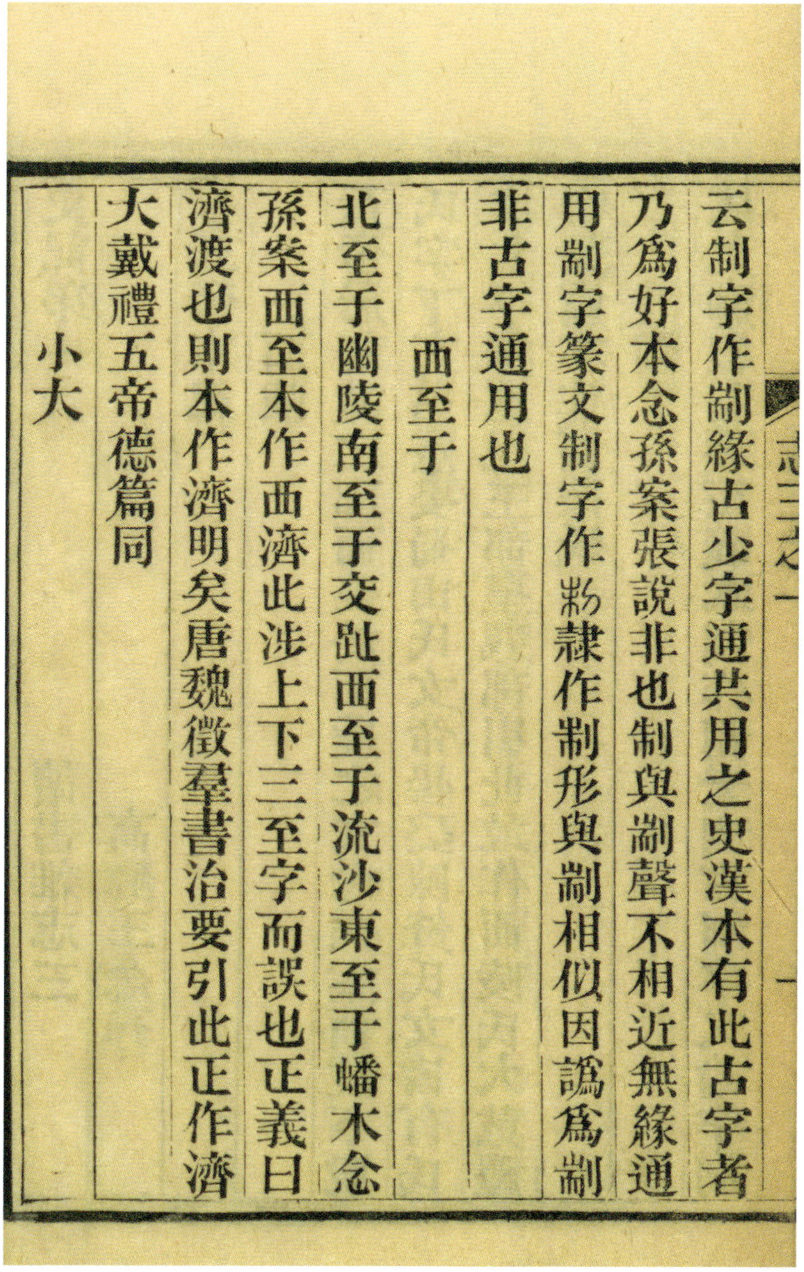

志三之一

云制字作剬緣古少字通共用之史漢本有此古字者乃爲好本念孫案張說非也制與剬聲不相近無緣通用剬字篆文制字作𣐺隸作制形與剬相似因譌爲剬非古字通用也

西至于

北至于幽陵南至于交趾西至于流沙東至于蟠木念孫案西至本作西濟此涉上下三至字而誤也正義曰濟渡也則本作濟明矣唐魏徵羣書治要引此正作濟大戴禮五帝德篇同

小大

释《逸周书》《战国策》《管子》等，纠正前人妄改、晦误之处，旁征博引，务求精确。著有《广雅疏证》《读书杂志》《导河议》《河源纪略》等。

《读书杂志》是王念孙毕生积累而成的校勘札记。王念孙以校勘与训诂相结合，并参考相关古籍、类书等，纠正包括《逸周书》《战国策》《史记》《汉书》《管子》《晏子春秋》《墨子》《荀子》《淮南子》《汉隶拾遗》等原书中的文字讹误和句读错乱，考辨音训异同，疏通文意。本书是阅读古籍和研究古代词语的重要参考书，为后人研究古代文献提供了丰富的资料和宝贵的经验。

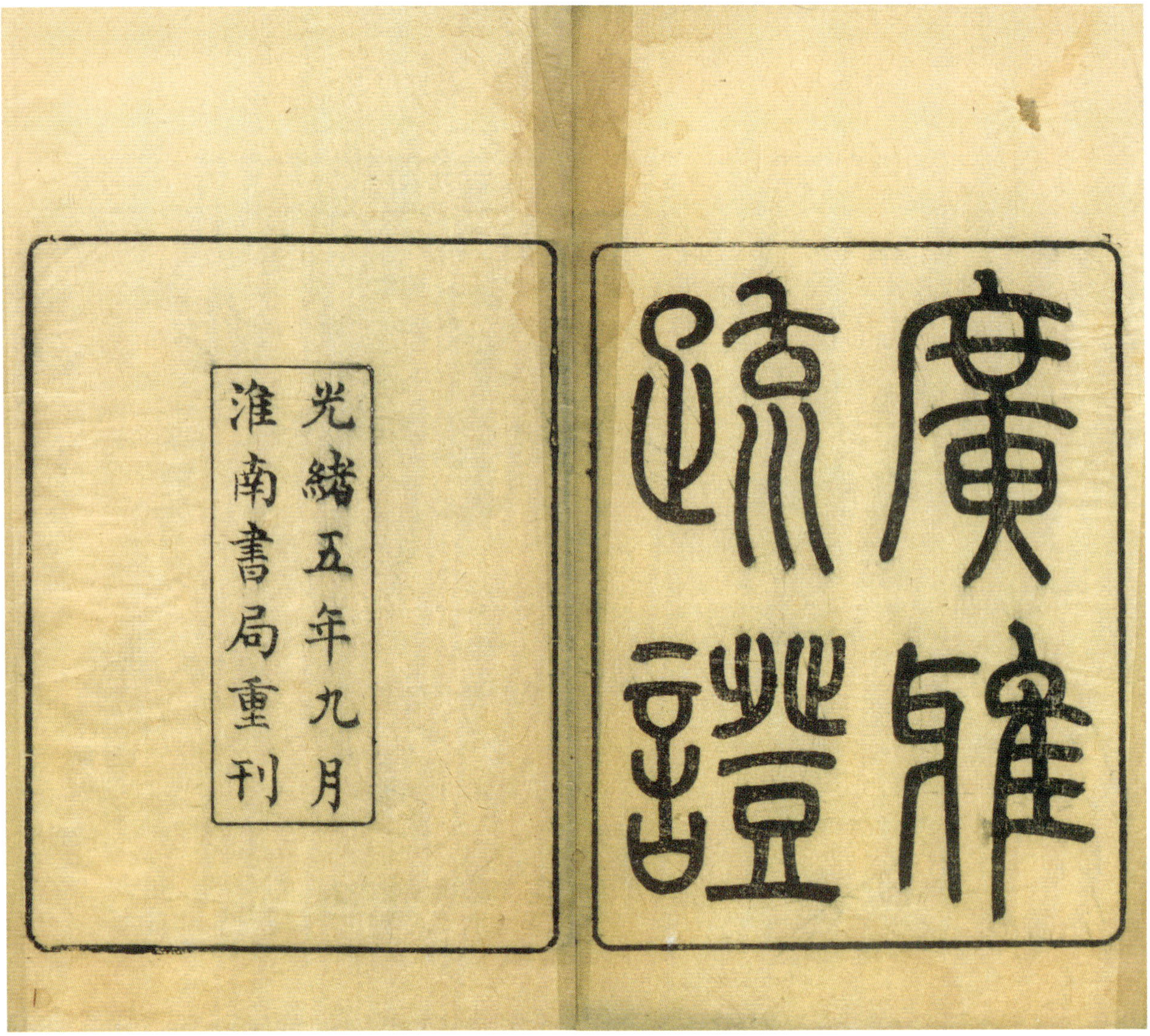

广雅疏证十卷

〔清〕王念孙撰　清光绪五年（1879）淮南书局刻本　八册

半叶十行，行二十一字，小字双行同。白口，左右双边，上单黑鱼尾。版框高 20.3 厘米，宽 15.3 厘米。

王念孙（1744—1832），生平简介见前“读书杂志”条。

本书是一部系统整理、阐述《广雅》的著作，集中代表了清代训诂学研究的成果。全书依《广雅》分为十卷，通过考证大量资料，订讹补阙，对世传《广

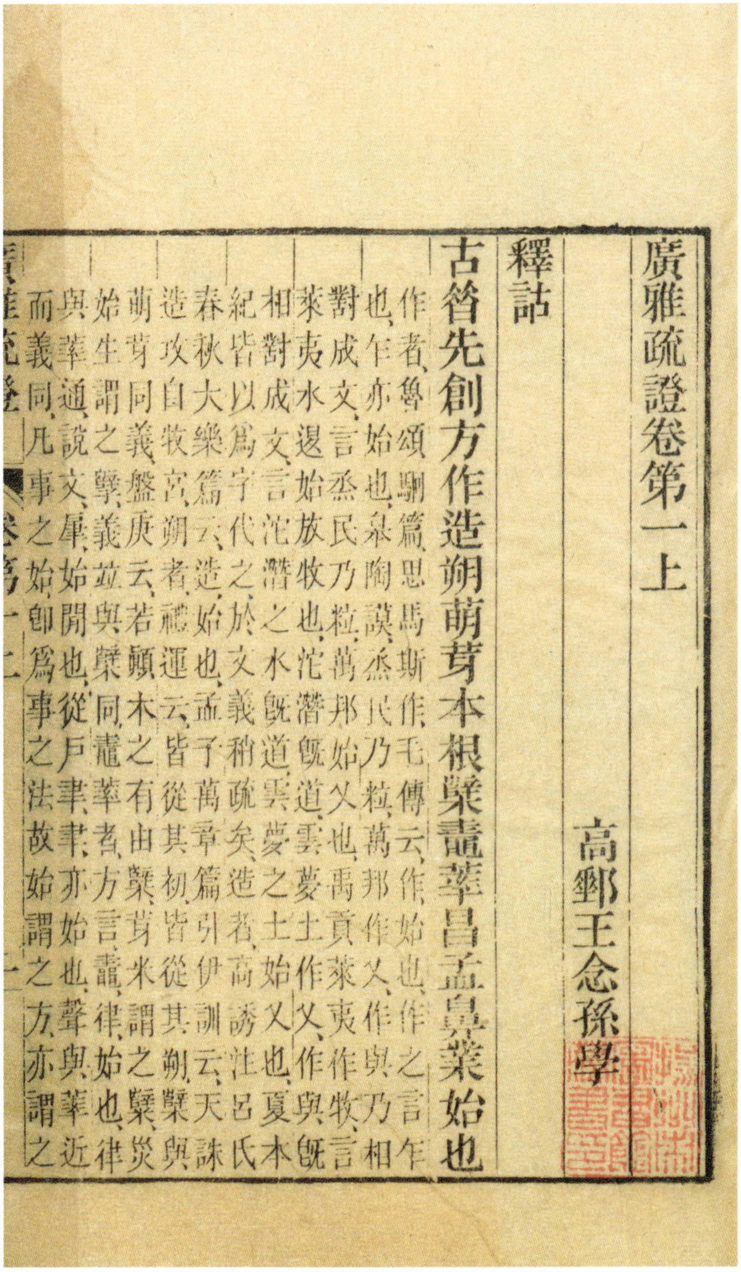

廣雅疏證卷第一上　　高郵王念孫學

釋詁

古昔先創方作造朔萌芽本根櫱鼃葦昌孟鼻業始也

作者，魯頌駉篇思馬斯作，毛傳云，作，始也。作之言乍也，乍亦始也。皋陶謨烝民乃粒萬邦作乂，作與乃相對成文，言烝民乃粒，萬邦始乂也。禹貢萊夷作牧，言萊夷水退始放牧也。沱潛既道雲夢土作乂，作與既相對成文，言沱潛之水既道，雲夢之土始乂也。夏本紀皆以爲字代之，於文義稍疏矣。造者，高誘注呂氏春秋大樂篇云，造，始也。孟子萬章篇引伊訓云，天誅造攻自牧宮。朔者，禮運云，皆從其初，皆從其朔。櫱與萌芽同義，盤庚云，若顛木之有由櫱。芽米謂之櫱，糱始生謂之孽，義竝與櫱同。鼃葦者，方言，鼃，律，始也。律與葦通。說文，肁，始開也，從戶聿。聿亦始也，聲與葦近而義同。凡事之始卽爲事之法，故始謂之方，亦謂之

雅》进行了仔细的校勘工作，使其恢复原来面貌。在注释方面，王念孙阐发了《广雅》的内容，对原书各个条目都作了详细和精确的解说。书中的考证往往独具匠心，颇有见解。作为一部集中了王氏音韵、文字、训诂学识的集大成之作，《广雅疏证》对清代及后世语言学、训诂学、文献学等领域的研究产生了深远的影响。

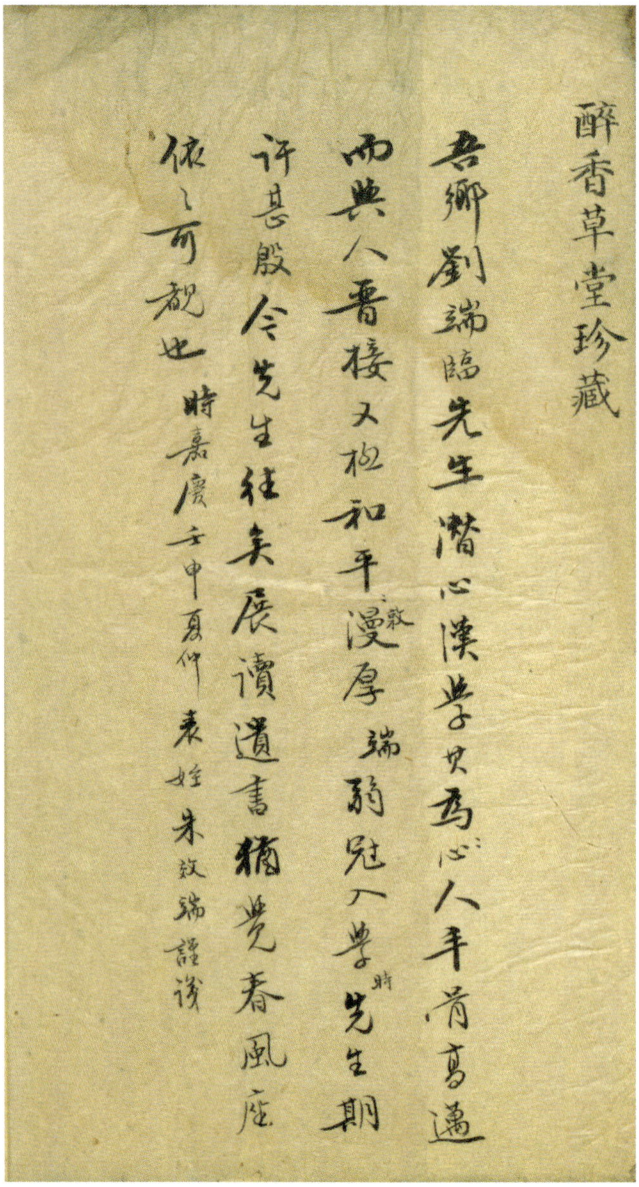
醉香草堂珍藏
吾鄉劉端臨先生潛心漢學其為人丰骨高邁
而與人晉接又極和平敦厚端弱冠入學時先生期
許甚殷今先生往矣展讀遺書猶覺春風座
依依可親也
時嘉慶壬申夏仲表姪朱玟端謹識

刘端临先生遗书四卷

〔清〕刘台拱撰　清嘉庆十一年（1806）扬州阮常生刻十三年续刻本　一册

半叶十行，行二十字。线黑口，左右双边，上单黑鱼尾。版框高 18.2 厘米，宽 14.1 厘米。

刘台拱（1751—1805），字端临，一字江岭，江苏宝应人。乾隆三十五年（1770）举人，会试不第，留京师，教授生徒。后任丹徒县训导。为学自天文、音律、文字、音韵等无不精通。于汉宋诸儒之说，不主一宗，无门户之见。

《刘端临先生遗书》为刘台拱著作的合集。刘台拱的著作生前并无刊行，去世后由其后人整理结集刊刻。包括《经传小记》三卷，是对儒家经典中经传的一些考证和笔记，体现了刘台拱深厚的经学功底和严谨的治学态度；《国

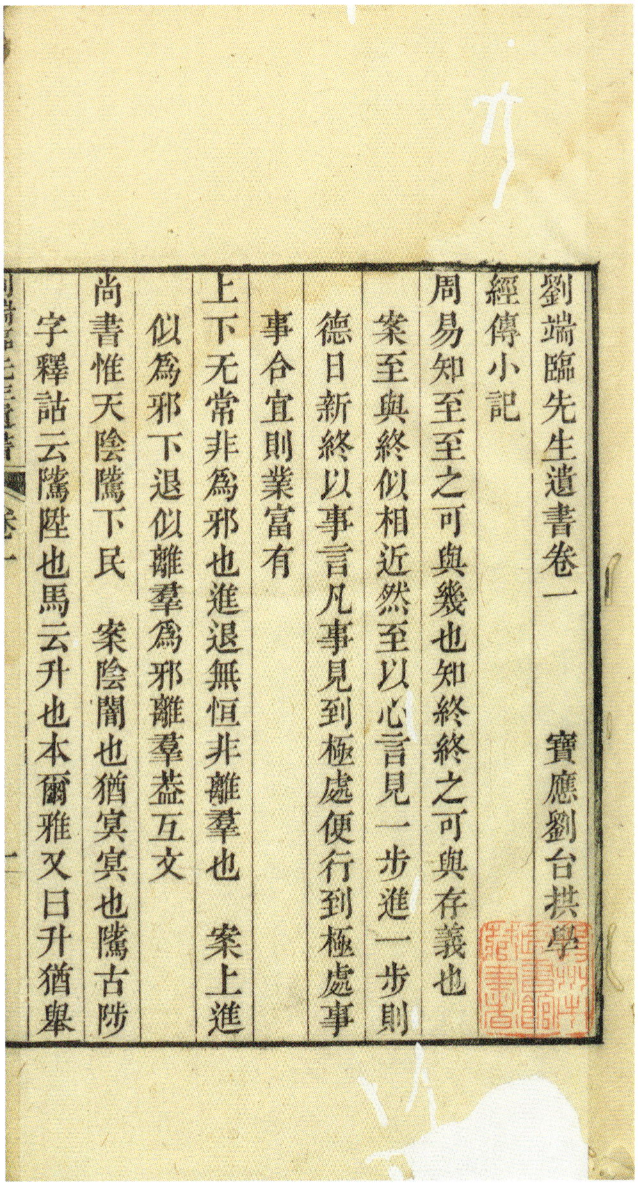
劉端臨先生遺書卷一　寶應劉台拱學
經傳小記
周易知至至之可與幾也知終終之可與存義也
案至與終似相近然至以心言見一步進一步則
德日新終以事言凡事見到極處便行到極處事
事合宜則業富有
上下无常非爲邪也進退無恒非離羣也　案上進
似爲邪下退似離羣爲邪離羣葢互文
尚書惟天陰隲下民　案陰闇也猶冥冥也隲古陟
字釋詁云隲陞也馬云升也本爾雅又曰升猶舉

语补校》一卷，对《国语》进行补充校正，对研究《国语》有一定的参考价值；《荀子补注》一卷，对《荀子》的一些内容进行注解和补充说明，有助于更好地理解《荀子》的思想；《淮南子补校》一卷，针对《淮南子》进行补正和校勘，为研究该书提供了新的见解和资料；《方言补校》一卷，对扬雄的《方言》进行了补充和校正；《汉学拾遗》一卷，是对汉代经学研究的一些总结和拾遗，反映了刘台拱对汉学的深入研究和独特见解；《刘端临先生文集》一卷，收录了刘台拱的一些散文、杂记等文学作品，展现了他的文学素养和思想情感。

此外，还有一些存目，如《论语补注》《古文集》《仪礼补注》《淮南子定本》《仪礼补疏》《仪礼传注》等。本书对于研究清代学术及刘台拱本人的思想和学术成就具有重要的价值。

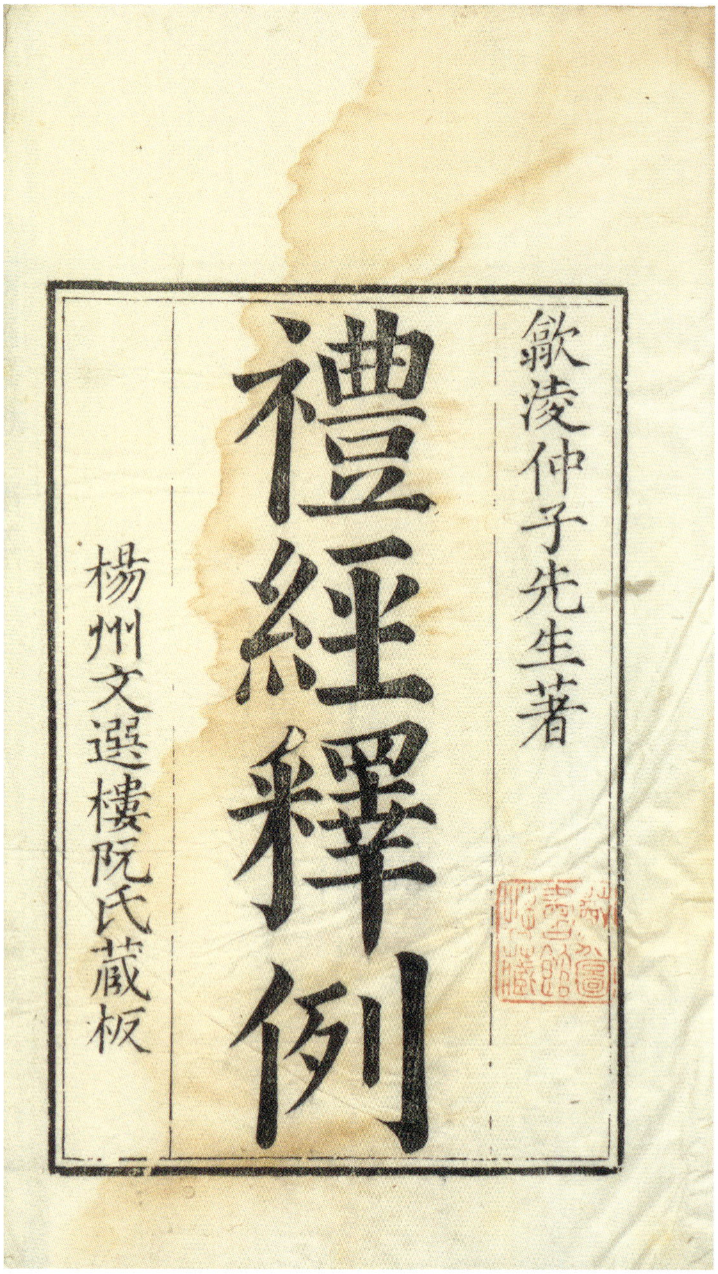

礼经释例十三卷首一卷

〔清〕凌廷堪撰　清嘉庆十四年（1809）扬州阮氏文选楼刻本　八册

半页十行，行二十一字，小字双行同。白口，四周双边，上单黑鱼尾。版框高 18.4 厘米，宽 13 厘米。

凌廷堪（1755？—1809），字次仲，又号仲子先生，安徽歙县人。长期客居扬州。乾隆五十五年（1790）进士，选宁国府教授。家境贫寒，群经皆手钞读之。学术博通经史，兼擅词章，对经史、乐律、六书、历算、舆地、职官等学问均有深入研究。尤其精通《礼》学，被江藩推为“一代礼宗”。有《礼经释例》《燕

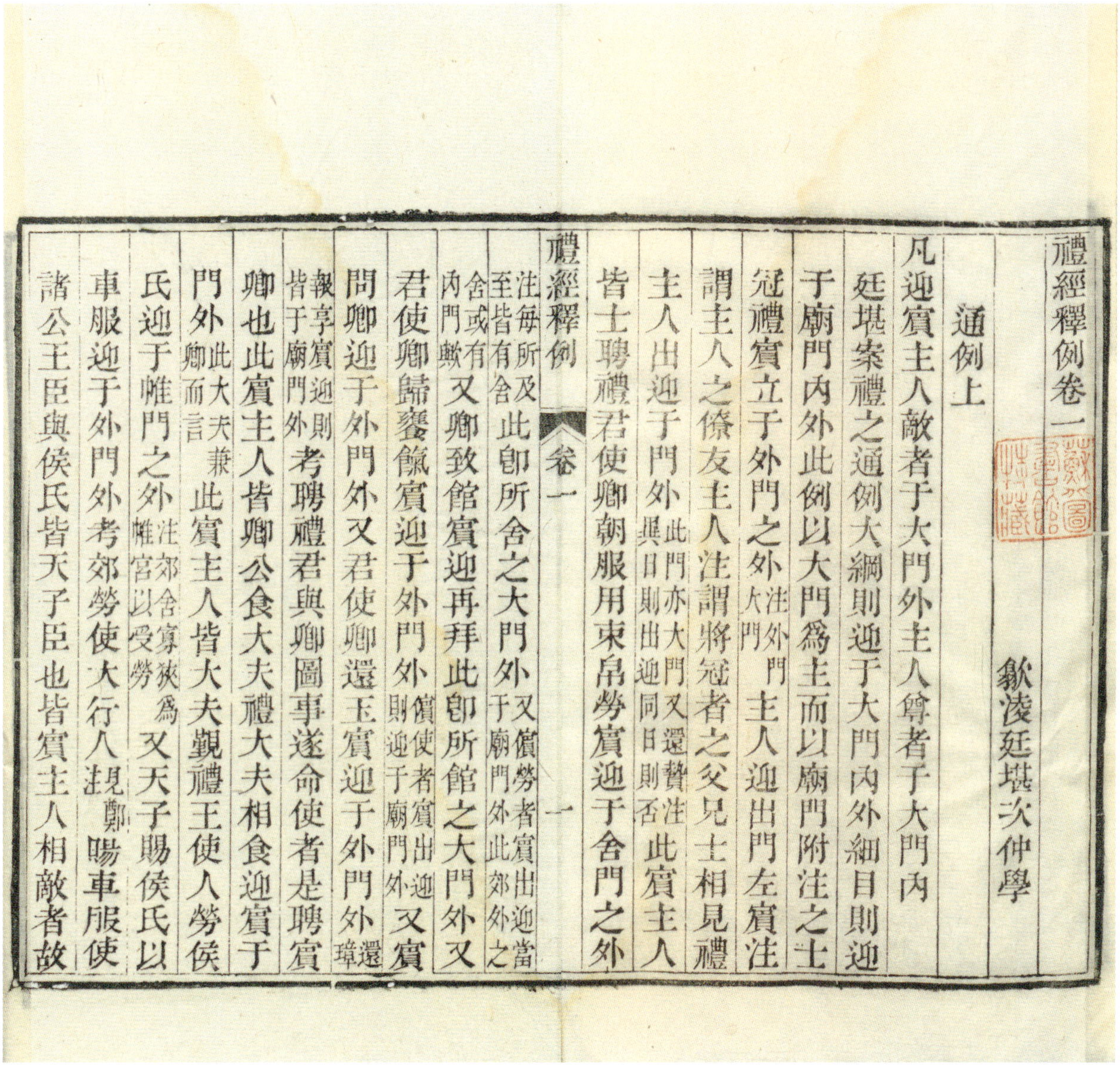
禮經釋例卷一
通例上　　歙淩廷堪次仲學
凡迎賓主人敵者于大門外主人尊者于大門內
廷堪案禮之通例大綱則迎于大門內外細目則迎
于廟門內外此例以大門爲主而以廟門附注之士
冠禮賓立于外門之外注外門大門主人迎出門左賓注
謂主人之僚友主人注謂將冠者之父兄士相見禮
主人出迎于門外此門亦大門又還贄注異日則出迎同日則否此賓主人
皆士聘禮君使卿朝服用束帛勞賓迎于舍門之外
禮經釋例　卷一　一
注每所及至皆有舍此卽所舍之大門外又儐勞者賓出迎當于廟門外此郊外之
舍或有內門歟又卿致館賓迎再拜此卽所館之大門外又
君使卿歸饔餼賓迎于外門外儐使者賓出迎則迎于廟門外又賓
問卿迎于外門外又君使卿還玉賓迎于外門外還璋
報享賓迎則皆于廟門外考聘禮君與卿圖事遂命使者是聘賓
卿也此賓主人皆卿公食大夫禮大夫相食迎賓于
門外此大夫兼卿而言此賓主人皆大夫覲禮王使人勞侯
氏迎于帷門之外注郊舍狹爲帷宮以受勞又天子賜侯氏以
車服迎于外門外考郊勞使大行人見鄭注賜車服使
諸公王臣與侯氏皆天子臣也皆賓主人相敵者故

礼经释例十三卷首一卷

乐考原》《校礼堂文集》《元遗山年谱》等。

凌廷堪以为“《仪礼》节文威仪，委曲繁重”，于是将《仪礼》拆散后重新比较、整理、贯通，把礼例分为通例、饮食之例、宾客之例、射例、变例、祭例、器服之例、杂例八类。每一类之下又有细目，全书共归纳出二百四十六例，几乎覆盖了《仪礼》十七篇的所有仪节。书中还附以《周官九拜解》《周官九祭解》《仪礼释牲》等九篇文章，加以补充解读。是书为《仪礼》研究里程碑之作，对于理解古代礼制和《仪礼》具有重要的参考价值。

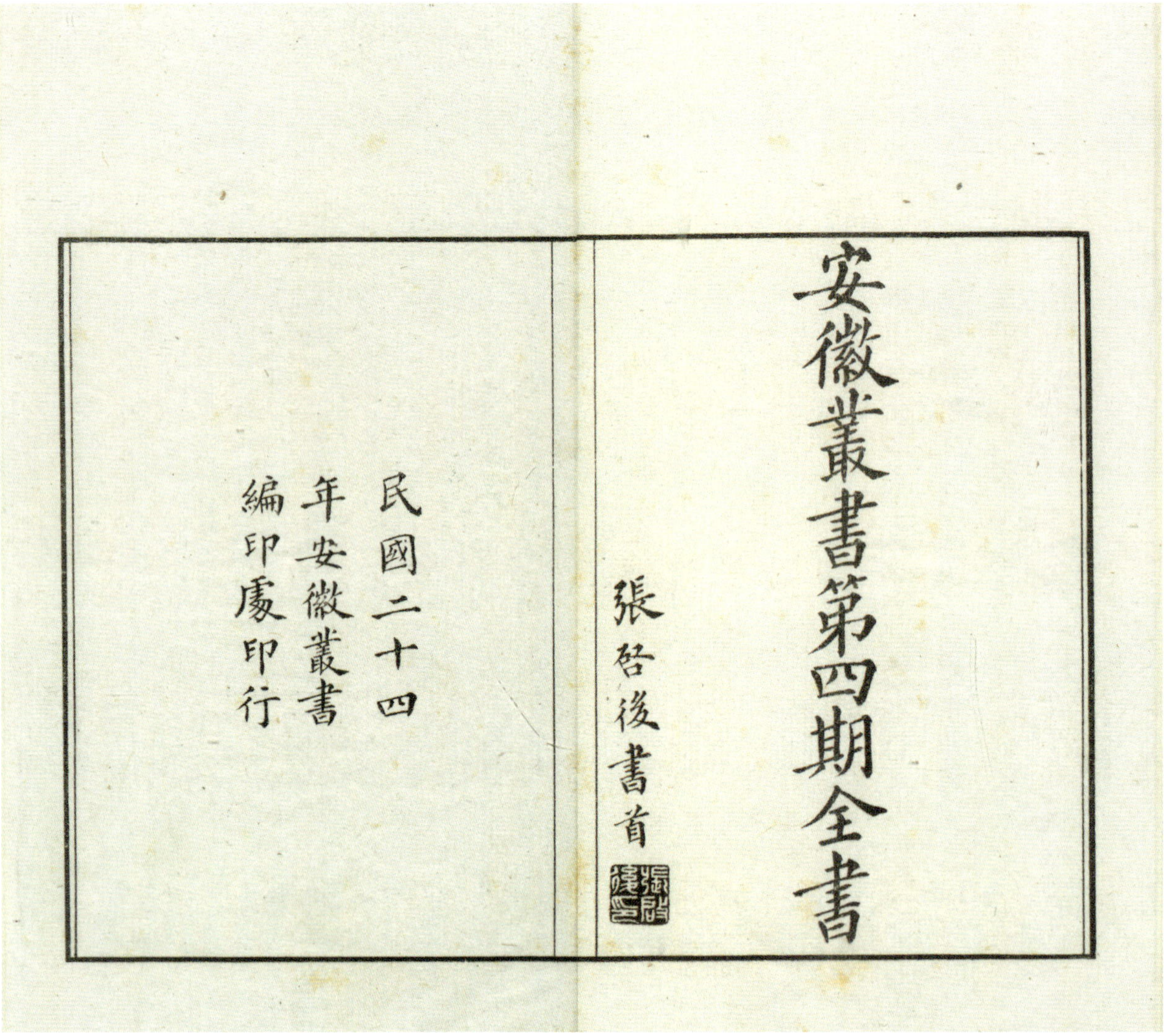
安徽叢書第四期全書
張啓後書首
民國二十四年安徽叢書編印處印行

凌次仲先生遗书七种附录一种

〔清〕凌廷堪撰　〔清〕张其锦辑　民国二十四年（1935）石印本　二十六册　半页十行，行二十一字，小字双行同。白口，四周双边，上单黑鱼尾。版框高 17.2 厘米，宽 12.4 厘米。

凌廷堪（1755？—1809），生平简介见前“礼经释例”条。

是书收录凌廷堪著作《礼经释例》《燕乐考原》《晋泰始笛律匡谬》《元遗山先生年谱》《校礼堂诗集》《文集》《梅边吹笛谱》等，以及张其锦编《凌次仲先

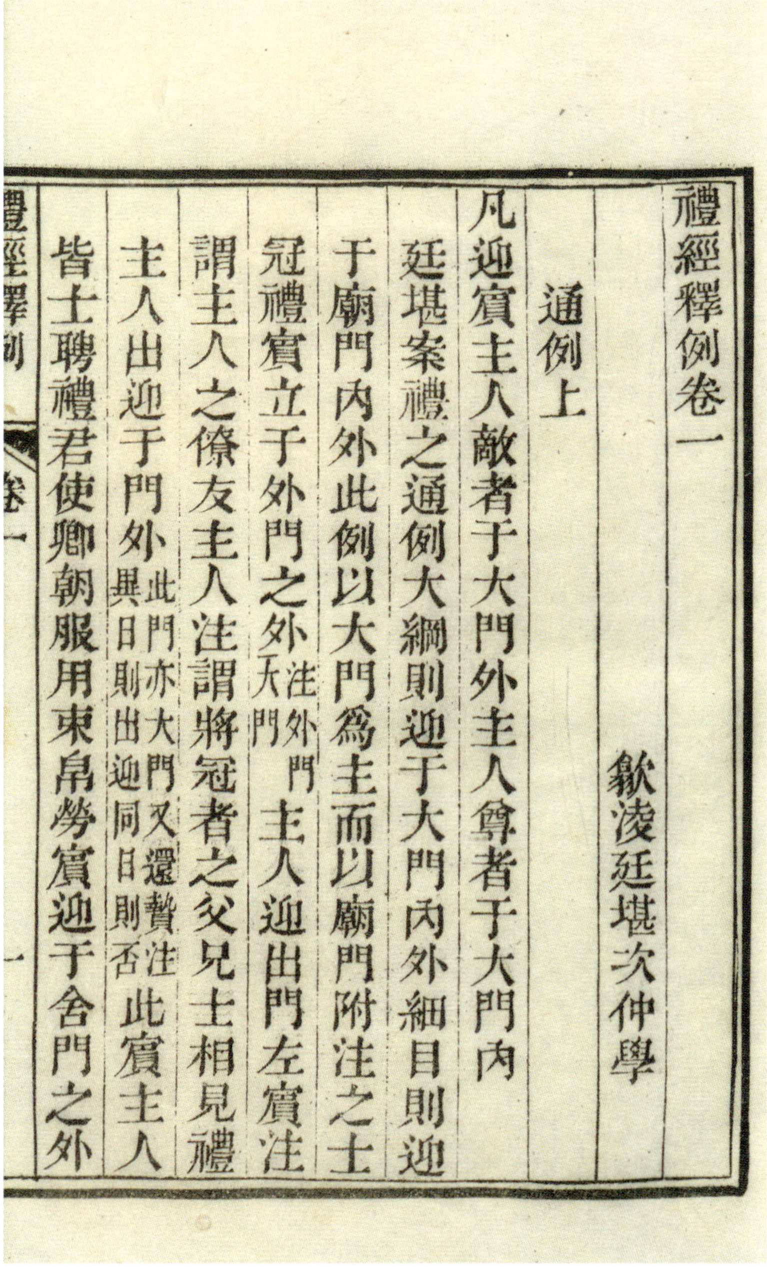
禮經釋例卷一

歙淩廷堪次仲學

通例上

凡迎賓主人敵者于大門外主人尊者于大門內

廷堪案禮之通例大綱則迎于大門內外細目則迎于廟門內外此例以大門爲主而以廟門附注之士冠禮賓立于外門之外注外門大門主人迎出門左賓注謂主人之僚友主人注謂將冠者之父兄士相見禮主人出迎于門外此門亦大門又還贄注異日則出迎同日則否此賓主人皆士聘禮君使卿朝服用束帛勞賓迎于舍門之外

禮經釋例 卷一 一

生年谱》。民国间，据刻本影印收入《安徽丛书》中。《燕乐考原》，结合当时俗乐官调，考证唐宋以来燕乐调的演变，对研究燕乐调有一定的参考价值；《晋泰始笛律匡谬》，对《晋书》《宋书》等史书中的律志进行考证，试图推求汉魏以来音乐的实际情况；《元遗山先生年谱》，对研究元好问的生平及文学成就具有重要的参考价值；《校礼堂诗集》《文集》《梅边吹笛谱》展现了凌廷堪在文学方面的才华。

3000043
國朝漢學師承記

国朝汉学师承记八卷附国朝经师经义目录一卷

〔清〕江藩撰　清嘉庆间刻本　三册

半叶十行，行二十一字。白口，四周双边，上单黑鱼尾。版框高 17.8 厘米，宽 13 厘米。

江藩（1761—1831），字子屏，号郑堂，晚号节甫，本籍安徽旌德之江村（今属白地镇），后为江苏甘泉（今扬州）人。早年受业于余萧客、江声，师承惠栋，深受汉学传统的影响。其将经学分为汉学、宋学两派，在学术上推崇汉学，对宋学也有一定的研究。于目录学亦多所论述。著有《汉学师承记》《宋学渊源记》

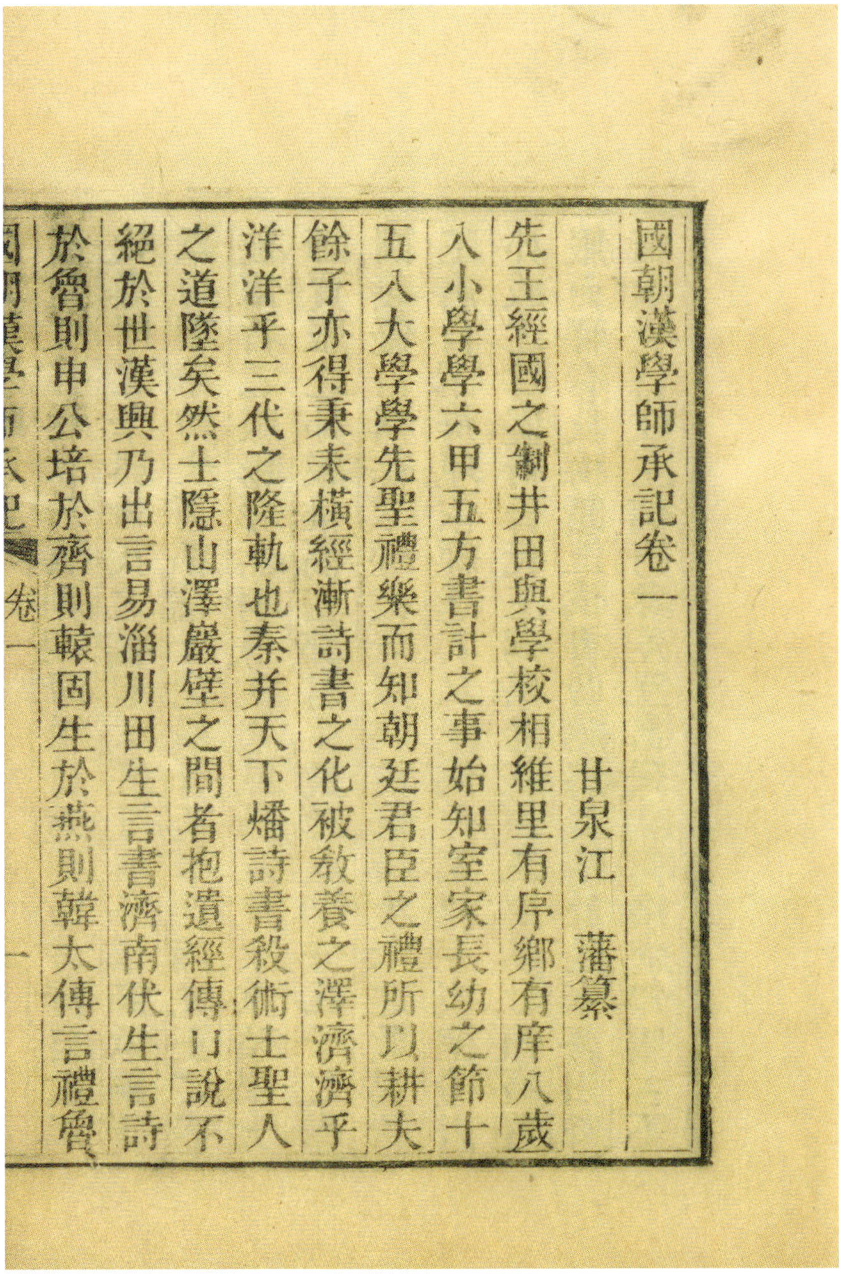
國朝漢學師承記卷一
甘泉江　藩纂
先王經國之制井田與學校相維里有序鄉有庠八歲入小學學六甲五方書計之事始知室家長幼之節十五入大學學先聖禮樂而知朝廷君臣之禮所以耕夫餘子亦得秉耒橫經漸詩書之化被敎養之澤濟濟乎洋洋乎三代之隆軌也秦并天下燔詩書殺術士聖人之道墜矣然士隱山澤巖壁之間者抱遺經傳口說不絕於世漢興乃出言易淄川田生言書濟南伏生言詩於魯則申公培於齊則轅固生於燕則韓太傅言禮魯
國朝漢學師承記　卷一　一

《隶经文》《炳烛室杂文》等。

《国朝汉学师承记》为列传体之清代学术史，阐述清代汉学者家法之承受、经学之源流。书中记述了自清初至嘉庆年间研治汉学的学者之生平、著作、学术思想及师承渊源。江藩是吴派惠栋的再传弟子，故所列人物，除首载阎若璩、胡渭，末附黄宗羲、顾炎武外，主要是乾嘉学派的著名学者，亦即吴派、皖派的师承传记及其与东汉古文经学派的渊源关系。本书通过对汉学家学术的记述和表彰，比较完整地勾勒了清代汉学发生发展的概貌，在清代学术史上具有重要地位。

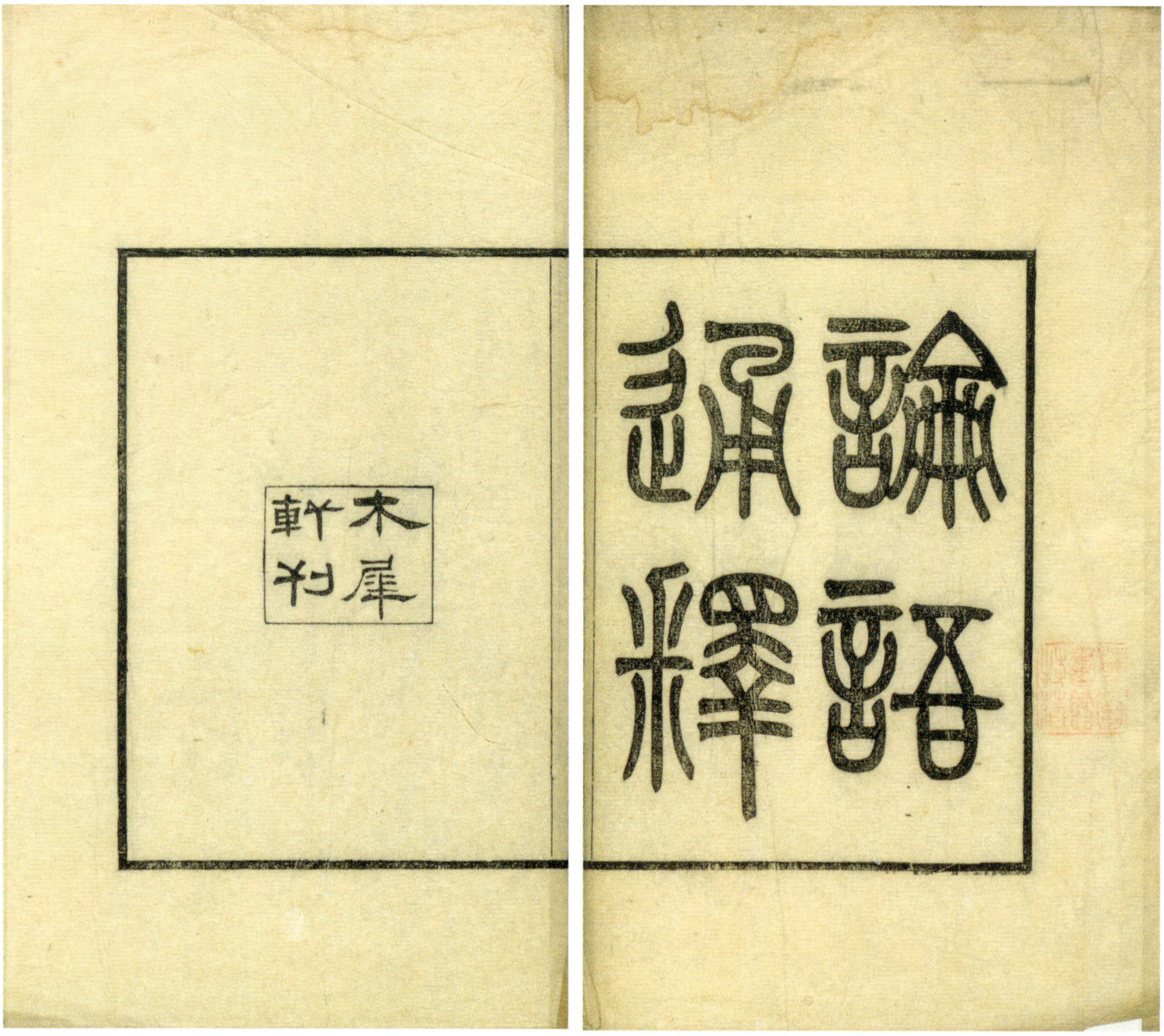

论语通释一卷

〔清〕焦循撰　清道光二年（1822）木犀轩刻本　一册

半页十一行，行二十一字。黑口，左右双边，双对黑鱼尾。版框高 16.7 厘米，宽 12.2 厘米。

焦循（1763—1820），字理堂，一字里堂，晚号里堂老人，江苏甘泉（今扬州）人。嘉庆间中举后，淡于仕进，潜心研读著述，以治学广博精深显名于世。于经史、历算、音韵、训诂之学皆有造诣，对诗词、文赋、医学、戏曲、九流之书无不贯通，是扬州学派的杰出代表，有“通儒”之誉。其著述宏富，有《里堂学算记》《雕菰楼易学三书》《孟子正义》《剧说》《花部农谭》《雕菰集》《六经补疏》《北湖小

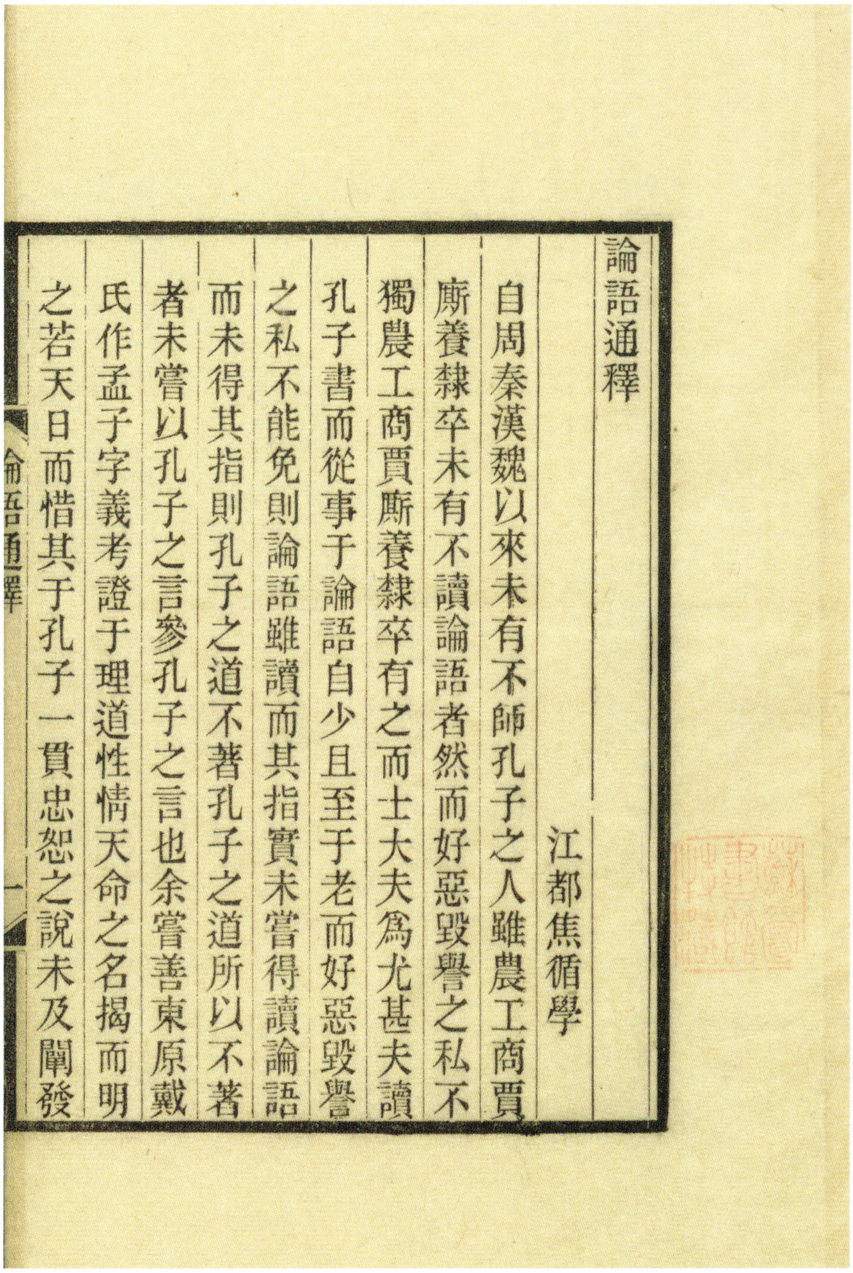

論語通釋
江都焦循學
自周秦漢魏以來未有不師孔子之人雖農工商賈
廝養隸卒未有不讀論語者然而好惡毀譽之私不
獨農工商賈廝養隸卒有之而士大夫爲尤甚夫讀
孔子書而從事于論語自少且至于老而好惡毀譽
之私不能免則論語雖讀而其指實未嘗得讀論語
而未得其指則孔子之道不著孔子之道所以不著
者未嘗以孔子之言參孔子之言也余嘗善東原戴
氏作孟子字義考證于理道性情天命之名揭而明
之若天日而惜其于孔子一貫忠恕之說未及闡發
論語通釋 一

志》等。

《论语通释》始成于嘉庆九年（1804），时作者年四十二。书凡十二篇，曰圣、曰大、曰仁、曰一贯忠恕、曰学、曰知、曰能、曰权、曰义、曰礼、曰仕、曰君子小人。其体例，实仿戴震《孟子字义疏证》而作，撰写目的在于补戴东原于“一贯忠恕”之说的限制，并为常人找到一条读《论语》求实旨的路径。焦循明确指出诠释《论语》要参阅孔子、孟子、荀子、扬雄、班固等多家之言，要走“以本经证本经”“以经解经”，让经典之间融会贯通，彼此互为参照、相互发明的路子。同时，要发挥“性灵”的作用，让诠释者的“性灵”与圣人的“性灵”相通。

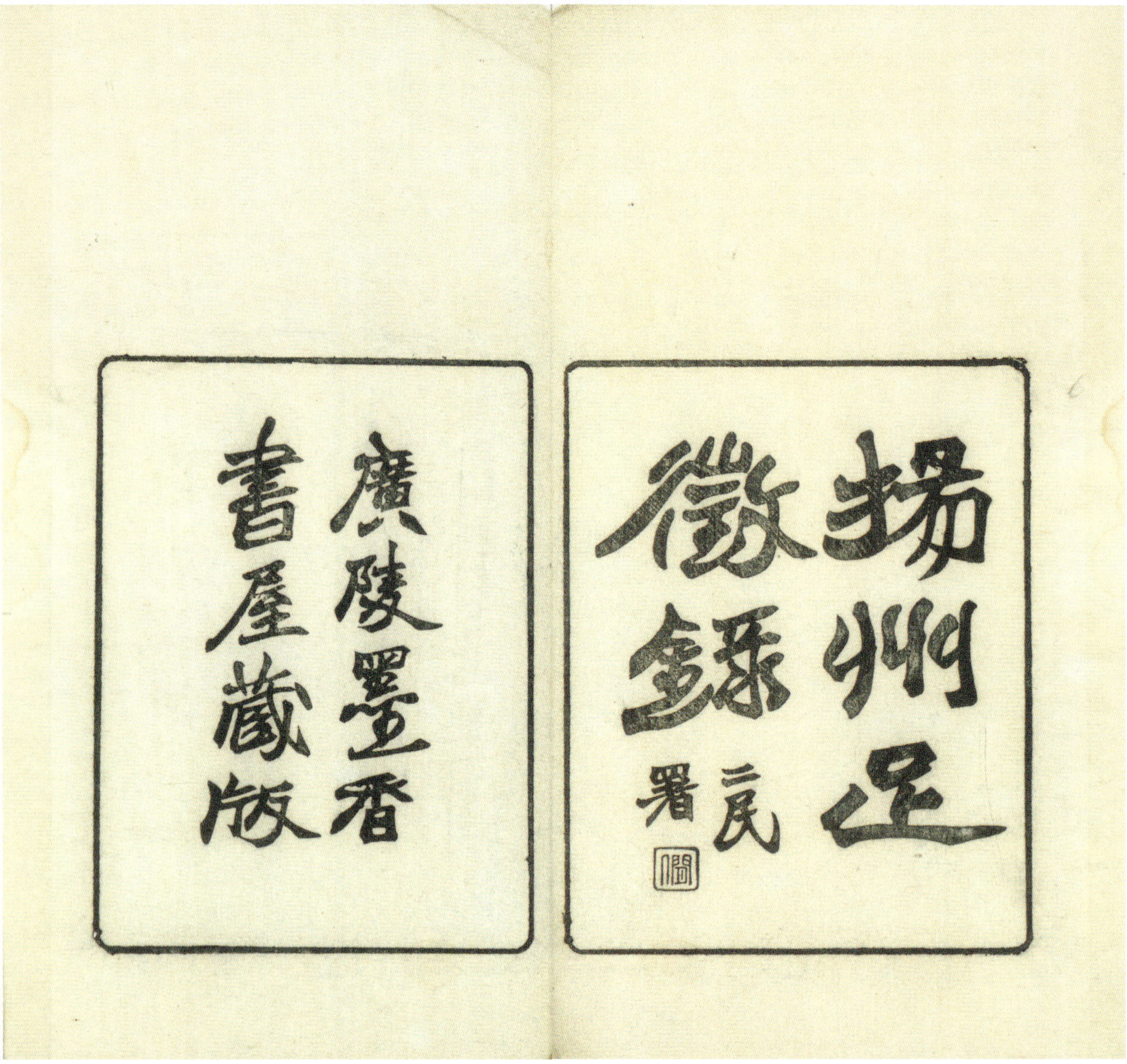

扬州足征录二十七卷

〔清〕焦循辑　清同治间真州张氏广东刊民国二年（1913）重修印《榕园丛书》本　十册

半页十行，行二十一字。黑口，左右双边。版框高 14.1 厘米，宽 11 厘米。

焦循（1763—1820），生平简介见前“论语通释”条。

是书辑录从明末清初至乾嘉之际的学者名儒、文人逸士与扬州有关的各

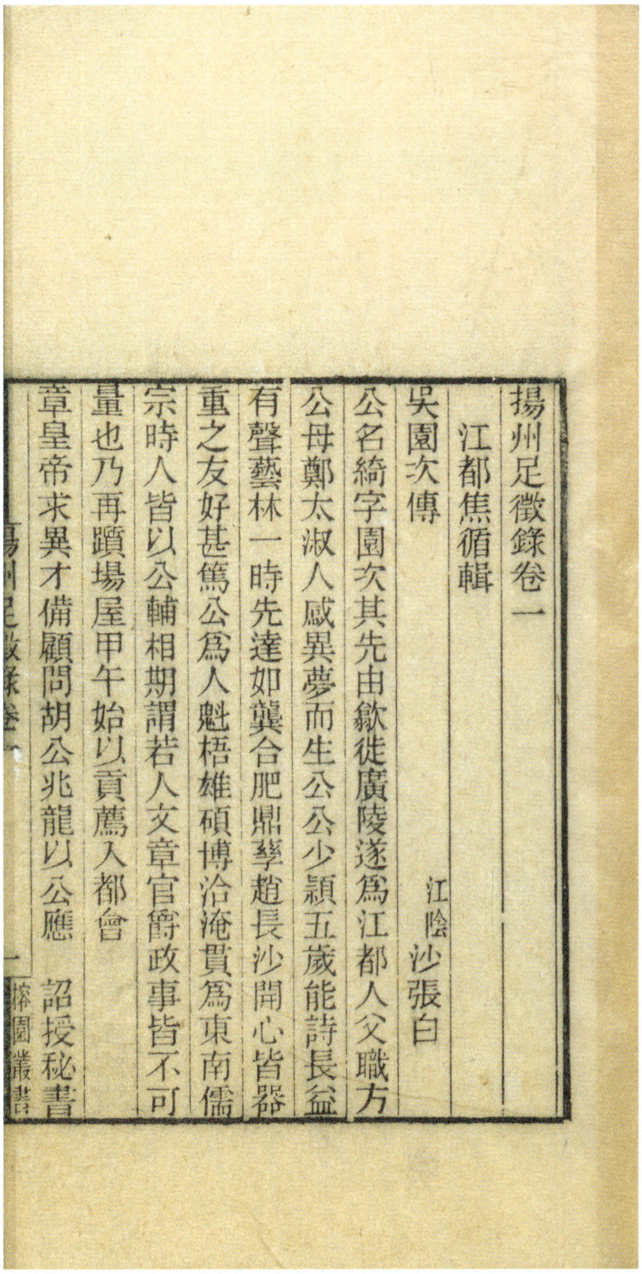
揚州足徵錄卷一

江都焦循輯

吳園次傳　江陰沙張白

公名綺字園次其先由歙徙廣陵遂爲江都人父職方
公母鄭太淑人感異夢而生公公少穎五歲能詩長益
有聲藝林一時先達如龔合肥鼎孳趙長沙開心皆器
重之友好甚篤公爲人魁梧雄碩博洽淹貫爲東南儒
宗時人皆以公輔相期謂若人文章官爵政事皆不可
量也乃再躓場屋甲午始以貢薦入都會
章皇帝求異才備顧問胡公兆龍以公應　詔授秘書

揚州足徵錄卷一　一　榕園叢書

类文作三百余篇。文体丰富多样，内容涉及扬州建置、水利、田赋、学校、人物、灾祥、艺文等方面，对于研究扬州的历史、文化、社会等方面具有重要的价值。

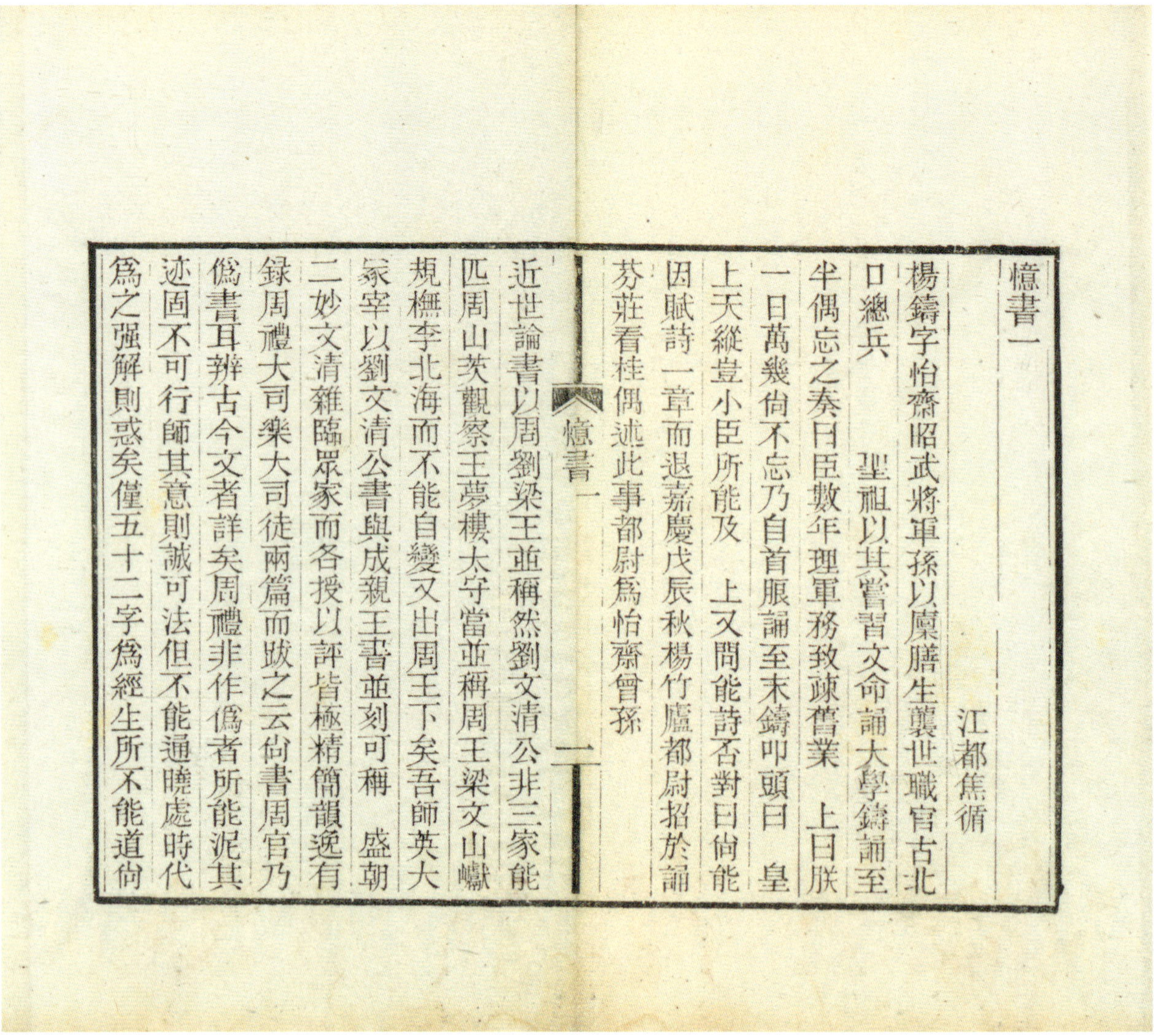
憶書一

江都焦循

楊鑄字怡齋昭武將軍孫以廩膳生襲世職官古北口總兵　聖祖以其嘗習文命誦大學鑄誦至半偶忘之奏曰臣數年理軍務致疎舊業　上曰朕一日萬幾尚不忘乃自首服誦至末鑄叩頭曰　皇上天縱豈小臣所能及　上又問能詩否對曰尚能因賦詩一章而退嘉慶戊辰秋楊竹廬都尉招於誦芬莊看桂偶述此事都尉爲怡齋曾孫

憶書一　一

近世論書以周劉梁王並稱然劉文清公非三家能匹周山茨觀察王夢樓太守當並稱周王梁文山巎規橅李北海而不能自變又出周王下矣吾師英大冢宰以劉文清公書與成親王書並刻可稱　盛朝二妙文清雜臨眾家而各授以評皆極精簡韻逸有錄周禮大司樂大司徒兩篇而跋之云尚書周官乃僞書耳辨古今文者詳矣周禮非作僞者所能泥其迹固不可行師其意則誠可法但不能通曉處時代爲之強解則惑矣僅五十二字爲經生所不能道尚

忆书六卷

〔清〕焦循撰　清光绪间会稽赵氏刻《仰视千七百二十九鹤斋丛书》本　一册

半页九行，行二十字。黑口，左右双边，上单黑鱼尾。版框高12.6厘米，宽9.4厘米。

焦循（1763—1820），生平简介见前“论语通释”条。

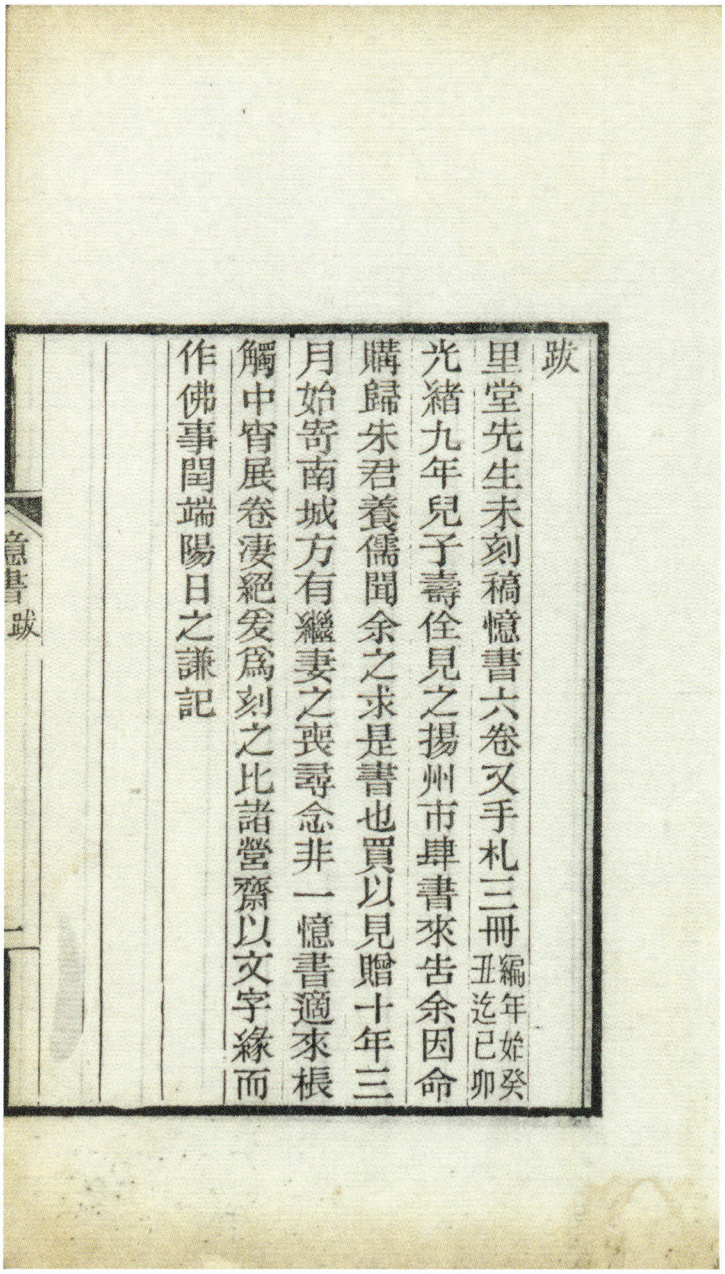
跋
里堂先生未刻稿憶書六卷又手札三冊編年始癸丑迄己卯
光緒九年兒子壽佺見之揚州市肆書來告余因命
購歸朱君養儒聞余之求是書也買以見贈十年三
月始寄南城方有繼妻之喪尋念非一憶書適來根
觸中宵展卷淒絕爰爲刻之比諸營齋以文字緣而
作佛事閏端陽日之謙記
憶書 跋
一

是书乃焦氏随意笔札，辑录平日耳目所闻见而成，内容主要记载书籍跋文，多涉奇闻遗事。

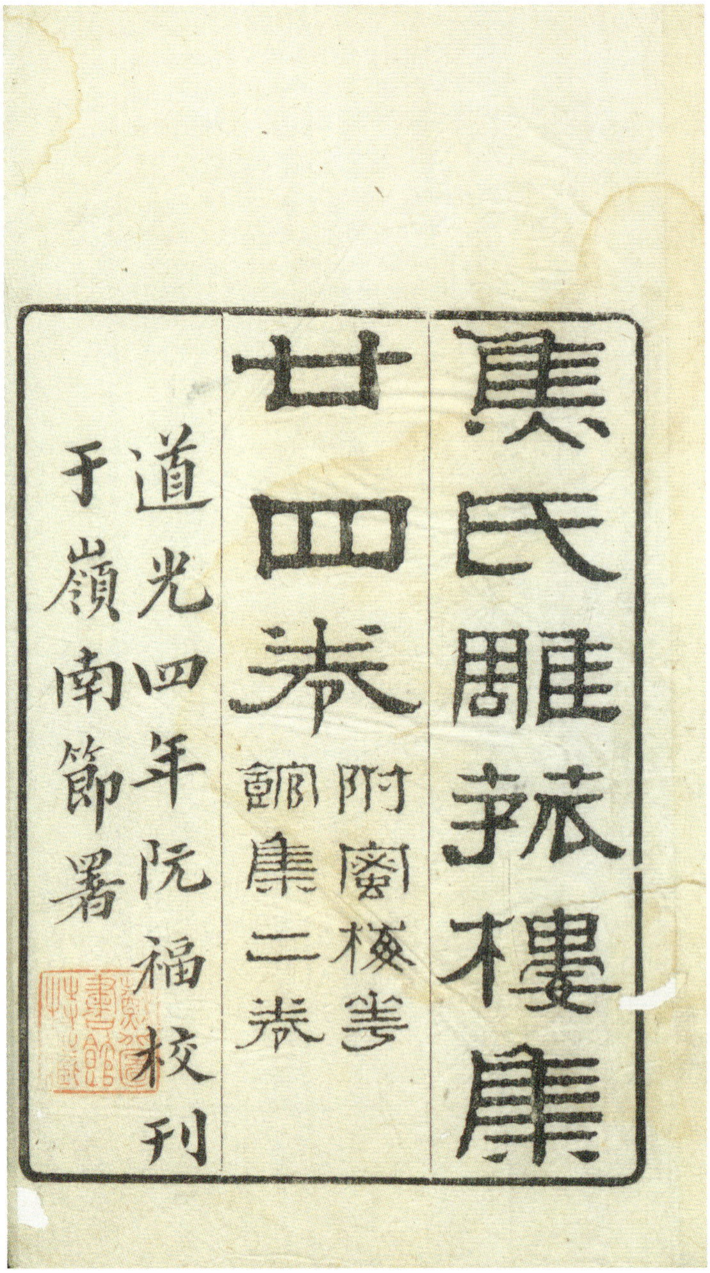
焦氏雕菰樓集
廿四卷
附蜜梅花館集二卷
道光四年阮福校刊
于嶺南節署

雕菰集二十四卷

〔清〕焦循撰　清道光四年（1824）岭南节署刻本　缺三卷（卷十一至卷十三）　七册

半页十行，行二十一字。黑口，左右双边。版框高 17.8 厘米，宽 13.3 厘米。

焦循（1763—1820），生平简介见前“论语通释”条。

是书为焦循手定的诗赋杂文集。其诗有古诗、律诗、赋、赞、颂、铭等，按时序编排，基本不出记事、忆人、述怀三类。文主要分为杂著、辨、论、解、说、释、考、

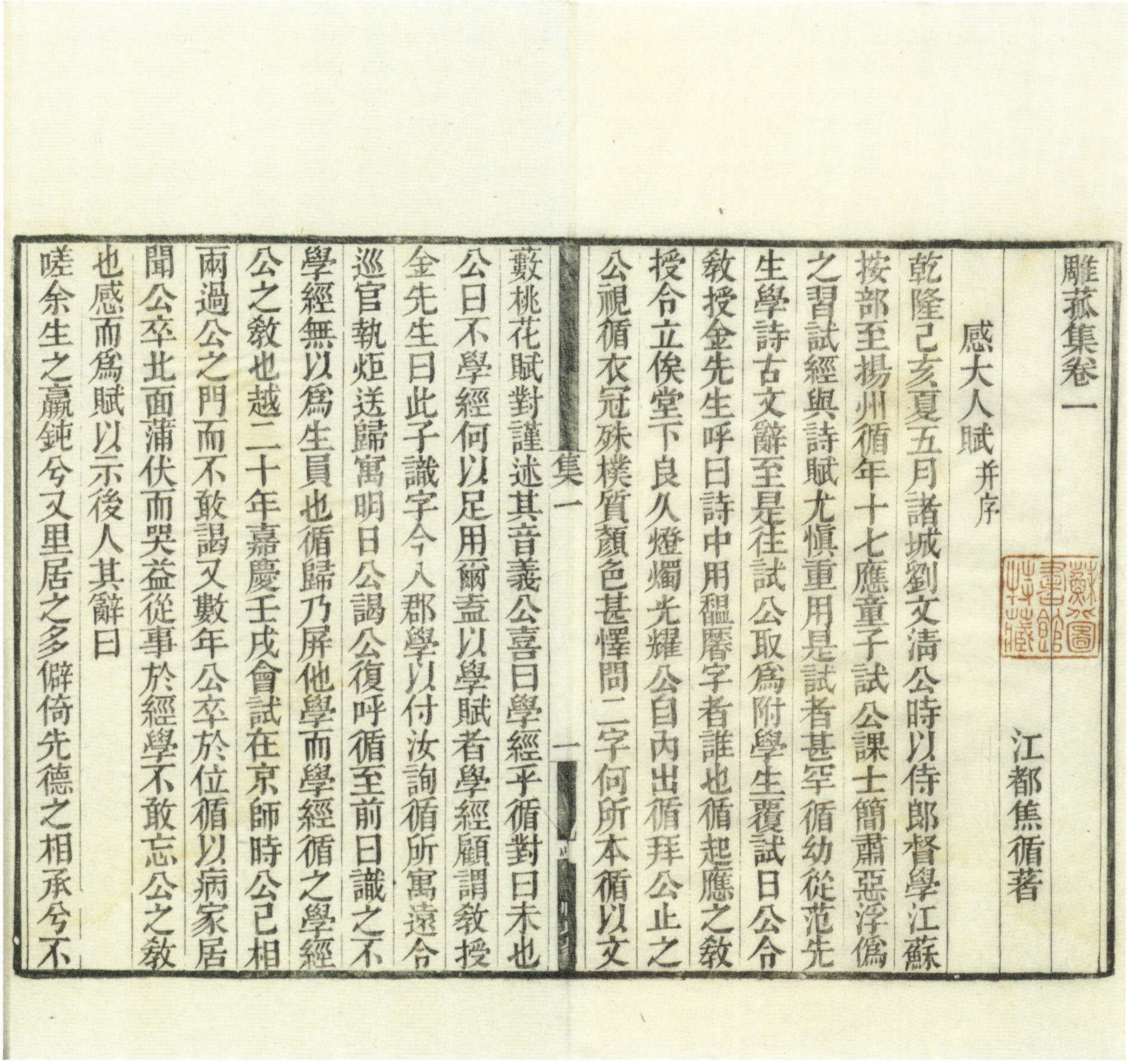

雕菰集卷一

感大人賦并序

江都焦循著

乾隆己亥夏五月諸城劉文清公時以侍郎督學江蘇按部至揚州循年十七應童子試公課士簡肅惡浮僞之習試經與詩賦尤愼重用是試者甚罕循幼從范先生學詩古文辭至是往試公取爲附學生覆試日公合敎授金先生呼曰詩中用醖醻字者誰也循起應之敎授令立倅堂下良久燈燭光耀公自內出循拜公止之公視循衣冠殊樸質顏色甚懌問二字何所本循以文藪桃花賦對謹述其音義公喜曰學經乎循對曰未也公曰不學經何以足用爾盍以學賦者學經顧謂敎授金先生曰此子識字令入郡學以付汝詢循所寓遠合巡官執炬送歸寓明日公謁公復呼循至前日識之不學經無以爲生員也循歸乃屏他學而學經循之學經公之敎也越二十年嘉慶壬戌會試在京師時公已相兩過公之門而不敢謁又數年公卒於位循以病家居聞公卒北面蒲伏而哭益從事於經學不敢忘公之敎也感而爲賦以示後人其辭曰

嗟余生之羸鈍兮又里居之多僻倚先德之相承兮不

集一　一

议、答问、状、书、序、跋、书后、题、记、传、碑、墓志铭、墓表、事略、书事、祭文、哀辞等二十四类，较为集中地反映了焦循一生中各个时期的思想演变过程与学术传习活动。对于研究清代学术史、思想史以及相关学科的发展具有重要的参考价值，是了解焦循学术思想的重要文献。

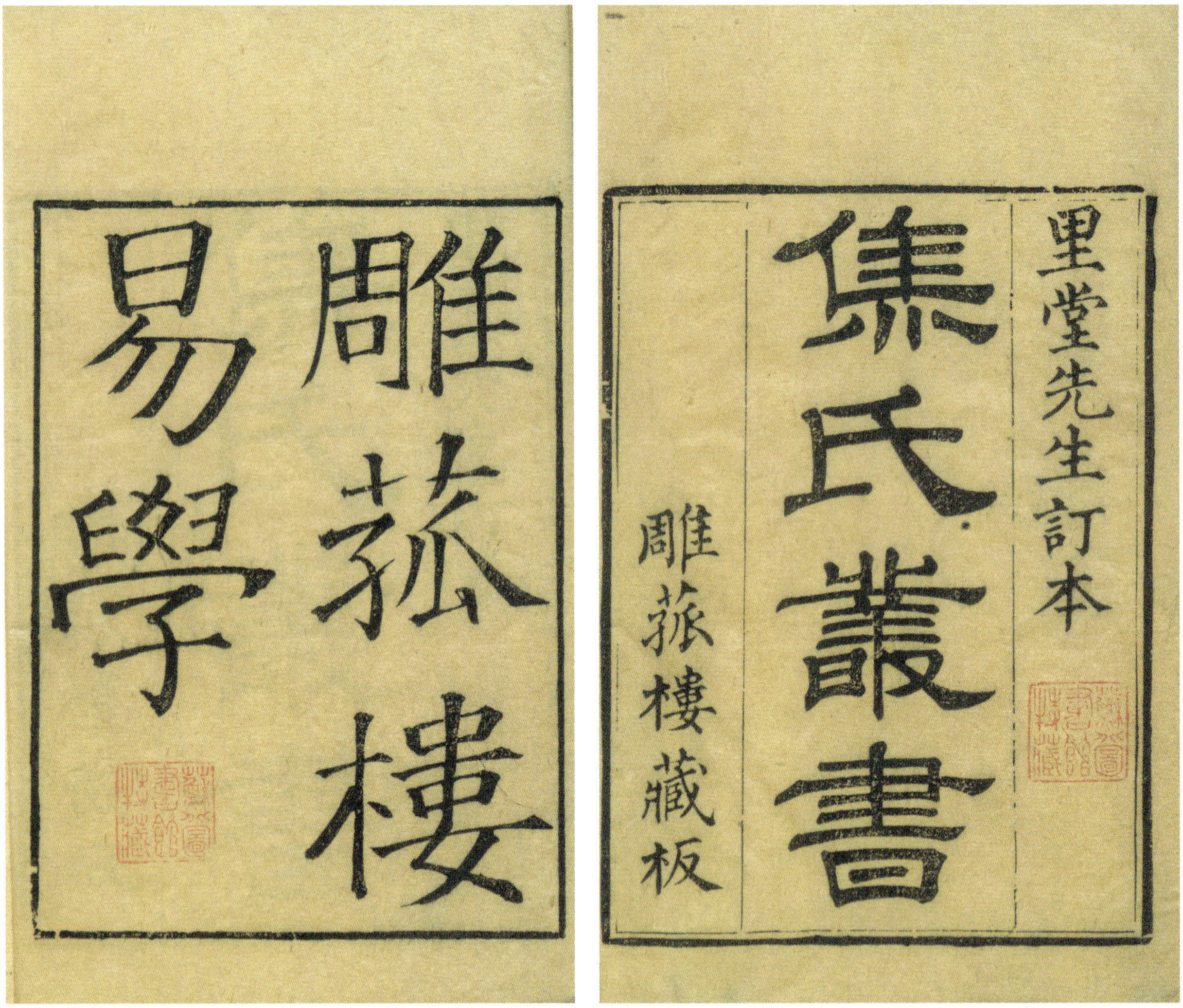

焦氏丛书九种附一种

〔清〕焦循撰　清嘉庆、道光间江都焦氏雕菰楼刻本　三十七册

半叶十行，行二十一字，小字双行同。黑口，左右双边，无鱼尾。版框高18.1厘米，宽13.3厘米。

焦循（1763—1820），生平简介见前“论语通释”条。

《焦氏丛书》为焦循所著书籍的合集，所收主要分三类：一为易学著作，如《雕菰楼易学三书》《易话》等；二为经学著作，如《六经补疏》《孟子正义》等；

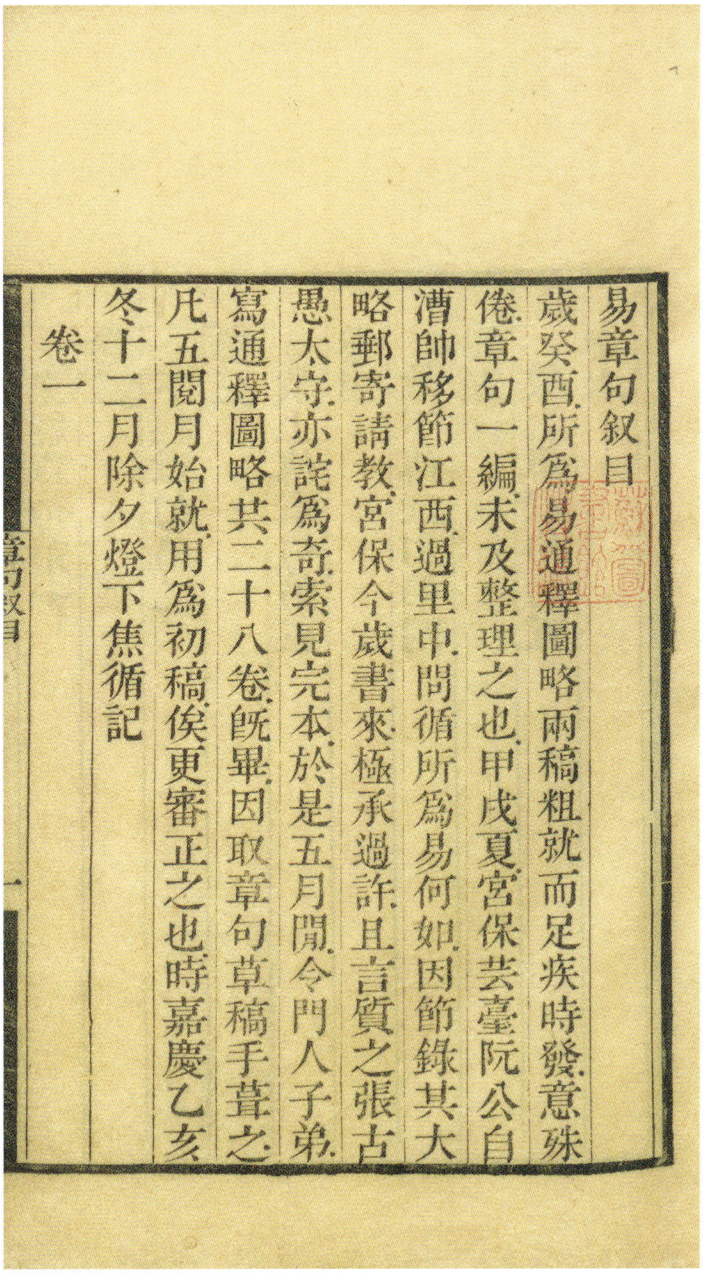

易章句敘目
歲癸酉所爲易通釋圖略兩稿粗就而足疾時發意殊倦章句一編未及整理之也甲戌夏宮保芸臺阮公自漕帥移節江西過里中問循所爲易何如因節錄其大略郵寄請教宮保令歲書來極承過許且言質之張古愚太守亦詫爲奇索見完本於是五月閒令門人子弟寫通釋圖略共二十八卷既畢因取章句草稿手葺之凡五閱月始就用爲初稿俟更審正之也時嘉慶乙亥冬十二月除夕燈下焦循記
卷一

章句敘目　一

三为数学著作，如《里堂学算记》。另有《北湖小志》，为扬州地方志书史料。它集中展现了焦循在经学、数学等多个领域的学术成就和思想，对后世的学术研究产生了深远的影响。

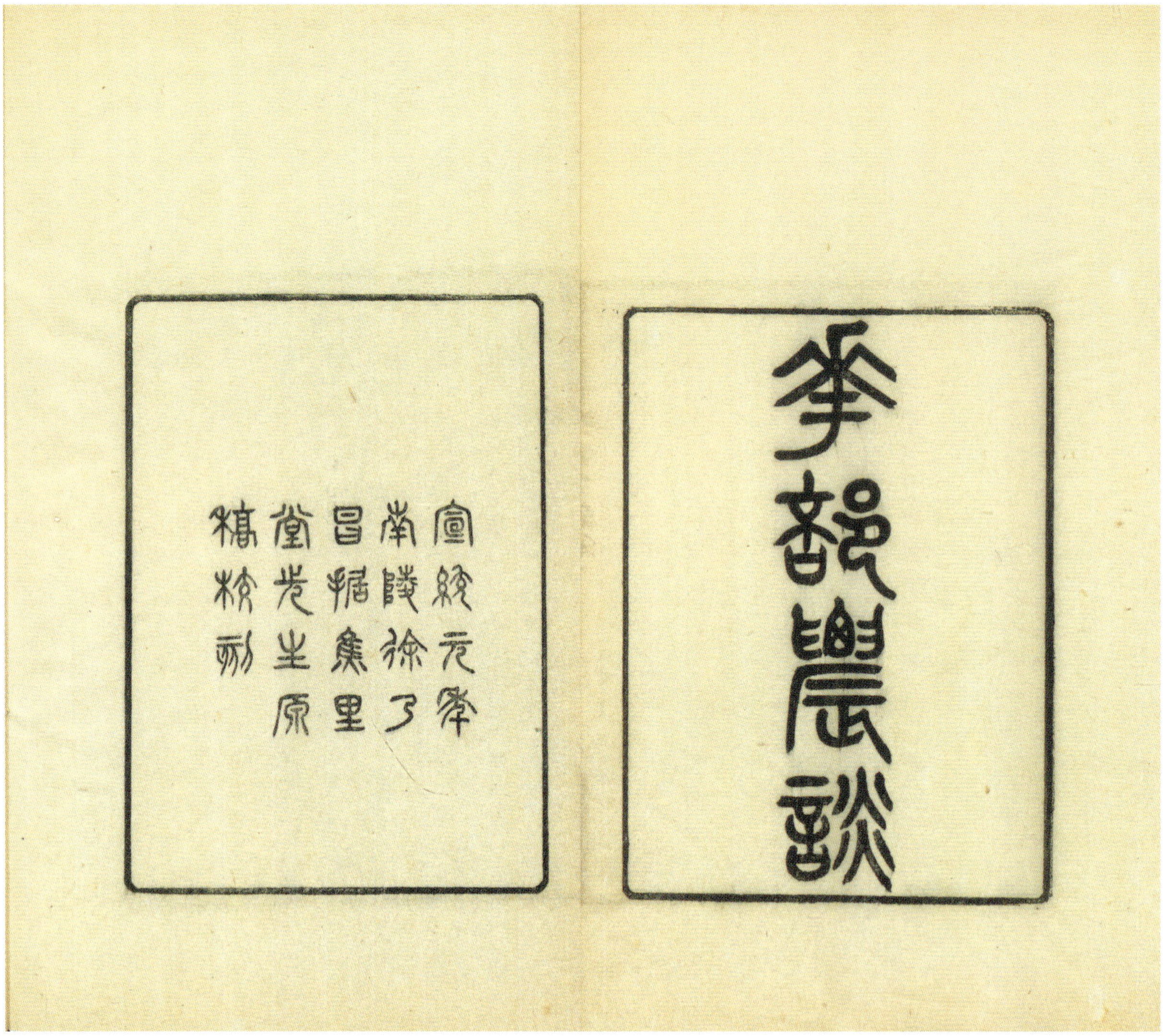

花部农谭一卷

〔清〕焦循撰　清宣统元年（1909）南陵徐氏刻《怀豳杂俎》本

半叶十行，行二十字。黑口，左右双边，上单鱼尾。版框高 14.5 厘米，宽 10.9 厘米。

焦循（1763—1820），生平简介见前“论语通释”条。

本书是一部戏曲论著，成书于嘉庆二十四年（1819），是焦循在柳荫豆棚之下和乡邻谈“花部”剧目的札记。古代戏曲发展到清中叶，众多地方剧种

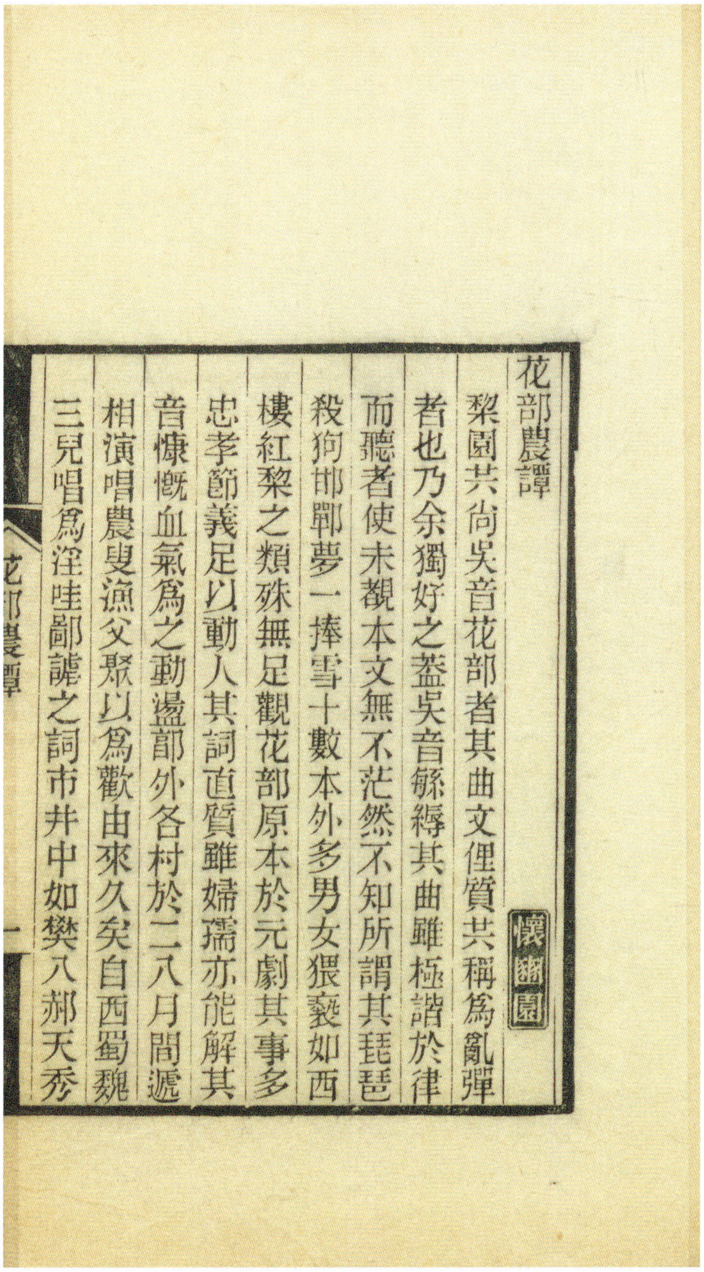
花部農譚

梨園共尚吳音花部者其曲文俚質共稱為亂彈者也乃余獨好之蓋吳音繁縟其曲雖極諧於律而聽者使未覩本文無不茫然不知所謂其琵琶殺狗邯鄲夢一捧雪十數本外多男女猥褻如西樓紅梨之類殊無足觀花部原本於元劇其事多忠孝節義足以動人其詞直質雖婦孺亦能解其音慷慨血氣為之動盪郊外各村於二八月間遞相演唱農叟漁父聚以為歡由來久矣自西蜀魏三兒唱為淫哇鄙謔之詞市井中如樊八郝天秀

花部農譚　一

蓬勃兴起，但遭文人雅士鄙视，绝少被留意和论述。然而，焦循却对“花部”戏曲情有独钟，撰成此书以阐述其戏曲主张。焦循选取了十部著名的“花部”剧目，详细叙述剧情，并加以考证和评论。本书是中国戏曲理论批评史上第一部系统研究地方戏曲的专门论著，为后人研究地方戏曲提供了珍贵的资料和理论依据。

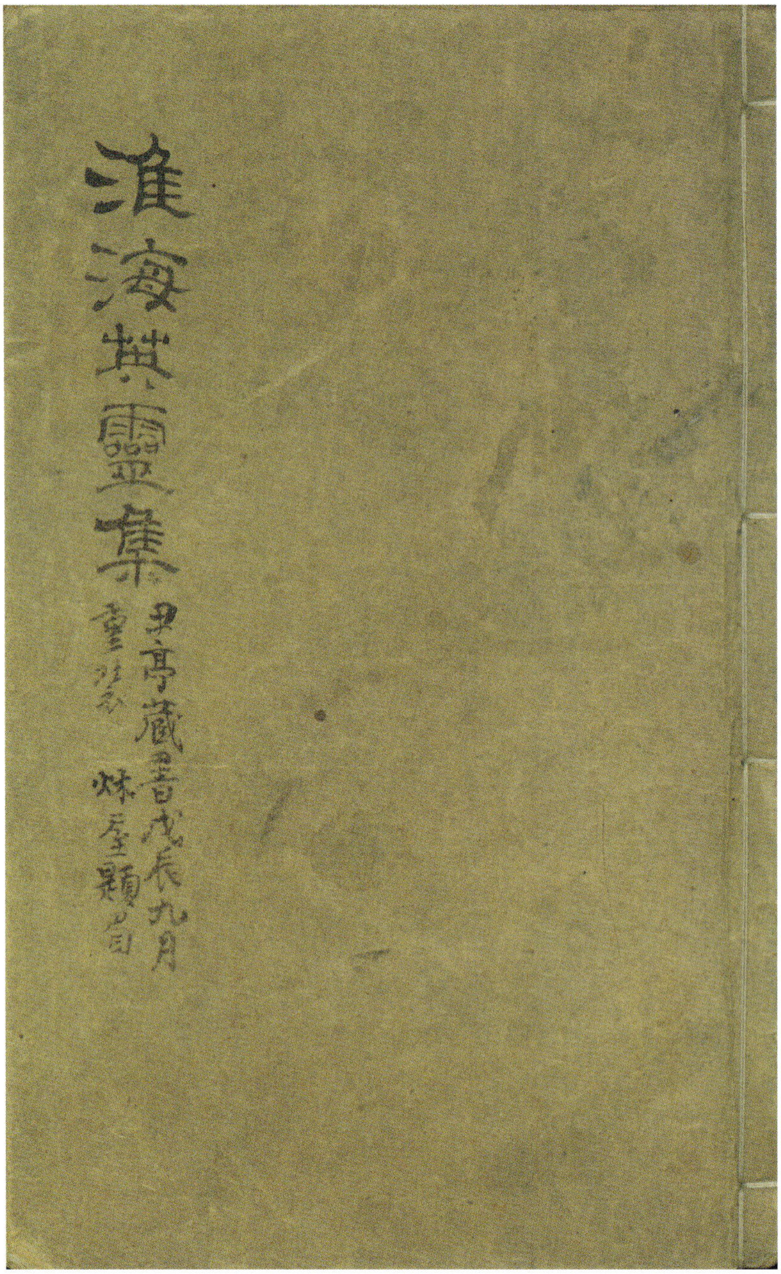

淮海英灵集二十二卷

〔清〕阮元辑　清嘉庆三年（1798）小琅嬛仙馆刻本　十册

半页十二行，行二十三字，小字双行同。白口，左右双边，上单黑鱼尾。版框高 18.7 厘米，宽 14.2 厘米。

阮元（1764—1849），字伯元，号芸台，别号雷塘庵主，晚号怡性老人，江苏仪征人。乾隆五十四年（1789）进士，历官山东、浙江学政，兵部、礼部、户部侍郎，湖广、两广、云贵总督等。道光朝为体仁阁大学士，加太傅，谥文达。其学由经籍训诂，求证于金石，扩大到天文、历算、舆地等，尤以治经名世。其诗多纪游题咏

淮海英灵集二十二卷

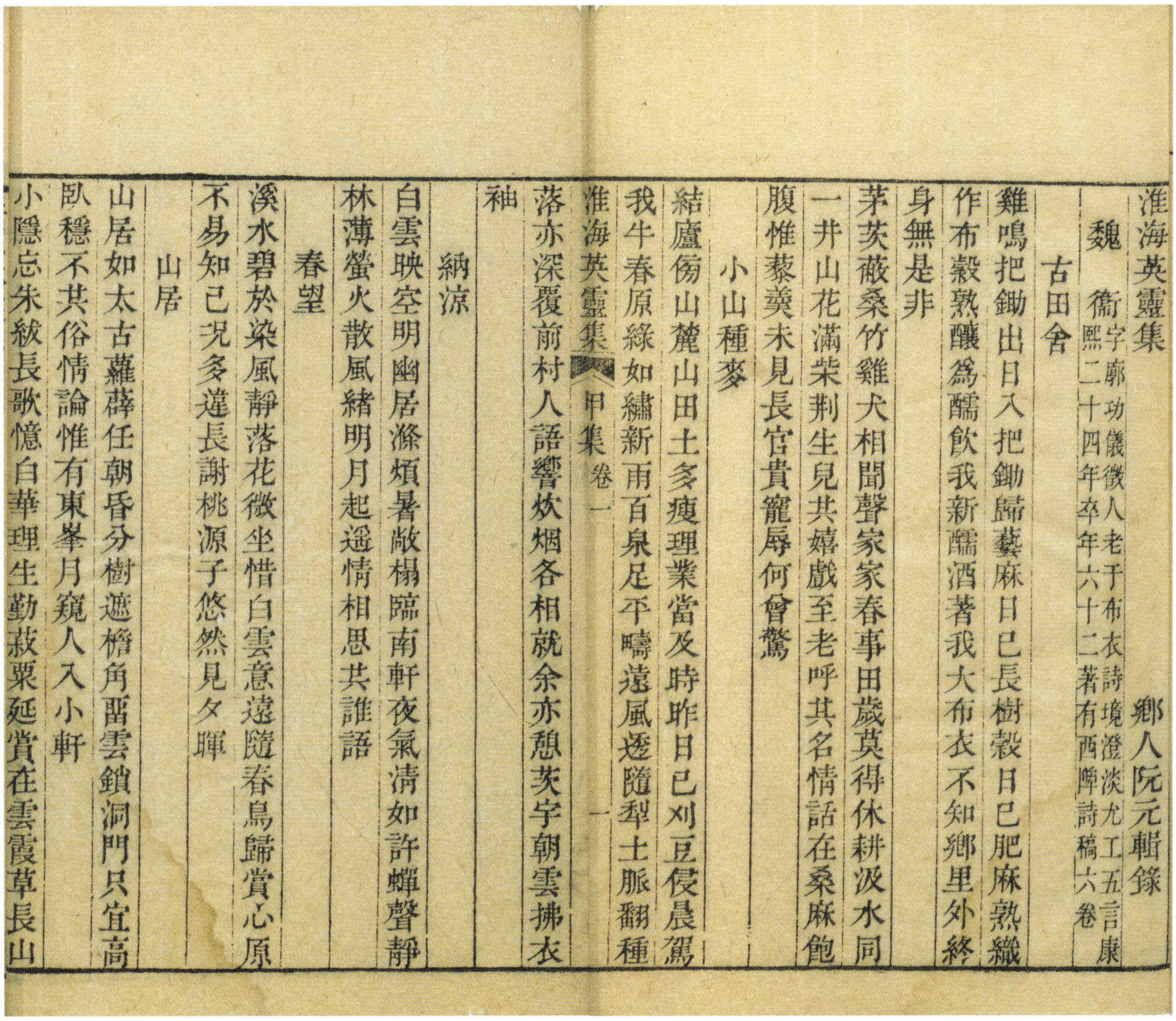
淮海英靈集

鄉人阮元輯錄

魏衢 字廓功儀徵人老于布衣詩境澄淡尤工五言康熙二十四年卒年六十二著有西陴詩稿六卷

古田舍

雞鳴把鋤出日入把鋤歸蓺麻日已長樹穀日已肥麻熟織作布穀熟釀爲醹飲我新醹酒著我大布衣不知鄉里外終身無是非

茅茨蔽桑竹雞犬相聞聲家家春事田歲莫得休耕汲水同一井山花滿柴荆生兒共嬉戲至老呼其名情話在桑麻飽腹惟藜羹未見長官貴寵辱何曾驚

小山種麥

結廬傍山麓山田土多瘦理業當及時昨日已刈豆侵晨駕我牛春原綠如繡新雨百泉足平疇遠風逶隨犁土脈翻種落亦深覆前村人語響炊烟各相就余亦憩茨宇朝雲拂衣袖

淮海英靈集 甲集 卷一 一

納涼

白雲映空明幽居滌煩暑敞榻臨南軒夜氣清如許蟬聲靜林薄螢火散風緒明月起遥情相思共誰語

春望

溪水碧於染風靜落花微坐惜白雲意遠隨春鳥歸賞心原不易知己況多違長謝桃源子悠然見夕暉

山居

山居如太古蘿薜任朝昏分樹遮檐角留雲鎖洞門只宜高臥穩不共俗情論惟有東峯月窺人入小軒

小隱忘朱紱長歌憶白華理生勤菽粟延賞在雲霞草長山

之作，工整清丽。所作碑铭记传、论说考据等散体文及骈文都写得渊懿闲雅，呈现出一种学者兼达官的华贵气派。著有《揅经室集》，编有《经籍纂诂》《十三经注疏》《皇清经解》《两浙金石志》等。

《淮海英灵集》是阮元主持编辑的一部诗歌总集。该书收录了清初至本书编纂时扬州府（含通州、如皋等）的八百六十多位已故诗人的诗作，近三千首。对所收诗人的著录，大体遵循简叙生平、明其著述、评其诗风、摘其佳作这四个步骤。具有较高的地域文化价值，对“淮海文化圈”的形成及成熟而言，无疑是一个标志性工程，其在江淮及中国地域文化史上的意义不可低估。

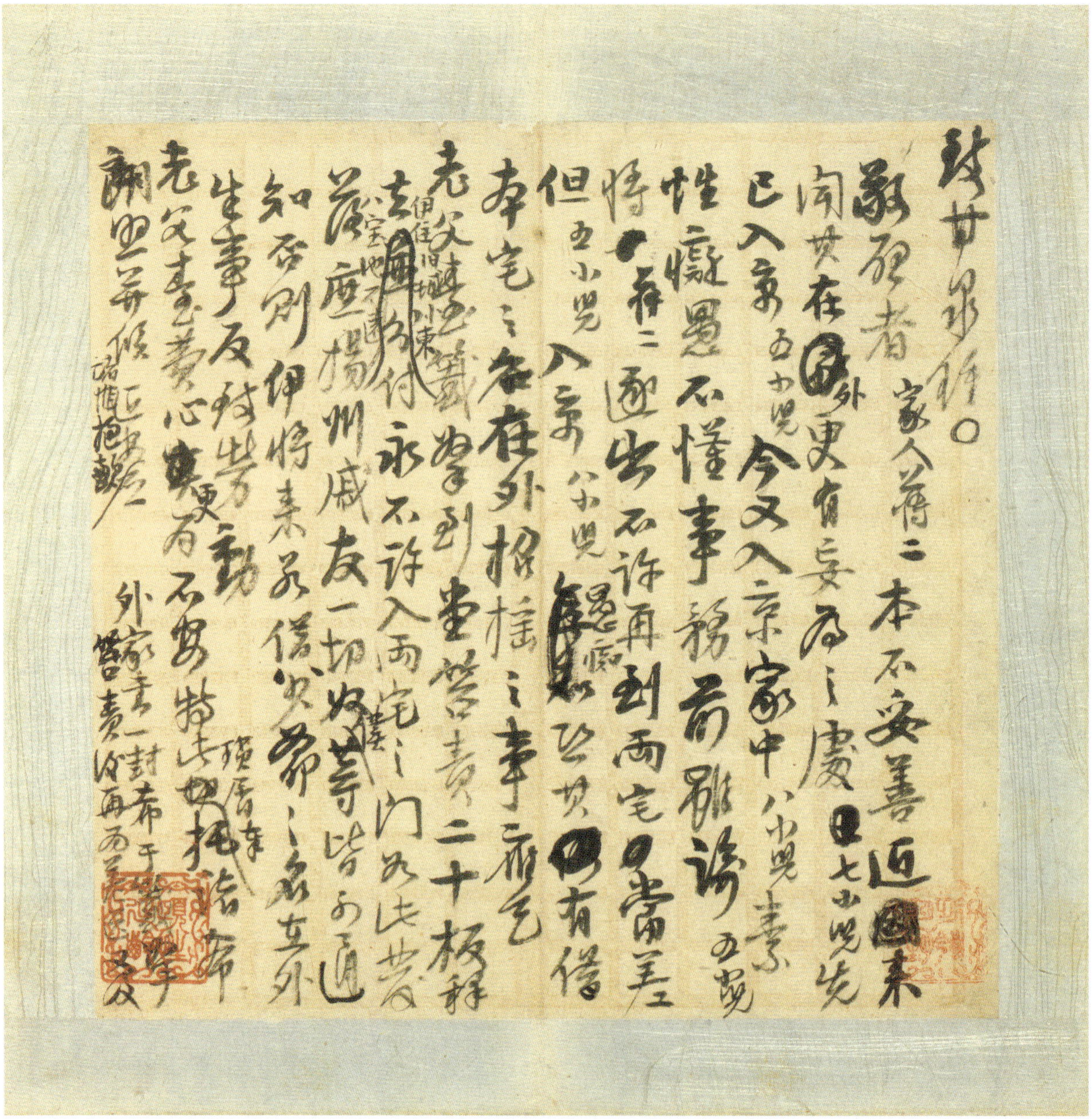

阮元家书

〔清〕阮元撰　稿本　八开

册页装，行款不等。开本高 26.5 厘米，宽 12.9 厘米。有“积古斋”“颐性延龄”印。

阮元（1764—1849），生平简介见前“淮海英灵集”条。

该书书写时行、草夹杂成篇，多为草稿，也非完全是家书，混入致外人函和奏折稿残页。装帧时，以单片笺札表制成册。每页（折）可视为信函一通（件），

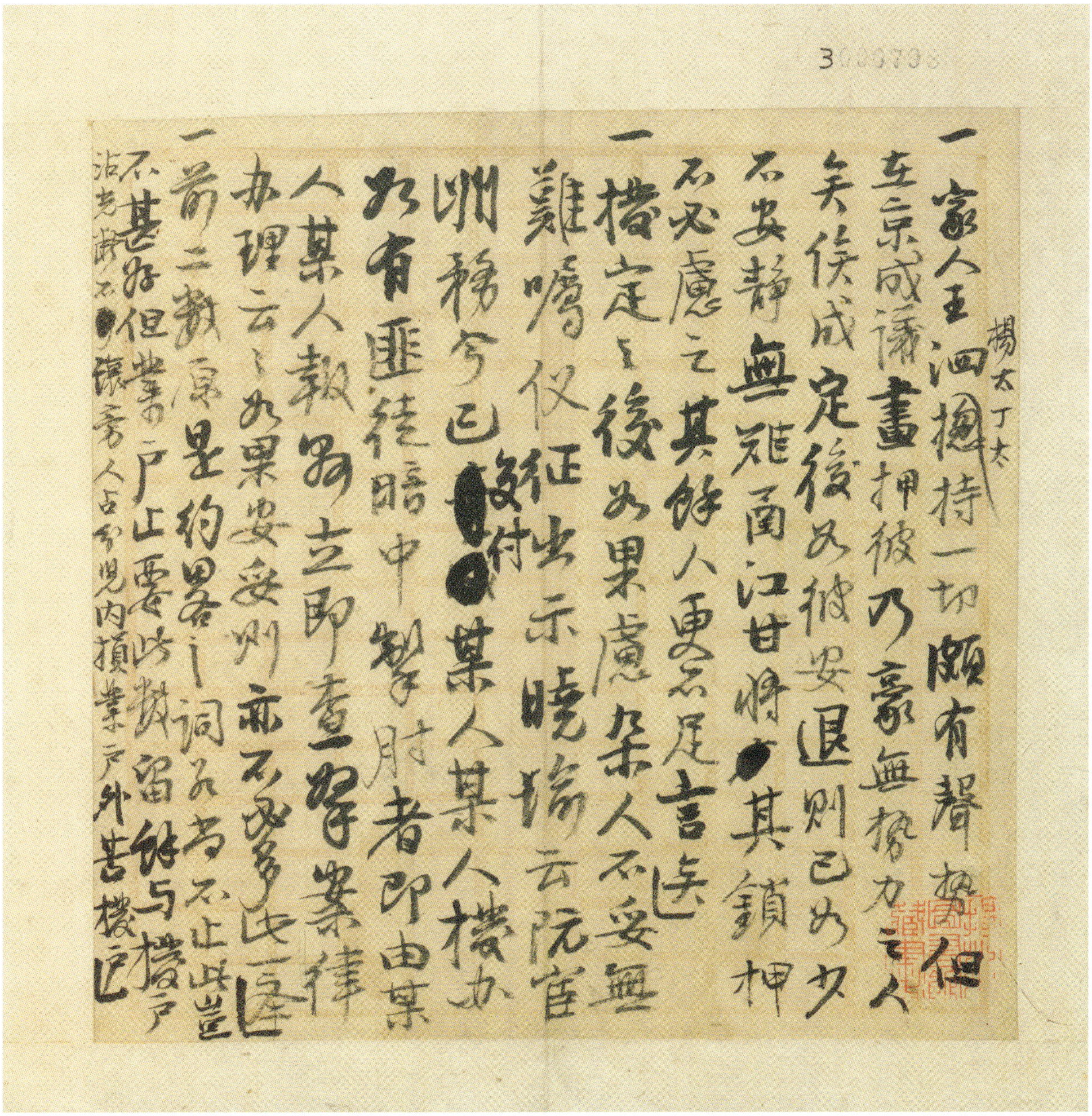

八页则为八通。此八通信函，主要记载阮元家中、族中及与社会各界交连的鲜为人知的事。阮元的书法造诣颇高，在清代极负盛名。此稿行、草夹杂，圈点涂改随处可见。书风多变，或平稳舒和，或跌宕多姿，字间行气得自然之妙，可窥阮元之真性情。具有较高的史料价值和艺术价值。

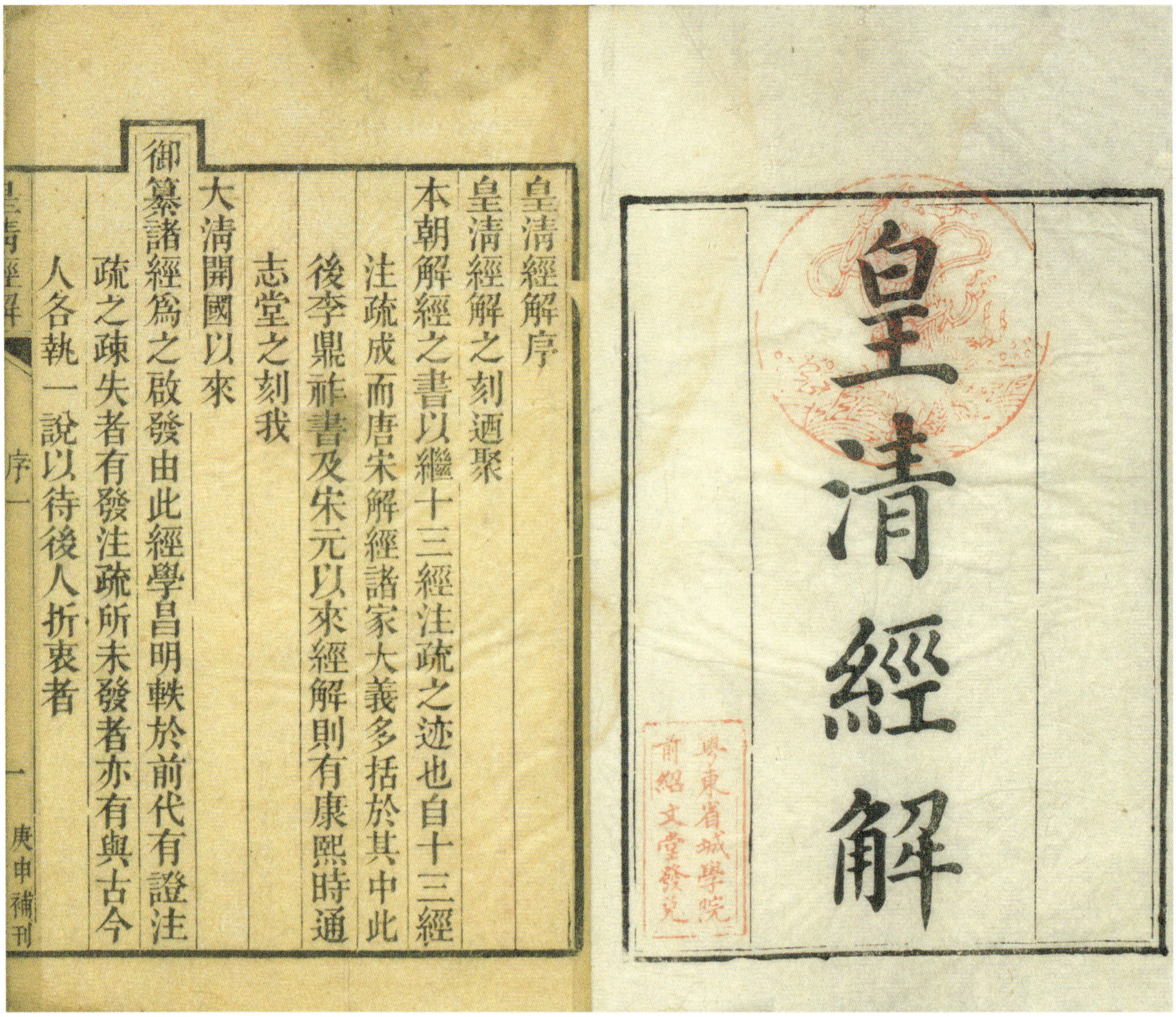
皇清經解序
皇清經解之刻迺聚
本朝解經之書以繼十三經注疏之迹也自十三經
注疏成而唐宋解經諸家大義多括於其中此
後李鼎祚書及宋元以來經解則有康熙時通
志堂之刻我
大清開國以來
御纂諸經爲之啟發由此經學昌明軼於前代有證注
疏之疎失者有發注疏所未發者亦有與古今
人各執一說以待後人折衷者

皇清經解　序　一　庚申補刊

皇清經解

皇清经解一千四百卷

〔清〕阮元辑　清道光九年（1829）广东学海堂刻咸丰十年（1860）补刻本　三百五十九册　存九十四种

半页十一行，行二十四字，小字双行同。白口，左右双边，上单黑鱼尾。版框高 18.7 厘米，宽 13.8 厘米。

阮元（1764—1849），生平简介见前“淮海英灵集”条。

是书为阮元主持编纂的大型经学丛书。道光初，阮元在两广总督任上

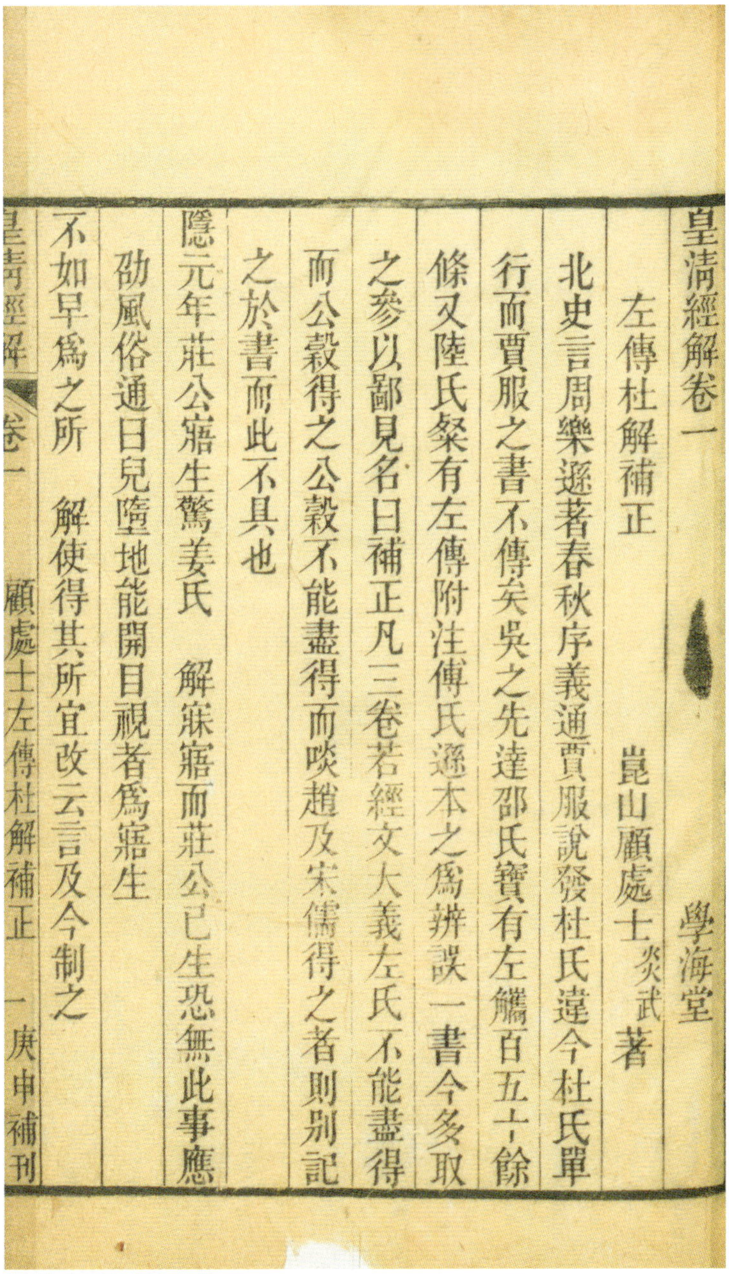
皇清經解卷一　學海堂
左傳杜解補正　崑山顧處士炎武著
北史言周樂遜著春秋序義通賈服說發杜氏違今杜氏單行而賈服之書不傳矣吳之先達邵氏寶有左觿百五十餘條又陸氏粲有左傳附注傅氏遜本之爲辨誤一書今多取之參以鄙見名曰補正凡三卷若經文大義左氏不能盡得而公穀得之公穀不能盡得而啖趙及宋儒得之者則別記之於書而此不具也
隱元年莊公寤生驚姜氏　解寐寤而莊公已生恐無此事應劭風俗通曰兒墮地能開目視者爲寤生
不如早爲之所　解使得其所宜改云言及今制之
皇清經解　卷一　顧處士左傳杜解補正　一　庚申補刊

时，于广州越秀山麓建学海堂，延请著名学者任教，并汇集了清初至乾嘉间经学著作七十余家、一百八十余种，共一千四百余卷，整理成《皇清经解》（又称《学海堂经解》）。这百余种名著的作者有顾炎武、阎若璩、戴震、段玉裁、王念孙、焦循等，均为经学考据大家。本书是对乾嘉学术的一次全面总结，为后世研究经学提供了丰富的文献资料，对清代及以后的经学发展产生了极其重要的影响。

揅经室集五十四卷

〔清〕阮元撰　清道光间扬州阮氏文选楼刻本　十九册

半叶十行，行二十字。白口，四周双边，上单黑鱼尾。版框高19.3厘米，宽14厘米。

阮元（1764—1849），生平简介见前“淮海英灵集”条。

《揅经室集》是阮元自编定稿的个人文集。其一生著述，除他领衔主编的《经籍籑诂》《十三经注疏校勘记》《山左金石志》《两浙金石志》《畴人传》等书外，大部分均收入此集，比较集中和系统地反映了他的学术观点和治学方法。

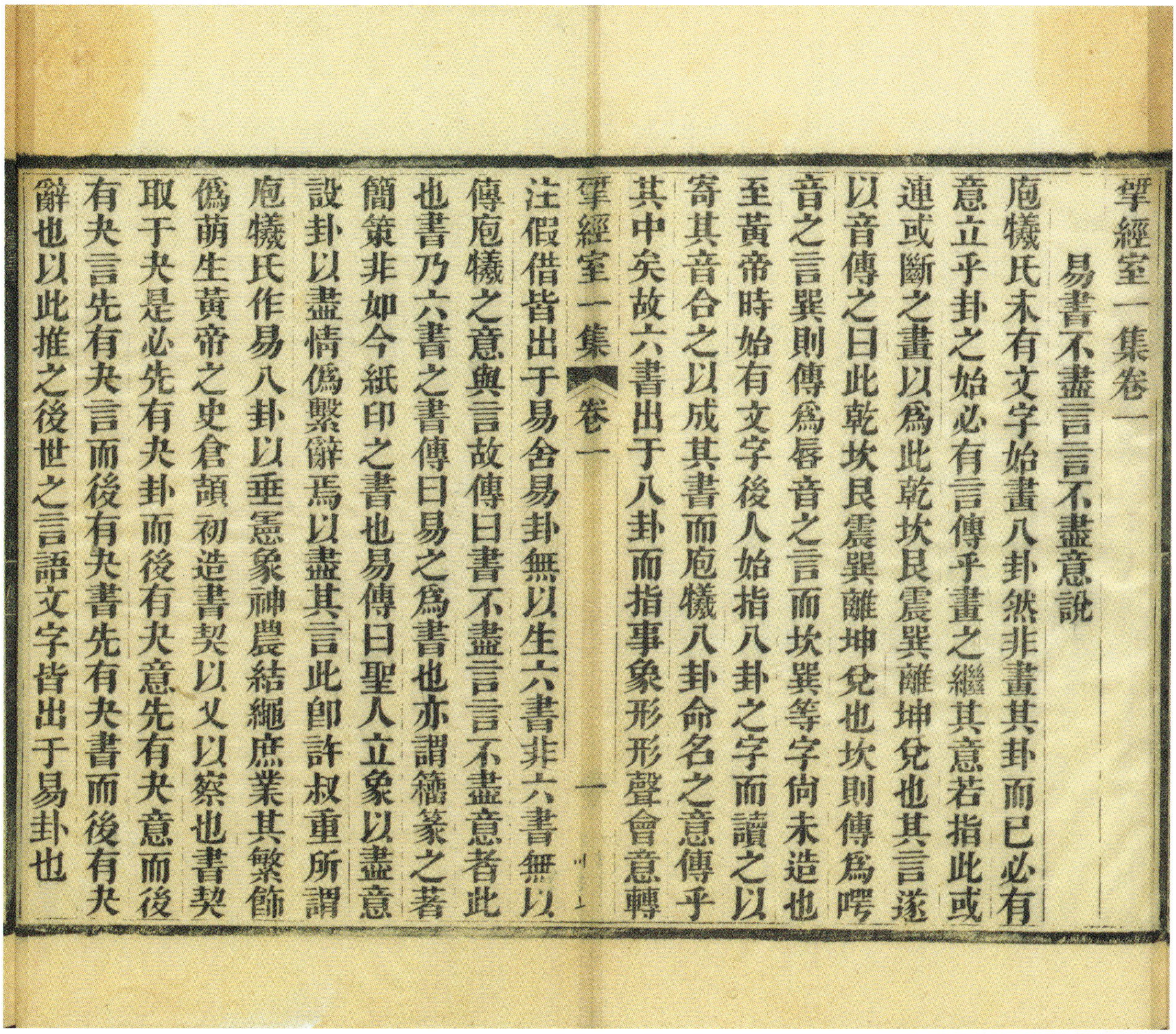

揅經室一集卷一

易書不盡言言不盡意說

庖犧氏未有文字始畫八卦然非畫其卦而已必有意立乎卦之始必有言傳乎畫之繼其意若指此或連或斷之畫以爲此乾坎艮震巽離坤兌也其言遂以音傳之曰此乾坎艮震巽離坤兌也坎則傳爲嘐音之言巽則傳爲唇音之言而坎巽等字倘未造也至黃帝時始有文字後人始指八卦之字而讀之以寄其音合之以成其書而庖犧八卦命名之意傳乎其中矣故六書出于八卦而指事象形形聲會意轉

揅經室一集　卷一　一

注假借皆出于易舍易卦無以生六書非六書無以傳庖犧之意與言故傳曰書不盡言言不盡意者此也書乃六書之書傳曰易之爲書也亦謂籀篆之著簡策非如今紙印之書也易傳曰聖人立象以盡意設卦以盡情僞繫辭焉以盡其言此卽許叔重所謂庖犧氏作易八卦以垂憲象神農結繩庶業其繁飾僞萌生黃帝之史倉頡初造書契以乂以察也書契取于夬是必先有夬卦而後有夬意先有夬意而後有夬言先有夬言而後有夬書先有夬書而後有夬辭也以此推之後世之言語文字皆出于易卦也

全书分《揅经室一集》十四卷、《二集》八卷、《三集》五卷、《四集》二卷、《四集诗》十一卷、《续集》九卷、《外集》五卷，后又陆续增刻。《外集》为四库未收书提要一百七十余种，自称此篇半不出于己笔，即一篇之中，创改亦复居半，文不必存而书应存，可别题之曰“外集”。

《揅经室集》集中体现了阮元在多个学术领域的顶尖水准，其研究方法和成果为当时众多学者所借鉴，对清代中期以后的学术走向产生了深远影响，无论是经学的进一步深化研究、史学的拓展，还是金石学的繁荣等方面都起到了积极的推动作用。

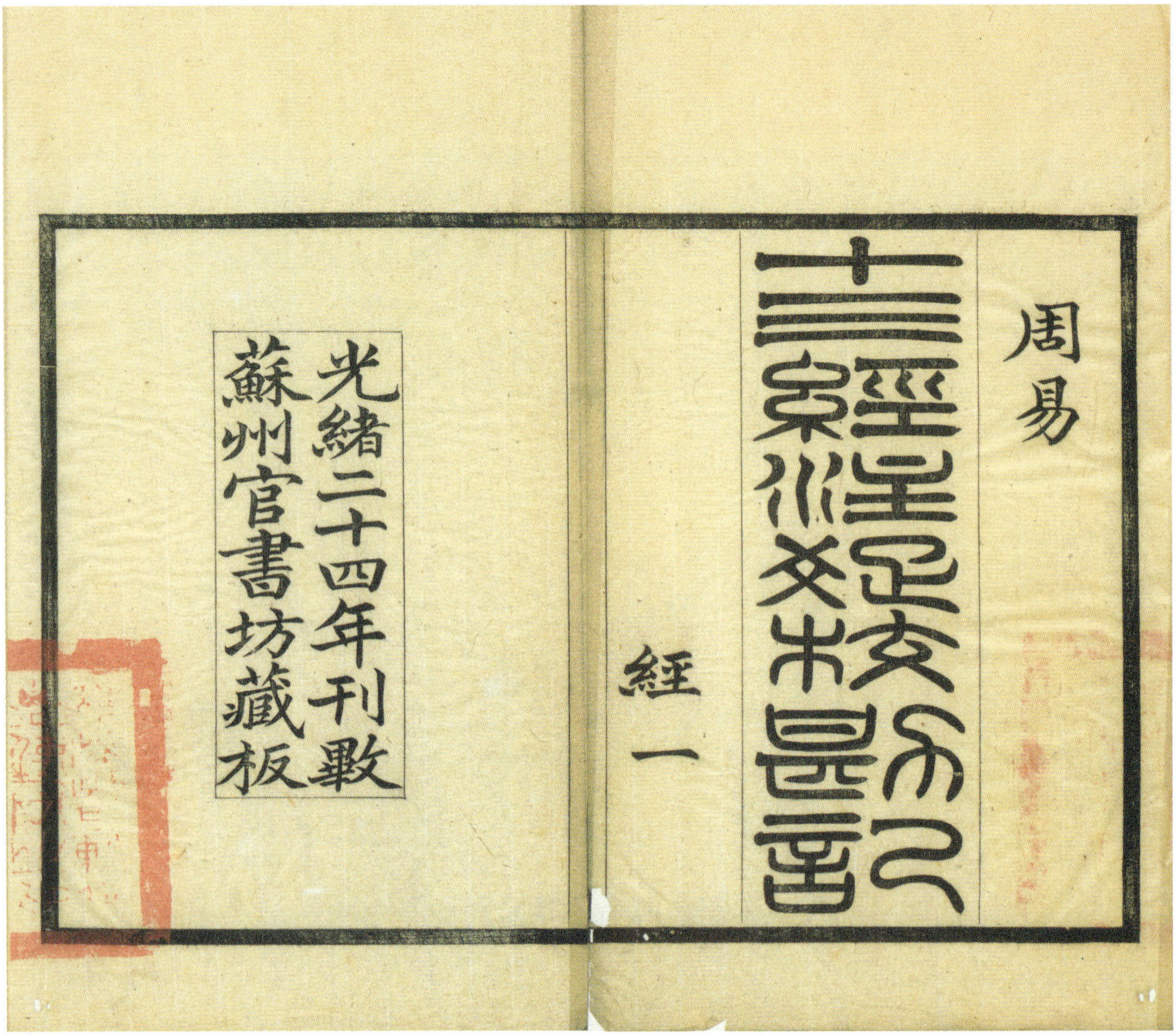

十三经注疏校勘记三百三十卷

〔清〕阮元辑撰　清光绪二十四年（1898）苏州官书坊刻本　一百零五册

半叶十行，行二十三字，小字双行同。黑口，四周单边，双顺黑鱼尾。版框高 19.3 厘米，宽 14.3 厘米。

阮元（1764—1849），生平简介见前“淮海英灵集”条。

本书由阮元主持辑刻，是十三部儒家经典注疏的汇编，包括《易经》《诗经》《尚书》《周礼》《礼记》《仪礼》《公羊传》《穀梁传》《左传》《孝经》《论语》《尔

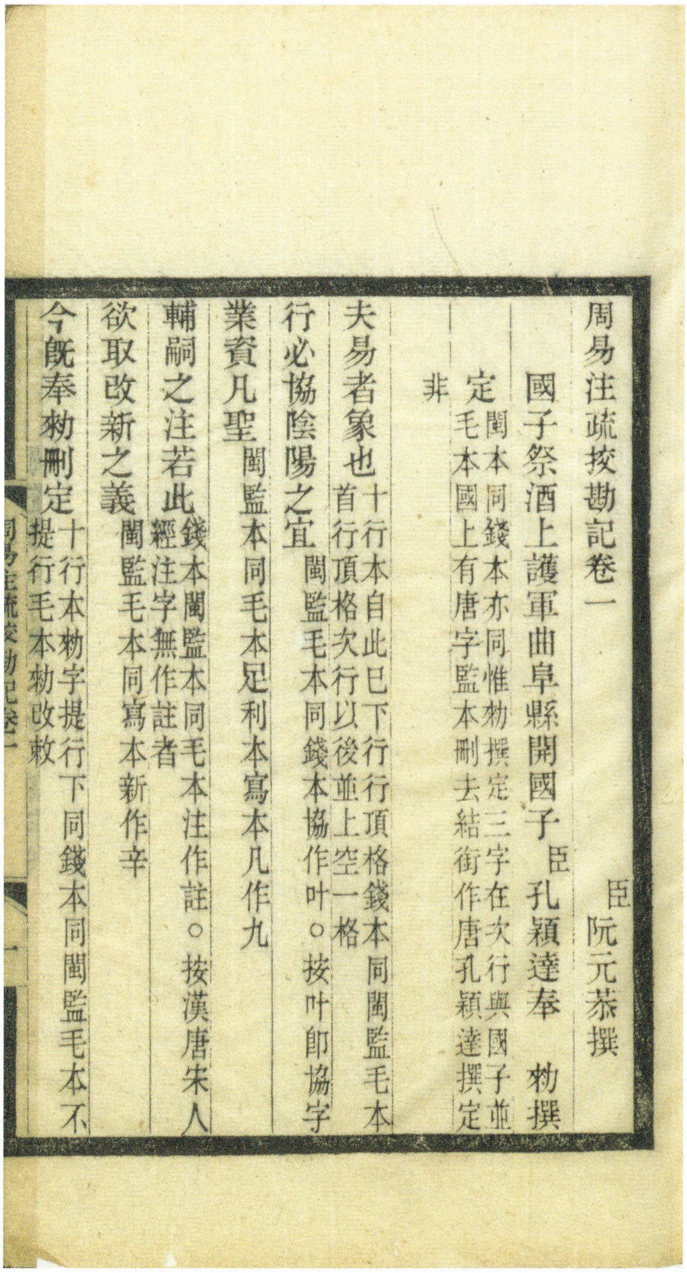
周易注疏挍勘記卷一

臣阮元恭撰

國子祭酒上護軍曲阜縣開國子臣孔穎達奉勑撰

定閩本同錢本亦同惟勑撰定三字在次行與國子並非毛本國上有唐字監本刪去結銜作唐孔穎達撰定

夫易者象也十行本自此已下行行頂格錢本同閩監毛本首行頂格次行以後並上空一格

行必協陰陽之宜閩監毛本同錢本協作叶。按叶即協字

業資凡聖閩監本同毛本凡利本寫本凡作九

輔嗣之注若此錢本閩監本同毛本注作註。按漢唐宋人經注字無作註者

欲取改新之義閩監毛本同寫本新作辛

今既奉勑刪定十行本勑字提行下同錢本同閩監毛本不提行毛本勑改敕

周易注疏挍勘記卷一 一

雅》《孟子》等，内容博大，囊括了中国古代传统文化的诸多方面。历代解释“十三经”的著作很多，阮元主持所编之《十三经注疏》，裒集宋本，以十行本为主，并广校唐石经等古本，撰《校勘记》附于诸经卷末，是迄今为止最为完善的本子。《十三经注疏》是研究中国古代文化的重要参考资料，从某种意义上来说，又是中国古代文化的百科全书。

经义述闻三十二卷

〔清〕王引之撰　清道光七年（1827）北京寿藤书屋刻本　二十四册

半叶十行，行二十一字。白口，左右双边，上单黑鱼尾。版框高16.9厘米，宽13厘米。

王引之（1766—1834），字伯申，号曼卿，江苏高邮人。王念孙之子，与父合称“高邮二王”。嘉庆四年（1799）进士，授编修，擢侍讲，历官至工部尚书。谥文简。其学力主通核，不尚墨守。传父音韵、训诂学，且推而广之，撰《经义述闻》《经传释词》，凡古人误解者，独能旁征曲引，得其本原。

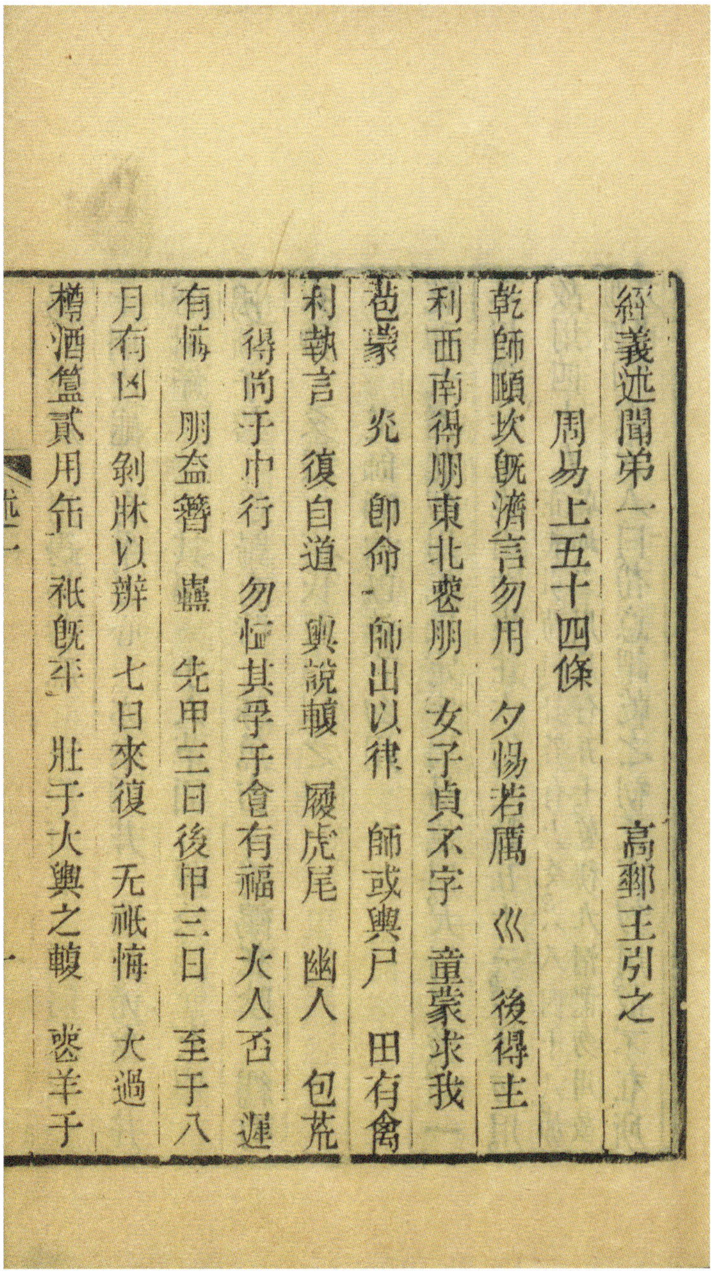

經義述聞第一　　高郵王引之
周易上五十四條
乾師頤坎既濟言勿用　夕惕若厲　巛　後得主
利西南得朋東北喪朋　女子貞不字　童蒙求我
苞蒙　允　即命　師出以律　師或輿尸　田有禽
利執言　復自道　輿說輹　履虎尾　幽人　包荒
得尚于中行　勿恤其孚于食有福　大人否　遲
有悔　朋盍簪　蠱　先甲三日後甲三日　至于八
月有凶　剝牀以辨　七日來復　无祇悔　大過
樽酒簋貳用缶　祇既平　壯于大輿之輹　喪羊于
述一

《经义述闻》一书，对《周易》《尚书》《毛诗》《左传》《公羊传》《穀梁传》等诸书加以考辨训释，审定句读、讹字、衍文、脱简。因其训释多为述其父王念孙之说，故名《经义述闻》。该书是一部训诂文字学的重要参考书，在学术上具有重要价值，它将文字、音韵、训诂三者结合，突破古训，校正讹误，创立新解，大大提升了经典解读的客观性和历史性，降低了主观随意性，是清代乾嘉学派的重要代表作之一，对后世的经学研究和古代文献整理产生了深远的影响，被誉为“训诂之学至是圆满”。

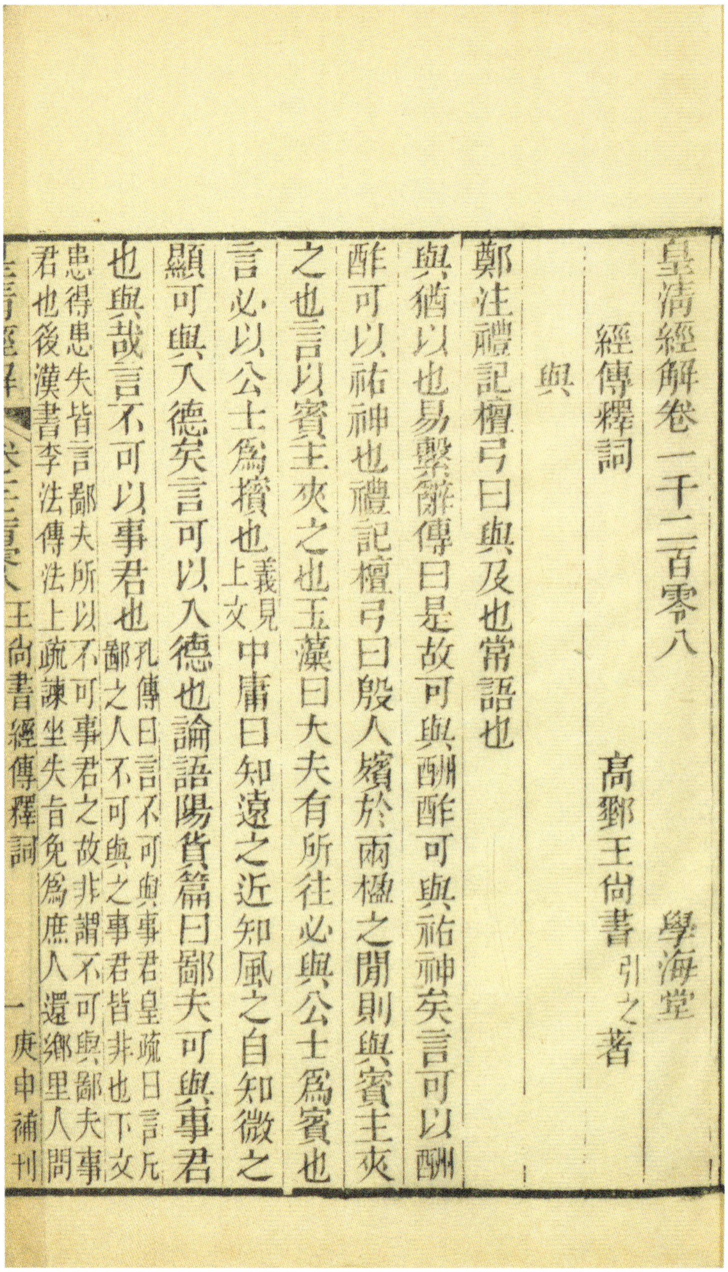
皇清經解卷一千二百零八 學海堂
經傳釋詞 高郵王尚書引之著
與
鄭注禮記檀弓曰與及也常語也
與猶以也易繫辭傳曰是故可與酬酢可與祐神矣言可以酬酢可以祐神也禮記檀弓曰殷人殯於兩楹之閒則與賓主夾之也言以賓主夾之也玉藻曰大夫有所往必與公士爲賓也言必以公士爲擯也義見上文中庸曰知遠之近知風之自知微之顯可與入德矣言可以入德也論語陽貨篇曰鄙夫可與事君也與哉言不可以事君也孔傳曰言不可與事君皇疏曰言凡鄙之人不可與之事君皆非也下文患得患失皆言鄙夫所以不可事君之故非謂不可與鄙夫事君也後漢書李法傳法上疏諫坐失旨免爲庶人還鄉里人問
皇清經解卷千二百八 王尚書經傳釋詞 一 庚申補刊

经传释词十卷

〔清〕王引之撰　清道光九年（1829）广东学海堂刻咸丰十一年（1861）补刻《皇清经解》本　二册

半叶十一行，行二十四字，小字双行同。白口，左右双边，上单黑鱼尾。版框高 18.5 厘米，宽 13.9 厘米。

王引之（1766—1834），生平简介见前“经义述闻”条。

《经传释词》十卷，搜集周、秦、西汉古籍中虚词一百六十个，按其声母编

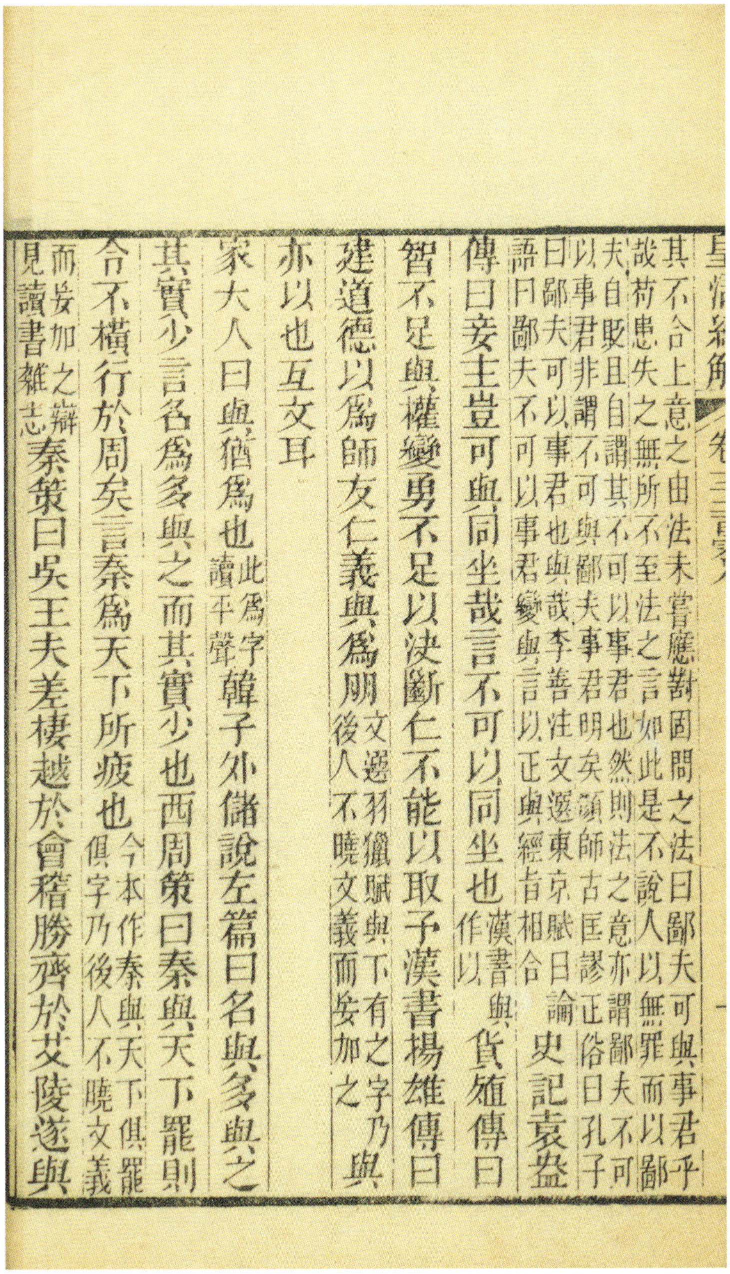
皇清經解

其不合上意之由法未嘗應對固問之法曰鄙夫可與事君乎哉苟患失之無所不至法之言如此是不說人以無罪而以鄙夫自毀且自謂其不可以事君也然則法之意亦謂鄙夫不可以事君非謂不可與鄙夫事君明矣顏師古匡謬正俗曰孔子曰鄙夫可以事君也與哉李善注文選東京賦曰論語曰鄙夫不可以事君變與言以正與經旨相合史記袁盎傳曰妾主豈可與同坐哉言不可以同坐也漢書與作以貨殖傳曰智不足與權變勇不足以決斷仁不能以取予漢書揚雄傳曰建道德以為師友仁義與為朋文選羽獵賦與下有之字乃與後人不曉文義而妄加之亦以也互文耳

家大人曰與猶為也此為字讀平聲韓子外儲說左篇曰名與多與之其實少言名為多與之而其實少也西周策曰秦與天下罷則令不橫行於周矣言秦為天下所疲也今本作秦與天下俱罷俱字乃後人不曉文義而妄加之辯見讀書雜志秦策曰吳王夫差棲越於會稽勝齊於艾陵遂與

次，以便以声求义。其训释，先述各字用法，后引例证明，究其原委，明其演变，论断多正确。是一部研究古汉语虚词的重要参考书。它为后世学者研究古代汉语虚词提供了重要的范例和方法，后人在研究古代汉语虚词时，常常会借鉴王引之在《经传释词》中的研究思路，如广泛搜集例句、对比分析不同语境下的用法等。

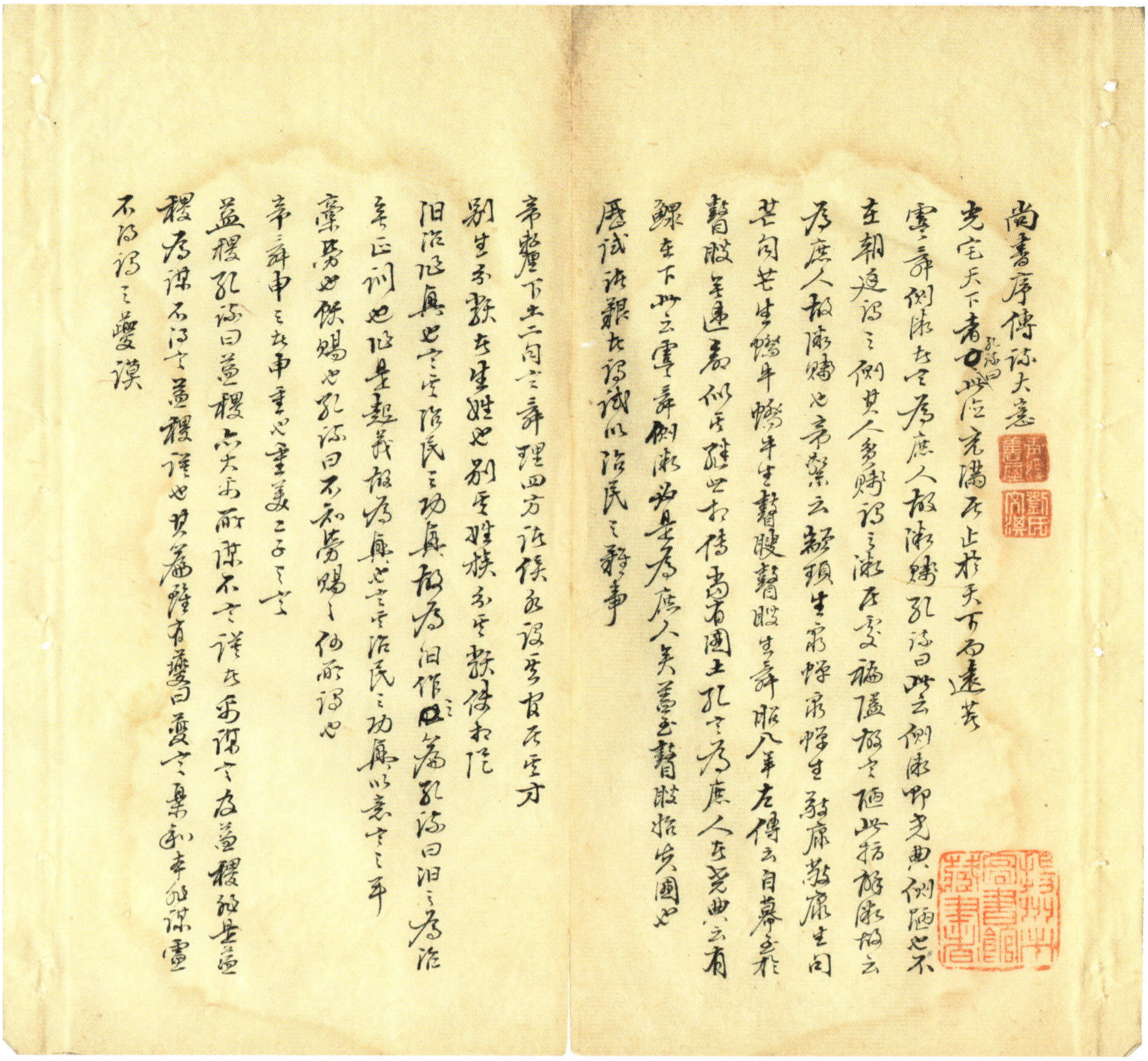
尚書序傳疏大意

尚书传疏大意一卷

〔清〕刘文淇撰　稿本　一册

半页九行，行二十四字。开本高23.7厘米，宽12.8厘米。有“刘氏文淇”“青溪旧屋”印。

刘文淇（1789—1854），生平简介见前“扬州水道记”条。

是书成于道光十年（1830）。包括《尚书序传疏大意》和《尚书传疏大

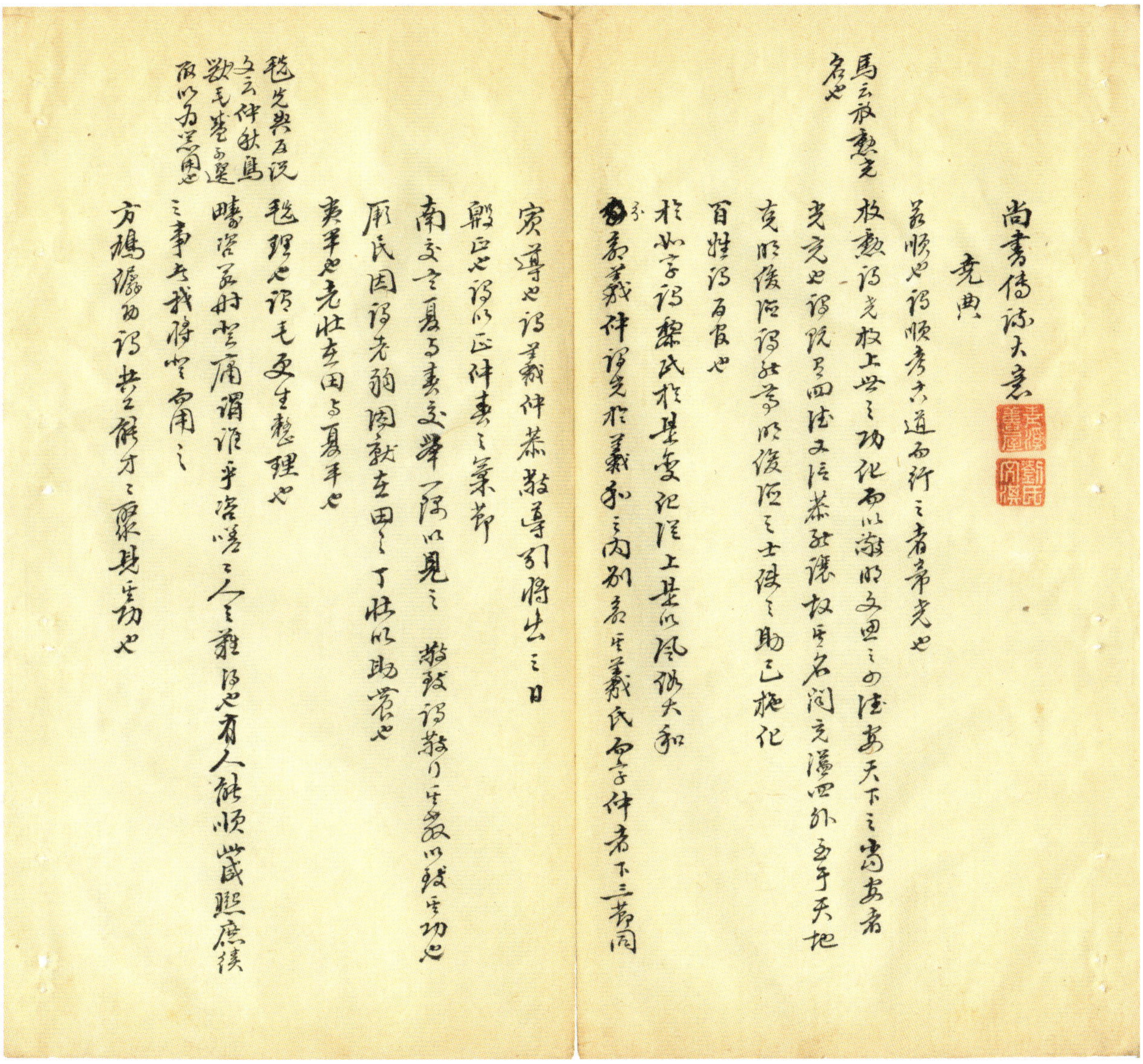
尚书传疏大意
尧典

意》，分别就《尚书序》和《尚书》正文，摘孔安国传、孔颖达疏，间取古说及阮氏《校勘记》，多主一家，间出己意。是书未经传写、刊行，仅存此稿本，极为珍贵。

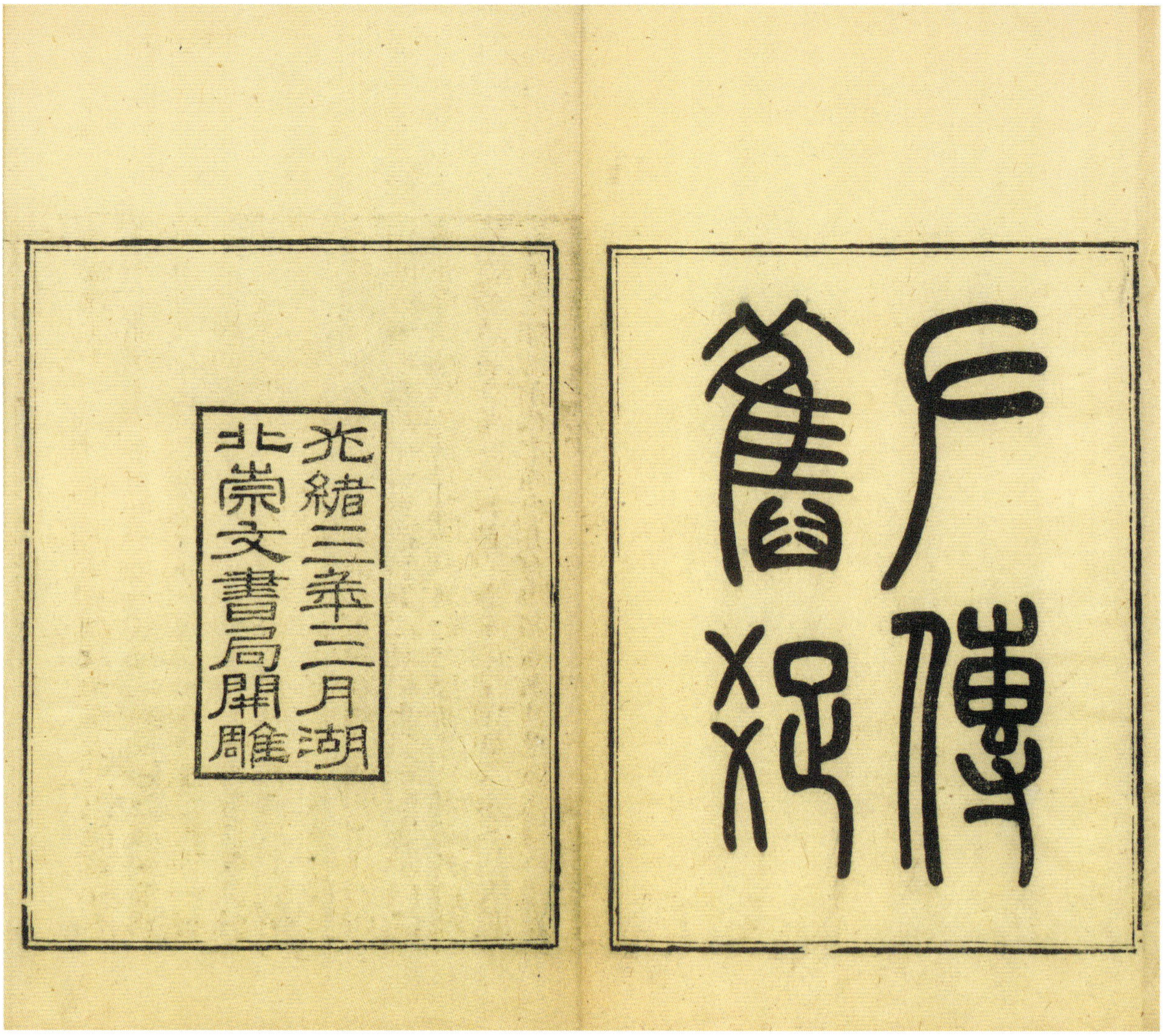

左传旧疏考正八卷

〔清〕刘文淇撰　清光绪三年(1877)湖北崇文书局刻本　四册

半页十二行,行二十四字,小字双行同。黑口,四周双边,双对黑鱼尾。版框高 19.5 厘米,宽 14.9 厘米。

刘文淇(1789—1854),生平简介见前“扬州水道记”条。

本书是刘文淇收集《春秋左氏传》杜注、孔疏以前的旧注疏,并驳正其误的著作。当时社会流行西晋杜预注、唐孔颖达疏,刘文淇认为其中多有不合

左传旧疏考正八卷

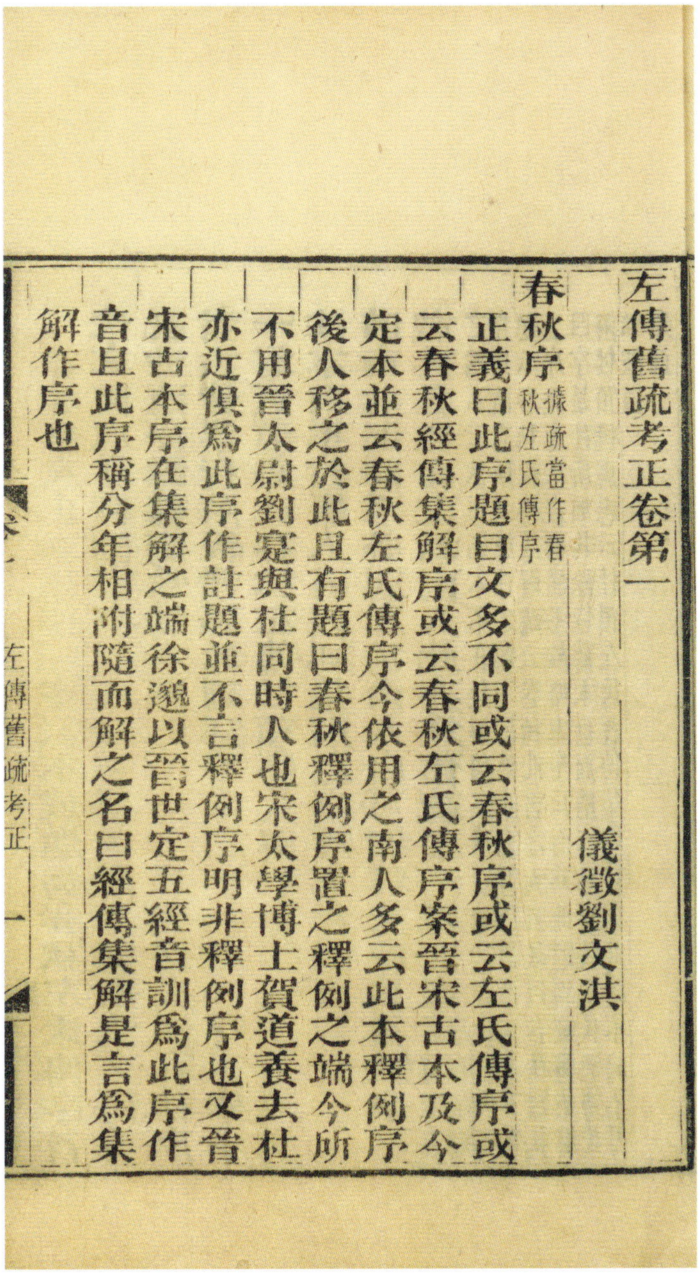
左傳舊疏考正卷第一

儀徵劉文淇

春秋序 據疏當作春秋左氏傳序

正義曰此序題目文多不同或云春秋序或云左氏傳序或云春秋經傳集解序或云春秋左氏傳序案晉宋古本及今定本並云春秋左氏傳序今依用之南人多云此本釋例序後人移之於此且有題曰春秋釋例序置之釋例之端今所不用晉太尉劉寔與杜同時人也宋太學博士賀道養去杜亦近俱爲此序作註題並不言釋例序明非釋例序也又晉宋古本序在集解之端徐邈以晉世定五經音訓爲此序作音且此序稱分年相附隨而解之名曰經傳集解是言爲集解作序也

左傳舊疏考正　一

经意处。经多年研究，刘文淇钩稽孔氏的《春秋左传正义》中所藏刘炫原作及刘炫所采旧议，逐条厘定，使东汉贾逵、服虔、郑玄旧注得以重见天日。

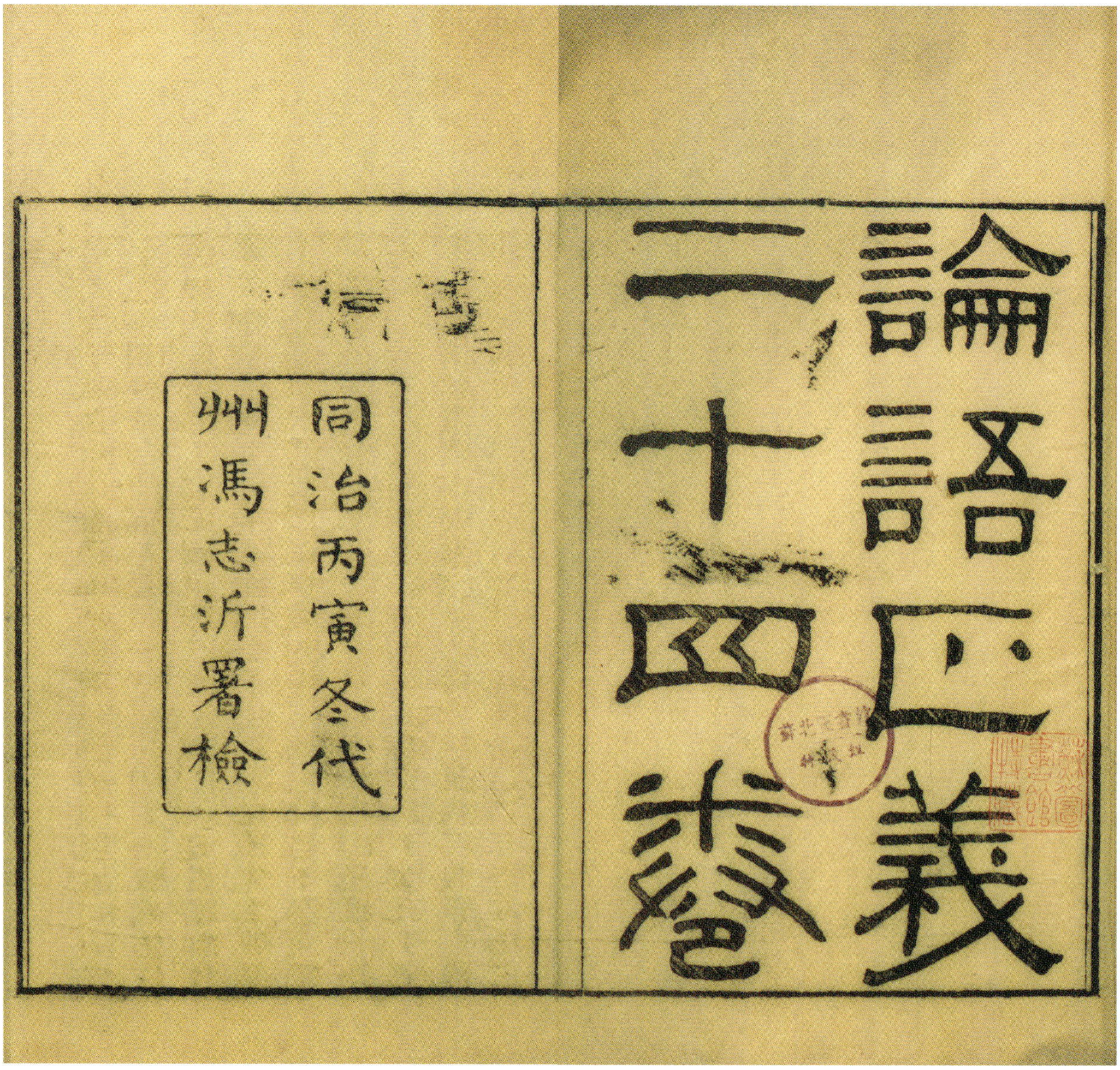

论语正义二十四卷

〔清〕刘宝楠撰　清同治五年(1866)刻本　缺五卷(卷二十至二十四)　五册

半页十行,行二十三字,小字双行同。白口,左右双边,上单黑鱼尾。版框高 18.7 厘米,宽 13.6 厘米。

刘宝楠(1791—1855),生平简介见前“胜朝殉扬录”条。

是书以何晏《论语集解》为疏释对象,广搜汉魏古注,采择唐宋经说,博稽

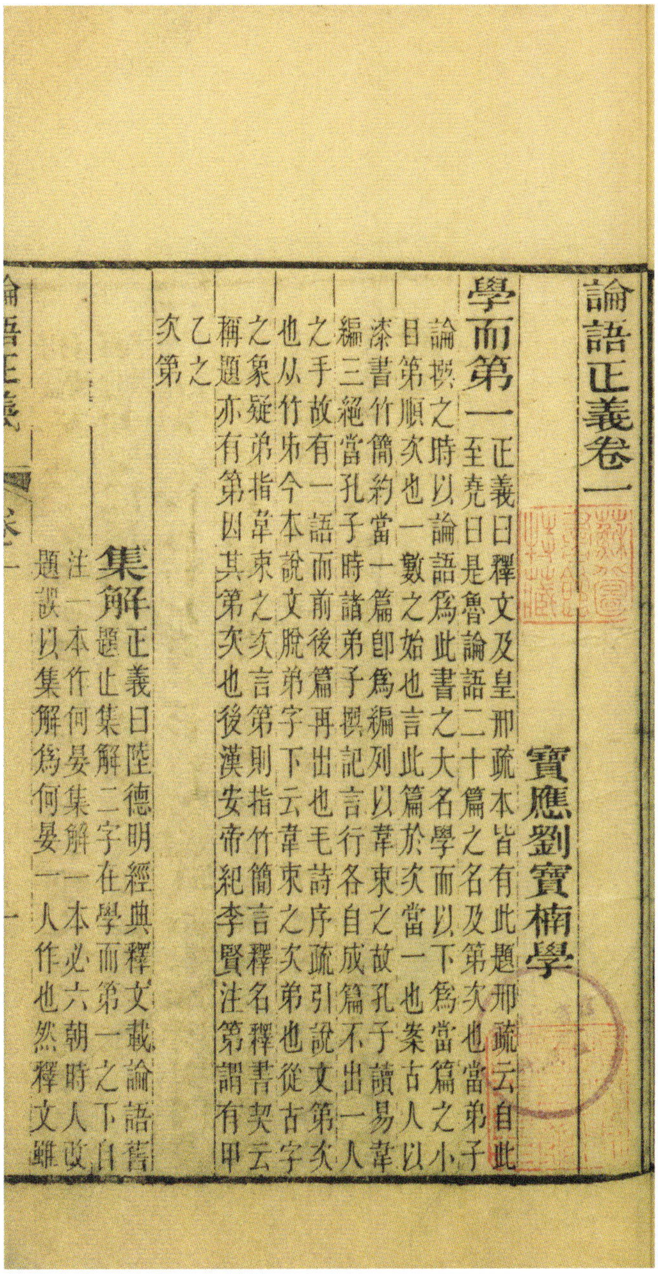
論語正義卷一
寶應劉寶楠學
學而第一 正義曰釋文及皇邢疏本皆有此題邢疏云自此至堯曰是魯論語二十篇之名及第次也當弟子論撰之時以論語爲此書之大名學而以下爲當篇之小目第順次也一數之始也言此篇於次當一也案古人以桼書竹簡約當一篇即爲編列以韋束之故孔子讀易韋編三絕當孔子時諸弟子撰記言行各自成篇不出一人之手故有一語而前後篇再出也毛詩序疏引說文第次也从竹弟今本說文脫弟字下云韋束之次弟也從古字之象疑弟指韋束之次言第則指竹簡言釋名釋書契云稱題亦有第因其第次也後漢安帝紀李賢注第謂有甲乙之次第
集解 正義曰陸德明經典釋文載論語舊題止集解二字在學而第一之下自注一本作何晏集解一本必六朝時人改題誤以集解爲何晏一人作也然釋文雖
論語正義 卷一 一

清代诸家疏证考释。多以《论语》二十篇的每篇为一卷，只有《八佾》一篇分作两卷，《乡党》一篇分成三卷，又加上注疏何晏的《论语序》为一卷。此书发扬了乾嘉时期重文字训诂、名物考据的朴实学风，又不废对义理的阐发，是清代研治《论语》的集大成之作，在《论语》学史上占有重要地位。刘宝楠未及完成而病故，由其子刘恭冕续撰完成。

"册府千华"珍贵古籍展览举办情况

年份	场次	举办单位	展览名称
2014	3	湖北省图书馆	册府千华——湖北省藏国家珍贵古籍特展
		山东省图书馆	册府千华——山东省藏国家珍贵古籍特展
		南京图书馆	册府千华——江苏省藏国家珍贵古籍特展
2015	4	湖南图书馆	册府千华——湖南省藏国家珍贵古籍特展
		国家图书馆	册府千华——西域文献保护成果展
		国家图书馆	册府千华——珍贵古籍雕版特展
		国家图书馆	册府千华——民间珍贵典籍收藏展
2016	2	浙江图书馆	册府千华——浙江省藏国家珍贵古籍特展
		广东省立中山图书馆	册府千华——广东省珍贵古籍特展
2017	6	贵州省图书馆	册府千华——贵州省藏国家珍贵古籍特展
		内蒙古自治区图书馆	册府千华——内蒙古自治区藏国家珍贵古籍特展
		四川省图书馆	册府千华——四川省图书馆藏国家珍贵古籍暨四川省古籍保护十周年成果展
		河南省图书馆	册府千华——河南省藏国家珍贵古籍特展
		云南省图书馆	册府千华——云南省藏国家珍贵古籍特展
		青海省图书馆	册府千华——青海省藏国家珍贵古籍特展
2018	8	南京图书馆	册府千华——2018江苏省藏国家珍贵古籍特展
		广西壮族自治区图书馆	册府千华——广西壮族自治区藏国家珍贵古籍特展
		吉林省图书馆	册府千华——吉林省珍贵古籍特展
		云南迪庆藏族自治州图书馆	册府千华——纳格拉洞藏经修复成果展
		山西省图书馆	册府千华　妙手匠心——山西省古籍保护成果展
		浙江绍兴图书馆	册府千华——绍兴市古籍保护成果展
		山东省图书馆	册府千华　守望文明：泰山·黄河·孔子——山东珍贵古籍展

（续表）

年份	场次	举办单位	展览名称
		宁夏回族自治区图书馆	册府千华——宁夏回族自治区珍贵古籍特展
2019	2	黑龙江省图书馆	册府千华——黑龙江省藏国家珍贵古籍特展
		辽宁大连图书馆	册府千华——大连地区藏国家珍贵古籍特展暨古籍保护成果展
2020	2	重庆图书馆	册府千华——重庆市藏国家珍贵古籍特展
		江西省图书馆	册府千华——江西省藏国家珍贵古籍特展
2021	3	苏州图书馆	册府千华——苏州市藏国家珍贵古籍特展
		浙江大学图书馆	册府千华：中国与亚洲——浙江大学藏中外善本珍本图书
		南京大学图书馆	册府千华·南雍撷珍——南京大学古籍菁华展暨中国古代套色版画特展
2023	4	四川大学图书馆	册府千华·锦水含章——四川大学古籍菁华展
		苏州图书馆	册府千华——《永乐大典》与苏州文献展
		扬州市图书馆	册府千华——扬州运河文化典籍展
		湖北省图书馆	册府千华——湖北省藏珍贵古籍特展
2024	2	新疆维吾尔自治区图书馆	册府千华——历代西域诗抄珍贵古籍展
		浙江图书馆	册府千华·百年嘉业：嘉业藏书楼文献文物特展

结 语

书香绵绵，意犹未尽。本次展览是由国家图书馆（国家古籍保护中心）举办的“中华传统晒书大会”系列古籍活化宣传推广活动中的一个组成部分，是贯彻落实习近平总书记“让书写在古籍里的文字活起来”重要论述的一个生动实践。中华典籍承载的中华文明源远流长，百川汇聚、奔涌不息。运河文化根植于扬州人的基因之中，成为城市人文精神的象征。博大精深的运河文化带动了扬州盐业、扬州园林、扬州美食、扬州刻书、扬州学派的发展，也为扬州构建新发展格局提供了重要的文化引领，为扬州实现高质量发展提供了思想基础和精神食粮。扬州市图书馆深入挖掘古籍与大运河之间的文化内涵，精心选择扬州与大运河密切相关的代表性典籍近百种，发挥古籍在传承弘扬传统文化中的独特作用。江流万古，文润千年。大运河从容奔流，永远泽被后人，让典籍之光赓续扬州文脉！